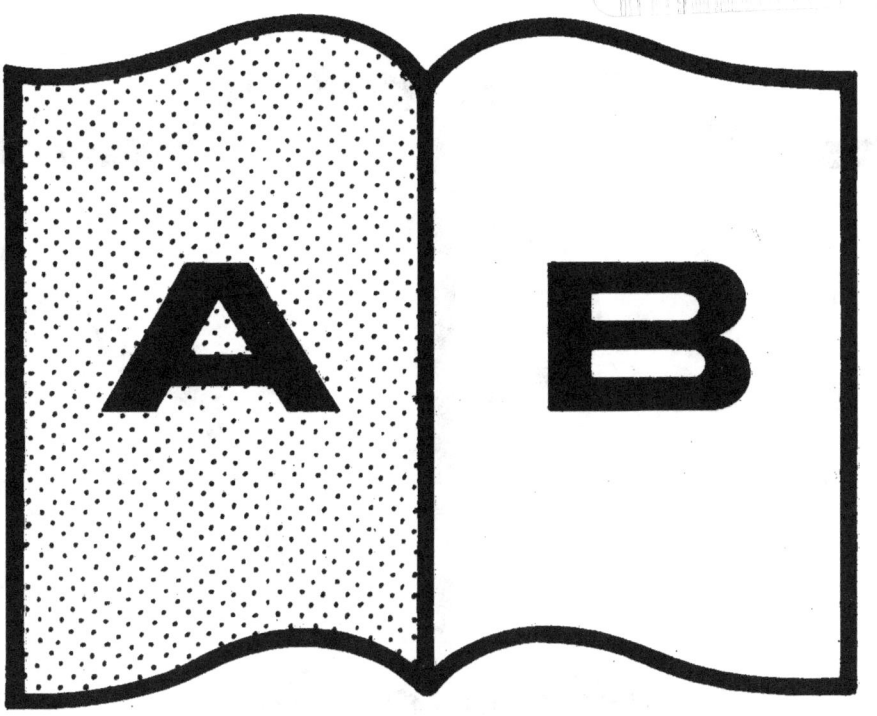

Contraste insuffisant

NF Z 43-120-14

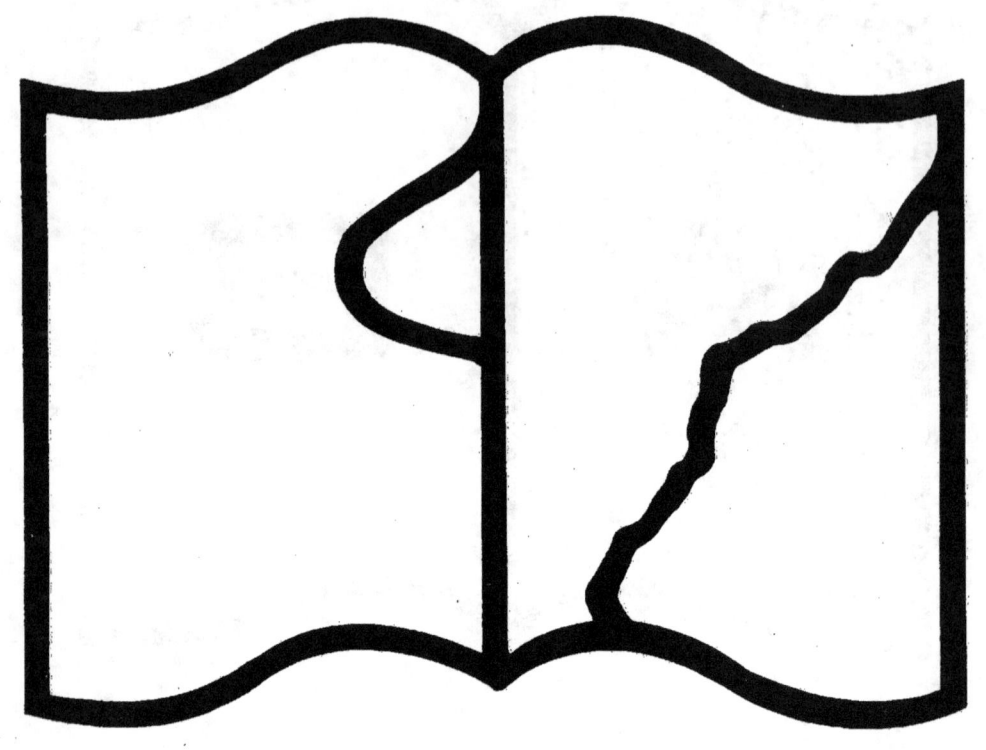

Texte détérioré — reliure défectueuse

NF Z 43-120-11

LES ŒUVRES
DE
VIRGILE,
TRADUITES EN FRANÇOIS,

Le Texte vis-à-vis la Traduction.

Par M. l'Abbé DES FONTAINES.

NOUVELLE ÉDITION.

TOME SECOND.

A AMSTERDAM,

Par la Compagnie des Libraires.

M. DCC. LXXIV.

L'ÉNÉIDE
DE
VIRGILE.

PUBLII VIRGILII MARONIS
ÆNEIDOS.
LIBER QUINTUS.

INTEREA medium Æneas jam claffe tenebat
Certus iter, fluctufque atros aquilone fecabat,
Mœnia refpiciens, quæ jam infelicis Elifæ
Collucent flammis. Quæ tantum accenderit ignem,
Caufa latet : duri magno fed amore dolores
Polluto, notumque, furens quid fœmina poffit,
Trifte per augurium Teucrorum pectora ducunt.
   Ut pelagus tenuere rates, nec jam amplius ulla
Occurrit tellus, maria undique, & undique cœlum:
Olli cæruleus fupra caput adftitit imber,
Noctem hyememque ferens, & inhorruit unda te-
    nebris.

L'ÉNÉIDE DE VIRGILE.
LIVRE CINQUIEME.

Cependant Enée, affermi dans sa résolution, voguoit au milieu du golfe, & ses rames fendoient les flots soulevés par l'Aquilon. Comme il jettoit les yeux du côté du rivage qu'il venoit de quitter, il vit des flammes s'élever des murs de Carthage. Il ignore la cause de ces feux : mais sachant jusqu'où peuvent aller les transports d'une femme en furie, & le désespoir d'une amante abandonnée, il se livre avec tous les Troyens aux plus tristes conjectures.

Dès qu'ils furent sortis du golfe, que la terre eut disparu à leurs yeux, & qu'ils n'eurent plus d'autre objet que le ciel & la mer, un nuage épais, annonçant la pluie & l'orage, se forma sur leurs têtes, & répandit une affreuse nuit sur les ondes. Le Pilote Palinure, qui commandoit la route, s'écria du haut de

Ipse gubernator puppi Palinurus ab altâ :
Heu ! quianam tanti cinxerunt æthera nimbi ?
Quidve, Pater Neptune, paras ? Sic deinde locutus,
Colligere arma jubet, validifque incumbere remis ;
Obliquatque finus in ventum, ac talia fatur.
Magnanime Ænea, non, si mihi Jupiter auctor
Spondeat, hoc sperem Italiam contingere cœlo.
Mutati transversa fremunt, & vespere ab atro
Consurgunt venti, atque in nubem cogitur aër :
Nec nos obniti contra, neque tendere tantùm
Sufficimus : superat quoniam Fortuna, sequamur ;
Quòque vocat, vertamus iter : nec littora longè
Fida reor fraterna Erycis, portusque Sicanos,
Si modò rite memor servata remetior astra.
Tum pius Æneas : Equidem sic poscere ventos
Jamdudum, & frustra cerno te tendere contra,
Flecte viam velis : an sit mihi gratior ulla,
Quòque magis fessas optem demittere naves,
Quàm quæ Dardanium tellus mihi servat Acesten,
Et patris Anchisæ gremio complectitur offa ?
Hæc ubi dicta petunt portus, & vela secundi
Intendunt zephyri : fertur cita gurgite classis,
Et tandem læti notæ advertuntur arenæ.

At procul excelso miratus vertice montis
Adventum, sociasque rates, occurrit Acestes,
Horridus in jaculis, & pelle Libystidis ursæ ;
Troïa Criniso conceptum flumine mater
Quem genuit. Verùm non immemor ille parentum

Livre V.

sa pouppe : » Que de nuées se rassemblent dans » les airs ! O Neptune, que nous prépares-tu «? Aussi-tôt il ordonne d'amener les voiles, & de ramer avec force ; en même temps il tourne ses antennes, & présente obliquement ses voiles au vent contraire : » Prince, dit-il à Enée, » quand Jupiter même m'en assureroit, je ne » croirois pas, que par les vents qui soufflent, » nous puissions aborder en Italie. Ils ont chan- » gé depuis notre départ : ils se croisent, & » il s'en éleve encore de furieux du côté du » couchant. Tout le ciel ne semble qu'un nua- » ge. Vainement nous nous efforcerions de leur » résister. Il faut changer de route, & obéir » au Sort. Si je me souviens bien des astres » que j'ai observés, nous sommes peu éloignés » de la côte d'Eryx, & des ports de Sicile. Je » vois bien, répondit Enée, que les vents contrai- » res exigent que nous prenions ce parti, & » que vous luttez en vain contre leur fureur. Fai- » sons donc route vers la Sicile. Est-il un ri- » vage plus agréable à mes yeux, & où je » souhaite plus de relâcher, que celui où regne » Aceste, Troyen d'origine, & où repose la » cendre de mon pere Anchise «? Aussi-tôt on donne le signal. En un instant toutes les proues sont tournées, & le vent devenu favorable enfle les voiles : la flotte vogue rapidement, & bientôt elle entre avec joie dans la rade de Drépane, qui lui est connue.

Le Roi Aceste, du haut d'une montagne, apperçut de loin les vaisseaux Troyens. Surpris de leur retour, il accourt au rivage en habit de chasseur, couvert de la peau d'une Panthere de Libye, & armé de dards. Ce Prince, fils du fleuve Crinise & d'une Troyenne, n'avoit point oublié son origine. Il témoigna donc à Enée, & à tous ceux de sa suite, une extrême

Gratatur reduces, & gazâ lætus agresti
Excipit, ac fessos opibus solatur amicis.
  Postera cùm primo stellas oriente fugârat
Clara dies, socios in cœtum littore ab omni
Advocat Æneas, tumulique ex aggere fatur :
Dardanidæ magni, genus alto à sanguine Divûm,
Annuus exactis completur mensibus orbis,
Ex quo relliquias, divinique ossa parentis
Condidimus terrâ, mœstasque sacravimus aras.
Jamque dies, ni fallor, adest, quem semper acer-
    bum,
Semper honoratum, sic Dii voluistis, habebo.
Hunc ego Gætulis agerem si Syrtibus exul,
Argolicove mari deprensus, & urbe Mycenæ,
Annua vota tamen, solemnesque ordine pompas
Exsequerer, strueremque suis altaria donis.
Nunc ultro ad cineres ipsius & ossa parentis
Haud equidem sine mente, reor, sine numine Di-
    vûm
Adsumus, & portus delati intramus amicos.
Ergo agite, & lætum cuncti celebremus honorem :
Poscamus ventos, atque hæc me sacra quotannis
Urbe velit positâ templis sibi ferre dicatis.
Bina boum vobis Trojâ generatus Acestes
Dat numero capita in naves : adhibete Penates
Et patrios epulis, & quos colit hospes Acestes.
Præstereà, si nona diem mortalibus almum
Aurora extulerit, radiisque retexerit orbem,
Prima citæ Teucris ponam, certamina classis.
Quique pedum cursu valet, & qui viribus audax,

joie de les revoir. Il leur fit distribuer des rafraîchissements, & les consola par toute sorte de témoignages d'amitié.

Le lendemain, dès que les premiers traits de la lumiere eurent fait disparoître les étoiles, Enée assembla tous ses compagnons, & s'étant placé sur une hauteur, il leur parla en ces termes : „ Illustres enfants de Dardanus, peuple
„ issu des Dieux, il y a aujourd'hui un an que
„ nous rendîmes les derniers devoirs à mon
„ pere, que nous l'inhumâmes en ces lieux,
„ & que nous lui consacrâmes des autels fu-
„ nebres. Ce jour, hélas ! puisque les Dieux
„ ont voulu que ce fût celui de la mort d'An-
„ chise, ce jour sera toujours pour moi un
„ jour douloureux & respectable. Quand je
„ serois égaré dans les sables de Gétulie, fait
„ captif sur les mers de la Grece, & conduit
„ à Mycenes, je rendrois en ce jour ce que je
„ dois à mon pere, & je lui éleverois des au-
„ tels. C'est sans doute par une faveur des
„ Dieux, que nous avons abordé à un Port
„ de nos alliés, & que nous avons été con-
„ duits au tombeau d'Anchise. Rendons-lui
„ donc les honneurs dûs à sa cendre : deman-
„ dons-lui des vents favorables, & qu'après
„ que j'aurai bâti une ville, je puisse tous les
„ ans lui faire de pareils sacrifices, dans des
„ temples élevés à sa mémoire. Aceste vous
„ fait présent de deux bœufs pour chaque na-
„ vire. Que les Dieux de Troie, & ceux
„ qu'honore le Prince qui nous a reçus dans
„ ses Etats, président à votre festin sacré.
„ Si la neuvieme aurore nous amene un jour
„ serein, je terminerai cette fête par divers
„ spectacles. Le premier sera un combat de
„ vîtesse pour les galeres. Que ceux qui sont
„ légers à la course, & habiles à tirer de l'arc,

Aut jaculo incedit melior, levibusque sagittis,
Seu crudo fidit pugnam committere cestu :
Cuncti adsint, meritæque exspectent præmia pal-
    mæ.
Ore favete omnes, & cingite tempora ramis.
  Sic fatus, velat maternâ tempora myrto.
Hoc Helymus facit, hoc ævi maturus Acestes,
Hoc puer Ascanius : sequitur quos cætera pubes.
Ille è concilio multis cum millibus ibat
Ad tumulum, magnâ medius comitante catervâ.
Hic duo rite mero libans carchesia Baccho
Fundit humi ; duo lacte novo, duo sanguine sacro :
Purpureosque jacit flores, ac talia fatur :
Salve, sancte parens, iterum salvete, recepti
Nequicquam cineres, animæque umbræque pater-
    næ.
Non liquit fines Italos fataliaque arva,
Nec tecum Ausonium, quicumque est, quærere
    Tibrim.
  Dixerat hæc : adytis cùm lubricus anguis ab imis
Septem ingens gyros, septena volumina traxit.
Amplexus placidè tumulum, lapsusque per aras ;
Cæruleæ cui terga notæ, maculosus & auro
Squamam incendebat fulgor : ceu nubibus arcus
Mille trahit varios adverso sole colores.
Obstupuit visu Æneas : ille agmine longo
Tandem inter pateras, & levia pocula serpens,
Libavitque dapes, rursusque innoxius imo
Successit tumulo, & depasta altaria liquit.
Hoc magis inceptos genitori instaurat honores,

» ou à combattre avec le ceste, se présentent aussi
» ce jour-là pour disputer le prix. Mais en atten-
» dant, soyez aujourd'hui religieusement attentifs
» au sacrifice qu'on va célébrer, & que chacun se
» couronne de feuillages «.

En achevant ces mots, il se ceignit la tête d'une branche de Myrte, arbre consacré à sa mere. Le Roi Aceste, Hélymus, Ascagne, & tous les autres Troyens suivirent cet exemple. Alors, environné des principaux de son armée, & suivi d'une foule de peuple, le Prince Troyen s'avance vers le tombeau d'Anchise, &, selon l'usage, il répand deux grands vases de vin, deux de lait, deux de sang. Après ces libations sacrées, il jette des fleurs sur le tombeau, en prononçant ces paroles : » Je » vous salue, mon pere; je vous salue, cen- » dres & manes d'Anchise renfermées dans ce » vain tombeau. O mon pere, faut-il que je » n'aie pas la consolation de chercher avec vous » cette terre d'Italie, ces fatales contrées, ce » Tibre, quel qu'il soit, où les Destins m'ap- » pellent ! «

A peine a-t-il prononcé ces mots, qu'il sort du fond du tombeau un serpent énorme. Son corps forme mille replis tortueux : son dos couvert d'écailles jaunes & azurées, est semblable à cet arc peint de différentes couleurs, qui brille dans un nuage opposé au soleil. Lorsque le serpent eut fait le tour du tombeau & des autels, se glissant entre les vases & les coupes, & qu'il eut goûté de toutes les viandes offertes, il se retira sans faire aucun mal, & rentra dans le fond du sépulcre. Enée, surpris de ce prodige, doute si ce serpent est le Génie tutélaire du lieu, ou un Génie attaché au service d'Anchise. Quoi que ce puisse être, sa piété s'en accroit, & il acheve le sacrifice.

Incertus, geniumne loci, famulumne parentis
Esse putet : cædit quinas de more bidentes,
Totque sues, totidem nigrantes terga juvencos :
Vinaque fundebat pateris, animamque vocabat
Anchisæ magni ; manesque Acheronte remissos.
Nec non & socii, quæ cuique est copia, læti
Dona ferunt, onerantque aras, mactantque juvencos.
Ordine ahena locant alii, fusique per herbam
Subjiciunt verubus prunas, & viscera torrent.
 Exspectata dies aderat nonamque serenâ
Auroram Phaëtontis equi jam luce vehebant :
Famaque finitimos & clari nomen Acestæ
Excierat ; læto complerant littora cœtu,
Visuri Æneadas, pars & certare parati.
Munera principio ante oculos, circoque locantur
In medio sacri tripodes, viridesque coronæ,
Et palmæ, pretium victoribus, armaque, & ostro
Perfusæ vestes, argenti aurique talenta :
Et tuba commissos medio canit aggere ludos.
 Prima pares ineunt gravibus certamina remis,
Quatuor, ex omni delectæ classe, carinæ.
Velocem Mnestheus agit acri remige Pristin :
Mox Italus Mnestheus, genus à quo nomine Memmî :
Ingentemque Gyas ingenti mole Chimæram,
Urbis opus : triplici pubes quam Dardana versu
Impellunt ; terno consurgunt ordine remi.
Sergestusque, domus tenet à quo Sergia nomen,
Centauro invehitur magnâ ; Scyllâque Cloanthus

Il immole, selon le rite ordinaire, cinq brebis noires, autant de truies, & autant de jeunes taureaux noirs. Il répand encore du vin, invoquant à haute voix l'ame du grand Anchise, & ses manes sortis de l'Achéron. Les Troyens mettent alors leurs offrandes sur l'autel, chacun suivant son pouvoir, & ils immolent des victimes. Pendant ce temps-là on préparoit le festin sacré. Les uns mettoient sur le feu les vases d'airain, les autres couchés sur l'herbe entretenoient les brasiers, & faisoient rôtir les viandes.

Enfin le neuvieme jour, ce jour si attendu arriva. Les chevaux du Soleil apporterent un temps serein. Le bruit de la fête, le nom d'Aceste, la curiosité de voir les Troyens, l'ardeur de combattre & de disputer les prix, avoient de toutes parts rassemblé à Drépane un peuple nombreux, dont tout le rivage étoit couvert. Enée fit d'abord exposer au milieu du cirque les prix destinés aux vainqueurs ; des trépiés sacrés, des couronnes & des palmes ; des armes de différente espece, des habits de pourpre, & des sommes d'or & d'argent. Le son des trompettes annonça que les jeux alloient commencer.

Quatre galeres d'une égale grandeur, choisies dans la flotte Troyenne, furent destinées pour le premier des jeux. La rapide Baleine étoit conduite par Mnesthée, tige de la race des Memmius. Gyas montoit l'énorme Chimere à trois rangs de rameurs : cette galere sembloit une ville. Sergeste dont la famille des Sergius tire son origine, commandoit le Centaure ; & la Scylla étoit sous les ordres de Cloanthe, chef de ta race, illustre Cluentius.

Vis-à-vis le rivage s'éleve en pleine mer un rocher, qui, durant l'hyver, quand la mer est

Cæruleâ; genus unde tibi, Romane Cluenti.

Est procul in pelago saxum, spumantia contra
Littora, quod tumidis submersum, tunditur olim
Fluctibus, hyberni condunt ubi sidera Cori :
Tranquillo silet, immotaque attollitur undâ
Campus, & apricis statio gratissima mergis.
Hîc viridem Æneas frondenti ex ilice metam
Constituit signum nautis pater : unde reverti
Scirent, & longos ubi circumflectere cursus.

Tum loca forte legunt, ipsique in puppibus auro
Ductores longè effulgent ostroque decori.
Cætera populeâ velatur fronde juventus,
Nudatosque humeros oleo perfusa nitescit :
Considunt transtris, intentaque brachia remis
Intenti exspectant signum, exsultantiaque haurit
Corda pavor pulsans, laudumque arrecta cupido.
Inde ubi clara dedit sonitum tuba, finibus omnes,
Haud mora, prosiluere suis : ferit æthera clamor
Nauticus : adductis spumant freta versa lacertis.
Infindunt pariter sulcos, totumque dehiscit
Convulsum remis, rostrisque tridentibus æquor.
Non tam præcipites bijugo certamine campum
Corripuere, ruuntque effusi carcere currus :
Nec sic immissis aurigæ undantia lora
Concussere jugis, pronique in verbera pendent.
Tum plausu fremituque virûm, studiisque faventum
Consonat omne nemus, vocemque inclusa volutant
Littora : pulsati colles clamore resultant.

enflée par les vents de Nord-ouest, se dérobe sous les flots, & reparoît quand elle est calme. C'est là que les oiseaux de mer vont se reposer au soleil. Ce rocher, au haut duquel on avoit arboré une branche de chêne revêtue de son feuillage, fut la borne qu'Enée fixa pour la course des galeres, & d'où les combattants, après l'avoir doublée, devoient, en continuant leur course, revenir au port.

Lorsque les quatre galeres eurent tiré leurs places au sort, les capitaines parurent chacun sur leurs pouppes, revêtus d'habits de pourpre chamarrés d'or. On voyoit la jeunesse Troyenne, assise sur les bancs, couronnée de branches de peuplier, les épaules nues & huilées, les bras tendus sur les rames, attentive au signal, agitée par la crainte de succomber, dévorée par la soif de vaincre. A peine la trompette a-t-elle donné le signal, que les quatre galeres s'élancent dans la plaine liquide. Les matelots frappent les airs de leurs cris : l'onde blanchit sous les efforts de leurs bras, les proues fendent les flots, & les rames, à coups égaux, ouvrent le sein de la mer écumante. Jamais dans les combats du cirque les chars ne volerent avec tant de rapidité, & jamais leurs conducteurs, le fouet à la main, penchés sur les coursiers, ne témoignerent tant d'ardeur pour la victoire. Les spectateurs prennent parti : les rivages, les forêts, les montagnes d'alentour, tout retentit de clameurs & d'applaudissements.

Au milieu de ces cris confus, Gyas vole le premier, & devance tous ses rivaux. Cloanthe qui le suit, est mieux pourvu de rameurs, mais son vaisseau est moins léger. La Baleine & le Centaure suivent à une égale distance, & tâchent de l'emporter l'un sur l'autre. Tantôt ils se devancent, tantôt ils se trouvent sur la

Effugit ante alios, primusque elabitur undis
Turbam inter fremitumque Gyas : quem deinde
   Cloanthus
Consequitur, melior remis, sed pondere pinus
Tarda tenet : post hos æquo discrimine Pristis,
Centaurusque locum tendunt superare priorem.
Et nunc Pristis habet, nunc victam præterit ingens
Centaurus : nunc una ambæ junctisque feruntur
Frontibus, & longâ sulcant vada salsa carinâ.
Jamque propinquabant scopulo, metamque tene-
   bant,
Cùm princeps, medioque Gyas in gurgite victor,
Rectorem navis compellat voce Menœten :
Quò tantùm mihi dexter abis? huc dirige cursum :
Littus ama, & lævas stringat sine palmula cautes :
Altum alii teneant. Dixit : sed cæca Menœtes
Saxa timens, proram pelagi detorquet ad undas.
Quò diversus abis? iterum pete saxa, Menœte :
Cum clamore Gyas revocabat : & ecce Cloanthum
Respicit instantem tergo, & propiora tenentem.
Ille inter navemque Gyæ, scopulosque sonantes
Radit iter lævum interior, subitusque priorem
Præterit, & metis tenet æquora tuta relictis.
Tum verò exarsit juveni dolor ossibus ingens,
Nec lacrymis caruere genæ; segnemque Menœten,
Oblitus decorisque sui, sociûmque salutis,
In mare præcipitem puppi deturbat ab altâ.
Ipse gubernaclo rector subit, ipse magister ;
Hortaturque viros, clavumque ad littora torquet.

même

même ligne, formant ensemble un long sillage. Déja les quatre galeres étoient arrivées à la hauteur du rocher, lorsque Gyas, dont le navire précédoit les autres, cria à son Pilote Ménete : ″Où vas-tu, Ménete ? pourquoi ce ″ détour à droite ? Dirige ta course de ce côté-″ ci ; côtoie le rivage, rase les rochers à la ″ gauche, & laisse les autres s'avancer vers ″ la haute mer ″. Ménete n'obéit point ; il craint les rochers à fleur d'eau, & il s'éloigne. ″ Que ″ fais-tu, Ménete ? encore une fois approche-″ toi de ces rochers, lui crie de nouveau ″ Gyas ″. En parlant ainsi, il se voit atteint par Cloanthe, qui saisissant l'espace qui étoit entre les rochers & la galere de Gyas, & ramant vers la gauche, le devance, double la borne le premier, & vogue alors en pleine mer, sans avoir plus rien à craindre. A cette vue, la plus vive douleur saisit le cœur de Gyas, & des larmes coulent de ses yeux. Oubliant ce qu'il se doit à lui-même, oubliant ce qu'il doit à ses compagnons, il précipite l'indocile Ménete du haut de la pouppe dans les flots. En même temps il court au gouvernail, prend lui-même la conduite de sa galere, exhorte tous ses gens à ramer avec vigueur, & tourne son timon du côté du rivage. Le vieux Pilote, après être descendu au fond de la mer, sort du sein des flots & reparoît ; il gagne un rocher à la nage : malgré le poids de ses humides vêtemens il y monte & se repose sur la cime aride. Sa chûte fit rire tous les spectateurs : ils ne rirent pas moins lorsqu'ils virent le vieillard nager, & vomir ensuite l'onde amere.

Sergeste & Mnesthée se flattent alors de vaincre Gyas, dont la course étoit ralentie. Sergeste s'approche de la borne, & devance Mnesthée, mais seulement de la moitié de la lon-

Tome II. B

At gravis ut fundo vix tandem redditus imo est
Jam senior, madidâque fluens in veste Menœtes,
Summa petit scopuli, siccâque in rupe resedit.
Illum & labentem Teucri, & risere natantem;
Et falsos rident removentem pectore fluctus.
 Hic læta extremis spes est accensa duobus,
Sergesto, Mnestheoque, Gyam superare morantem.
Sergestus capit ante locum, scopuloque propinquat;
Nec totâ tamen ille prior præeunte carinâ :
Parte prior, partem rostro premit æmula Pristis.
At mediâ socios incedens nave per ipsos,
Hortatur Mnestheus : Nunc, nunc insurgite remis,
Hectorei socii, Trojæ quos forte supremâ
Delegi comites : nunc illas promite vires,
Nunc animos, quibus in Gætulis Syrtibus usi,
Ionioque mari, Maleæque sequacibus undis.
Non jam prima peto Mnestheus, neque vincere
  certo :
Quanquam ô ! sed superent quibus hoc, Neptune,
  dedisti.
Extremos pudeat rediisse : hoc vincite cives,
Et prohibete nefas. Olli certamine summo
Procumbunt : vastis tremit ictibus ærea puppis,
Subtrahiturque solum : tum creber anhelitus artus,
Aridaque ora quatit : sudor fluit undique rivis.
 Attulit ipse viris optatum casus honorem.
Namque furens animi dum proram ad saxa subur-
  get
Interior, spatioque subit Sergestus iniquo,
Infelix saxis in procurrentibus hæsit.
Concussæ cautes, & acuto in murice remi
Obnixi crepuere, illisaque prora pependit.
Consurgunt nautæ, & magno clamore morantur

gueur de sa galere : la proue de la Baleine serre toujours les flancs du Centaure. Mnesthée parcourant les bancs de ses rameurs, leur disoit : » Courage, braves compagnons du grand Hec- » tor, vous qu'après la ruine d'Ilion j'ai choi- » sis pour monter mon vaisseau. Déployez ici » cette vigueur mâle, ce courage, qui vous » sauva des rapides courants du Cap de Ma- » lée, des fureurs de la mer Ionienne, des » Syrthes de Gétulie, & de l'écueil de Ca- » rybde. Dieu des mers, fais triompher celui » qu'il te plaira : Mnesthée ne prétend point » à la victoire. Cependant, s'il étoit possible... » Ah ! du moins, mes compagnons, n'ayons pas » la honte d'être les derniers «. Encouragés par ce discours, ils forcent de rames : la galere gémit sous leurs efforts ; ils s'épuisent ; ils se mettent hors d'haleine, & des ruisseaux de sueur les inondent.

Un accident leur procura l'avantage auquel ils aspiroient. Sergeste, furieux de se voir surpasser par Mnesthée, tourne sa proue vers les rochers à fleur d'eau pour s'approcher de la borne. Malheureux ! il est arrêté par ces rochers, contre lesquels il heurte : ses rames se brisent, & sa proue fracassée demeure suspendue. Les matelots se levent aussi-tôt, poussent de grands cris, s'arment de crocs & de longues perches pour dégager le navire, & tâchent de tirer de l'eau les débris flottants de leurs rames brisées. Mnesthée, réjoui du malheur de Sergeste, en devient plus ardent. Il invoque les vents : ses rameurs redoublent de vitesse, & sa galere semble glisser sur l'onde. Telle une colombe, épouvantée dans son nid, où elle se tenoit cachée sous un rocher auprès de ses petits, prend tout à coup l'essor, & fend les airs en agitant ses ailes bruyantes, qui

Ferratafque trudes, & acutâ cufpide contos
Expediunt, fractofque legunt in gurgite remos.
At lætus Mneftheus, succeffuque acrior ipso,
Agmine remorum celeri, ventifque vocatis,
Prona petit maria, & pelago decurrit aperto.
Qualis speluncâ subitò commota columba,
Cui domus & dulces latebrofo in pumice nidi,
Fertur in arva volans, plaufumque exterrita pennis
Dat tecto ingentem : mox aëre lapsa quieto
Radit iter liquidum, celeres neque commovet alas.
Sic Mneftheus, sic ipsa fugâ secat ultima Priftis
Æquora : sic illam fert impetus ipse volantem.
Et primùm in scopulo luctantem deserit alto
Sergeftum, brevibufque vadis, fruftraque vocan-
  tem
Auxilia, & fractis dicentem currere remis.
Inde Gyan, ipfamque ingenti mole Chimæram
Confequitur : cedit, quoniam fpoliata magiftro eft.
Solus jamque ipfo fupereft in fine Cloanthus,
Quem petit, & fummis adnixus viribus urget.
Tum verò ingeminat clamor, cunctique fequentem
Inftigant ftudiis : refonatque fragoribus æther.
Hi proprium decus, & partum indignantur hono-
  rem,
Ni teneant ; vitamque volunt pro laude pacifci.
Hos fucceffus alit : poffunt, quia poffe videntur.
Et fors æquatis cepiffent præmia roftris,
Ni palmas ponto tendens utrafque Cloanthus
Fudiffetque preces, Divofque in vota vocâffet.
Dii, quibus imperium pelagi, quorum æquora
  curro,
Vobis lætus ego hoc candentem in littore torum
Conftituam ante aras voti reus, extaque falfos

semblent bientôt sans mouvement : elle plane, & son vol égal n'en est que plus rapide dans la vaste carriere des airs. C'est ainsi que l'impétueuse galere de Mnesthée vole sur le sein des eaux, & s'avance vers le but. Il laisse loin derriere lui l'infortuné Sergeste, luttant contre les écueils qui ont fait échouer son vaisseau, s'efforçant de se dégager des bancs de sable, essayant d'avancer avec des rames brisées, & implorant en vain du secours. Pour lui il tâche de vaincre Gyas, dont la pesante galere, dépourvue de Pilote, est enfin contrainte de céder.

Mnesthée n'a plus enfin d'autre rival que Cloanthe. Mais Cloanthe a presque achevé sa course. Mnesthée s'efforce de l'atteindre. Tout le rivage retentit de cris & lui applaudit, & ces acclamations l'encouragent. Dans la galere de Cloanthe, on ne compte pour rien l'avantage dont elle jouit, si elle ne remporte le prix, dût-il en coûter la vie à tous ceux qui la montent. Cependant la chiourne de Mnesthée, animée par le succès, ne désespere point de vaincre Cloanthe. Ils le peuvent, parce qu'ils croient le pouvoir. Peut-être que les galeres de ces deux rivaux seroient arrivées ensemble au port, si Cloanthe, étendant ses bras, n'eût adressé cette priere aux Dieux de la mer : » Divinités, qui régnez sur cet em-
» pire, & à qui appartient ce champ de ba-
» taille, je fais vœu de vous immoler sur le
» rivage, au pied de vos autels, un taureau
» blanc, dont je jetterai les entrailles dans les
» flots avec une libation de vin «. Les Néréides, toute la troupe de Phorcus, & la Nymphe Panopée, entendirent sa voix au fond des eaux. Palémon lui-même, lui prêtant son bras puissant, pousse le Navire, qui, plus rapide que

Porriciam in fluctus, & vina liquentia fundam.
Dixit : eumque imis sub fluctibus, odiit omnis
Nereidum Phorcique chorus, Panopeaque virgo :
Et pater ipse manu magnâ Portunus euntem
Impulit : illa noto citius, volucrique sagittâ
Ad terram fugit, & portu se condidit alto.

 Tum satus Anchisâ, cunctis ex more vocatis,
Victorem magnâ præconis voce Cloanthum
Declarat, viridique advelat tempora lauro :
Muneraque in naves ternos optare juvencos,
Vinaque, & argenti magnum dat ferre talentum.
Ipsis præcipuos ductoribus addit honores ;
Victori chlamydem auratam, quam plurima cir-
 cùm
Purpura Mæandro duplici Melibœa cucurrit :
Intextusque puer frondosâ regius Idâ
Veloces jaculo cervos, cursuque fatigat
Acer, anhelanti similis ; quem præpes ab Idâ
Sublimem pedibus rapuit Jovis armiger uncis.
Longævi palmas nequicquam ad sidera tendunt
Custodes, sævitque canum latratus in auras.
At qui deinde locum tenuit virtute secundum,
Levibus huic hamis consertam auroque trilicem
Loricam, quam Demoleo detraxerat ipse
Victor, apud rapidum Simoënta sub Ilio alto,
Donat habere viro, decus & tutamen in armis.
Vix illam famuli Phegeus Sagarisque ferebant
Multiplicem connixi humeris : indutus at olim
Demoleus cursu palantes Troas agebat.
Tertia dona facit geminos ex ære lebetas,
Cymbiaque argento perfecta atque aspera signis.

 Jamque adeo donati omnes, opibusque superbi
Puniceis ibant evincti tempora tæniis ;
Cùm sævo è scopulo multa vix arte revulsus,
Amissis remis, atque ordine debilis uno,

le vent, ou qu'une fleche légere, vole vers le rivage, & entre enfin triomphant dans le port.

Enée, après avoir appellé tous les combattants, selon la coutume, fait proclamer par un héraut Cloanthe vainqueur, & lui met sur la tête une couronne de laurier. Il fait ensuite distribuer trois bœufs à chaque galere, au choix des combattants, du vin en abondance, & une somme d'argent considérable. A l'égard des Capitaines, il donna à Cloanthe une cotte-d'armes tissue d'or, bordée de bandes de pourpre. L'histoire de Ganimede y étoit représentée en broderie. On y voyoit ce jeune Prince, chassant dans la forêt du Mont Ida, courant à perte d'haleine, & poursuivant avec ardeur une troupe de cerfs, qu'il perçoit de ses fleches. L'aigle de Jupiter fond tout à coup sur lui, & l'enleve entre ses serres. Ses vieux gouverneurs tendent vainement les bras vers le Ciel, & les aboiements de ses chiens furieux se perdent dans les airs. Enée donna à Mnesthée, qui avoit mérité le second prix, un corselet, ornement & défense à la fois, tissu d'une triple maille d'or, que sous les murailles de Troie il avoit lui-même enlevé à Démolée, dans un combat singulier au bord du Simoïs. Autrefois Démolée, revêtu de cette énorme cuirasse, poursuivoit vivement les Troyens effrayés, que son bras avoit mis en fuite. Cependant elle étoit si pesante, que Phégée & Sagaris, deux esclaves, pouvoient à peine la porter sur leurs robustes épaules. Le troisieme prix fut pour Gyas : il consistoit en deux cuvettes d'airain, & en deux vases d'argent artistement travaillés, & ornés de figures en bosse.

Déja tous les prix étoient distribués, & les Capitaines, fiers de leur victoire, marchoient la tête ceinte de rubans rouges, lorsque Ser-

Irrisam sine honore ratem Sergestus agebat.
Qualis sæpe viæ deprensus in aggere serpens,
Ærea quem obliquum rota transiit, aut gravis ictu
Seminecem liquit saxo lacerumque viator:
Nequicquam longos fugiens dat corpore tortus,
Parte ferox, ardensque oculis & sibila colla
Arduus attolles; pars vulnere clauda retentat
Nexantem nodos, seque in sua membra plicantem.
Tali remigio navis se tarda movebat,
Vela facit tamen, & plenis subit ostia velis.
Sergestum Æneas promisso munere donat,
Servatam ob navem lætus, sociosque reductos.
Olli serva datur operum haud ignara Minervæ,
Cressa genus, Pholoë, geminique sub ubere nati.

 Hoc pius Æneas misso certamine tendit
Gramineum in campum, quem collibus undique
  curvis
Cingebant sylvæ; mediaque in valle theatri
Circus erat, quo se multis cum millibus heros
Confessu medium tulit, exstructoque resedit.
Hîc, qui fortè velint rapido contendere cursu,
Invitat pretiis animos, & præmia ponit.
Undique conveniunt Teucri, mistique Sicani:
Nisus, & Euryalus primi.
Euryalus formâ insignis, viridique juventâ;
Nisus amore pio pueri; quos deinde secutus
Regius egregiâ Priami de stirpe Diores.
Hunc Salius, simul & Patron: quorum alter Acar-
  nam,
Alter ab Arcadio, Tegeæ sanguine gentis.
Tum duo Trinacrii juvenes, Helymus, Panopes-
  que;

gesse

geste s'étant dégagé avec peine des rochers à fleur d'eau qui avoient fracassé sa galere, revint enfin au port couvert de honte, après avoir perdu une partie de ses rames : tel qu'un serpent, sur qui la rapide roue d'un char a passé au milieu d'un chemin, ou qu'un voyageur a dangereusement blessé d'un coup de pierre : il dresse sa tête altiere, il siffle, ses yeux étincelent : c'est en vain que pour fuir il se replie sur lui-même; la plaie qu'il a reçue, arrête le jeu de ses anneaux, & rend la moitié de son corps immobile. Ainsi paroît après sa disgrace l'infortuné Sergeste : sa malheureuse galere, objet de la risée des spectateurs, dépourvue de rames, avançoit avec peine, & ce ne fut qu'à la faveur des voiles qu'elle vint à bout de rentrer dans le port. Enée content de voir qu'il avoit sauvé son navire, ainsi que sa chiourme, voulut qu'il eût part aux récompenses promises. Il lui fit présent d'une jeune esclave de l'Isle de Crete, nommée Pholoé, savante dans tous les arts de Minerve, & mere de deux enfants à la mamelle.

Après ce premier spectacle, Enée se rendit dans une prairie entourée d'arbres & de collines : ce vallon formoit une espece de Cirque. Lorsque le Prince y eut pris sa place, au milieu d'une foule innombrable de peuple, il proposa des prix pour le jeu de la course. Il se présenta aussi-tôt un grand nombre de Troyens & de Siciliens pour combattre, dont les premiers furent Nisus & Euryale. Euryale au printemps de ses jours & d'une figure charmante, étoit tendrement aimé de Nisus. Les principaux qui s'offrirent encore, furent Diorés, de l'illustre race de Priam, Salius d'Acarnanie, Patron, né à Tégée ville d'Arcadie ; enfin deux jeunes Siciliens, Hélymus & Panope, qui passoient les

Assueti sylvis, comites senioris Acestæ.
Multi præterea, quos fama obscura recondit.
   Æneas quibus in mediis sic deinde locutus :
Accipite hæc animis, lætasque advertite mentes.
Nemo ex hoc numero mihi non donatus abibit.
Gnossia bina dabo levato lucida ferro.
Spicula, cælatamque argento ferre bipennem.
Omnibus hic erit unus honos. Tres præmia primi
Accipient, flavâque caput nectentur olivâ.
Primus equum phaleris insignem victor habeto :
Altera Amazoniam pharetram, plenamque sagittis
Threïciis, lato quam circum amplectitur auro
Balteus, & tereti subnectit fibula gemmâ.
Tertius Argolicâ hac galeâ contentus abito.
   Hæc ubi dicta, locum capiunt : signoque repente
Corripiunt spatia audito, limenque relinquunt
Effusi, nimbo similes ; simul ultima signant.
Primus abit, longèque ante omnia corpora Nisus
Emicat, & ventis & fulminis ocyor alis.
Proximus huic, longo sed proximus intervallo,
Insequitur Salius : spatio post deinde relicto,
Tertius Euryalus.
Euryalumque Helymus sequitur : quo deinde sub
   ipso
Ecce volat, calcemque terit jam calce Diores,
Incumbens humero : spatia & si plura superfint,
Transeat elapsus prior, ambiguumque relinquat.
Jamque ferè spatio extremo, fessique sub ipsam
Finem adventabant, levi cùm sanguine Nisus
Labitur infelix : cæsis ut fortè juvencis
Fusus humum viridesque super madefecerat herbas.
Hîc juvenis jam victor ovans, vestigia presso
Haud tenuit titubata solo ; sed pronus in ipso
Concidit immundoque fimo, sacroque cruore.

jours dans les bois, & qui avoient coutume d'accompagner à la chasse le vieux Roi Aceste. Il s'en offrit encore plusieurs autres, dont les noms obscurs sont plongés dans l'oubli.

Enée les voyant tous rassemblés, leur parla ainsi : „ Jeunes gens, écoutez-moi, & que la „ joie qui vous transporte, ne vous empêche „ point d'être attentifs à ce que je vais dire. „ Vous qui allez disputer la victoire au jeu de „ la course, vous serez tous récompensés. „ Chacun de vous recevra deux javelots ar- „ més d'un acier poli, avec une hache à „ deux tranchants, garnie de lames d'argent „ ciselé. Cependant il y aura trois prix pour „ les trois vainqueurs, avec une couronne „ d'olivier. Je destine au premier un beau „ cheval, richement équipé ; au second un „ carquois rempli de javelots, avec un large „ baudrier d'étoffe d'or, & une agraffe de „ pierreries. Je réserve au troisieme ce casque, „ qui est la dépouille d'un Capitaine de la „ Grece ".

Chacun prit sa place, & bientôt le signal fut donné. Tous à l'instant fixant leurs yeux sur le but, s'élancent de la barriere, comme un tourbillon. Nisus, plus léger que le vent, plus impétueux que la foudre, en peu de temps passe tous les autres, qu'il laisse loin derriere lui. Salius le suit immédiatement, mais à une distance considérable. Euryale étoit le troisieme. Helymus, qui s'efforçoit de l'atteindre, étoit suivi de Diorés. Celui-ci touchoit Helymus, & l'auroit peut-être devancé, s'il y eût eu un plus long espace à parcourir. On étoit près d'atteindre au but, & les coureurs fatigués étoient presque au bout de la carriere, lorsque le malheureux Nisus, qui touchoit à la victoire, tomba : son pied glissa dans un en-

Non tamen Euryali, non ille oblitus amorum :
Nam sese opposuit Salio, per lubrica surgens :
Ille autem spissâ jacuit revolutus arenâ.
Emicat Euryalus, & munere victor amici
Prima tenet, plausuque volat fremituque secundo.
Post Helymus subit, & nunc tertia palma Diores.
Hîc totum caveæ confessum ingentis, & ora
Prima patrum magnis Salius clamoribus implet;
Ereptumque dolo reddi sibi poscit honorem.
Tutatur favor Euryalum, lacrymæque decoræ,
Gratior & pulcro veniens in corpore virtus.
Adjuvat, & magnâ proclamat voce Diores,
Qui subiit palmæ, frustraque ad præmia venit
Ultima, si primi Salio redduntur honores.
Tum pater Æneas : Vestra, inquit, munera vobis
Certa manent, pueri; & palmam movet ordine
 nemo.
Me liceat casum miserari insontis amici.
Sic fatus, tergum Gætuli immane leonis
Dat Salio, villis onerosum, atque unguibus aureis.
Hîc Nisus : Si tanta, inquit, sunt præmia victis,
Et te lapsorum miseret, quæ munera Niso
Digna dabis, primam merui qui laude coronam,
Ni me, quæ Salium, fortuna inimica tulisset ?
Et simul his dictis faciem ostentabat, & udo
Turpia membra fimo. Risit pater optimus olli,

Livre V.

droit fangeux, où l'on avoit depuis peu immolé des taureaux, & où la verte prairie étoit encore baignée de leur sang consacré aux Dieux. Dans son malheur, Nisus n'oublia pas Euryale ; il n'oublia pas ses amours. Il se relève promptement, se met sur le passage de Salius qui le suivoit, & le fait tomber à la renverse sur l'arene. Euryale se trouve alors le premier. Vainqueur par le bon office de son ami, il acheve heureusement le reste de la carriere, & reçoit mille applaudissements. Hélymus arrive après lui au but, & ensuite Diorés. Cependant Salius faisoit retentir tout le Cirque de ses clameurs. S'étant approché d'Enée & des Chefs assis aux premiers rangs, il soutint vivement que le prix lui appartenoit, & que la fraude ne devoit pas le lui faire perdre. Euryale ne disoit rien : la faveur de l'assemblée, ses larmes qui l'embellissoient, & les charmes de la vertu unie à la beauté, parloient pour lui. Diorés prit son parti : il défendoit sa propre cause, en défendant celle d'Euryale ; car si l'on eût déféré à Salius les premiers honneurs, Diorés n'auroit pu obtenir le troisieme prix qu'il avoit mérité. » Jeunes gens, leur dit » Enée, voici les trois prix que j'ai promis » à ceux qui surpasseroient les autres : je ne » changerai rien à cette destination. Mais qu'il » me soit permis de consoler un ami «. En même temps il fit présent à Salius de la dépouille d'un des plus grands lions de Gétulie, avec ses ongles dorés. » Si les vaincus, dit Nisus, » remportent de tels prix, & si vous êtes tou- » ché du malheur de ceux qui tombent, que » réservez-vous pour Nisus, qui eût obtenu » la premiere couronne, s'il n'eût éprouvé le » même sort que Salius «? En parlant ainsi, il montroit son visage & tout son corps souillé

Et clypeum efferri jussit, Didymaonis artes,
Neptuni sacro Danais de poste refixum :
Hoc juvenem egregium præstanti munere donat.
    Post, ubi confecti cursus, & dona peregit :
Nunc, si cui virtus, animusque in pectore præsens,
Adsit & evinctis attollat brachia palmis.
Sic ait, & geminum pugnæ proponit honorem :
Victori velatum auro vittisque juvencum ;
Ensem, atque insignem galeam, solatia victo.
Nec mora : continuò vastis cum viribus effert
Ora Dares, magnoque virûm se murmure tollit ;
Solus qui Paridem solitus contendere contra ;
Idemque ad tumulum, quo maximus occubat Hec-
    tor,
Victorem Buten immani corpore (qui se
Bebryciâ veniens Amyci de gente ferebat)
Perculit, & fulvâ moribundum extendit arenâ.
Talis prima Dares caput altum in prælia tollit ;
Ostenditque humeros latos, alternaque jactat
Brachia protendens, & verberat ictibus auras.
Quæritur huic alius : nec quisquam ex agmine tanto
Audet adire virum, manibusque inducere cæstus.
Ergo alacris, cunctosque putans excedere palmâ,
Æneæ stetit ante pedes : nec plura moratus,
Tum lævâ taurum cornu tenet, atque ita fatur :
Nate Deâ, si nemo audet se credere pugnæ,
Quæ finis standi ? quò me decet usque teneri ?
Ducere dona jube. Cuncti simul ore fremebant
Dardanidæ, reddique viro promissa jubebant.
Hic gravis Entellum dictis castigat Acestes,

de fang & de boue. Enée fourit avec bonté à ce jeune homme, & lui fit préfent d'un bouclier, précieux ouvrage de la main de Didymaon, que les Grecs avoient autrefois enlevé d'un Temple de Neptune.

Les prix de la courfe ayant été diftribués : ,, Maintenant, dit Enée, fi quelqu'un d'entre ,, vous fe fent affez de courage & de vigueur ,, pour le combat du Cefte, qu'il fe préfente ,, & faffe voir fes bras armés de gantelets. Je ,, donnerai au vainqueur un jeune taureau, ,, dont la tête fera parée de rubans & de lames ,, d'or, & au vaincu, pour le confoler, une ,, épée & un cafque ". Auffi-tôt le grand & robufte Darès fe préfente. A fa vue, il s'éleve un bruit confus dans le Cirque. C'étoit ce Darès, qui feul ofa autrefois combattre contre Pâris, & qui dans les jeux funebres, célébrés près du tombeau d'Hector, vainquit & tua Butés, ce redoutable Athlete d'une taille énorme, qui fe vantoit d'être de la race d'Amicus, Roi de Bébrycie. Darès leve donc le premier fa tête altiere, & s'offre au combat. Il montre fes larges épaules, & déploie tour à tour fes bras nerveux, dont il frappe l'air. On lui cherche un rival : mais dans une affemblée fi nombreufe, il n'eft perfonne qui ofe fe mefurer avec lui. Alors Darès fe croit vainqueur : il s'avance vers Enée, & faififfant le taureau par une corne, ,, Seigneur, dit-il, puifque ,, perfonne n'ofe combattre contre moi, pour- ,, quoi faut-il que j'attende ? Jufqu'à quand ,, demeurerai-je ici ? Ordonnez que j'emmene ,, ce taureau, qui eft le prix de la victoire ". Tous les Troyens prenant fon parti murmuroient, & vouloient qu'on lui donnât le prix, qui avoit été promis. Cependant le Roi Acefte apperçoit près de lui Entelle tranquillement affis

Proximus ut viridante toro confederat herbæ,
Entelle, Heroum quondam fortiffime fruftra,
Tantane tam patiens nullo certamine tolli
Dona fines? ubi nunc nobis Deus ille magifter
Nequicquam memoratus Eryx? ubi fama per omnem
Trinacriam, & fpolia illa tuis pendentia tectis?
Ille fub hæc: Non laudis amor, nec gloria ceffit
Pulfa metu: fed enim gelidus tardante fenectâ
Sanguis hebet frigentque effœtæ in corpore vires.
Si mihi, quæ quondam fuerat, quâque improbus ifte
Exultat fidens, fi nunc foret illa juventa,
Haud equidem pretio inductus, pulchroque juvenco
Veniffem: nec dona moror. Sic deinde locutus,
In medium geminos immani pondere cæftus
Projecit: quibus acer Eryx in prælia fuetus
Ferre manum, duroque intendere brachia tergo.
Obftupuere animi: tantorum ingentia feptem
Terga boüm plumbo infuto, ferroque rigebant.
Ante omnes ftupet ipfe Dares, longeque recufat:
Magnanimufque Anchifiades, & pondus, & ipfa
Huc illuc vinclorum immenfa volumina verfat.
Tum fenior tales referebat pectore voces:
Quid, fi quis cæftus, ipfius & Herculis arma
Vidiffet, triftemque hoc ipfo in littore pugnam?
Hæc germanus Eryx quondam tuus arma gerebat,
Sanguine cernis adhuc fparfoque infecta cerebro.
His magnum Alciden contra ftetit: his ego fuetus,
Dum melior vires fanguis dabat, æmula necdum
Temporibus geminis canebat fparfa fenectus.
Sed, fi noftra Dares hæc Troïus arma recufat,

sur le gazon. ,, Entelle, dit-il, toi qui as
,, autrefois acquis tant de gloire dans cette
,, forte de combat, souffriras-tu qu'à tes
,, yeux on enleve un si glorieux prix, sans
,, qu'il soit disputé ? où est donc cet Athlete si
,, renommé dans la Sicile, ce fameux éleve du
,, divin Eryx ? Que sont devenus tant de tro-
,, phées suspendus aux portes de ta maison ? Je
,, n'ai point encore perdu l'amour de la gloire,
,, répondit Entelle : & la peur ne s'est point
,, emparée de mon ame. Mais la froide vieil-
,, lesse a glacé mon sang, appesanti mon corps,
,, & diminué mes forces. Si j'avois la vigou-
,, reuse jeunesse de cet insolent, je combat-
,, trois seulement pour l'honneur, & non pour
,, la récompense promise, qui me touche peu ,,.
En achevant ces mots, il jette sur l'arene deux
cestes d'un poids énorme, dont Eryx avoit coutume d'armer ses bras pour ce genre de combat. La vue de ces deux effroyables cestes,
formés de sept cuirs garnis de plomb & de fer,
surprit tous les spectateurs. Darès en est plus
étonné que les autres, & refuse de s'exposer
au combat contre de telles armes. Enée se les
fait apporter : il les souleve, & les considere
de tous côtés. ,, Quel auroit donc été votre
,, étonnement, dit alors le vieux Entelle, si
,, vous aviez vu les cestes d'Hercule combat-
,, tant contre Eryx sur ce même rivage ? Eryx
,, votre frere se servoit de ces gantelets,
,, que vous voyez encore teints du sang &
,, souillés de la cervelle de ses rivaux. Ce fut
,, avec de telles armes qu'il combattit contre
,, Alcide. C'étoient aussi les miennes, lors-
,, qu'un sang vif coulant dans mes veines entre-
,, tenoit mes forces, & lorsque la vieillesse en-
,, nemie n'avoit point encore blanchi mes che-
,, veux. Mais si Darès recule à la vue de ces

Idque pio sedet Æneæ, probat autor Acestes;
Æquemus pugnas. Erycis tibi terga remitto:
Solve metus, & tu Trojanos exue cæstus.

Hæc fatus, duplicem ex humeris dejecit amictum:
Et magnos membrorum artus, magna ossa, lacer-
    tosque
Exuit, atque ingens mediâ consistit arenâ.
Tum satus Anchisâ cæstus pater extulit æquos,
Et paribus palmas amborum innexuit armis.
Constitit in digitos extemplo arrectus uterque,
Brachiaque ad superas interritus extulit auras.
Abduxere retro longè capita ardua ab ictu:
Immiscentque manus manibus, pugnamque lacess-
    sunt.
Ille pedum melior motu, fretusque juventâ:
Hic membris & mole valens: sed tarda trementi
Genua labant: vastos quatit æger anhelitus artus.
Multa viri nequicquam inter se vulnera jactant:
Multa cavo lateri ingeminant, & pectore vastos
Dant sonitus, erratque aures & tempora circum
Crebra manus: duro crepitant sub vulnere malæ.
Stat gravis Entellus, nisuque immotus eodem,
Corpore tela modò atque oculis vigilantibus exit.
Ille, velut celsam oppugnat qui molibus urbem,
Aut montana sedet circum castella sub armis.
Nunc hos, nunc illos aditus, omnemque pererrat
Arte locum, & variis assultibus irritus urget.

Ostendit dextram assurgens Entellus, & alte
Extulit: ille ictum venientem à vertice velox
Prævidit, celerique elapsus corpore cessit.

„ deux cestes redoutables, & si le Roi & Enée
„ autorisent son refus, nous combattrons avec
„ d'autres armes. Darès, cesse de trembler, je te
„ fais grace des cestes d'Eryx : mais quitte aussi
„ tes gantelets Troyens, & combattons à armes
„ égales. "

A ces mots, le vieux Athlete met bas ses vêtements. Il découvre à nud ses membres nerveux, ses grands os, & ses bras terribles. Entelle, s'étant rendu au milieu de l'arene, Enée fait apporter des cestes égaux, & les met lui-même aux bras des deux combattants. Aussi-tôt l'un & l'autre s'apprêtent au combat. Ils se dressent sur leurs pieds, & d'un air intrépide ils commencent tous deux à lever le bras pour se frapper. Chacun tâche d'abord de garantir sa tête du coup qui le menace. Bientôt ils s'approchent & entrelacent leurs bras. L'un plus léger, plus agile, a l'avantage de la jeunesse: l'autre est plus massif, plus robuste; mais il a moins d'haleine, & ses genoux chancelent. Après avoir long-temps paré les coups de part & d'autre, ils s'en portent enfin de terribles à la tête & à la poitrine. On voit leurs mains redoutables chercher les tempes & les oreilles. Les joues retentissent sous la pesanteur de leurs bras. Entelle cependant se tient ferme sur ses pieds: il suit de l'œil & de tout le corps les mouvements de son ennemi, & tâche d'esquiver ses coups. Darès semble un guerrier, qui assiege une ville fortifiée, ou un château situé sur un roc : il parcourt toute la place, & en cherche les endroits foibles. Mais il ne livre que de vains assauts.

Entelle se dresse & leve un bras, qui eût étendu son adversaire à ses pieds, si celui-ci n'eût prévu l'attaque. Il fait un saut en arriere, & se dérobe au coup fatal. Le bras d'Entelle

Entellus vires in ventum effudit, & ultrò.
Ipse gravis, graviterque ad terram pondere vasto
Concidit : ut quondam cava concidit, aut Ery-
 mantho,
Aut Idâ in magnâ, radicibus eruta pinus.
Consurgunt studiis Teucri, & Trinacria pubes :
It clamor cœlo : primusque accurrit Acestes,
Æquævumque ab humo miserans attollit amicum.
At non tardatus casu, neque territus heros
Acrior ad pugnam redit, ac vim suscitat ira :
Tum pudor incendit vires, & conscia virtus.
Præcipitemque Daren ardens agit æquore toto,
Nunc dextrâ ingeminans ictus, nunc ille sinistrâ,
Nec mora, nec requies : quàm multâ grandine
 nimbi
Culminibus crepitant, sic densis ictibus heros
Creber utraque manu pulsat, versatque Dareta.
 Tum pater Æneas procedere longius iras,
Et sævire animis Entellum haud passus acerbis :
Sed fidem imposuit pugnæ, fessumque Dareta
Eripuit, mulcens dictis, ac talia fatur :
Infelix, quæ tanta animum dementia cepit ?
Non vires alias, conversaque numina sentis ?
Cede Deo. Dixitque, & prælia voce diremit.
Ast illum fidi æquales genua ægra trahentem,
Jactantemque utroque caput, crassumque cruorem
Ore rejectantem, mistosque in sanguine dentes,
Ducunt ad naves ; galeamque ensemque vocati
Accipiunt : palmam Entello, taurumque relin-
 quunt.
Hîc victor, superans animis, tauroque superbus,
Nate Dea, vosque hæc, inquit, cognoscite, Teu-
 cri,
Et mihi quæ fuerint juvenili in corpore vires,
Et qua cervetis revocatum à morte Dareta.

ayant porté à faux, il tombe lourdement, tel qu'un vieux pin déraciné dans les forêts d'Ida ou d'Erymanthe. La jeuneſſe Troyenne & Sicilienne prend part à cet accident, & il s'éleve des cris de toutes parts. Aceſte, touché du malheur du vieux Athlete ſon ami, accourt le premier, & lui aide à ſe relever. Entelle, ſans être déconcerté ni affoibli par ſa chûte, retourne au combat avec plus d'ardeur. La colere, la honte, le courage dont il ſe ſent animé, redoublent ſes forces. Il ſe jette avec fureur ſur ſon rival étonné : il le pourſuit ſans relâche, il frappe ſans meſure, tantôt de ſa main droite, tantôt de ſa gauche : ſes coups précipités tombent ſur lui, comme la grêle ſur un toit. Il le preſſe, il l'accable.

Enée, voyant la fureur d'Entelle, ne voulut pas qu'elle allât plus loin, ni que le vainqueur ſe livrât à une cruelle vengeance. Il fit ceſſer le combat, tira de ſes mains l'infortuné Darès, & pour le conſoler, lui parla ainſi : ” Malheu-
” reux Darès, quel a été ton aveuglement ? Ne
” vois-tu pas qu'une force ſurnaturelle a com-
” battu contre toi ? rends les armes à un Dieu
” vainqueur “. Il dit, & le combat finit. Les amis de Darès le retirerent de l'arene, ſe ſoutenant à peine, penchant ſa tête languiſſante ſur ſes épaules meurtries, & vomiſſant ſes dents briſées, avec des flots de ſang épais. Ils le conduiſirent en cet état vers la flotte, ſe chargerent du caſque & de l'épée promis au vaincu, & laiſſerent au vainqueur la palme & le taureau. Alors Entelle, fier de ſon ſuccès & tranſporté d'un noble orgueil, parla ainſi . ” Fils de
” Vénus, dit-il à Enée, & vous, Troyens,
” jugez de la vigueur de ma jeuneſſe, & ap-
” prenez de quel affreux péril vous avez ſauvé
” Darès “. A l'inſtant il ſe tourne vers le tau-

Dixit, & adversi contra stetit ora juvenci,
Qui donum astabat pugnæ, durosque reductâ
Libravit dextrâ media inter cornua cæstus
Arduus, effractoque illisit in ossa cerebro.
Sternitur, exanimisque tremens procumbit humi
 bos.
Ille super tales effudit pectore voces:
Hanc tibi, Eryx, meliorem animam pro morte
 Daretis
Persolvo : hîc victor cæstus artemque repono.
 Protinus Æneas celeri certare sagittâ
Invitat, qui fortè velint, & præmia ponit :
Ingentique manu malum de nave Seresti
Erigit & volucrem trajecto in fune columbam,
Quò tendant ferrum, malo suspendit ab alto.
Convenere viri, dejectamque ærea sortem
Accepit galea : & primus clamore secundo
Hyrtacidæ ante omnes exit locus Hippocoontis;
Quem modò navali Mnestheus certamine victor
Consequitur, viridi Mnestheus evinctus olivâ.
Tertius Eurytion, tuus ô clarissime frater
Pandare, qui quondam jussus confundere fœdus,
In medios telum torsisti primus Achivos.
Extremus, galeâque imâ subsedit Acestes :
Ausus & ipse manu juvenum tentare laborem.
Tum validis flexos incurvant viribus arcus
Pro se quisque viri, & depromunt tela pharetris.
Primaque per cœlum, nervo stridente, sagitta
Hyrtacidæ juvenis volucres diverberat auras :
Et venit, adversique infigitur arbore mali.
Intremuit malus, timuitque exterrita pennis
Ales, & ingenti sonuerunt omnia plausu.
Post acer Mnestheus adducto constitit arcu,
Alta petens, pariterque oculos telumque tetendit.
Ast ipsam miserandus avem contingere ferro
Non valuit : nodos & vincula linea rupit,
Queis innexa pedem malo pendebat ab alto.

reau, prix de fa victoire, & lui affene un coup si violent de fon cefte entre les deux cornes, qu'il lui brife le crâne, & en fait jaillir la cervelle. Le taureau s'ébranle, chancelle, tombe. ″ Eryx, ″ s'écrie alors Entelle, je t'immole à la place de ″ Darès, une plus digne victime. Voilà mon der- ″ nier triomphe: je renonce pour toujours au cefte, ″ & à mon art ″.

Auffi-tôt Enée invita la jeuneffe au combat de l'arc, & propofa des prix pour les vainqueurs. Plufieurs mains furent employées à planter au milieu du Cirque un mât tiré du vaiffeau de Sérefte, au haut duquel on attacha pour but une colombe, liée par le pied avec une ficelle. On s'affemble, & les noms des concurrents font mis dans un cafque, pour être tirés au fort. Le premier nom qui paroît, avec l'applaudiffement de toute l'affemblée, eft celui d'Hyppocoon, fils d'Hyrtace. Le nom de Mnefthée fort enfuite. C'étoit ce même Mnefthée, vainqueur dans le combat des vaiffeaux, dont la tête étoit encore ceinte de fa couronne d'olivier. Le troifieme eft Eurythion, frere du fameux Pandare, qui autrefois, par l'ordre de Minerve, lança une fleche dans le camp des Grecs, contre la foi du traité que les Troyens venoient de conclure. Le nom du Roi Acefte fortit le dernier du cafque. Ce bon Prince, malgré fon âge, ne dédaigna pas un exercice de la jeuneffe. Alors chacun bande fon arc avec toute la force dont il eft capable, & tire une fleche de fon carquois. La premiere qui fend les airs, eft celle du jeune fils d'Hyrtace: elle frappe le mât, le perce, l'ébranle, & effraie l'oifeau. Le Cirque retentiffoit des acclamations du peuple, lorfque l'ardent Mnefthée levant fon arc, & mirant le but, décocha fon trait. Malheureux, il n'atteignit point l'oifeau ; il coupa

Illa notos, atque atra volans in nubila fugit.
Tum rapidus jamdudum arcu contenta parato
Tela tenens, fratrem Eurytion in vota vocavit :
Jam vacuo lætam cœlo speculatus, & alis
Plaudentem nigrâ figit sub nube columbam.
Decidit exanimis, vitamque reliquit in astris
Aëriis, fixamque refert delapsa sagittam.
　Amissâ solus palmâ superabat Acestes,
Qui tamen æthereas telum contorsit in auras,
Ostentans artem pariter, arcumque sonantem.
Hîc oculis subitò objicitur, magnoque futurum
Augurio monstrum : docuit post exitus ingens,
Seraque terrifici cecinerunt omnia vates.
Namque volans liquidis in nubibus arsit arundo,
Signavitque viam flammis, tenuesque recessit
Consumpta in ventos : cœlo seu sæpe refixa
Transcurrunt, crinemque volantia sidera ducunt.
Attonitis hæsere animis, Superosque precati
Trinacrii Teucrique viri : nec maximus omen
Abnuit Æneas, sed lætum amplexus Acesten,
Muneribus cumulat magnis, ac talia fatur :
Sume, Pater, nam te voluit rex magnus Olympi
Talibus auspiciis exortem ducere honorem.
Ipsius Anchisæ longævi hoc munus habebis,
Cratera impressum signis, quem Thracius olim
Anchisæ genitori in magno munere Cisseus
Ferre sui dederat monumentum & pignus amoris.
Sic fatus, cingit viridanti tempora lauro,
Et primum ante omnes victorem appellat Acesten?
Nec bonus Eurytion prælato invidit honori ;
Quamvis solus avem cœlo dejecit ab alto.

seulement

seulement la corde qui par le pied l'attachoit au mât. La colombe en liberté s'envole, & fuit dans les nues. Soudain Eurythion, qui tenoit sa fleche toute prête, invoque son frere Pandare: il suit des yeux l'oiseau fugitif, fait partir son dard, & l'atteint. La colombe perd la vie au milieu des airs, & en tombant rapporte le trait qui l'a percée.

Aceste, ne pouvant plus aspirer au prix, veut au moins montrer la maniere dont il lance une fleche, & faire usage de son arc. Il décoche un trait. Mais, ô prodige ! ce trait s'enflamme dans les airs, trace un sillon de lumiere, & disparoît ; semblable à ces étoiles volantes, qui se détachent du ciel, traversent les airs, & traînent après elles une queue rayonnante. Tous les spectateurs, Troyens & Siciliens, étonnés de ce prodige, font des vœux au Ciel. Ce ne fut que l'événement, qui fit connoître dans la suite ce que le prodige annonçoit, & l'interprétation des Devins fut tardive. Cependant Enée accepta l'augure, embrassa le Roi Aceste comblé de joie, & lui offrant un magnifique présent : ″Mon pere, lui dit-il, recevez ce que ″ je vous offre. Jupiter par ce prodige vous dé- ″ clare le vainqueur. Acceptez, pour prix de ″ votre merveilleuse victoire, une coupe d'or ″ ciselé, que Cissée, Roi de Thrace, donna ″ autrefois à mon pere Anchise, comme un ″ précieux gage de son amitié. C'est Anchise qui ″ vous la donne aujourd'hui par mes mains.″ En même temps il met sur la tête du Prince une couronne de laurier, & proclame Aceste premier vainqueur. Le sage Eurythion ne fut point blessé de la préférence, quoique lui seul eût atteint le but, & percé l'oiseau. Après eux, Mnesthée, qui lui avoit donné la liberté en coupant la corde, & ensuite le fils d'Hyrtace,

Proximus ingreditur donis, qui vincula rupit:
Extremus, volucri qui fixit arundine malum.
    At pater Æneas, nondum certamine misso,
Custodem ad sese, comitemque impubis Iuli
Epytiden vocat, & fidam sic fatur ad aurem :
Vade age, & Ascanio, si jam puerile paratum
Agmen habet secum, cursusque instruxit equorum,
Ducat avo turmas, & sese ostendat in armis,
Dic, ait. Ipse omnem longo decedere circo
Infusum populum, & campos jubet esse patentes.
Incedunt pueri, pariterque ante ora parentum
Frænatis lucent in equis: quos omnis euntes
Trinacriæ mirata fremit, Trojæque juventus.
Omnibus in morem tonsâ coma pressa coronâ :
Cornea bina ferunt præfixa hastilia ferro ;
Pars leves humero pharetras ; it pectore summo
Flexilis obtorti per collum circulus auri.
Tres equitum numero turmæ, ternique vagantur
Ductores : pueri bis seni quemque secuti
Agmine partito fulgent, paribusque magistris.
Una acies juvenum, ducit quam parvus ovantem
Nomen avi referens Priamus, tua clara, Polite,
Progenies, auctura Italos, quem Thracius albis
Portat equus bicolor maculis ; vestigia primi
Alba pedis, frontemque ostentans arduus albam :
Alter Atys, genus unde Atii duxere Latini :
Parvus Atys, pueroque puer dilectus Iulo.
Extremus, formâque ante omnes pulcher Inlus
Sidonio est invectus equo, quem candida Dido
Esse sui dederat monimentum, & pignus amoris.
Cætera Trinacriis pubes senioris Acestæ
Fertur equis.
    Excipiunt plausu pavidos, gaudentque tuentes

qui avoit percé le mât, reçurent leur récompense.

Enée voulut ajouter à ces jeux un nouveau spectacle. Il appelle le Gouverneur du jeune Ascagne, Périphas, fils d'Epytus, & lui parle ainsi à l'oreille : „ Périphas, courez de ma part „ dire à mon fils, que si sa jeune troupe est „ prête, il vienne ici, pour honorer les obsè- „ ques de son aïeul, avec sa cavalerie armée : „ allez, ne perdez point de temps «. Aussitôt il ordonne au peuple répandu dans le Cirque de se ranger, & de laisser au milieu un espace libre. Bientôt on voit paroître un nombreux escadron d'enfants, traversant l'arene sur des chevaux richement équipés. L'ordre de leur marche brillante charme leurs parents, & est admiré de tous les spectateurs. Couronnés de feuillages, & portant deux javelots garnis de fer à la main, quelques-uns un carquois sur l'épaule, & tous une chaîne d'or en forme de collier qui leur tombe sur la poitrine, ils forment trois brigades de douze Cavaliers, commandées par trois Officiers. La premiere est sous les ordres du jeune Priam, fils de Polite & petit-fils du dernier Roi de Troie, dont la race devoit fonder une ville en Italie. Priam monte un cheval de Thrace, tigré, d'une belle encolure, ayant des marques blanches aux pieds de devant, & une étoile au front. Atys, tendrement aimé d'Euryale, marche à la tête de la seconde. Les Atius du pays des Latins, tirent de lui leur origine. Ascagne, qui, par sa beauté effaçoit tous les autres, monté sur un cheval de Tyr, dont la belle Reine de Carthage lui avoit fait présent, conduisoit la troisieme. Aceste avoit fourni des chevaux Siciliens pour tous les autres.

Ces enfants timides sont reçus au milieu des

Dardanidæ, veterumque agnoscunt ora parentum.
Postquam omnem læti confessum, oculosque suo-
    rum
Lustravere in equis, signum clamore paratis
Epytides longè dedit, insonuitque flagello.
Olli discurrêre pares, atque agmina terni
Diductis solvêre choris, rursusque vocati
Convertêre vias, infestaque tela tulêre.
Inde alios ineunt cursus, aliosque recursus
Adversis spatiis; alternosque orbibus orbes
Impediunt, pugnæque cient simulachra sub armis:
Et nunc terga fugâ nudant; nunc spicula vertunt
Infensi; factâ pariter nunc pace feruntur.
Ut quondam Cretâ fertur Labyrinthus in altâ
Parietibus textum coecis iter, ancipitemque
Mille viis habuisse dolum, qua signa sequendi
Falleret indeprensûs, & irremeabilis error.
Haud aliter Teucrûm nati vestigia cursu
Impediunt, texuntque fugas & prælia ludo:
Delphinum similes, qui per maria humida nando,
Carpathium, Libycumque secant, luduntque per
    undas.
Hunc morem, hos cursus, atque hæc certamina
    primus
Ascanius, longam muris cùm cingeret Albam,
Rettulit, & priscos docuit celebrare Latinos:
Quo puer ipse modo, secum quo Troïa pubes,
Albani docuere suos: hinc maxima porro
Accepit Roma, & patrium servavit honorem:
Trojaque nunc, pueri, Trojanum dicitur agmen.
Hac celebrata tenùs sancto certamina patri.

applaudissements des Troyens, qui les regardent avec joie, & sont charmés de reconnoître sur leurs visages les traits de leurs aïeux. Lorsqu'ils eurent parcouru l'arene, & joui du plaisir d'être regardés de leurs parents, Périphas. déploie son fouet, & sa voix donne le signal. A l'instant ils partent en bon ordre, & les brigades se séparent. A un second signal, ils font une conversion, présentent leurs armes, & avancent les uns contre les autres. On les voit s'étendre, puis se replier. On croit, à leurs mouvements, à leurs marches, à leurs différentes évolutions, que c'est un combat réel. Tantôt ils fuient, tantôt ils font volte face ; ensuite ils se rassemblent sous le même drapeau, & un traité de paix semble les avoir réunis. Tel autrefois le fameux Labyrinthe de Crete, par ses sentiers obscurs, & par mille routes ambiguës, égaroit, sans espérance de retour, tous ceux qui s'y engageoient. C'est ainsi que les enfants des Troyens se mêlent & s'entrelacent dans leurs circuits & dans leurs détours, dans leur fuite & dans leurs combats : semblables aux Dauphins attroupés, qui fendent la plaine liquide, & se jouent à fleur d'eau, près de l'Isle de Carpathe, ou vers les côtes de la Libye. Lorsqu'Ascagne eut élevé les murs d'Albe-la-Longue, il établit le premier en Italie cette marche & ce combat d'enfants : il enseigna cet exercice aux anciens Latins, & les Albains le transmirent à leur postérité. Rome, au plus haut point de sa grandeur, pleine de vénération pour les coutumes de ses ancêtres, vient d'adopter cet ancien usage. C'est de là que les enfants, qui font aujourd'hui à Rome ce même exercice, portent le nom de troupe Troyenne. Tels furent les jeux qu'Enée fit célébrer en l'honneur de son pere Anchise.

Hîc primum fortuna fidem mutata novavit.
Dum variis tumulo referunt solemnia ludis,
Irim de cœlo misit Saturnia Juno
Iliacam ad classem, ventosque aspirat eunti,
Multa movens, necdum antiquum saturata dolo-
   rem.
Illa viam celerans per mille coloribus arcum,
Nulli visa, cito decurrit tramite virgo :
Conspicit ingentem concursum, & littora lustrat,
Desertosque videt portus, classemque relictam.
   At procul in solâ secretæ Troades actâ
Amissum Anchisen flebant, cunctæque profundum
Pontum aspectabant flentes. Heu, tot vada fessis,
Et tantum superesse maris ! vox omnibus una,
Urbem orant : tædet pelagi perferre laborem.
Ergo inter medias sese, haud ignara nocendi,
Conjicit, & faciemque Deæ vestemque reponit.
Fit Beroë, Ismarii conjux longæva Dorycli;
Cui genus, & quondam nomen, natique fuissent;
Ac sic Dardanidûm mediam se matribus infert.
O miseræ, quas non manus, inquit, Achaïca bello
Traxerit ad lethum patriæ sub mœnibus: O gens
Infelix ! cui te exitio fortuna reservat ?
Septima post Trojæ excidium jam vertitur æstas,
Cum freta, cum terras omnes, tot inhospita saxa,
Sideraque emensæ ferimur ; dum per mare mag-
   num
Italiam sequimur fugientem, & volvimur undis.

Au milieu de ces divers spectacles, la fortune fit sentir aux Troyens son inconstance perfide. L'implacable Junon, qui n'étoit point encore rassasiée des maux qu'elle leur avoit fait souffrir, fait partir Iris du haut des cieux, & l'envoie vers la flotte d'Enée. Iris, secondée par les vents, traverse rapidement les airs, en décrivant un arc peint de mille couleurs, & descend sur la terre, sans être apperçue. Elle voit d'abord un grand concours de peuple ; & se transportant sur le rivage, elle trouve le port désert, & la flotte abandonnée.

Cependant les femmes Troyennes, rassemblées sur les bords de la mer, pleuroient à l'écart la mort d'Anchise, & regardant tristement la profonde immensité des eaux, elles poussoient des soupirs. Faut-il, disoient-elles, après tant de fatigues, encore avoir tant de mers à traverser ? Ennuyées d'une si longue & si pénible navigation, toutes demandoient une demeure fixe, & qu'on leur bâtît une ville. Dans le dessein de nuire aux Troyens, Iris se mêle parmi elles, non sous la forme d'une Déesse, mais sous celle de la vieille Béroé, femme de Dorycle d'Ismare, qui fut autrefois considérée, & pour ses ancêtres & pour ses enfants :
« Que nous sommes malheureuses, leur dit-
» elle, de n'avoir pas péri par le fer des Grecs,
» sous les murs de notre patrie ! Nation infor-
» tunée, quel sort t'est réservé ? Il y a déja
» sept ans que Troie n'est plus : Il y a sept
» ans que nous errons sur toutes les mers,
» que nous parcourons tous les rivages, que
» nous luttons contre tous les écueils, que
» nous changeons sans cesse de climats. Eter-
» nel jouet des flots, nous cherchons à tra-
» vers la vaste étendue des mers le rivage
» d'Italie, qui fuit devant nous. Mais n'est-

Hîc Erycis fines fraterni, atque hofpes Aceftes:
Quis prohibet muros jacere, & dare civibus urbem ?
O patria, & rapti nequicquam ex hofte Penates,
Nullane jam Trojæ dicentur mœnia ? nufquam
Hectoreos amnes, Xanthum, & Simoënta videbo ?
Quin agite, & mecum infauftas exurite puppes.
Nam mihi Caffandræ per fomnum vatis imago
Ardentes dare vifa faces. Hîc quærite Trojam :
Hîc domus eft, inquit, vobis. Jam tempus agit res :
Nec tantis mora prodigiis : en quatuor aræ
Neptuno. Deus ipfe faces, animumque miniftrat.
 Hæc memorans, prima infenfum vi corripit
  ignem,
Sublatâque procul dextrâ connixa corufcat,
Et jacit. Arectæ mentes, ftupefactaque corda
Iliadum. Hîc una è multis, quæ maxima natu,
Pyrgo, tot Priami natorum regia nutrix,
Non Beroë vobis, non hæc Rhœteïa, matres,
Eft Dorycli conjux : divini figna decoris,
Ardentefque notate oculos; qui fpiritus illi,
Qui vultus, vocifque fonus, vel greffus eunti.
Ipfa egomet dudum Beroën digreffa reliqui
Ægram, indignantem, tali quod fola careret
Munere, nec meritos Anchifæ inferret honores.
Hæc effata.
At matres, primò ancipites, oculifque malignis
Ambiguæ fpectare rates, miferum inter amorem
Præfentis terræ, fatisque vocantia regna :

« ce pas ici qu'Eryx, frere d'Enée, a régné ?
» Aceste notre ami y regne aujourd'hui. Qui
» nous empêche de bâtir une Ville en ces
» lieux, & de nous y établir ? Chere patrie,
» Dieux d'Ilium en vain sauvés des flammes,
» ne verrai-je jamais une Ville qui porte le
» nom de Troie, & des fleuves qui me re-
» tracent le Xanthe & le Simoïs ? Croyez-moi,
» mettons le feu à ces malheureux vaisseaux.
» Cassandre la Prophétesse m'a apparu cette
» nuit en songe ; elle m'a mis à la main un
» flambeau : c'est ici, m'a-t-elle dit, qu'il faut
» établir votre séjour, & bâtir la nouvelle
» Troie. Allons, Troyennes, hâtons-nous d'o-
» béir à l'ordre des Dieux. Voici quatre autels
» consacrés à Neptune. Un Dieu même nous
» fournit des armes, & le courage de nous en
» servir «.

A ces mots, elle s'approche d'un de ces autels, & en arrache un tison ardent : elle le tient
élevé, & en fait briller la flamme : puis tout
à coup elle le lance de toute sa force au milieu de la flotte. Toutes les Troyennes sont
saisies d'étonnement & de crainte. Cependant
la plus âgée d'entr'elles, nommée Pyrgo, qui
avoit alaité tant d'enfants de la famille de Priam,
rompt la premiere le silence. » Troyennes,
» dit-elle, celle qui vient de vous parler,
» n'est point la Béroé du Cap de Rethé, la
» femme de Dorycle. Remarquez cet air de
» Déesse, ces yeux brillants, cette vivacité,
» cette démarche, cette voix. Je viens moi-mê-
» me de quitter Béroé : malade, solitaire, elle
» gémit de ne pouvoir célébrer avec vous les
» funérailles d'Anchise «. Les Troyennes inquietes, incertaines, jettent sur la flotte des
regards sinistres, partagées entre le desir de
se fixer en Sicile, & celui de se voir un jour

Cùm Dea se paribus per cœlum sustulit alis,
Ingentemque fugâ secuit sub nubibus arcum.
Tum verò attonitæ monstris, actæque furore
Conclamant, rapiuntque focis penetralibus ignem.
Pars spoliant aras, frondem ac virgulta facesque
Conjiciunt : furit immiscis Vulcanus habenis
Transtra per & remos, & pictas habiete puppes.
  Nuntius Anchisæ ad tumulum cuneosque theatri
Incensas perfert naves Eumelus : & ipsi
Respiciunt atram in nimbo volitare favillam.
Primus & Ascanius, cursus ut lætus equestres
Ducebat sic acer equo turbata petivit
Castra, nec exanimes possunt retinere magistri.
Quis furor iste novus ? quò nunc, quò tenditis, in-
    quit,
Heu, miseræ cives ? non hostem, inimicaque castra
Argivûm, vestras spes uritis : en ego vester
Ascanius. Galeam ante pedes projecit inanem,
Quâ ludo indutus belli simulacra ciebat.
Accelerat simul Æneas, simul agmina Teucrûm.
Ast illæ diversa metu per littora passim
Diffugiunt ; sylvasque, & sicubi concava furtim
Saxa petunt : piget incepti lucisque, suosque
Mutatæ agnoscunt, excussaque pectore Juno est.
  Sed non idcirco flammæ atque incendia vires
Indomitas posuere : udo sub robore vivit
Stupa, vomens tardum fumum, lentusque carinas

établies dans le Royaume où le destin les appelle. Cependant Iris s'envole, traçant par sa fuite un grand arc de lumiere dans les airs. A cette vue, les Troyennes frappées du prodige, transportées de fureur, & poussant de grands cris, enlevent le feu des autels, arrachent les branchages dont ils sont parés, & les jettent dans les vaisseaux, avec des torches allumées. Les rames, les bancs, les pouppes, tout devient bientôt la proie de la flamme dévorante.

Eumele apperçoit le premier cet embrasement, & court au Cirque en porter la triste nouvelle. Tous les Troyens tournent les yeux du côté de la flotte, & voient des tourbillons de flamme & de fumée. Ascagne, qui étoit encore à la tête de son jeune escadron, vole vers le rivage, malgré ses gouverneurs alarmés qui ne peuvent le retenir. ″ Malheureu-″ ses citoyennes, s'écrie-t-il, quelle est donc ″ cette étrange fureur ? Ce n'est pas la flotte ″ des Grecs que vous brûlez, c'est la vôtre, ″ ce sont vos espérances. Celui qui vous par-″ le, est Ascagne, le fils de votre Roi ″. En même temps il met bas le vain casque, qui lui couvroit le front dans cet exercice guerrier, où il avoit représenté les jeux de Mars. Bientôt après, Enée arrive, suivi d'une foule de Troyens. A sa vue, les Troyennes frappées de crainte se dispersent le long du rivage : elles cherchent à se cacher dans les bois & dans les creux des rochers. L'aspect de leurs concitoyens leur change le cœur, & les livre à la honte & au repentir : elles ne peuvent soutenir la lumiere : l'esprit de Junon ne les transporte plus.

Cependant l'embrasement ne s'éteint pas ainsi que leur fureur. La flamme s'étend, le calfas prend feu, le corps entier des vaisseaux

Est vapor, & toto descendit corpore pestis :
Nec vires Heroum, infusaque flumina profunt.
Tum pius Æneas humeris abscindere vestem,
Auxilioque vocare Deos, & tendere palmas :
Jupiter omnipotens, si nondum exosus ad unum
Trojanos, si quid pietas antiqua labores
Respicit humanos, da flammam evadere classi
Nunc, Pater, & tenues Teucrûm res eripe leto.
Vel tu, quod superest, infesto fulmine morti,
Si mereor, demitte, tuâque hic obrue dextrâ.
Vix hæc ediderat, cùm effusis imbribus atra
Tempestas sine more furit, tonitruque tremiscunt
Ardua terrarum & campi : ruit æthere toto
Turbibus imber aqua, densisque nigerrimus Aus-
 tris ;
Implenturque super puppes; semiusta madescunt
Robora : restinctus donec vapor omnis, & omnes,
Quatuor amissis, servatæ à peste carinæ.
   At pater Æneas casu concussus acerbo
Nunc huc ingentes, nunc illuc pectore curas
Mutabat, versans, Siculisne resideret arvis
Oblitus fatorum, Italasne capesceret oras.
Tum senior Nautes, unum Tritonia Pallas
Quem docuit, multâque insignem reddidit arte,
Hæc responsa dabat : vel quæ portenderet ira
Magna Deûm, vel quæ fatorum posceret ordo.
Isque his Æneam solatus vocibus infit :
Nate Deâ, quò fata trahunt retrahuntque sequa-
 mur.
Quicquid erit, superanda omnis fortuna ferendo est.
Est tibi Dardanius divinæ stirpis Acestes :
Hunc cape consiliis socium, & conjunge volentem :

s'allume, & une épaisse fumée obscurcit les airs. Rien ne peut arrêter le progrès de l'incendie, qui ne cede ni à l'industrie, ni au travail, ni aux torrents d'eau. Enée accablé de douleur déchire ses habits, leve les mains au ciel, & implore le secours des Dieux. " Jupiter, s'é-
" crie-t-il, si vous ne haïssez pas sans exception
" tous les Troyens, si vous êtes toujours sen-
" sible aux malheurs des mortels, faites que la
" flamme ne consume pas tous mes vaisseaux,
" & sauvez ces foibles restes de Troie. Si je
" suis coupable, que votre foudre à l'instant
" m'écrase & vous venge ". A peine a-t-il prononcé ces mots, que le ciel se couvre de nuages épais. Il s'eleve un orage furieux. Les montagnes & les vallons retentissent des coups redoublés du tonnerre; un torrent de pluie tombe des nues, inonde les vaisseaux, & éteint la flamme. La flotte fut donc sauvée, à l'exception de quatre galeres.

Cependant Enée, frappé de ce cruel contre-temps, étoit plongé dans de mortelles inquiétudes. Il balance, si renonçant aux promesses des Dieux, il fixera son séjour en Sicile, ou s'il fera de nouveaux efforts pour aborder en Italie. Alors un vieillard, nommé Nautès, que la Déesse Pallas avoit instruit elle-même, & à qui elle avoit inspiré sa sagesse, parla ainsi à Enée, en lui exposant ce qu'il avoit à craindre de la colere des Dieux, & à espérer de l'ordre des Destins. " Fils de Vénus, lui dit-il,
" il faut suivre sa destinée. Quelque chose qui
" arrive, la patience doit triompher de la
" fortune. Vous avez un ami fidele dans le
" Roi Aceste, issu, comme vous, du sang des
" Dieux : suivez ses conseils, & associez ce
" Prince à vos projets. Après la perte que
" vous venez de faire d'une partie de vos vais-

Huic trade, amiſſis ſuperant qui navibus, & quos
Pertæſum magni incepti, rerumque tuarum eſt;
Longævoſque ſenes, ac feſſas æquore matres,
Et quicquid tecum invalidum, metuenſque pericli
　　eſt,
Delige, & his habeant terris, fine, mœnia feſſi;
Urbem appellabunt permiſſo nomine Aceſtam.
Talibus incenſus dictis ſenioris amici :
Tum verò in curas animus diducitur omnes.
　Et nox atra polum bigis ſubvecta tenebat:
Viſa dehinc cœlo facies delapſa parentis
Anchiſæ, ſubitò tales effundere voces :
Nate mihi vitâ quondam, dum vita manebat,
Care magis, Nate Iliacis exercite fatis,
Imperio Jovis huc venio, qui claſſibus ignem
Depulit, & cœlo tandem miſeratus ab alto eſt.
Conſiliis pare, quæ nunc pulcherrima Nautes
Dat Senior: lectos juvenes, fortiſſima corda,
Defer in Italiam: gens dura, atque aspera cultu
Debellanda tibi Latio eſt. Ditis tamen ante
Infernas accede domos, & Averna per alta
Congreſſus pete, nate, meos: non me impia nam-
　　que
Tartara habent, triſteſque umbræ; ſed amœna
　　piorum
Concilia, Elyſiumque colo: huc caſta Sibylla
Nigrantum multo pecudum te ſanguine ducet.
Tum genus omne tuum, & quæ dentur mœnia
　　diſces.
Jamque vale: torquet medios nox humida curſus,
Et me ſævus equis Oriens afflavit anhelis.

„ feaux, laissez-lui ceux qui les montoient,
„ ceux que les difficultés de votre entreprise
„ ont rebutés, les vieillards, les femmes fati-
„ guées de la mer, enfin tous ceux qui n'ont
„ ni assez de force ni assez de courage pour
„ affronter de nouveaux dangers. Permettez-leur
„ de s'établir en ces lieux, & d'y bâtir, avec le
„ consentement d'Aceste, une ville qui portera
„ son nom «. Ce discours du sage vieillard fit
impression sur Enée, mais ne put calmer ses
inquiétudes.

La Nuit revêtue de ses noirs vêtements, &
assise dans son char, parcouroit sa carriere,
lorsque l'Ame d'Anchise descendue du ciel
apparut à son fils, & sembla lui parler ainsi :
„ Ô mon fils, qui lorsque je jouissois de la
„ vie, m'étiez plus cher que la vie même, vous
„ qui avez essuyé tant de malheurs depuis la
„ destruction de Troie, apprenez que Jupiter
„ commence à vous regarder d'un œil favo-
„ rable. C'est lui qui a éteint l'incendie de vo-
„ tre flotte, & c'est par son ordre que je viens
„ vous trouver. Suivez les conseils salutai-
„ res du sage Nautès. Ne conduisez en Italie
„ que l'élite de vos Troyens, que des soldats
„ robustes & courageux, pour combattre con-
„ tre une nation féroce & guerriere. Mais
„ avant de soutenir cette guerre, il faut que
„ vous descendiez aux Enfers. Venez me voir,
„ mon fils, venez dans le séjour des morts ;
„ ma demeure n'est point dans le Tartare, ni
„ parmi les tristes Ombres ; j'habite, avec les
„ hommes vertueux, les champs délicieux de
„ l'Elysée. Une chaste Sibylle, après avoir
„ immolé de noires victimes aux Divinités in-
„ fernales, vous y conduira. C'est là que vous
„ apprendrez quels seront vos descendants,
„ & de quelle Ville vous devez être le fonda-

Dixerat & tenues fugit ceu fumus in auras.
Æneas: Quò deinde ruis ? quò proripis ? inquit :
Quem fugis? aut quis te nostris complexibus arcet ?
Hæc memorans, cinerem & sopitos suscitat ignes,
Pergameumque larem, & canæ penetralia Vestæ,
Farre pio, & plenâ supplex, veneratur acerrâ
Extemplo, socios primumque, accersit Acesten ;
Et Jovis imperium, & cari præcepta parentis
Edocet, & quæ nunc animo sententia constet.
Haud mora consiliis; nec jussa recusat Acestes.
Transcribunt urbi matres, populumque volentem
Deponunt, animos nil magnæ laudis egentes.
Ipsi transtra novant, flammisque ambesa reponunt
Robora, navigiis aptant remosque rudentesque,
Exigui numero, sed bello vivida virtus.
 Interea Æneas urbem designat aratro,
Sortiturque domos: hoc Ilium, & hæc loca Trojæ
Esse jubet (gaudet regno Trojanus Acestes)
Indicitque forum, & Patribus dat jura vocatis.
Tunc vicina astris Erycino in vertice sedes
Fundatur Veneri Idaliæ, tumuloque sacerdos
Et lucus latè sacer additur Anchisæo.
Jamque dies epulata novem gens omnis, & aris
Factus honos; placidi straverunt æquora venti,
Creber & aspirans rursus vocat Auster in altum.
Exoritur procurva ingens per littora fletus :
Complexi inter se noctemque diemque morantur.

„ teur. Adieu, mon, fils, la nuit aura bientôt
„ achevé sa course. Je sens déja l'haleine des
„ chevaux du Soleil : elle m'oblige de dispa-
„ roître ". Il disparut en effet, comme une
vapeur légere. Mon pere, s'écrie Enée, où
fuyez-vous ? Pourquoi me quittez-vous ? Qui
vous force de vous dérober à mes embrassements ? En même temps il s'approche de son
foyer, allume du feu, offre un gâteau sacré à
Vesta & aux Dieux Pénates, & brûle des parfums en leur honneur. Aussi-tôt il assemble son
Conseil, & prie le Roi d'y assister. Après avoir
exposé l'ordre de Jupiter & l'avis de son pere,
il leur fait part de sa résolution. On l'approuve,
& Aceste ne s'y oppose point. On destine, pour
habiter la nouvelle Ville, ceux que l'amour de
la gloire touche foiblement, & sur-tout les femmes. Les autres en petit nombre, mais gens de
cœur, s'appliquent à réparer les ravages de la flamme. On rétablit les bancs, les rames & les cordages, on radoube le corps des navires, & on les met
en état de soutenir la mer.

Cependant Enée fait tracer l'enceinte d'une
Ville avec le soc de la charrue, & tirer les
maisons au sort. Cette Ville, leur disoit-il,
vous tiendra lieu d'Ilium, & ces champs seront
pour vous ceux de Troie. Il y établit des loix,
un Tribunal & des Magistrats. Aceste est ravi
de régner sur une colonie Troyenne. On éleve
ensuite un Temple à Vénus sur le sommet du
mont Eryx, on plante un bois sacré près du tombeau d'Anchise, & on y établit un Prêtre pour son
culte.

Neuf jours s'étoient écoulés dans les sacrifices & les festins, lorsque la mer parut favorable pour la navigation. Alors le rivage com-
mença à retentir de gémissements : on s'embras-
soit sans cesse, en versant des larmes. Ceux

Ipsæ jam matres, ipsi quibus aspera quondam
Visa maris facies, & non tolerabile numen,
Ire volunt, omnemque fugæ perferre laborem:
Quos bonus Æneas dictis solatur amicis,
Et consanguineo lacrymans commendat Acestæ.
Tres Eryci vitulos, & tempestatibus agnam
Cædere deinde jubet, solvique ex ordine funes.
Ipse caput tonsæ foliis evinctus olivæ,
Stans procul in prorâ, pateram tenet, extaque salsos
Porricit in fluctus, ac vina liquentia fundit.
Prosequitur surgens à puppi ventus euntes:
Certatim socii feriunt mare, & æquora verrunt.
  At Venus interea Neptunum exercita curis
Alloquitur, talesque effundit pectore questus:
Junonis gravis ira, & inexsaturabile pectus
  Cogunt me, Neptune, preces descendere in om-
    nes;
Quam nec longa dies, pietas nec mitigat ulla:
Nec Jovis imperio, fatis-ve infracta quiescit.
Non mediâ de gente Phrygum exedisse nefandis
  Urbem odiis, satis est, nec pœnam traxe per om-
    nem
Relliquias: Trojæ cineres atque ossa peremptæ
Insequitur: causas tanti sciat illa furoris.
Ipse mihi nuper Libycis tu testis in undis
Quam molem subitò excierit: maria omnia cœlo
Miscuit, Æoliis necquicquam freta procellis:
In regnis hoc ausa tuis.
Per scelus, ecce etiam Trojanis matribus actis
Exussit fœde puppes, & classe subegit

qui avoient paru les plus rebutés de la mer, & à qui Neptune avoit semblé un Dieu intraitable, les femmes mêmes, brûlent de s'embarquer : on n'est plus effrayé ni des fatigues ni des dangers du voyage. Enée attendri prend soin de les consoler, & les larmes aux yeux, les recommande au Roi Aceste. Après avoir immolé trois jeunes taureaux à Eryx, & une brebis aux tempêtes, il ordonne à tous de démarrer l'un après l'autre. Pendant ce temps-là, debout sur la proue de son vaisseau, la tête couronnée d'olivier, une coupe à la main, il jette dans la mer des entrailles de victimes, & y verse du vin. On part enfin : un vent propice, soufflant en pouppe, enfle les voiles & les rameurs à l'envi fendent les plaines liquides.

Cependant Vénus inquiete va trouver le Dieu des mers, & lui parle de la sorte : » Nep-
» tune, la violente colere de l'implacable Ju-
» non, & son éternelle fureur me forcent de
» m'abaisser aux plus humbles prieres. Ni le
» temps, ni les hommages de mon fils ne peu-
» vent l'adoucir : elle brave & les ordres de Ju-
» piter & les arrêts du Destin. C'est peu pour
» elle d'avoir détruit la Ville des Phrygiens,
» & poursuivi ses malheureux restes : ses os
» & ses cendres sont encore l'objet de sa haine.
» Quelle dise elle-même le motif d'un si furieux
» courroux. Vous savez comment elle sou-
» leva contre la flotte Troyenne les flots de la
» Libye. Elle força Eole de déchaîner les
» vents, & elle bouleversa le ciel & la mer.
» Voilà ce qu'elle a osé commettre dans votre
» empire. Pour comble de méchanceté, elle
» vient d'exciter les femmes Troyennes à met-
» tre le feu à la flotte de mon fils ; ce qui l'obli-
» ge à laisser une partie de ses compagnons

Amissâ socios ignotæ linquere terræ.
Quod superest, oro, liceat dare tuta per undas
Vela tibi, liceat Laurentem attingere Tibrim ;
Si concessa peto, si dant ea mœnia Parcæ.
  Tum Saturnius hæc domitor maris edidit alti ?
Fas omne est, Cytherea, meis te fidere regnis,
Unde genus ducis : merui quoque. Sæpe furores
Compressi, & rabiem tantam cœlique marisque.
Nec minor in terris (Xanthum Simoëntaque testor)
Æneæ mihi cura tui : cum Troja Achilles
Exanimata sequens impingeret agmina muris,
Milla multa daret leto, gemerentque repleti
Amnes, nec reperire viam, atque evolvere posset
In mare se Xanthus, Pelidæ tunc ego forti
Congressum Æneán, nec Diis, nec viribus æquis,
Nube cavâ rapui ; cuperem cum vertere ab imo
Structa meis manibus perjuræ mœnia Trojæ.
Nunc quoque mens eadem perstat mihi : pelle ti-
    morem.
 † Tutus, quos optas, portus accedet Averni.
Unus erit tantum, amissum quem gurgite quæret :
Unum pro multis dabitur caput.
  His ubi læta Deæ permulsit pectora dictis,
Jungit equos auro genitor, spumantiaque addit
Frena feris, manibusque omnes effundit habenas.
Cæruleo per summa levis volat æquora curru :
Subsidunt undæ, tumidumque sub axe tonanti
Sternitur æquor aquis : fugiunt vasto æthere nimbi.

„ dans une terre étrangere. Ah ! Neptune,
„ que désormais il soit en sûreté sur vos on-
„ des, & qu'il puisse aborder au rivage du
„ Tibre. Si ma demande est juste, si les Par-
„ ques le permettent, accordez-moi cette
„ grace ".

Le fils de Saturne lui répondit : „ Déesse de
„ Cythere, vous n'avez rien à craindre dans
„ un empire où vous êtes née. N'ai-je pas
„ mérité votre confiance ? J'ai souvent calmé
„ les fureurs du ciel & de la mer soulevés contre
„ votre fils, & je ne lui ai pas été moins fa-
„ vorable sur la terre : le Xanthe & le Simoïs
„ en sont témoins. Un jour qu'Achille pour-
„ suivoit les Troyens effrayés jusqu'aux pieds
„ de leurs murailles, qu'il en faisoit un car-
„ nage affreux, que les fleuves gémissoient sous
„ le poids des morts, & que le Xanthe pou-
„ voit à peine porter à la mer ses flots ensan-
„ glantés ; ce jour-là même votre fils osa com-
„ battre contre lui avec des forces inégales,
„ & moins protégé des Dieux que ce redou-
„ table Guerrier. Quoique je brûlasse de ren-
„ verser la perfide Troie, dont j'avois bâti les
„ murailles, je couvris Enée d'un nuage, &
„ le dérobai aux coups de son ennemi. J'ai en-
„ core pour lui les mêmes sentiments : rassurez-
„ vous. Il abordera selon vos desirs au port
„ d'Averne, & dans sa route il ne perdra qu'un
„ seul homme, sacrifié au salut de tous les
„ autres ".

Après avoir par ces douces paroles réjoui le
cœur de la Déesse, Neptune fait atteler ses chevaux à son char doré, & leur abandonnant les
rênes, il vole sur la surface de l'onde. A sa présence les flots s'applanissent, & les nuages fuient.
Cent monstres de la mer se rassemblent autour
de son char : à sa droite, la vieille suite de

Tum variæ comitum facies; immania cete,
Et senior Glauci chorus, Inoüsque Palæmon,
Tritonesque citi, Phorcique exercitus omnis.
Læva tenent Thetis & Melite, Panopeaque virgo,
Nesæ, Spioque, Thaliaque, Cymodoceque.
Hîc patris Æneæ suspensam blanda vicissim
Gaudia pertentant mentem : jubet ociùs omnes
Attolli malos, intendi brachia velis.
Unà omnes fecere pedem; pariterque sinistros,
Nunc dextros solvere sinus : unà ardua torquent
Cornua, detorquentque : ferunt sua flamina classem.
Princeps ante omnes densum Palinurus agebat
Agmen : ad hunc alii cursum contendere jussi.
 Jamque ferè mediam cœli nox humida metam
Contigerat : placidâ laxârant membra quiete
Sub remis fusi per dura sedilia nautæ;
Cùm levis æthereis delapsus Somnus ab astris
Aëra dimovit tenebrosum, & dispulit umbras :
Te, Palinure, petens, tibi tristia somnia portans
Insonti ; puppique Deus consedit in altâ
Phorbanti similis, fuditque has ore loquelas :
Jaside Palinure, ferunt ipsa æquora classem;
Æquatæ spirant auræ ; datur hora quieti :
Pone caput, fessosque oculos furare labori :
Ipse ego paulisper pro te tua munera inibo.
Cui vix attollens Palinurus lumina fatur :
Mene salis placidi vultum, fluctusque quietos
Ignorare jubes ? mene huic confidere monstro ?
Ænean credàm quid enim fallacibus Austris,
Et cœli toties deceptus fraude sereni ?
Talia dicta dabat ; clavumque affixus & hærens
Nusquam amittebat, oculosque sub astra tenebat.
Ecce Deus ramum Lethæo rore madentem,

Glaucus, Palémon, les légers Tritons, & toute la troupe de Phorcus; à sa gauche, Thétis, Mélite, Panopée, Nésée, Spio, Thalie, & Cymodoce. Cependant à la vue d'un temps si favorable, les inquiétudes d'Enée se dissipent: comblé de joie, il ordonne de dresser tous les mâts, & de déployer toutes les voiles. On obéit: tous les bras sont tendus, tout est en mouvement dans les navires: les voiles sont hissées de tous côtés; les Matelots tournent & retournent les antennes, & toute la flotte vogue au gré du vent. Le Pilote Palinure conduisoit le vaisseau d'Enée, & les autres navires avoient ordre de suivre sa manœuvre.

Déja la nuit étoit au milieu de sa course. Les Matelots couchés durement, chacun auprès de leur rame, se livroient aux douceurs du repos, lorsque Morphée, descendant de la voûte azurée, traversa d'un vol léger le ténébreux espace des airs. C'est pour toi, infortuné Palinure, que ce Dieu descend sur la terre: Qu'il t'apporte un funeste sommeil! Il prend la figure de Phorbas, & s'assied sur la pouppe: „Fils „d'Iasus, dit-il à Palinure, tu vois que la „mer est calme, & que les vents soufflent à „ton gré. Voici le temps de te reposer: cou„che-toi; dérobe-toi à la fatigue pour quel„ques moments: durant ton sommeil, je veil„lerai sur le vaisseau, & je te soulagerai un „peu de tes fonctions". Palinure ouvrant avec peine ses paupieres appésanties, lui répond: „Veux-tu donc que j'oublie les dangers d'un „calme séducteur, que je me fie à un cruel „élément, qui m'a trompé tant de fois, & que „j'abandonne aux vents perfides la fortune de „mon Prince?" En parlant ainsi, il avoit la main sur le gouvernail, qu'il ne quittoit point, & regardoit les astres. Alors le Dieu secoua

Vique soporatum Stygiâ super utraque quassat
Tempora, cunctantique natantia lumina solvit.
Vix primos inopina quies laxaverat artus,
Et super incumbens, cum puppis parte revulsâ,
Cumque gubernaclo liquidas projecit in undas
Præcipitem, ac socios nequicquam sæpe vocantem.
Ipse volans tenues se sustulit ales in auras.

 Currit iter tutum non secius æquore classis,
Promissisque patris Neptuni interrita fertur.
Jamque adeo scopulos Sirenum advecta subibat
Difficiles quondam, multorumque ossibus albos.
Tum rauca assiduo longè sale saxa sonabant :
Cùm pater amisso fluitantem errare magistro
Sensit, & ipse ratem nocturnis rexit in undis
Multa gemens, casuque animum concussus amici.
O nimiùm cœlo & pelago confise sereno,
Nudus in ignotâ, Palinure, jacebis arenâ !

sur ses tempes un rameau soporifique, trempé dans les eaux du Styx & du Lethé. A l'instant le Pilote sent ses yeux nager malgré lui dans le sommeil. Mais à peine commence-t-il à y être plongé, à peine une langueur subite s'est-elle emparée de tous ses membres, que le Dieu se jettant sur lui, le précipite dans le sein de ses ondes, avec le gouvernail & une partie de la pouppe à laquelle il étoit attaché. Aussi-tôt il s'envole comme un oiseau léger. Palinure submergé implore vainement le secours de ses compagnons.

Cependant la flotte, suivant la promesse de Neptune, continuoit de cingler heureusement. Déja elle étoit à la hauteur du redoutable écueil des Sirenes, célebres par tant de naufrages. Les flots se brisoient à grand bruit contre ces funestes rochers, lorsqu'Enée s'apperçut qu'il voguoit à la merci des ondes. Il prend lui-même, pour cette nuit, la conduite de son navire, en déplorant la perte d'un Pilote qu'il aimoit. » Malheureux Palinure, di- » soit-il, tu as péri pour t'être trop confié à la sé- » rénité du ciel & au calme des flots : Hélas ! ton » corps nud, privé de la sépulture, va demeurer » étendu sur un rivage ignoré «.

PUBLII VIRGILII MARONIS ÆNEIDOS.
LIBER SEXTUS.

Sic fatur lacrymans, classique immitit habenas,
Et tandem Euboïcis Cumarum allabitur oris.
Obvertunt pelago proras; tum dente tenaci
Anchora fundabat naves, & littora curvæ
Prætexunt puppes. Juvenum manus emicat ardens
Littus in Hesperium : quærit pars semina flammæ
Abstrusa in venis silicis : pars, densa ferarum
Tecta, rapit sylvas, inventaque flumina monstrat.
  At pius Æneas arces, quibus altus Apollo
Præsidet, horrendæque procul secreta Sibyllæ,
Antrum immane, petit; magnam cui mentem ani-
    mumque
Delius inspirat vates, aperitque futura.
Jam subeunt Triviæ lucos, atque aurea tecta.
Dædalus, ut fama est, fugiens Minoïa regna,
Præpetibus pennis ausus se credere cœlo,
Insuetum per iter gelidas enavit ad Arctos;

L'ÉNÉIDE
DE
VIRGILE.
LIVRE SIXIEME.

Ainsi parloit Enée, les larmes aux yeux. Cependant sa flotte vogue à pleines voiles, & mouille enfin dans la rade de Cumes, ville fondée par les Eubéens. Aussi-tôt on tourne les proues, on jette l'ancre, & les pouppes bordent le rivage. L'ardente jeunesse s'élance des vaisseaux, & prend terre : les uns cherchent les semences de feu, cachées dans les vaines des cailloux ; ceux-ci vont couper du bois dans la forêt voisine, sombre retraite des bêtes farouches ; ceux-là montrent à leurs compagnons les sources qu'ils ont découvertes.

Enée s'avance vers les rochers consacrés à Apollon, & plus loin, vers l'antre profond & ténébreux de la redoutable Sibylle, inspirée par le Dieu qui agite son ame, qui éleve son esprit, & lui découvre l'avenir. Déja le Héros & sa suite avoient traversé le bois sacré d'Hécate ; déja ils étoient près du magnifique Temple. Dédale voulant, dit-on, se dérober à la vengeance de Minos, se forma des ailes, & s'ouvrant une nouvelle route, osa se

Chalcidicâque levis tandem super astitit arce.
Redditus his primùm terris, tibi, Phœbe, sacravit
Remigium alarum, posuitque immania templa.
In foribus lethum Androgeo ; tum pendere pœnas
Cecropidæ jussi, miserum, septena quotannis
Corpora natorum : stat ductis sortibus urna.
Contrà elata mari respondet Gnosia tellus.
Hîc crudelis amor Tauri, suppostaque furto
Pasiphaë, mistumque genus, prolesque biformis,
Minotaurus inest, veneris monumenta nefandæ.
Hîc labor ille domus, & inextricabilis error.
Magnum reginæ sed enim miseratus amorem
Dædalus, ipse dolos tecti ambagesque resolvit,
Cæca regens filo vestigia : tu quoque magnam
Partem opere in tanto, sineret dolor, Icare, haberes.
Bis conatus erat casus effingere in auro ;
Bis patriæ cecidere manus. Quin protinus omnia
Perlegerent oculis, ni jam præmissus Achates
Afforet, atque unà Phœbi Triviæque sacerdos,
Deïphobe Glauci, fatur quæ talia regi :
Non hoc ista sibi tempus spectacula poscit;
Nunc grege de intacto septem mactare juvencos
Præstiterit, totidem lectas de more bidentes.
Talibus affata Æneam (nec sacra morantur
Jussa viri) Teucros vocat alta in templa sacerdos.
Excisum Euboïcæ latus ingens rupis in antrum,
Quò lati ducunt aditus centum, ostia centum ;
Unde ruunt totidem voces, responsa Sibyllæ.
Ventum erat ad limen, cùm Virgo : poscere fata
Tempus, ait : Deus ecce Deus. Cui talia tanti

confier aux airs. Il vola vers les froides contrées du Septentrion, & s'arrêta enfin sur les rochers de Cumes. Descendu sur ces bords, il te consacra d'abord ses ailes, divin Apollon, & t'éleva un superbe Temple. Sur la porte de cet édifice il avoit représenté le meurtre d'Androgée, & les sept jeunes garçons, que pour l'expiation de ce crime, les Athéniens, hélas! étoient forcés tous les ans de livrer au Minotaure : on voyoit l'urne fatale d'où sortoient leurs noms tirés au sort. Vis-à-vis s'élevoit l'Isle de Crete. Là étoit Pasiphaé brûlant pour un taureau, & le monstre, fruit de son infame ardeur : on y voyoit les détours du Labyrinthe, d'où Dédale, touché de l'amour d'Ariadne pour Thésée, sauva ce Prince, par un fil qui guida ses pas. O Icare, si la douleur de ton pere l'eût permis, tu aurois été sans doute le principal objet de ses travaux. Deux fois il essaya d'exprimer sur l'or ta funeste aventure : deux fois le burin tomba de ses mains paternelles. Les Troyens auroient parcouru des yeux le reste de ces merveilles, si Acathe envoyé par Enée vers la Sibylle Déiphobe, fille de Glaucus, Prêtresse d'Apollon & d'Hécate, ne fût arrivé avec elle : « Ce n'est pas le temps, » dit-elle, de satisfaire une vaine curiosité. » Il faut immoler sept jeunes taureaux & sept » brebis choisies «. Ses ordres ayant été sur le champ exécutés, elle entre dans le Temple, & y appelle les Troyens. Au fond du sanctuaire étoit un antre profond, taillé dans le roc, où l'on arrivoit par cent chemins, où l'on entroit par cent portes, & d'où sortoient autant de voix terribles, qui faisoient entendre les réponses de la Prophétesse. Lorsqu'ils furent à l'entrée de la grotte : » Il est temps de m'inter- » roger, s'écria-t-elle, je sens le Dieu qui » me saisit, je le sens. «. A l'instant son visage

Ante fores subitò non vultus, non color unus,
Non comptæ mansêre comæ ; sed pectus anhelum,
Et rabie fera corda tument, majorque videri,
Nec mortale sonans ; afflata est numine quando
Jam propiore Dei. Cessas in vota precesque,
Tros, ait, Ænea, cessas ! neque enim ante dehis-
cent
Attonitæ magna ora domûs : & talia fata
Conticuit. Gelidus Teucris per dura cucurrit
Ossa tremor ; fuditque preces rex pectore ab imo.
    Phœbe, graves Trojæ semper miserate labores,
Dardana qui Paridis direxti tela manusque
Corpus in Æacidæ, magnas obeuntia terras
Tot maria intravi, duce te, penitusque repostas
Massylûm gentes, prætentaque Syrtibus arva.
Jam tandem Italiæ fugientis prendimus oras.
Hâc Trojana tenus fuerit fortuna secuta.
Vos quoque Pergameæ jam fas est parcere genti,
Diique Deæque omnes, quibus obstitit Ilium, &
    ingens
Gloria Dardaniæ : tuque ô sanctissima vates,
Præscia venturi, da (non indebita posco
Regna meis fatis) Latio considere Teucros,
Errantesque Deos, agitataque numina Trojæ.
Tum Phœbo & Triviæ solido de marmore tem-
plum
Instituam, festosque dies de nomine Phœbi.
Te quoque magna manet regnis penetralia nostris :
Hîc ego namque tuas sortes, arcanaque fata
Dicta meæ genti ponam, lectosque sacrabo,
Alma, viros : foliis tantùm ne carmina manda ;
Ne turbata volent rapidis ludibria ventis ;

change ; ses cheveux se hérissent ; sa poitrine
s'enfle : elle respire à peine ; la fureur la transporte ; sa voix n'est plus une voix humaine ;
sa taille semble s'être accrue : le Dieu s'étoit
emparé de tous ses sens : ῎ Enée, dit-elle, tu
῎ tardes à offrir des vœux ! tu tardes ? Sache
῎ que les portes de ce Temple auguste ne s'ou-
῎ vriront point, que tu n'aies fait des pro-
῎ messes à la Divinité qui y préside ῎. A ces
mots elle se tait, & les Troyens sont glacés
d'effroi : Enée adresse donc cette prière à Apollon.

῎ Puissant Dieu, qui avez toujours été tou-
῎ ché des malheurs de Troie, vous qui guidâ-
῎ tes la main & la flèche de Pâris lorsqu'il tua
῎ Achille, c'est sous vos auspices que j'ai par-
῎ couru tant de mers & tant de rivages, &
῎ que j'ai affronté tant d'écueils. Nous voilà
῎ enfin arrivés dans ce pays, qui a si long-
῎ temps fui devant nous : n'est-il pas temps que
῎ la fortune cesse de nous persécuter ? O
῎ vous, Dieux & Déesses, ennemis de la
῎ gloire d'Ilion qui vous a résisté, il est juste
῎ à présent de nous épargner. Sainte Prophé-
῎ tesse, qui percez les ténebres de l'avenir,
῎ permettez que les Troyens s'établissent dans
῎ le Latium : je ne demande que ce qui m'est
῎ promis. J'éleverai un Temple de marbre à
῎ Apollon & à Hécate dans mon empire, &
῎ j'instituerai des jeux en l'honneur du pre-
῎ mier. Je vous y destine un sanctuaire, vé-
῎ nérable Sibylle : j'y déposerai vos mystérieux
῎ Oracles prononcés en faveur de mon peu-
῎ ple, & j'établirai des Prêtres pour les in-
῎ terpréter. Mais, de grace ne les écrivez pas
῎ aujourd'hui sur des feuilles volantes, de peur
῎ qu'ils ne soient le jouet des vents : parlez
῎ vous-même ; faites-nous entendre votre

Ipsa canas, oro. Finem dedit ore loquendi.
   At, Phœbi nundum patiens, immanis in antro
Bacchatur vates, magnum si pectore possit
Excussisse Deum: tanto magis ille fatigat
Os rabidum, fera corda domans, fingitque pre-
   mendo.
Ostia jamque domûs patuere ingentia centum
Sponte suâ, vatisque ferunt responsa per auras.
O tandem magnis pelagi defuncte periclis;
Sed terrâ graviora manent. In regna Lavini
Dardanidæ venient; mitte hanc de pectore curam;
Sed non & venisse volent: bella, horrida bella,
Et Tibrim multo spumantem sanguine cerno.
Non Simoïs tibi, nec Xanthus, nec Dorica castra
Defuerint: alius Latio jam partus Achilles,
Natus & ipse Deâ: nec Teucris addita Juno
Usquam aberit. Quem tu supplex in rebus egenis,
Quas gentes Italûm, aut quas non oraveris urbes?
Causa mali tanti conjux iterum hospita Teucris,
Externique iterum thalami.
Tu ne cede malis: sed contra audentior ito,
Quàm tua te fortuna sinet: via prima salutis,
Quod minimè reris, Grajâ pandetur ab urbe.
   Talibus ex adyto dictis Cumæa Sibylla
Horrendas canit ambages, antroque remugit,
Obscuris vera involvens: ea fræna furenti
Concutit, & stimulos sub pectore vertit Apollo.
Ut primùm cessit furor, & rabida ora quiêrunt,

voix:

Livre VI.

» voix «. Après avoir fait cette priere, Enée se tut.

La Sibylle, luttant encore contre le Dieu, s'agite avec fureur dans son antre. Plus son ame est rebelle, plus le Dieu fait d'efforts pour la domter. Enfin il acheve de la soumettre, & s'empare entièrement d'elle. Aussi-tôt les cent portes de l'antre s'ouvrent, & les paroles de la Prêtresse, se répandent dans les airs. » Enée, » dit-elle, te voilà enfin sauvé de tous les dan- » gers de la mer; mais de plus grands t'atten- » dent sur la terre. Les Troyens, n'en doute » point, pénétreront dans le Royaume des » Latins : mais ils voudront un jour n'y être » jamais entrés. Je vois d'horribles combats; » je vois le Tibre regorger de sang. Dans ce » funeste pays tu trouveras le Simoïs, & le » Xanthe ; tu y trouveras des bataillons Grecs, » & un autre Achille, fils aussi d'une Déesse. » L'implacable Junon y poursuivra les Troyens » comme dans la Phrygie. De quelle nation, » de quelle ville n'imploreras-tu pas humble- » ment le secours dans tes désastres? Un » nouvel hymen avec une Princesse étrangere » soulévera les peuples, & sera encore en ces » lieux la source d'une guerre cruelle. Mais » ne te laisse point abattre par ces revers : op- » pose à la fortune ennemie un invincible cou- » rage. Ce que tu n'aurois jamais osé espérer, » une ville Grecque sera ta principale res- » source «.

Tel fut l'Oracle prononcé du fond de l'antre, par la voix mugissante de la Sibylle; telles furent les redoutables vérités qu'elle annonça en termes obscurs. Cependant Apollon ne cessoit d'agiter sa Prêtresse, livrée aux plus violents transports. Lorsqu'enfin ses sens furent calmés, & que le silence eut succédé à ses fu-

Tome II. G

Incipit Æneas heros : Non ulla laborum,
O virgo, nova mî facies inopinave surgit :
Omnia præcepi, atque animo mecum ante peregi.
Unum oro ; quando hîc inferni janua regis
Dicitur, & tenebrosa palus Acheronte refuso,
Ire ad conspectum cari genitoris & ora
Contingat: doceas iter, & sacra ostia pandas.
Illum ego per flammas & mille sequentia tela,
Eripui his humeris, medioque ex hoste recepi :
Ille meum comitatus iter, maria omnia mecum,
Atque omnes pelagique minas cœlique ferebat
Invalidus, vires ultra sortemque senectæ.
Quin, ut te supplex peterem, & tua limina adirem,
Idem orans mandata dabat. Natique, patrisque,
Alma, precor, miserere ; potes namque omnia,
  nec te
Nequicquam lucis Hecate præfecit Avernis.
Si potuit manes arcessere conjugis Orpheus,
Threiciâ fretus citharâ fidibusque canoris ;
Si fratrem Pollux alternâ morte redemit,
Itque reditque viam toties : quid Thesea, magnum
Quid memorem Alciden ? & mî genus ab Jove
  summo.
Talibus orabat dictis, arasque tenebat :
 Tunc sic orsa loqui vates: Sate sanguine Divûm,
Tros Anchisiade, facilis descensus Averni :
Noctes atque dies patet atri janua Ditis:
Sed revocare gradum, superasque evadere ad au-
  ras,
Hoc opus, hic labor est : pauci, quos æquus amavit
Jupiter, aut ardens evexit ad æthera virtus,

reurs, Enée lui adressa ces mots : " Divine
" Prophétesse, les travaux & les dangers que
" vous m'annoncez, n'ont rien de nouveau
" pour moi. J'ai tout prévu, & je m'y suis
" préparé : je vous demande une seule grace.
" Puisque la porte des Enfers est, dit-on, en
" ces lieux, où le débordement de l'Aché-
" ron forme un marais, qu'il me soit permis
" de descendre dans ces demeures obscures,
" pour y voir mon pere. Montrez-moi le che-
" min, & ouvrez-moi la porte sacrée. Ce
" pere tendrement aimé, je l'ai enlevé sur
" mes épaules à travers les flammes, & je
" l'ai arraché d'entre les bras des ennemis. Il
" m'a accompagné dans mes voyages. Malgré
" sa foiblesse, malgré le poids de ses années,
" il a soutenu courageusement toutes les fati-
" gues de la mer, & c'est lui qui m'a exhorté
" à venir implorer votre secours. Daignez
" vous intéresser & pour le pere & pour le
" fils. Vous pouvez tout, & ce n'est pas en
" vain qu'Hécate vous a confié la garde des
" bois sacrés de l'Averne. Orphée, à la faveur
" des sons mélodieux de sa lyre, a bien pu pé-
" nétrer jusqu'aux Enfers, pour rappeller à la
" vie sa chere épouse Eurydice. Castor &
" Pollux reviennent tour à tour sur la terre.
" Je ne parle point de Thésée, ni du grand
" Alcide. Je descends, comme eux, de Jupi-
" ter ". Enée, en parlant ainsi, avoit la main
sur l'autel.

" Fils d'Anchise, répondit la Sibylle, je
" sais que vous êtes du sang des Dieux ; mais
" apprenez, qu'autant qu'il est aisé de des-
" cendre dans l'Empire des morts, autant il
" est difficile d'en revenir. La porte du noir
" Dieu des Enfers est ouverte nuit & jour ;
" mais il n'y a eu jusqu'ici que quelques enfants

G 2

Diis geniti potuere : tenent media omnia fylvæ,
Cocytufque finu labens circumfluit atro.
Quòd fi tantus amor menti, fi tanta cupido eft,
Bis Stygios innare lacus, bis nigra videre
Tartara, & infano juvat indulgere labori,
Accipe quæ peragenda priùs. Latet arbore opacâ
Aureus & foliis & lento vimine ramus,
Junoni infernæ dictus facer : hunc tegit omnis
Lucus, & obfcuris claudunt convallibus umbræ.
Sed non antè datur telluris operta fubire,
Auricomos quàm quis decerpferit arbore fœtus.
Hoc fibi pulchra fuum ferri Proferpina munus
Inftituit : primo avulfo non deficit alter
Aureus, & fimili frondefcit virga metallo.
Ergo altè veftigia oculis, & rite repertum
Carpe manu; namque ipfe volens facilifque feque-
    tur,
Si te fata vocant : aliter, non viribus ullis
Vincere, nec duro poteris convellere ferro.
Præterea jacet exanimum tibi corpus amici,
Heu nefcis ! totamque inceftat funere claffem,
Dum confulta petis, noftroque in limine pendes.
Sedibus hunc refer ante fuis, & conde fepulcro.
Duc nigras pecudes : ea prima piacula funto.
Sic demùm lucos Stygios, regna invia vivis,
Afpicies. Dixit, prefloque obmutuit ore.

   Æneas mœfto defixus lumina vultu
Ingreditur, linquens antrum, cæcofque volutat
Eventus animo fecum; cui fidus Achates

„ des Dieux, quelques Héros favorisés de
„ Jupiter, à qui le retour à la lumiere des
„ cieux ait été accordé. Il faut traverser d'é-
„ paisses forêts, & franchir les noirs circuits
„ du Cocyte. Cependant, si vous avez tant
„ d'envie de passer deux fois le marais du Styx,
„ de voir deux fois le ténébreux Tartare, si
„ rien ne peut vous détourner de ce dessein,
„ apprenez le moyen d'y réussir. Au milieu
„ d'une épaisse forêt, dans le fond d'une téné-
„ breuse vallée, est un arbre touffu, qui por-
„ te un rameau d'or, consacré à la Reine des
„ Enfers. Il faut qu'un mortel, qui veut pé-
„ nétrer dans l'Empire de Pluton, soit muni
„ de ce rameau, pour le présenter à la Déesse:
„ c'est une loi qu'elle a imposée. A peine est-il
„ arraché de l'arbre, qu'il en renaît un autre
„ de même métal. Allez, parcourez cette fo-
„ rêt, cherchez-y le rameau sacré, & dès que
„ vous l'aurez découvert, hâtez-vous de l'en-
„ lever. Si le Destin vous permet de descendre
„ sur les sombres bords, il se laissera cueil-
„ lir sans peine. Mais si votre entreprise est
„ contraire à la volonté de Jupiter, le rameau
„ vous résistera, vous y emploierez des for-
„ ces inutiles; le fer même ne pourra le sépa-
„ rer de l'arbre. Au reste, depuis que vous
„ êtes dans ce Temple, sachez que vous avez
„ perdu un de vos compagnons, que la mort
„ vous a ravi. Hâtez-vous de le faire inhumer:
„ son corps étendu sur le rivage infecte tous
„ vos vaisseaux. Purifiez-les par des victimes
„ noires. Après cette expiation vous pourrez
„ traverser la forêt du Styx, & descendre sur le
„ rivage inaccessible aux vivants «. A ces mots
elle se tut.

Enée, l'air triste, & les yeux baissés, sortit
de l'antre de la Sibylle, accompagné de son

It comes, & paribus curis vestigia figit.
Multa inter sese vario sermone ferebant :
Quem socium exanimem vates, quod corpus hu-
  mandum
Diceret : atque illi Misenum in littore sicco,
Ut venere, vident indignâ morte peremptum ;
Misenum Æolidem, quo non præstantior alter
Ære ciere viros, Martemque accendere cantu.
Hectoris hic magni fuerat comes : Hectora circum
Et lituo pugnas insignis obibat, & hastâ.
Postquam illum victor vitâ spoliavit Achilles,
Dardanio Æneæ sese fortissimus heros
Addiderat socium, non inferiora secutus.
Sed tùm fortè cavâ dum personat æquora conchâ
Demens, & cantu vocat in certamina Divos,
Æmulus exceptum Triton, si credere dignum est,
Inter saxa virum spumosâ immerserat undâ.
Ergo omnes magno circum clamore fremebant ;
Præcipuè pius Æneas. Tùm jussa Sibyllæ,
Haud mora, festinant flentes ; aramque sepulcri
Congerere arboribus, cœloque educere certant.
Itur in antiquam sylvam, stabula alta ferarum :
Procumbunt piceæ ; sonat icta securibus ilex,
Fraxineæque trabes, cuneis, & fissile robur
Scinditur : advolvunt ingentes montibus ornos.
Nec non Æneas, opera inter talia primus
Hortatur socios, paribusque accingitur armis.
Atque hæc ipse suo tristi cum corde volutat,
Aspectans sylvam immensam, & sic ore precatur :
Si nunc se nobis ille aureus arbore ramus
Ostendat nemore in tanto ! quandò omnia verè
Heu nimium de te vates, Misene, locuta est.

fidele Achate auſſi inquiet que lui : il repaſſoit dans ſon eſprit les divers événements qu'on venoit de lui prédire. Ils s'entretenoient de ſujets différents, & ſe demandoient l'un à l'autre, quel pouvoit être celui dont la Sibylle leur avoit annoncé la mort, & qu'elle leur avoit ordonné d'inhumer. En arrivant au camp, ils voient étendu ſur le ſable le corps de Miſene, fils d'Eole, qui n'eut jamais ſon égal dans l'art d'emboucher la trompette, & d'exciter par des ſons guerriers l'ardeur des combattants. Autrefois compagnon du grand Hector, il le ſuivoit dans les combats, & s'y diſtinguoit également par ſa trompette & par ſa lance. Lorſqu'Hector eut été tué par Achille, dédaignant de marcher ſous un Capitaine d'un rang inférieur, il s'attacha à Enée. Ayant fait retentir les rivages du ſon perçant de ſon inſtrument, l'inſenſé oſa défier les Dieux de la mer. Triton, s'il eſt permis de le croire, jaloux de ſon talent, le ſaiſit, & le plongea dans les flots. Tous les Troyens, troublés de cet accident, gémiſſoient autour de ſon corps. Il fut ſur-tout regretté d'Enée. Cependant, les larmes aux yeux, on obéit à la Sibylle, on prépare un bûcher d'une hauteur extraordinaire ; on pénetre dans une antique forêt, profonde retraite des bêtes féroces : les ſapins ſont renverſés ; les chênes retentiſſent ſous les coups redoublés de la coignée ; les frênes ſuccombent, les grands ormes roulent du ſommet des montagnes ; on ſcie & on fend le bois abattu. Enée exhortoit au travail, & donnoit lui-même l'exemple. ”Que ne
”puis-je, diſoit-il en conſidérant cette vaſte fo-
”rêt, que ne puis-je découvrir le rameau d'or
”ſur quelqu'un de ces arbres ! La Sibylle ne m'a
”point trompé : ta mort, infortuné Miſene,
”ne prouve que trop, hélas ! la vérité de ſes
”oracles «.

Vix ea fatus erat, geminæ cum fortè columbæ
Ipsa sub ora viri cœlo venere volantes,
Et viridi sedere solo. Tum maximus heros
Maternas agnoscit aves, lætusque precatur :
Este duces ô, si qua via est, cursumque per auras
Dirigite in lucos, ubi pinguem dives opacat
Ramus humum : tuque ô dubiis ne defice rebus,
Diva parens. Sic effatus, vestigia pressit,
Observans, quæ signa ferant, quò tendere pergant.
Pascentes illæ tantum prodire volando,
Quantum acie poscent oculi servare sequentum.
Inde, ubi venere ad fauces graveo lentis Averni,
Tollunt se celeres, liquidumque per aëra lapsæ,
Sedibus optatis geminâ super arbore sidunt :
Discolor unde auri per ramos aura refulsit.
Quale solet sylvis brumali frigore viscum
Fronde virere novâ, quod non sua seminat arbos,
Et croceo fœtu teretes circumdare truncos :
Talis erat species auri frondentis opacâ
Ilice : sic leni crepitabat bractea vento.
Corripit extemplò Æneas, avidusque refringit
Cunctantem, & vatis portat sub tecta Sibyllæ.

Nec minùs intereà Misenum in littore Teucri
Flebant, & cineri ingrato suprema ferebant.
Principio pinguem tædis, & robore secto
Ingentem struxere pyram; cui frondibus atris
Intexunt latera, & ferales ante cupressos
Constituunt, decorantque super fulgentibus armis.

A peine a-t-il achevé ces mots, que deux colombes traversant les airs passent sous ses yeux, & vont s'abattre sur le gazon. Le Héros reconnoît les oiseaux de sa mere : " Oiseaux sacrés, " dit-il, que votre vol me trace le chemin que " je dois suivre, pour trouver le précieux " rameau : & vous, ma mere, dans l'inquié- " tude où je suis, ne me refusez pas votre se- " cours ". Il s'arrête & observe ces oiseaux, qui tantôt cherchoient leur nourriture sur l'herbe, & tantôt s'élevoient dans les airs, mais toujours à la portée de sa vue. Lorsque les deux colombes furent arrivées près de l'embouchure de l'Averne, l'odeur affreuse de ce gouffre leur fit prendre un vol élevé & rapide dans la vaste plaine des airs : elles vont enfin se reposer sur deux arbres, à l'un desquels étoit suspendu un feuillage d'or, qui brilloit à travers les branches. Ainsi durant l'hyver on voit dans les forêts le gui attaché au chêne, dont il emprunte sa seve & sa verdure : sans être produit d'aucune semence, il charge de ses fruits jaunes le corps de l'arbre qui le nourrit. Tel, agité par le Zéphyre, paroissoit le rameau d'or sur un chêne touffu. Enée le saisit aussi-tôt, l'arrache, & le porte à l'antre de la Sibylle.

Cependant les Troyens affligés rendoient sur le rivage les derniers honneurs à l'infortuné Misene. On éleve le bûcher, qu'on entrelace de bois résineux & de divers branchages. On plante alentour de tristes cyprès : on place les armes brillantes du mort au haut de la pyramide funèbre : on apporte des cuves d'eau bouillante : on lave & l'on embaume son corps glacé : on le couvre de ses habits ordinaires de couleur de pourpre, & on le couche sur un lit. Triste ministere ! les uns le portent sur leur épaules

Pars calidos latices & ahena undantia flammis
Expediunt, corpusque lavant frigentis, & ungunt,
Fit gemitus: tùm membra toro defleta reponunt,
Purpureasque super vestes, velamina nota,
Conjiciunt: pars ingenti subiere feretro,
Triste ministerium; & subjectam, more parentum,
Aversi tenuêre facem: congesta cremantur
Thurea dona, dapes, fuso crateres olivo.
Postquam colapsi cineres, & flamma quievit,
Relliquias vino & bibulam lavere favillam,
Ossaque lecta cado texit Chorinæus aheno.
Idem ter socios purâ circumtulit undâ,
Spargens rore levi & ramo felicis olivæ:
Lustravitque viros, dixitque novissima verba.
At pius Æneas ingenti mole sepulcrum
Imponit, suaque arma viro, remumque, tubamque,
Monte sub aërio, qui nunc Misenus ab illo
Dicitur, æternumque tenet per sæcula nomen.

His actis, properè exequitur præcepta Sibyllæ.
Spelunca alta fuit, vastoque immanis hiatu,
Scrupea, tuta lacu nigro, nemorumque tenebris:
Quam super haud ullæ poterant impunè volantes
Tendere iter pennis: talis sese halitus atris
Faucibus effundens supera ad convexa ferebat:
Undè locum Graji dixerunt nomine Avernum.
Quatuor hîc primum nigrantes terga juvencos
Constituit, frontique invergit vina sacerdos:
Et summas carpens media inter cornua setas,
Ignibus imponit sacris libamina prima,
Voce vocans Hecaten, cœloque Ereboque potentem,

jufqu'au haut du bûcher; les autres, qui repréfentent fes parents, en détournant les yeux, y mettent le feu. On jette enfuite dans les flammes de l'encens, de l'huile d'olive & de la graiffe des viandes immolées. Lorfque le bois eut été confumé, & que la flamme eut difparu, on recueille les os & les cendres; on les lave avec du vin, & le Prêtre Chorinée les renferme dans une urne de bronze. Enfuite prenant un rameau d'olivier, qu'il trempe dans l'eau, il fait trois fois le tour de l'affemblée, afperfe & purifie les affiflants, & prononce enfin les derniers mots. Enée fit élever à fon ami un fuperbe tombeau, fur lequel on voyoit en relief une trompette & une rame, armes du mort. Ce monument fut placé fur une haute montagne, appellée depuis le Cap Mifene, nom que ce lieu porte aujourd'hui, & portera dans tous les fiecles.

Il s'empreffe enfuite d'exécuter les ordres de la Sibylle. Au milieu d'une ténébreufe forêt, & fous d'affreux rochers, eft un antre profond, environné des noires eaux d'un lac. De fa large ouverture s'exhalent d'horribles vapeurs, & les oifeaux ne peuvent voler impunément au-deffus. De là vient que les Grecs ont donné le nom d'Averne à ce Lac funefte. Cependant le Prince Troyen fait en ce lieu dreffer un autel, & conduire quatre taureaux noirs. Pour premiere libation, on verfe du vin fur leur front; on leur coupe le poil entre les cornes, & on le jette dans le feu facré : on invoque Hécate à haute voix, Hécate qui regne au Ciel & dans les Enfers. On plonge enfuite le couteau dans la gorge des victimes, & on en reçoit le fang tiede dans des coupes. Enée lui-même immole à la Nuit, mere des Euménides, & à la Terre fa fœur, une jeune brebis noire, & à toi,

Supponunt alii cultros, tepidumque cruorem
Suscipiunt pateris : ipse atri velleris agnam
Æneas matri Eumenidum, magnæque sorori
Ense ferit, sterilemque tibi, Proserpina, vaccam.
Tùm Stygio regi nocturnas inchoat aras ;
Et solida imponit taurorum viscera flammis,
Pingue superque oleum fundens ardentibus extis.

 Ecce autem primi sub lumina Solis, & ortus,
Sub pedibus mugire solum, & juga cœpta moveri
Sylvarum, visæque canes ululare per umbram,
Adventante Deâ. Procul ô, procul este, profani,
Conclamat vates, totoque absistite luco :
Tuque invade viam, vaginaque eripe ferrum :
Nunc animis opus, Ænea, nunc pectore firmo.
Tantum effata, furens antro se immisit aperto.
Ille ducem haud timidis vadentem passibus æquat.

 Dii, quibus imperium est animarum, umbræque
  silentes,
Et Chaos, & Phlegeton, loca nocte silentia latè,
Sit mihi fas audita loqui ; sit numine vestro
Pandere res altâ terrâ & caligine mersas.
Ibant obscuri solâ sub nocte per umbras,
Perque domos Ditis vacuas, & inania regna.
Quale per incertam lunam sub luce malignâ
Est iter in sylvis, ubi cœlum condidit umbrâ
Jupiter, & rebus nox abstulit atra colorem.

 Vestibulum ante ipsum, primisque in faucibus
  Orci
Luctus & ultrices posuere cubilia curæ ;
Pallentesque habitant Morbi, tristisque Senectus,
Et Metus, & malesuada Fames, & turpis Egestas,

Proserpine, une génisse stérile. Le reste de la nuit est employé à un sacrifice au Dieu des Enfers. On jette les victimes entieres dans les flammes, & on arrose d'huile leurs entrailles brûlantes.

A peine le jour commençoit à luire, que les forêts agitées, les montagnes émues, la terre mugissante sous les pieds, & d'horribles hurlemens annoncerent l'arrivée de la Déesse des Enfers : » Loin d'ici, profanes, s'écria la Sibylle ; » sortez tous de ce bois sacré. Toi, Enée, suis- » moi, le fer à la main. C'est en ce moment » qu'il faut être courageux & intrépide «. A ces mots elle s'élance dans l'ouverture du souterrain, & Enée s'y précipite après elle.

Dieux de l'Empire des Morts, Ombres paisibles, Chaos, Phlégéton, vastes lieux où regnent la nuit & le silence, souffrez que je raconte ce que j'ai entendu, & que je révele des secrets ensevelis dans les ténébreux abymes de la terre. Ils marchoient seuls dans le vaste Empire de Pluton, dans ces lieux déserts & obscurs, habités par de vaines Ombres, tels que des voyageurs qui traversent pendant la nuit une sombre forêt : la Lune couverte de nuages, ne répand qu'une lumiere foible & trompeuse ; le ciel est voilé, & toutes les couleurs ont disparu.

A l'entrée du gouffre infernal, sont couchés le Chagrin & les Remords vengeurs. Là résident les pâles Maladies, la triste Vieillesse, la Peur, la Faim, auteur de mauvais conseils, & la honteuse Indigence (figures affreuses) le Travail, la Mort, le Sommeil son frere, & les Joies funestes. A la porte de ce lieu terrible, on voit la Guerre meurtriere, les Euménides couchées sur des lits de fer, & la Discorde insensée, dont la chevelure, formée de

Terribiles visu formæ, Letumque, Laborque;
Tùm consanguineus Leti Sopor, & mala mentis
Gaudia, mortiferumque adverso in limine Bellum:
Ferreique Eumenidum thalami, & Discordia de-
   mens,
Vipereum crinem vittis innexa cruentis.
In medio ramos annosaque brachia pandit
Ulmus opaca, ingens : quam sedem Somnia vulgò
Vana tenere ferunt, foliisque sub omnibus hærent.
Multaque prætereà variarum monstra ferarum :
Centauri in foribus stabulant, Scyllæque biformes,
Et centumgeminus Briareus, ac bellua Lernæ
Horrendum stridens, flammisque armata Chimæra;
Gorgones, Harpyiæque, & forma tricorporis um-
   bræ.
Corripit hic subitâ trepidus formidine ferrum
Æneas, strictamque aciem venientibus offert.
Et, ni docta comes tenues, sine corpore vitas
Admoneat volitare cavâ sub imagine formæ,
Irruat, & frustrà ferro diverberet umbras.
 Hinc via, Tartarei quæ fert Acherontis ad undas.
Turbidus hic cœno vastâque voragine gurges
Æstuat, atque omnem Cocyto eructat arenam.
Portitor has horrendus aquas & flumina servat
Terribili squalore Charon, cui plurima mento
Canities inculta jacet : stant lumina flammâ :
Sordidus ex humeris nodo dependet amictus.
Ipse ratex conto subigit, velisque ministrat,
Et ferrugineâ subvectat corpora cimbâ,
Jam senior : sed cruda Deo viridisque senectus.
Huc omnis turba ad ripas effusa ruebat,

viperes, eſt attachée par des bandelettes teintes de ſang. Au milieu eſt un grand Orme, qui chargé d'un feuillage épais, étend de tous côtés ſes bras antiques : c'eſt, dit-on, la retraite des vains Songes, qui y réſident ſur toutes les feuilles. Là ſont encore pluſieurs autres monſtres, tels que les Centaures, les deux Scilles, le Géant Briarée à cent mains, l'Hydre de Lerne dont les ſifflements ſont terribles, la Chimere armée de flammes, les Gorgones, les Harpies, & Géryon à trois corps. A la vue de ces objets, Enée ſaiſi d'horreur leur préſente la pointe de ſon épée, & ſi la Sibylle ne l'eût pas averti que c'étoient de vaines images voltigeantes dans les ténebres, il eût attaqué & combattu des fantômes.

Là commence le chemin qui conduit à l'Achéron, gouffre vaſte & bourbeux, rapide torrent, qui décharge ſon limon dans l'étang du Cocyte. Sur ces eaux regne le redoutable Charon, nocher des Enfers. Son air hideux inſpire la terreur. Sa barbe eſt blanche & hériſſée : ſes yeux ſont vifs & perçants. Couvert d'un ſale vêtement noué ſur une de ſes épaules, il conduit lui-même ſa barque noire avec une perche & des voiles, & paſſe les morts d'une rive à l'autre. Il eſt vieux, mais ſa vieilleſſe eſt verte & vigoureuſe. C'eſt là qu'on voit accourir en foule les fameux guerriers, les époux, les meres, les filles moiſſonnées avant d'avoir connu les douceurs de l'Hymen, & tous les jeunes gens, dont les corps ont été portés ſur le bûcher aux yeux de leurs triſtes parents. Telles, au premier froid de l'Automne, les feuilles tombent dans les forêts : tels on voit les oiſeaux de paſſage, chaſſés par les frimats, traverſer les mers, & voler par troupe vers les climats tempérés. Les premiers arrivés ſur le

Matres, atque viri, defunctaque corpora vitâ
Magnanimûm heroûm, pueri, innuptæque puellæ,
Impositique rogis juvenes ante ora parentum.
Quàm multa in sylvis autumni frigore primo
Lapsa cadunt folia; aut ad terram gurgite ab alto
Quam multæ glomerantur aves, ubi frigidus annus
Trans pontum fugat, & terris immittit apricis.
Stabant orantes primi transmittere cursum,
Tendebantque manus, ripæ ulterioris amore.
Navita sed tristis nunc hos, nunc accipit illos;
Ast alios longè summotos arcet arenâ.
 Æneas (miratus enim motusque tumultu)
Dic, ait, ô virgo, quid vult concursus ad amnem ?
Quid-ve petunt animæ ? vel quo discrimine ripas
Hæ linquunt, illæ remis vada livida verrunt ?
Olli sic breviter fata est longæva sacerdos :
Anchisa generate, Deûm certissima proles,
Cocyti stagna alta vides, Stygiamque paludem,
Dii cujus jurare timent, & fallere numen.
Hæc omnis, quam cernis, inops, inhumataque tur-
 ba est :
Portitor ille, Charon : hi, quos vehit unda, sepulti :
Nec ripas datur horrendas, nec rauca fluenta
Transportare priùs, quàm sedibus ossa quierunt.
Centum errant annos, volitantque hæc littora cir-
 cum :
Tum demum admissi stagna exoptata revisunt.
 Constitit Anchisa satus, & vestigia pressit,
Multa putans, sortemque animo miseratus iniquam.

bord du fleuve tendoient les mains, & demandoient avec empreſſement de paſſer à l'autre rive. Mais le ſévère Nocher reçoit dans ſa barque tantôt les uns, tantôt les autres, & en rebute un grand nombre, qu'il chaſſe loin du rivage.

Surpris de voir le mouvement de ces ames, Enée dit à la Sibylle: „ Vierge ſacrée, apprenez-moi, je vous prie, pourquoi cet empreſſement vers le fleuve: que demandent toutes ces Ombres? Pourquoi celles-ci plutôt que les autres admiſes dans la barque, traverſent-elles le fleuve? Fils d'Anchiſe, vous qui êtes certainement du ſang des Dieux, lui répond la Prêtreſſe, vous voyez le profond étang du Cocyte, & le marais du Styx reſpecté des Dieux mêmes, qui n'oſent l'atteſter en vain. Tous ceux que le Nocher reçoit dans ſa barque, ont été inhumés: les autres, troupe indigente & malheureuſe, n'ont point reçu les honneurs de la ſépulture. Car il n'eſt pas permis aux ames de franchir le fleuve, avant que leurs corps aient été mis dans un tombeau. Toujours errantes, elles voltigent ſur le rivage; & ce n'eſt qu'au bout de cent ans, qu'elles paſſent enfin à cet autre bord, qu'elles ont ſi long-temps deſiré ".

Enée s'arrêtoit à conſidérer ces Ombres infortunées faiſant pluſieurs réflexions ſur leur injuſte ſort, lorſqu'il vit parmi elles Leucaſpis & Oronte, l'un pilote, l'autre chef de l'eſcadre des Lyciens, qui s'étant embarqués avec lui, & l'ayant ſuivi dans ſes courſes, avoient été engloutis par la tempête. Au milieu de ces Ombres il apperçoit Palinure, qui dans le trajet de Sicile en Italie, obſervant les aſtres ſur la pouppe de ſon vaiſſeau, étoit tombé dans la

Tome II. H

Cernit ibi mœstos & mortis honore carentes
Leucaspim, & Lyciæ ductorem classis Orontem,
Quos simul à Trojâ ventosa per æquora vectos
Obruit Auster, aquâ involvens navemque virosque.
Ecce gubernator sese Palinurus agebat,
Qui Libyco nuper cursu, dum sidera servat,
Exciderat puppi, mediis effusus in undis.
Hunc ubi vix multâ mœstum cognovit in umbrâ,
Sic prior alloquitur : Quis te, Palinure, Deorûm
Eripuit nobis, medioque sub æquore mersit ?
Dic age. Namque mihi, fallax haud ante repertus,
Hoc uno responso animum delusit Apollo,
Qui fore te ponto incolumem, finesque canebat
Venturum Ausonios : en hæc promissa fides est ?
Ille autem : neque te Phœbi cortina fefellit,
Dux Anchisiade, nec me Deus æquore mersit.
Namque gubernaclum multâ vi forté revulsum,
Cui datus hærebam custos, cursusque regebam,
Præcipitans traxi mecum : maria aspera juro,
Non ullum pro me tantum cepisse timorem,
Quàm tua ne spoliata armis, excussa magistro,
Deficeret tantis navis surgentibus undis.
Tres notus hybernas immensa per æquora noctes
Vexit me violentus aquâ : vix lumine quarto
Prospexi Italiam, summâ sublimis ab undâ.
Paulatim adnabam terræ, & jam tuta tenebam :
Ni gens crudelis madidâ cum veste gravatum,
Prensantemque uncis manibus capita aspera montis
Ferro invasisset, prædamque ignara putasset.
Nunc me fluctus habet, versantque in littore venti.

Livre VI.

mer. L'ayant reconnu au milieu des ténèbres, il l'aborde & lui dit : " Quel Dieu, malheu-
" reux Palinure, vous a précipité dans les
" flots ? Apollon qui m'a toujours prédit la
" vérité dans ses oracles, m'a trompé à votre
" sujet. Il m'avoit assuré que vous seriez ga-
" ranti de tous les dangers de la mer, & que
" vous aborderiez avec moi aux rivages d'Au-
" sonie. Est-ce ainsi qu'il tient sa promesse ?
" Fils d'Anchise, répondit Palinure, l'oracle
" d'Apollon ne vous a point abusé, & aucun
" Dieu ne m'a précipité dans les flots. J'étois
" attentif à la conduite de votre vaisseau,
" lorsqu'ayant tourné le gouvernail avec for-
" ce, je tombai, & l'entraînai dans ma chûte.
" Je jure par les mers, que je fus alors plus
" alarmé de votre danger que du mien. Je
" craignois que votre vaisseau, privé de son
" Pilote & de son gouvernail, ne pût pas ré-
" sister aux vagues. Je fus trois jours entiers
" à la merci des vents & des flots. Le qua-
" trieme jour, porté jusques aux nues sur une
" vague, je découvris de loin l'Italie. Je na-
" geois de ce côté-là, & commençois à pren-
" dre terre, lorsqu'une nation cruelle m'ayant
" apperçu avec mes habits mouillés gravissant
" sur une roche escarpée, crut s'enrichir de
" ma dépouille. Je fus impitoyablement mas-
" sacré, & mon corps étendu sur le rivage
" est encore aujourd'hui le jouet des flots &
" des vents. O Enée, je vous conjure par la
" lumiere des cieux dont vous jouissez, par
" Anchise votre pere, & par Ascagne votre
" plus douce espérance, de me délivrer de ce
" funeste état. Vous le pouvez : faites jetter
" un peu de terre sur mon corps couché près
" du port de Vélie : ou plutôt, si la Déesse
" votre mere le permet (car ce n'est pas sans

H 2

Quod te per cœli jucundum lumen, & auras,
Per genitorem oro, per spem surgentis Iüli,
Eripe me his, invicte, malis: aut tu mihi terram
Injice, namque potes, portusque require Velinos:
Aut tu, si qua via est, si quam tibi Diva creatrix
Ostendit (neque enim, credo, sine numine Divûm
Flumina tanta paras Stygiamque innare paludem)
Da dextram misero, & tecum me tolle per undas,
Sedibus ut saltem placidis in morte quiescam.
Talia fatus erat, cœpit cum talia vates:
Unde hæc, ô Palinure, tibi tam dira cupido?
Tu Stygias inhumatus aquas amnemque severum
Eumenidum aspicies, ripamve injussus adibis?
Desine fata Deûm flecti sperare precando:
Sed cape dicta memor, duri solatia casûs.
Nam tua finitimi longè latèque per urbes,
Prodigiis acti cœlestibus, ossa piabunt,
Et statuent tumulum, & tumulo solemnia mittent,
Æternumque locus Palinuri nomen habebit.
His dictis curæ emotæ, pulsusque parumper
Corde dolor tristi: gaudet cognomine terrâ.
 Ergo iter inceptum peragunt, fluvioque propin-
  quant.
Navita quos jam indè ut Stygiâ prospexit ab undâ
Per tacitum nemus ire, pedemque advertere ripæ,
Sic prior aggreditur dictis, atque increpat ultrò:
Quisquis es, armatus qui nostra ad flumina tendis,

Livre VI.

» une faveur spéciale des Dieux que vous def-
» cendez vivant chez les Morts) tendez-moi
» la main, & faites-moi paſſer avec vous au-
» delà du fleuve, afin que dans l'état où je
» ſuis, je puiſſe jouir au moins d'un ſort tran-
» quille. Quelle demande inſenſée fais-tu, Pa-
» linure, interrompit la Sibylle ! Quoi, tu vou-
» drois, ſans être inhumé, franchir les eaux du
» Styx, & traverſer le redoutable fleuve des
» Euménides ? N'eſpere pas que ta priere chan-
» ge l'arrêt des Dieux. Mais conſole-toi dans
» ton malheur. Toutes les villes de la contrée
» où ton corps eſt étendu ſur le rivage, frappées
» par des ſignes céleſtes, t'éléveront un tombeau :
» elles te rendront des honneurs funebres, & ce
» lieu portera dans tous les ſiecles le nom de
» Palinure «. Ces paroles ſoulagerent un peu
ſa douleur : il eſt flatté qu'un pays porte ſon
nom.

Enée & la Sibylle s'avançoient vers le fleuve, lorſque le Nocher les ayant apperçus de
loin marchant dans la forêt, & prenant le chemin du rivage, s'écria des bords du Styx :
» Qui que tu ſois, qui viens armé dans ces
» lieux, dis ce que tu cherches, & n'avance
» pas. C'eſt ici le ſéjour des Ombres, l'em-
» pire du Sommeil & de la Nuit. Il m'eſt dé-
» fendu de recevoir des vivants dans ma bar-
» que. Je me ſuis repenti d'avoir autrefois re-
» çu Hercule, Théſée, Pirithoüs, Héros iſ-
» ſus du ſang des Dieux. Le premier eut l'au-
» dace d'enchaîner Cerbere, le gardien des
» Enfers, & de l'arracher tremblant des pieds
» du trône de Pluton. Les deux autres en-
» treprirent d'enlever l'épouſe du Dieu des
» Morts. Nous n'avons point de pareils deſ-
» ſeins, repartit la Sibylle, & ces armes ne
» ſont point pour commettre des violences :

Fare age, quid venias : jam istinc & comprime
    gressum.
Umbrarum hic locus est, Somni, Noctisque soporæ.
Corpora viva nefas Stygiâ vectare carinâ.
Nec verò Alciden me sum lætatus euntem
Accepisse lacu, nec Thesea, Pirithoumque;
Diis quanquam geniti, atque invicti viribus essent.
Tartareum ille manu custodem in vincla petivit,
Ipsius à solio regis traxitque trementem :
Hi dominam Ditis thalamo deducere adorti.
Quæ contra breviter fata est Amphrysia vates :
Nullæ hic insidiæ tales ; absiste moveri :
Nec vim tela ferunt : licet ingens janitor antro
Æternum latrans exsangues terreat umbras :
Casta licet patrui servet Proserpina limen.
Troïus Æneas, pietate insignis & armis,
Ad genitorem, imas Erebi descendit ad umbras.
Si te nulla movet tantæ pietatis imago,
At ramum hunc (aperit ramum, qui veste latebat)
Agnoscas. Tumida ex irâ tum corda residunt ;
Nec plura his : ille admirans venerabile donum
Fatalis virgæ, longo post tempore visum,
Cæruleam advertit puppim, ripæque propinquat.
Indè alias animas, quæ per juga longa sedebant,
Deturbat, laxatque foros : simul accipit alveo
Ingentem Æneam. Gemuit sub pondere cymba
Sutilis, & multam accepit rimosa paludem.
Tandem trans fluvium incolumes vatemque virum-
    que
Informi limo, glaucâque exponit in ulvâ.
  Cerberus hæc ingens latratu regna trifauci
Personat, adverso recubans immanis in antro.

» ne craignez rien. Que Cerbere continue d'é-
» pouvanter les timides ombres par fes éter-
» nels aboiements, & que Proferpine foit tou-
» jours l'époufe chafte & fidelle de fon oncle.
» Enée, Prince Troyen, auffi illuftre par fa
» piété que par fes exploits, defcend fur ces
» bords ténébreux, pour y voir fon pere. Si
» ce pieux deffein vous touche peu, recon-
» noiffez ce rameau «. Elle montre alors ce rameau d'or qui étoit caché fous fon voile. A cet afpect, Charon fe calme, fa colere s'évanouit : il admire le préfent facré de la fatale branche, qui depuis long-temps n'avoit point été offert à fes yeux. Il tourne donc fa pouppe fans repliquer, & s'approchant du rivage, il pouffe avec violence & fait reculer toutes les Ombres affifes fur les bancs de fa barque, pour y recevoir l'illuftre Chef des Troyens. La légere nacelle, compofée d'écorces coufues enfemble, gémit fous le poids du Héros, & fait eau de toutes parts. Enée enfin & la Sibylle paffent à l'autre bord du fleuve, & débarquent fur un fond marécageux, couvert de rofeaux.

Sur cette rive eft l'affreux Cerbere couché dans fon antre, qui, de fes trois gueules aboyantes fait retentir tout le vafte royaume de Pluton. La Sibylle, voyant déja les ferpents fe dreffer fur fa tête, lui jette une pâte foporifique, affaifonnée de miel & de pavot. Le chien affamé ouvre fes gueulles, faifit le gâteau, & le dévore. Bientôt il s'étend dans fon antre, qu'il remplit de fon vafte corps, & il s'affoupit. Le fentinelle des Enfers étant ainfi plongé dans le fommeil, Enée s'avance, & franchit promptement la rive de ce fleuve, qu'on ne repaffe jamais. Déja il entend les voix plaintives & les cris aigus des enfants enlevés à la mamelle, qui commençant à jouir d'une douce lumiere

Cui vates, horrere videns jam colla colubris,
Melle soporatam & medicatis frugibus offam
Objicit: ille fame rabida tria guttura pandens
Corripit objectam, atque immania terga resolvit,
Fusus humi, totoque ingens extenditur antro.
Occupat Æneas aditum, custode sepulto,
Evaditque celer ripam irremeabilis undæ.
Continuò auditæ voces, vagitus & ingens,
Infantumque animæ flentes in limine primo,
Quos dulcis vitæ exsortes, & ab ubere raptos
Abstulit atra dies, & funere mersit acerbo.
Hos juxta falso damnati crimine mortis.
Nec verò hæ sine sorte datæ, sine judice, sedes:
Quæsitor Minos urnam movet: ille silentum
Conciliumque vocat, vitasque & crimina discit.
Proxima deinde tenent mœsta loca, qui sibi letum
Insontes peperere manu, lucemque perosi
Projecere animas. Quàm vellent æthere in alto
Nunc & pauperiem & duros perferre labores!
Fata obstant, tristique palus inamabilis undâ
Alligat, & novies Styx interfusa coërcet.

 Nec procul hinc partem fusi monstrantur in omnem
Lugentes campi: sic illos nomine dicunt.
Hîc, quos durus amor crudeli tabe peredit,
Secreti celant calles, & myrtea circùm
Sylva tegit; curæ non ipsâ in morte relinquunt.
His Phædram Procrinque locis, mœstamque Eriphylen
Crudelis nati monstrantem vulnera cernit,
Evadnenque, & Pasiphaën: his Laodamia
It comes, & juvenis quondam, nunc fœmina Cæneus,
Rursus & in veterem fato revoluta figuram.

ont été précipités dans une cruelle nuit. Près de là sont les tristes victimes d'un faux jugement, qui les a condamnés à une mort injuste. Les places des Enfers, quoique tirées au sort, ne sont point distribuées au hazard. Minos, comme un Quêteur, tient l'urne, où tous les noms sont renfermés. Il cite les Ombres muettes à son tribunal; il examine leur vie, & recherche tous leurs crimes. Plus loin sont ceux qui, sans être coupables, vaincus par le chagrin, ont attenté à leurs jours, & dégoûtés d'une lumiere importune, ont chassé leur ame de leur corps. O qu'ils voudroient maintenant souffrir encore sur la terre la pauvreté, & essuyer les plus pénibles travaux ! Mais les Destins s'y opposent. Le triste & odieux marais du Cocyte, & le Styx qui se replie neuf fois sur lui-même, les tiennent pour toujours emprisonnés sur ces bords.

On découvre ensuite une vaste contrée, qui s'étend de tous côtés, appellée la Campagne des pleurs. Là est un bois de myrtes, coupé par un grand nombre d'allées solitaires, où se promenent tristement ceux que l'impitoyable Amour a consumés sur la terre, & fait descendre au tombeau. La mort ne les a point délivrés de leurs soucis. Enée apperçut dans ce bois Phedre, Procris, Evadné, Pasiphaë, Laodamie, la triste Eriphyle, qui montroit son sein percé par son propre fils, & Cénée, qui de fille ayant été changée en garçon, conservoit alors son premier sexe.

Parmi ces amantes affligées se promenoit la malheureuse Didon, dont la plaie étoit encore toute récente. Enée l'entrevit dans l'obscurité, comme on voit, ou comme on croit voir la lune au commencement de son mois, s'élever entre des nuages. Il s'approcha d'elle, & les

Inter quas Phœnissa recens à vulnere Dido
Errabat sylvâ in magnâ : quam Troïus heros
Ut primum juxta stetit, agnovitque per umbram
Obscuram ; qualem primo qui surgere mense
Aut videt, aut vidisse putat per nubila lunam ;
Demisit lacrymas, dulcique affatus amore est.
Infelix Dido, verus mihi nuntius ergo
Venerat, extinctam, ferroque extrema secutam ?
Funeris, heu, tibi causa fui : per sidera juro,
Per superos, & si qua fides, tellure sub imâ est,
Invitus, Regina, tuo de littore cessi.
Sed me jussa Deûm, quæ nunc has ire per umbras,
Per loca senta situ, cogunt, noctemque profundam,
Imperiis egere suis : nec credere quivi
Hunc tantum tibi me discessu ferre dolorem.
Siste gradum, teque aspectu ne subtrahe nostro.
Quem fugis ? extremum fato quod te alloquor,
 hoc est.
Talibus Æneas ardentem, & torva tuentem
Lenibat dictis animum, lacrymasque ciebat.
Illa solo fixos oculos aversa tenebat ;
Nec magis incepto vultum sermone movetur,
Quàm si dura silex, aut stet Marpesia cautes.
Tandem proripuit sese, atque inimica refugit
In nemus umbriferum, conjux ubi pristinus illi
Respondet curis, æquatque Sichæus amorem.
Nec minùs Æneas, casu percussus iniquo,
Prosequitur lacrymans longè, & miseratur euntem.
  Inde datum molitur iter : jamque arva tenebant
Ultima, quæ bello clari secreta frequentant.
Hîc illi occurrit Tydeus ; hic inclytus armis
Parthenopæus, & Adrasti pallentis imago.
Hic multum fleti ad superos, belloque caduci
Dardanidæ ; quos ille omnes longo ordine cernens

larmes aux yeux, il lui adressa ces paroles tendres : " Infortunée Didon, on m'a donc fait un
" fidele rapport, lorsqu'on m'a dit que livrée
" au désespoir vous vous étiez donné la mort.
" Hélas ! j'en suis la cause. Mais j'en jure par
" les astres, j'atteste tous les Dieux du Ciel,
" & tout ce qu'on peut prendre à témoin dans
" cet empire de Pluton, que c'est malgré moi
" que je vous ai abandonnée. J'ai obéi à ces
" mêmes Divinités dont les ordres me font aujourd'hui descendre dans ces lieux de ténè-
" bres & d'effroi. Je n'ai pas cru que mon dé-
" part vous causeroit une si vive douleur. Mais
" vous me fuyez ! Ne vous dérobez donc point
" à mes regards : c'est pour la derniere fois
" que le Destin me permet de vous parler ".
Par ces mots prononcés d'un air affligé, Enée
tâchoit d'appaiser une amante qui lançoit sur
lui des regards enflammés : elle les baissa ensuite
vers la terre, & les y tint attachés sans daigner
le regarder. Aussi insensible, aussi froide qu'un
rocher de Paros, elle s'éloigne à la fin sans lui
répondre, & d'un air irrité elle s'enfonce dans
le bois, où Sichée son premier époux, plongé
dans de pareilles douleurs, avoit pour elle la même
tendresse qu'elle conservoit pour lui. Enée, touché
de son sort, & déplorant son malheur, la suivit
long-temps des yeux.

Il continue sa route, & arrive au lieu habité
par les fameux Guerriers. Là il voit Tydée,
Parthénopée, la pâle Adraste, & tous les
Troyens qui avoient péri dans les combats, &
dont la mort avoit causé tant de larmes ; tels
que Glaucus, Medon, Tersiloque, les trois
fils d'Antenor, Polybete, Prêtre de Cérès, Idée
enfin, qui se plaisoit encore à conduire un char,
& à manier des armes. Enée ne put voir tous
ces Guerriers, sans être vivement touché de

Ingemuit, Glaucumque, Medontaque, Therſilochumque,
Tres Antenoridas, Cererique ſacrum Polybœten,
Idæumque etiam currus, etiam arma tenentem.
Circumſtant animæ dextrâ lævâque frequentes :
Nec vidiſſe ſemel ſatis eſt ; juvat uſque morari,
Et conferre gradum, & veniendi diſcere cauſas.
At Danaum proceres, Agamemnoniæque phalanges,
Ut videre virum, fulgentiaque arma per umbras,
Ingenti trepidare metu : pars vertere terga,
Ceu quondam petiere rates : pars tollere vocem
Exiguam : inceptus clamor fruſtratur hiantes.
Atque hic Priamiden laniatum corpore toto
Deiphobum videt, lacerum crudeliter ora,
Ora, manuſque ambas, populataque tempora raptis
Auribus, & truncas inhoneſto vulnere nares.
Vix adeo agnovit pavitantem, & dira tegentem
Supplicia ; & notis compellat vocibus ultro :
Deiphobe armipotens, genus alto à ſanguine Teucri,
Quis tam crudeles optavit ſumere pœnas ?
Cui tantum de te licuit ? mihi fama ſupremâ
Nocte tulit, feſſum vaſtâ te cæde Pelaſgûm
Procubuiſſe ſuper confuſæ ſtragis acervum.
Tunc egomet tumulum Rhœteo in littore inanem
Conſtitui, & magnâ manes ter voce vocavi.
Nomen & arma locum ſervant. Te, amice, nequivi
Conſpicere, & patriâ decedens ponere terrâ.
Atque hic Priamides : Nihil ô tibi, amice, relictum eſt ;
Omnia Deiphobo ſolviſti, & funeris umbris.

leur fort. Ces Ombres l'ayant reconnu, s'approcherent de lui & l'environnerent. C'eſt peu de l'avoir vu : elles s'arrêtent près de lui ; elles le ſuivent, & lui demandent le motif de ſa deſcente aux Enfers. D'un autre côté, les capitaines de la Grece & les ſoldats d'Agamemnon, à la vue d'Enée & de ſes armes brillantes dans l'obſcurité, ſont effrayés ; les uns prennent la fuite, comme autrefois on les vit épouvantés fuir vers leurs vaiſſeaux ; ils s'efforcent de crier, & leurs cris meurent dans leur bouche ouverte : quelques-uns font entendre une foible voix.

Parmi ces Ombres, Enée apperçut Déiphobe, fils de Priam. Tout ſon corps étoit mutilé, ſon viſage paroiſſoit déchiré cruellement ; il étoit ſans nez, ſans oreilles, ſans mains. Honteux & tremblant, il cachoit ſon ignominieuſe difformité. Enée qui le reconnut avec peine, lui adreſſa ces mots : ”Illuſtre Guerrier, Prince ”iſſu du ſang de Teucer, quelle main barbare ”a pu ſe venger ſi inhumainement, & vous ”faire un ſi indigne outrage ? J'avois appris que ”dans la nuit où Troie fut livrée aux Grecs, ”vous étiez tombé, las & percé de coups, ”ſur un amas confus d'ennemis abattus à vos ”pieds. Je vous élevai un tombeau ſur le ri- ”vage de Rhétée, & après avoir appellé trois ”fois vos manes à haute voix, je fis graver ”votre nom & vos armes ſur ce monument. ”Cher ami, voilà ce que j'ai fait pour vous, ”n'ayant pu avant mon départ ni vous voir, ”ni vous rendre les honneurs funebres. C'en ”eſt aſſez, répondit Déiphobe. Vous avez ”fait tout ce que l'amitié pouvoit exiger de ”vous. C'eſt ma cruelle deſtinée, & l'horri- ”ble trahiſon d'Hélene, qui ont cauſé mes ”malheurs : tels ſont les gages de ſa foi. Vous

Sed me fata mea, & scelus exitiale Lacænæ
His mersere malis : illa hæc monumenta reliquit.
Namque, ut supremam falsa inter gaudia noctem
Egerimus, nosti; & nimiùm meminisse necesse est:
Cum fatalis equus saltu super ardua venit
Pergama, & armatum peditem gravis attulit alvo:
Illa chorum simulans, Evantes Orgia circum
Ducebat Phrygias: flammam media ipsa tenebat
Ingentem, & summâ Danaos ex arce vocabat.
Tum me confectum curis, somnoque gravatum
Infelix habuit thalamus, preslitque jacentem
Dulcis & alta quies, placidæque simillima morti.
Egregia interea conjux arma omnia tectis
Emovet, & fidum capiti subduxerat ensem:
Intra tecta vocat Menelaum, & limina pandit.
Scilicet id magnum sperans fore munus amanti,
Et famam extingui veterum sic posse malorum.
Quid moror? irrumpunt thalamo: comes additur una
Hortator scelerum Æolides. Dii talia Grajis
Instaurate, pio si pœnas ore reposco.
Sed te qui vivum casus, age, fare vicissim,
Attulerint: pelagine venis erroribus actus,
An monitu Divum? an quæ te fortuna fatigat,
Ut tristes sine sole domos, loca turbida, adires?
 Hac vice sermonum roseis Aurora quadrigis
Jam medium æthereo cursu trajecerat axem;
Et fors omne datum traherent per talia tempus;
Sed comes admonuit, breviterque affata Sibylla est:

„ vous souvenez (eh ! pourrions-nous en per-
„ dre le souvenir ?) de la fausse joie où nous
„ nous livrâmes, dans cette fatale nuit, qui
„ fut la derniere de Troie, lorsque le funeste
„ Cheval fut introduit dans nos murs, avec
„ les soldats qu'il portoit dans ses flancs. La
„ perfide Hélene, feignant de partager notre
„ joie, se mit à la tête des Dames Phrygien-
„ nes, qui comme des Bacchantes célébre-
„ rent une espece de fête des Orgies. Un flam-
„ beau à la main, elle conduisoit leurs dan-
„ ses. Elle monte à la citadelle, & leve son
„ flambeau : ce fut un signal pour les Grecs.
„ Accablé de lassitude & de sommeil, je m'é-
„ tois mis au lit, & je dormois profondément.
„ Pendant ce temps-là ma fidelle épouse fait
„ enlever toutes les armes de ma maison, &
„ même l'épée qui étoit sous mon chevet. Elle
„ ouvre ensuite les portes à Ménélas, & le
„ conduit dans mon appartement. Elle croit
„ que cette insigne perfidie sera d'un grand prix
„ aux yeux de son premier époux, & lui fera
„ oublier tous ses crimes. On se jette avec
„ fureur sur mon lit. Ulysse, l'ame de tous
„ les noirs complots, accompagnoit Ménélas.
„ Grands Dieux, si c'est avec raison que j'im-
„ plore votre vengeance, rendez-leur le trai-
„ tement que j'en ai reçu Mais vous, fils d'An-
„ chise, pourquoi descendez-vous vivant dans la
„ région des morts ? Est-ce l'ordre des Dieux,
„ est-ce un naufrage, ou quelqu'autre accident,
„ qui vous a conduit dans ces lieux de trouble
„ & d'horreur, que l'astre du jour n'éclaira ja-
„ mais ? "

Pendant qu'ils s'entretenoient ainsi, le soleil avoit atteint déja le milieu de sa course, &
peut-être que le temps limité se seroit consumé
en pareils discours. Mais la Sibylle intterom-

Nox ruit, Ænea, nos flendo ducimus horas.
Hic locus est, partes ubi se via findit in ambas:
Dextera, quæ Ditis magni, sub mœnia tendit:
Hac iter Elysium nobis: at læva malorum
Exercet pœnas, & ad impia Tartara mittit.
Deiphobus contra : ne sævi, magna sacerdos;
Discedam, explebo numerum, reddarque tenebris.
I decus, i, nostrum : melioribus utere fatis.
Tantùm effatus, & in verbo vestigia torsit.

 Respicit Æneas subitò, & sub rupe sinistrâ
Mœnia lata videt, triplici circumdata muro:
Quæ rapidus flammis ambit torrentibus amnis
Tartareus Phlegethon, torquetque sonantia saxa.
Porta adversa ingens, solidoque adamante colum-
 næ :
Vis ut nulla virûm, non ipsi exscindere ferro
Cœlicolæ valeant : stat ferrea turris ad auras;
Tisiphonéque sedens, pallâ succincta cruentâ,
Vestibulum insomnis servat noctesque diesque.
Hinc exaudiri gemitus, & sæva sonare
Verbera : tum stridor ferri, tractæque catenæ.
Constitit Æneas, strepitumque exterritus hausit.
Quæ scelerum facies, ô virgo, effare, quibusve
Urgentur pœnis ? quis tantus plangor ad auras ?
Tum vates sic orsa loqui : Dux inclyte Teucrum,
Nulli fas casto sceleratum insistere limen.
Sed me, cum lucis Hecate præfecit Avernis,
Ipsa Deûm pœnas docuit, perque omnia duxit.

pit l'entretien : " La nuit s'apporche, dit-elle
" à Enée, & nous paſſons ici le temps à gé-
" mir vainement. Voici deux chemins ; celui
" de la droite conduit au Palais de Pluton &
" aux champs Elyſées. L'autre mene au Tarta-
" re, ſéjour des méchants, théatre de leurs juſ-
" tes ſupplices. Grande Prêtreſſe, repliqua Déi-
" phobé, ne ſoyez point irritée : je me retire :
" je vais me confondre dans la foule des autres
" ombres, me replonger dans les ténebres. Al-
" lez, Prince, la gloire des Troyens, & jouiſſez
" d'un ſort plus heureux que le mien ". Il dit,
& diſparut.

Enée ayant tourné la tête, voit ſous une
roche à gauche une vaſte priſon, fortifiée de
trois enceintes de murailles, & entourée du
Phlégéthon, torrent impétueux, dont les ondes enflammées entraînent avec fracas les débris des rochers. Une haute tour défend cette affreuſe priſon, dont la porte large eſt ſou-
tenue par deux colonnes de diamant, que
tous les efforts des mortels & toute la puiſ-
ſance des Dieux ne pourroient briſer. Couverte
d'une robe enſanglantée. Tiſiphone eſt aſſiſe
nuit & jour à la porte de cette priſon, où elle
veille ſans ceſſe ; priſon terrible, qui retentit de
voix gémiſſantes, de cruels coups de fouet,
& d'un bruit affreux de chaînes. Enée frappé
de ce bruit, s'arrête, & écoute : " Quelle
" ſorte de crimes, demande-t-il à la Prêtreſſe,
" punit-on en ce lieu ? Quels tourments ſouf-
" frent ici les coupables ? D'où partent ces
" cris affreux ? Il n'eſt permis qu'aux crimi-
" nels, répond la Sibylle, d'entrer dans ce
" ſéjour de crime. Mais lorſqu'Hécate me
" confia la garde de la forêt d'Averne, elle
" me conduiſit par-tout, & me fit voir tou-
" tes les manieres dont les Dieux vengent les

Gnossius hæc Rhadamanthus habet durissima regna,
Castigatque, auditque dolos, subigitque fateri
Quæ quis apud superos, furto lætatus inani,
Distulit in seram commissa piacula mortem.
Continuò sontes ultrix, accincta flagello,
Tisiphone quatit insultans, torvosque sinistrâ
Intentans angues, vocat agmina sæva sororum.

Tum demum horrisono stridentes cardine sacræ
Panduntur portæ: Cernis, custodia qualis
Vestibulo sedeat? facies quæ limina servet?
Quinquaginta atris immanis hiatibus Hydra
Sævior intus habet sedem : tum Tartarus ipse
Bis patet in præceps tantum, tenditque sub umbras,
Quantus ad ætherium cœli suspectus Olympum.
Hîc genus antiquum terræ, Titania pubes,
Fulmine dejecti, fundo volvuntur in imo.
Hîc & Aloïdas geminos, immania vidi
Corpora, qui manibus magnum rescindere cœlum
Aggressi, superisque Jovem detrudere regnis.
Vidi & crudeles dantem Salmonea pœnas,
Dum flammas Jovis, & sonitus imitatur Olympi.
Quatuor hic invectus equis, & lampada quassans,
Per Grajûm populos, mediæque per Elidis urbem
Ibat ovans, divûmque sibi poscebat honorem:
Demens, qui nimbos, & non imitabile fulmen
Ære, & cornipedum cursu simulârat equorum.
At pater omnipotens densa inter nubila telum

» forfaits. Rhadamanthe préfide en ces lieux,
» où il exerce un pouvoir formidable. C'eſt
» lui qui informe des crimes & qui les punit :
» il force les coupables de révéler eux-mêmes les
» horreurs de leur vie, d'avouer les crimes dont
» ils ont vainement joui, & dont ils ont différé
» l'expiation juſqu'à l'heure du trépas. Dès que
» l'arrêt eſt prononcé, la cruelle Tifiphone, ar-
» mée d'un fouet vengeur, les frappe impitoya-
» blement, & inſulte à leurs douleurs : de la main
» gauche elle leur préſente des Serpents horribles,
» & elle appelle les barbares fœurs pour la fe-
» conder «.

En ce moment la porte du Tartare s'ouvrit
avec un bruit effroyable. » Voyez-vous, dit la
» Sibylle, la garde poſtée fous ce veſtibu-
» le? Voyez-vous ce monſtre qui eſt à l'en-
» trée, & au-dedans cette Hydre à cinquante
» têtes, dont les gueules font toujours ou-
» vertes. Le Tartare eſt un lieu profond, &
» pour y deſcendre, le chemin eſt deux fois
» auſſi long que d'ici au féjour de la lumiere.
» Là font les Titans, antiques enfants de la
» Terre, qui, foudroyés, par Jupiter, furent
» précipités dans cet abyme. J'y ai vu les
» deux fils d'Aloée, ces deux géants, qui avec
» leurs feules mains entreprirent de briſer le
» trône du Ciel, & d'en faire tomber Jupiter.
» J'ai vu dans les horreurs d'un cruel fupplice
» l'impie Salmonée, qui eut l'audace de vou-
» loir imiter le foudre du maître des Dieux.
» Armé de feux, ce Prince, d'un air triom-
» phant, parcouroit fur fon char la ville d'Elis,
» exigeant de fes fujets les mêmes honneurs
» qu'on rend aux Immortels : infenfé, qui par
» le vain bruit de fes chevaux & de fon pont
» d'airain, croyoit contrefaire un bruit ini-
» mitable. Mais Jupiter lança fur lui le véri-

Contorsit (non ille faces, nec fumea tædis
Lumina) præcipitemque immani turbine adegit.
Nec non & Tityon terræ omniparentis alumnum
Cernere erat, per tota novem cui jugera corpus
Porrigitur; rostroque immanis vultur obunco
Immortale jecur tondens, fœcundaque pœnis
Viscera, rimaturque epulis, habitatque sub alto
Pectore; nec fibris requies datur ulla renatis.
   Quid memorem Lapithas, Ixiona, Pirithoumque?
Quos super atra silex jam jam lapsura, cadentique
Imminet assimilis : lucent genialibus altis
Aurea fulcrha toris, epulæque ante ora paratæ
Regifico luxu. Furiarum maxima juxta
Accubat, & manibus prohibet contingere mensas;
Exsurgitque facem attollens, atque intonat ore.
Hîc, quibus invisi fratres, dum vita manebat,
Pulsatusve parens, & fraus innexa clienti;
Aut qui divitiis soli incubuere repertis,
Nec partem posuere suis; quæ maxima turba est :
Quique ob adulterium cæsi, quique arma secuti
Impia, nec veriti dominorum fallere dextras,
Inclusi pœnam exspectant. Ne quære doceri
Quam pœnam, aut quæ forma viros, fortunave
   mersit.
Saxum ingens volvunt alii, radiisque rotarum
Districti pendent : sedet, æternumque sedebit
Infelix Theseus ; Phlegyasque miserrimus omnes
Admonet, & magnâ testatur voce per umbras :

» table foudre, l'inveſtit de flammes, (ce n'é-
» toient point de vains flambeaux,) & le pré-
» cipita dans l'abyme du Tartare. J'ai vu enco-
» re dans le nombre de ces coupables, Tity-
» rus, ce monſtrueux nourriçon de la Terre, dont
» le corps étendu couvre neuf arpents. Un in-
» ſatiable Vautour, attaché ſur ſa poitrine, lui dé-
» vore le foie & les entrailles, qu'il déchire ſans
» ceſſe, & qui renaiſſent éternellement pour ſon
» ſupplice.

» Vous parlerai-je, pourſuivit-elle, des
» Lapithes, d'Ixion, & de Pirithoüs, toujours
» menacés de la chûte d'une roche ſuſpendue
» ſur leur tête & prête à les écraſer. D'autres
» couchés ſur des lits ſuperbes & voluptueux,
» ont devant les yeux une table couverte de
» mets exquis : mais à leurs côtés la plus re-
» doutable des Furies, armée d'un flambeau
» menaçant, les épouvante par ſa voix ter-
» rible, & les empêche de porter la main
» ſur ce qui leur eſt offert. Là ſont ceux qui
» ont haï leurs freres, qui ont maltraité leurs
» peres, qui ont trahi leurs cliens ; les ava-
» res (troupe innombrable) qui ont entaſ-
» ſé des tréſors ſans en faire part à leurs
» proches ; les adulteres poignardés ; ceux
» qui ſe ſont engagés dans des guerres injuſ-
» tes, ou qui ont été infideles à leurs maî-
» tres. Tous ces coupables enfermés attendent
» l'arrêt de leur ſupplice. Ne me demandez
» point, continua-t-elle, quels ſont ces tour-
» ments ? Les uns ſont condamnés à rouler une
» meule, depuis le bas d'une montagne juſ-
» qu'au ſommet ; d'autres ſont liés & ſuſpen-
» dus aux rayons d'une roue en mouvement.
» Théſée eſt condamné à être éternellement
» aſſis. Dans ſon ſort malheureux, il donne
» ce conſeil à tous les Phlégyes, & ſa voix ſe

Discite justitiam, moniti, & non temnere Divos.
  Vendidit hic auro patriam, dominumque potentem
Imposuit: fixit leges pretio, atque refixit.
Hic thalamum invasit natæ, vetitosque Hymenæos.
Ausi omnes immane nefas, ausoque potiti.
Non, mihi si linguæ centum sint, oraque centum,
Ferrea vox, omnes scelerum comprendere formas,
Omnia pœnarum percurrere nomina possim.
Hæc ubi dicta dedit Phœbi longæva sacerdos:
Sed jam, age, carpe viam, & susceptum perfice
  munus.
Acceleremus, ait. Cyclopum educta caminis
Mœnia conspicio, atque adverso fornice portas,
Hæc ubi nos præcepta jubent deponere dona.
  Dixerat: & pariter gressi per opaca viarum,
Corripiunt spatium medium, foribusque propinquant.
Occupat Æneas aditum, corpusque recenti
Spargit aquâ, ramumque adverso in limine figit.
His demum exactis, perfecto munere Divæ,
Devenere locos lætos, & amœna vireta
Fortunatorum nemorum, sedesque beatas.
Largior hîc campos æther, & lumine vestit
Purpureo, solemque suum, sua sidera norunt.
Pars in gramineis exercent membra palæstris:
Contendunt ludo, & fulvâ luctantur arenâ:
Pars pedibus plaudunt choreas, & carmina dicunt.
Nec non Threïcius longâ cum veste Sacerdos

» fait entendre dans tout le Tartare : Apprenez
» par mon exemple à n'être point injuſtes, & à
» ne pas mépriſer les Dieux.

» Celui-ci, ajouta-t-elle, a vendu ſa pa-
» trie, & l'a ſoumiſe à un Tyran ! celui-là
» corrompu par l'argent a porté & abrogé des
» loix ; ce pere inceſtueux eſt entré dans le
» lit de ſa propre fille ; cet autre a contracté
» un mariage illicite. Tous ces coupables ont
» commis d'énormes forfaits, & en ont joui.
» Euſſé-je cent bouches & cent langues,
» avec une voix de fer, je ne pourrois vous
» décrire ni tous les crimes, ni tous les diffé-
» rents genres de ſupplices dont on les punit.
» Mais reprenons notre chemin, dit-elle, &
» hâtons-nous d'accomplir ce qui eſt le but
» principal de notre voyage. Je découvre les
» murs de fer du Palais de Pluton, forgés par
» les Cyclopes ; j'apperçois la porte & la
» voûte, où il nous faut ſuſpendre notre pré-
» ſent «.

En parlant ainſi, ils s'avancent dans les ténebres : ils entrent dans le chemin qui ſépare
l'Elyſée du Tartare, & s'approchent du Palais
de Pluton. Enée entre dans l'avenue, ſe purifie dans une eau fraîche, & attache le rameau à la porte. Après s'être acquittés de ce
devoir, ils continuent leur route & arrivent
enfin dans ces heureux bocages, dans ces délicieux vergers, dans ces demeures fortunées,
où les ames jouiſſent d'un bonheur parfait. Là
regne un air pur, & une douce lumiere eſt
répandue ſur les campagnes. Les habitants de
ces lieux ont leur Soleil & leurs Aſtres. Les
uns ſe plaiſent aux exercices du corps ſur la
verte prairie, ou ſur le ſable au combat de la
lutte : ceux-ci danſent, ceux-là récitent des
vers. Le chantre de la Thrace, Prêtre d'A-

Obloquitur numeris septem discrimina vocum :
Jamque eadem digitis, jam pectine pulsat eburno.
Hîc genus antiquum Teucri, pulcherrima proles,
Magnanimi Heroës, nati melioribus annis,
Ilusque, Assaracusque, & Trojæ Dardanus autor.
Arma procul, currusque virûm miratur inanes.
Stant terrâ defixæ hastæ, passimque soluti
Per campos pascuntur equi : quæ gratia currûm
Armorumque fuit vivis, quæ cura nitentes
Pascere equos, eadem sequitur tellure repostos.
 Conspicit ecce alios dextrâ lævâque per herbam
Vescentes, lætumque choro Pæana canentes,
Inter odoratum lauri nemus : unde superne
Plurimus Eridani per sylvam volvitur amnis.
Hîc manus, ob patriam pugnando vulnera passi ;
Quique sacerdotes casti, dum vita manebat,
Quique pii vates, & Phœbo digna locuti,
Inventas aut qui vitam excoluere per artes,
Quique sui memores alios fecere merendo :
Omnibus his niveâ cinguntur tempora vittâ.
Quos circumfusos sic est effata Sibylla,
Musæum ante omnes : medium nam plurima turba
Hunc habet, atque humeris exstantem suspicit altis.
 Dicite felices animæ, tuque optime vates,
Quæ regio Anchisen, quis habet locus ? illius ergo
Venimus, & magnos Erebi tranavimus amnes.

pollon,

pollon, revêtu d'une longue robe, y marie sa voix avec les sept cordes de sa Lyre, qu'il pince, tantôt avec ses doigts, & tantôt avec un dé d'ivoire. C'est le séjour des illustres descendants de Teucer, héros nés dans des temps plus heureux ; d'un Ilus, d'un Assaracus, d'un Dardanus fondateur de Troie. Enée est étonné de voir autour d'eux des armes, des javelots, des lances, des chars vuides, des chevaux paissants librement dans la prairie. Ces guerriers conservoient encore le goût qu'ils avoient eu sur la terre pour les armes, pour les chars, pour les chevaux.

Le Prince Troyen, portant ses regards à droite & à gauche, vit d'autres Ombres qui prenoient un léger repas sur l'herbe, & chantoient des vers à la louange d'Apollon. Elles étoient couchées au milieu d'un bois de laurier odoriférant, arrosé par les eaux du Pô, qui, perçant la terre, tombe dans ces champs délicieux. Là étoient ces hommes courageux, qui ont répandu leur sang pour leur patrie ; les Prêtres chastes, les Poëtes religieux, qui n'ont chanté que des vers dignes d'Apollon, les inventeurs des arts ; enfin tous ceux qui par leurs bienfaits ont mérité de vivre dans la mémoire des hommes. Toutes ces Ombres avoient la tête ceinte d'un bandeau blanc comme la neige. Plusieurs s'étant approchées d'Enée, la Sibylle leur parla ainsi, adressant principalement la parole à Musée, qui étoit environné d'une foule d'autres Ombres, qu'il surpassoit par la hauteur de sa taille.

» Ames heureuses, & vous, Poëte illustre,
» apprenez-nous la demeure d'Anchise. C'est
» pour le voir & lui parler que nous sommes
» descendus dans ces lieux, & que nous avons
» traversé les grands fleuves de l'Erebe «.

Atque huic responsum paucis ita reddidit heros:
Nulli certa domus : lucis habitamus opacis,
Riparumque toros, & prata recentia rivis
Incolimus : sed vos, si fert ita corde voluntas,
Hoc superate jugum, & facili jam tramite sistam.
Dixit, & ante tulit gressum, camposque nitentes
Desuper ostentat : dein summa cacumina linquunt.
At pater Anchises penitus convalle virenti
Inclusas animas, superumque ad lumen ituras,
Lustrabat studio recolens, omnemque suorum
Fortè recensebat numerum, carosque nepotes,
Fataque, fortunasque virûm, moresque manusque.

Isque ubi tendentem adversum per gramina vidit
Æneam, alacris palmas utrasque tetendit,
Effusæque genis lacrymæ, & vox excidit ore.
Venisti tandem, tuaque expectata parenti
Vicit iter durum pietas : datur ora tueri,
Nate, tua, & notas audire & reddere voces.
Sic equidem ducebam animo, rebarque futurum,
Tempora dinumerans : nec me mea cura fefellit.
Quas ego te terras, & quanta per æquora vectum
Accipio ! quantis jactatum, nate, periclis !
Quam metui, ne quid Libyæ tibi regna nocerent !

Musée répondit en peu de mots : » Nous n'avons
» point de demeure fixe ; tantôt nous nous re-
» posons à l'ombre des forêts, ou sur les bords
» des fontaines ; tantôt nous nous promenons
» dans ces prairies coupées par des ruisseaux.
» Cependant si vous voulez voir Anchise, mon-
» tez sur cette hauteur, où je vais vous con-
» duire par un chemin aisé «. Il dit, & marchant devant eux, il les accompagne jusqu'au
sommet de la colline, d'où il leur fait voir la
beauté des campagnes d'alentour. De là ils
descendent dans un vallon, séjour des ames
destinées à animer des corps sur la terre. Anchise, au fond de cet agréable vallon, s'occupoit à reconnoître ceux qui devoient un jour
former sa race. Il comptoit avec plaisir sa chere
postérité, & recherchoit avec attention leur destinée, leurs aventures, leurs vertus & leurs exploits.

Dès qu'Anchise eut apperçu dans la prairie
Enée qui s'avançoit vers lui, transporté d'alé-
gresse, il accourut, lui tendit les bras, & en
versant des larmes de joie, il lui parla ainsi :
» Vous venez enfin me voir, mon fils. Que
» votre pere vous a long-temps attendu ! Mais
» que votre piété vous a fait entreprendre
» un voyage pénible ! Il nous est donc per-
» mis de nous voir, de nous entendre, &
» de nous parler. Je supputois le temps qui s'est
» écoulé depuis notre séparation, & je comp-
» tois que votre arrivée en ces lieux n'étoit
» pas éloignée ; je ne me suis point trompé.
» Après combien de traverses & de périls sur
» terre & sur mer, vous revois-je aujourd'hui !
» Que j'ai craint votre séjour dans le royau-
» me de Libye ! C'est votre ombre, ô mon
» pere, répondit Enée, qui, s'offrant souvent
» à mes yeux, m'a engagé à descendre sur

Ille autem : Tua me, genitor, tua tristis imago
Sæpius occurrens, hæc limina tendere adegit.
Stant sale Tyrrheno classes : da jungere dextram,
Da, genitor, teque amplexu ne subtrahe nostro.
Sic memorans largo fletu simul ora rigabat.
Ter conatus ibi collo dare brachia circum ;
Ter frustra comprensa manus effugit imago,
Par levibus ventis, volucrique simillima somno.
 Interea videt Æneas in valle reductâ
Seclusum nemus, & virgulta sonantia sylvis,
Lethæumque, domos placidas qui prænatat, am-
 nem.
Hunc circum innumeræ gentes, populique volabant.
Ac veluti in pratis, ubi apes æstate serenâ
Floribus insidunt variis, & candida circum
Lilia funduntur ; strepit omnis murmure campus.
Horrescit visu subito, causasque requirit
Inscius Æneas, quæ sint ea flumina porro,
Quive viri tanto complerint agmine ripas.
Tum pater Anchises : Animæ, quibus altera fato
Corpora debentur, Lethæi ad fluminis undam
Securos latices, & longa oblivia potant.
Has equidem memorare tibi, atque ostendere coram
Jampridem hanc prolem cupio enumerare meorum ;
Quo magis Italiâ mecum lætere repertâ.
O pater, anne aliquas ad cœlum hinc ire putandum
 est
Sublimes animas, iterumque ad tarda reverti
Corpora ? quæ lucis miseris tam dira cupido ?

» ces sombres bords. J'ai laissé ma flotte à l'ancre
» dans une rade de la mer Tyrrhénienne. Per-
» mettez-moi, mon pere, permettez-moi de vous
» prendre la main ; ne vous dérobez point à mes
» embrassements «. En parlant ainsi, les larmes
couloient de ses yeux. Trois fois il tend les bras à
son pere pour l'embrasser, & trois fois l'ombre lui
échappe, comme une légere vapeur, ou comme un
vain songe.

Cependant Enée apperçoit dans un coin du
vallon un bocage isolé ; ses eaux du Léthé baignoient ce lieu tranquille. Sur les bords du fleuve, voltigeoit une foule d'Ombres de toutes les nations de l'Univers. Ainsi durant les beaux jours de l'Eté, les abeilles se répandent dans les prairies, se reposent sur différentes fleurs, & volent autour des lys. Toute la campagne retentit du bourdonnement de l'essaim. Enée surpris, demande à son pere quel est ce fleuve, & pourquoi toutes ces Ombres paroissent si empressées sur le rivage ? » Ces ames, répond
» Anchise, doivent animer de nouveaux corps ;
» c'est pour cela qu'elles viennent en foule sur
» les bords de ce fleuve, dont les eaux qu'elles
» boivent à longs traits, leur font perdre le
» souvenir du passé. Depuis long-temps, je
» souhaite vous faire connoître, mon fils, celles
» de ces ames qui doivent composer votre
» glorieuse postérité. Cette connoissance aug-
» mentera la joie que vous devez avoir de
» votre heureuse arrivée en Italie. O mon pe-
» re, interrompit Enée ! est-il croyable que
» ces ames retournent sur la terre, pour ani-
» mer une seconde fois des corps mortels ?
» Est-il possible qu'elles desirent avec tant
» d'ardeur de revoir la lumiere, & qu'elles
» aient tant de goût pour cette malheureuse

Dicam equidem, nec te suspensum, nate, tenebo.
Suscipit Anchises, atque ordine singula pandit.

Principio cœlum, ac terras, camposque liquentes,
Lucentemque globum Lunæ, Titaniaque astra
Spiritus intus alit, totamque infusa per artus
Mens agitat molem, & magno se corpore miscet.
Inde hominum, pecudumque genus, vitæque volantum,
Et quæ marmoreo fert monstra sub æquore pontus :
Igneus est ollis vigor, & cœlestis origo
Seminibus ; quantum non noxia corpora tardant,
Terrenique hebetant artus, moribundaque membra.
Hinc metuunt, cupiuntque, dolent, gaudentque :: neque auras
Despiciunt clausæ tenebris, & carcere cæco.
Quin & supremo cùm lumine vita reliquit,
Non tamen omne malum miseris, nec funditus omnes
Corporeæ excedunt pestes ; penitusque necesse est
Multa diu concreta modis inolescere miris.
Ergo exercentur pœnis, veterumque malorum
Supplicia expendunt : aliæ panduntur inanes
Suspensæ ad ventos : aliis sub gurgite vasto
Infectum eluitur scelus, aut exuritur igni.
Quisque suos patimur manes : exinde per amplum
Mittimur Elysium, & pauci læta arva tenemus :
Donec longa dies, perfecto temporis orbe,

Livre VI.

» vie ? Je vais, mon fils, repliqua Anchife,
» fatisfaire votre curiofité. En même temps il
» lui dévoila les plus profonds fecrets de la na-
» ture «.

» Il faut d'abord que vous fachiez, lui dit-
» il, que le ciel, la terre, la mer, le globe
» brillant de la Lune, & tous les aftres du
» firmament, ont une ame. Cette ame géné-
» rale répandue dans l'univers eft le principe
» du mouvement de tous les corps. De là
» viennent toutes les efpeces différentes d'a-
» nimaux; les hommes, les quadrupedes, les
» oifeaux, les poiffons. Ils poffedent tous une
» portion célefte, portion pure & vive, de
» cette ame univerfelle. Mais la matiere ter-
» reftre dont ils font compofés, fujette à l'al-
» tération, en produit aufli dans leur ame.
» C'eft l'origine des paffions, de la crainte,
» du defir, du chagrin, de la joie. Tant que
» l'ame eft emprifonnée dans le corps, elle eft
» courbée vers la terre, & offufquée de téné-
» bres. Dégagée de fes liens par la mort, elle
» conferve les fouillures contractées durant la
» vie par fon union avec un corps terreftre.
» Les vices dont elle s'étoit fait une longue
» habitude, fubfiftent avec elle dans les en-
» fers. C'eft pour cela qu'on fait ici expier
» aux ames, par divers fupplices, les crimes
» qu'elles ont autrefois commis fur la terre.
» Les unes fufpendues dans les airs font ex-
» pofées aux vents; les autres font plongées
» dans un vafte étang qui lave leurs taches, &
» quelques autres dans le feu qui les purifie.
» Chacune de nos ames a une Divinité in-
» fernale, chargée de fon expiation. Elles
» paffent enfuite dans les champs Elyfées;
» mais cette grace n'eft accordée qu'à un petit
» nombre. Lorfque le temps a enfin achevé

Concretam exemit labem, purumque reliquit
Ætherium sensum, atque auraï simplicis ignem.
Has omnes, ubi mille rotam volvere per annos,
Lethæum ad fluvium Deus evocat agmine magno;
Scilicet immemores supera ut convexa revisant,
Rursus & incipiant in corpora velle reverti.
 Dixerat Anchises: natumque unàque Sibyllam
Conventus trahit in medios, turbamque sonantem :
Et tumulum capit, unde omnes longo ordine possit
Adversos legere, & venientum discere vultus.
Nunc age, Dardaniam prolem quæ deinde sequatur
Gloria, qui maneant Italâ de gente nepotes,
Illustres animas, nostrumque in nomen ituras,
Expediam dictis, & te tua fata docebo.
Ille, vides, purâ juvenis qui nititur hastâ,
Proxima sorte tenet lucis loca : primus ad auras
Æthereas Italo commistus sanguine surget
Sylvius, Albanum nomen, tua posthuma proles;
Quem tibi longævo serum Lavinia conjux
Educet sylvis regem, regumque parentem :
Unde genus longâ nostrum dominabitur Albâ.
Proximus ille Procas, Trojanæ gloria gentis,
Et Capys, & Numitor, & qui te nomine reddet
Sylvius Æneas, pariter pietate, vel armis
Egregius, si unquam regnandam acceperit Albam.
Qui juvenes, quantas ostentant, aspice, vires !
Atque umbrata gerunt civili tempora quercu.
Hi tibi Nomentum, & Gabios, urbemque Fide‑
 nam,
Hi Collatinas imponent montibus arces,
Laude pudicitiæ celebres, addentque superbos

„ d'effacer

» d'effacer toutes les souillures de fes ames, &
» qu'elles ont recouvré la pureté de leur célefte
» origine, & la fimplicité de leur effence; un Dieu,
» au bout de mille ans, les conduit fur les bords du
» fleuve d'Oubli, afin de les rappeller à la vie, &
» de les unir, fuivant leurs defirs, à de nouveaux
» corps «.

Anchife ayant ainfi parlé, conduifit fon fils
& la Sibylle au milieu d'une bruyante troupe
d'Ombres, & monta avec eux fur une hauteur,
pour leur en faire diftinguer toutes les figures.
» Je vais maintenant, dit-il à Enée, vous dé-
» voiler le fort glorieux réfervé en Italie à la
» nation Troyenne; je vais vous montrer vo-
» tre illuftre poftérité, & cette longue fuite
» de Héros qui rendront notre nom immortel.
» Voyez ce jeune Prince appuyé fur un fcep-
» tre; il fera le premier que le fort fera naître
» du fang Troyen mêlé avec celui d'Italie.
» Lavinie votre époufe en deviendra enceinte
» dans le déclin de vos jours, & il ne verra
» la lumiere, que lorfque vous l'aurez per-
» due. Elevé par fa mere dans une forêt, il
» portera le nom de Sylvius, qui fera celui de
» tous les Rois d'Albe, nos defcendants & fes
» fucceffeurs. Procas, qui le fuit, fera la gloire
» de la nation Troyenne. Capys & Numitor
» l'illuftreront également : un autre Sylvius,
» qui portera comme vous le nom d'Enée,
» s'il monte jamais fur le trône d'Albe, fe
» diftinguera par fa piété & par fa valeur.
» Confidérez la vigueur de ces jeunes Princes
» couronnés de feuillages de chêne, les uns
» feront les fondateurs de Nomente, de Ga-
» bie & de Fidene; les autres éleveront fur
» le fommet d'une montagne les murs de Colla-
» tie, fi célebres par l'exemple de chafteté qui y
» fera donné : ils bâtiront encore les Villes de

Pometios, Castrumque Inuï, Bolamque, Coram-
que.
Hæc tum nomina erunt : nunc sunt sine nomine ter-
ræ.
Quin & avo comitem sese Mavortius addet
Romulus, Assaraci quem sanguinis Ilia mater
Educet : viden ut gemine stant vertice cristæ,
Et pater ipse suo superûm jam signat honore ?
En hujus, nate, auspiciis illa inclyta Roma
Imperium terris, animos æquabit Olympo,
Septemque una sibi muro circumdabit arces,
Felix prole virûm : qualis Berecynthia mater
Invehitur curru Phrygias turrita per urbes,
Læta Deûm partu, centum complexa nepotes,
Omnes cœlicolas, omnes supera alta tenentes.
 Huc geminas nunc flecte acies, hanc aspice
 gentem,
Romanosque tuos. Hic Cæsar, & omnis Iüli
Progenies, magnum cœli ventura sub axem.
Hic vir, hic est, tibi quem promitti sæpius audis,
Augustus Cæsar, Divi genus, aurea condet
Sæcula qui rursus Latio, regnata per arva
Saturno quondam, super & Garamantas & Indos
Proferet imperium : jacet extra sidera tellus,
Extra anni solisque vias, ubi cœlifer Atlas
Axem humero torquet stellis ardentibus aptum.
Hujus in adventum jam nunc & Caspia regna
Responsis horrent Divûm, & Mœotica tellus,
Et septem gemini turbant trepida ostia Nili.
Nec vero Alcides tantum telluris obivit :
Fixerit æripedem cervam licet, aut Erymanthi
Pacarit nemora, & Lernam tremefecerit arcu.

Livre VI.

» Pométie, d'Inuus, de Bole, & de Coré.
» Tels sont les noms qu'on donnera un jour
» à ces lieux, qui n'en portent point aujour-
» d'hui. Romulus, fils du Dieu Mars & d'Ilie,
» issue du sang d'Assaracus, vengera son aïeul
» Numitor. Voyez-vous ces deux aigrettes qui
» ornent son casque, & cet air divin qu'il
» tient de Jupiter ? Ce sera, mon fils, sous ses
» auspices, que la superbe Rome obtiendra
» l'Empire de la terre, & enfantera des Ci-
» toyens que leur courage égalera aux Dieux :
» Ville immense, qui renfermera sept monta-
» gnes dans son enceinte ; Ville heureuse dans
» les enfants qui la combleront de joie : telle
» que Cybele, qui, la tête couronnée de tours,
» parcourt sur un char de triomphe les Villes
» de la Phrygie, glorieuse d'être la mere des
» Dieux, & de compter cent petits-fils, tous ha-
» bitants de l'Olympe.

» Tournez les yeux de ce côté, mon fils,
» & regardez cette nation : ce sont vos Ro-
» mains. Voilà César, & toute la postérité
» qui doit naître d'Ascagne. Mais voici le Hé-
» ros qui vous a si souvent été promis, Cé-
» sar Auguste, d'une céleste origine, qui rap-
» pellera l'âge d'or & le regne de Saturne en
» Italie. Il étendra son empire jusque sur les
» Garamantes & les Indiens, jusque dans les
» contrées où le Ciel est appuyé sur les épaules
» d'Atlas, jusqu'aux climats situés au-delà des
» Signes célestes & des routes du Soleil. Déja
» les bords de la mer Caspienne, les Palus
» Méotides, & les sept embouchures du Nil,
» effrayés par les Oracles, tremblent dans
» l'attente de ce Vainqueur. Hercule a su
» percer la biche aux pieds d'airain, domter
» le sanglier d'Erymanthe, & épouvanter par
» son arc l'Hydre de Lerne. Mais il n'a ja-

Nec, qui Pampineis victor juga flectit habenis,
Liber, agens celso Nysæ de vertice tigres.
Et dubitamus adhuc virtutem extendere factis ?
Aut metus Ausoniâ prohibet consistere terrâ ?
   Quis procul ille autem ramis insignis olivæ,
Sacra ferens ? nosco crines, incanaque menta
Regis Romani, primam qui legibus urbem
Fundabit, Curibus parvis, & paupere terrâ
Missus in imperium magnum : cui deinde subibit
Otia qui rumpet patriæ, residesque movebit
Tullus in arma viros, & jam desueta triumphis
Agmina : quem juxta sequitur jactantior Ancus,
Nunc quoque jam nimiùm gaudens popularibus
   auris.
Vis & Tarquinios reges, animamque superbam
Ultoris Bruti, fascesque videre receptos ?
Consulis imperium hic primus, sævasque secures
Accipiet : natosque pater nova bella moventes
Ad pœnam pulchrâ pro libertate vocabit,
Infelix : utcunque ferent ea facta minores :
Vincet amor patriæ, laudumque immensa cupido.
Quin Decios, Drusosque procul, sevumque securi,
Aspice Torquatum, & referentem signa Camillum.

» mais parcouru tant de contrées qu'Auguste. Il
» fera plus de conquêtes que Bacchus, qui des-
» cendant du sommet de la montagne de Nice,
» fait voler son char traîné par des tigres, qu'il
» conduit avec des rênes ornées de pampre.
» A la vue de ces destinées, balancerons-nous
» encore à nous immortaliser par nos ex-
» ploits ? Craindrons-nous de nous établir dans
» l'Ausonie ?

» Mais quel est ce personnage plus éloigné,
» dont la tête est ceinte d'olivier, & dont les
» mains sont chargées d'instruments de sacrifi-
» ce ? Je le reconnois à ses cheveux, & à sa
» barbe blanche. C'est un Roi, c'est le premier
» Législateur de Rome. De sa petite Ville de
» Cures, de son champ ingrat & stérile, il
» sera appellé à un puissant Empire. Tullus lui
» succédera : ce Prince, ennemi de la paix, trou-
» blera le repos de sa patrie ; il réveillera le
» goût des armes, & l'ardeur des conquêtes
» ralenties chez les Romains. Vous voyez après
» lui Ancus, trop épris d'une vaine gloire, &
» qui dès à présent recherche avec trop d'em-
» pressement la faveur de la multitude. Vou-
» lez-vous voir les Tarquins, & le courageux
» Brutus, ce fier vengeur de la tyrannie ? Il
» sera le premier Consul de Rome, & il fera
» porter devant lui les faisceaux & les haches
» redoutables. Ses enfants voudront rétablir la
» royauté ; il les sacrifiera à la liberté publi-
» que. Malheureux pere ! quoi qu'en puisse pen-
» ser la postérité, l'amour de la patrie & la soif
» de la gloire triompheront en toi de la nature.
» Regardez plus loin, mon fils. Voyez les deux
» Décius, les Drusus, le cruel Torquatus armé
» d'une hache, & le brave Camille, qui rap-
» portera à Rome les drapeaux enlevés par les
» Gaulois.

Illæ autem, paribus quas fulgere cernis in armis,
Concordes animæ nunc, & dum nocte prementur,
Heu ! quantum inter se bellum, si lumina vitæ
Attigerint, quantas acies, stragemque ciebunt ?
Aggeribus socer Alpinis, atque arce Monœci
Descendens ; gener adversis instructus Eoïs.
Ne, pueri, ne tanta animis assuescite bella,
Neu patriæ validas in viscera vertite vires.
Tuque prior, tu parce, genus qui ducis Olympo,
Projice tela manu, sanguis meus.
  Ille triumphatâ Capitolia ad alta Coryntho,
Victor aget currum, cæsis insignis Achivis.
Eruet ille Argos, Agamemnoniasque Mycenas,
Ipsumque Æaciden, genus armipotentis Achilli ;
Ultus avos Trojæ, templa & temeratâ Minervæ.
Quis te, magne Cato, tacitum aut te, Cosse, relinquat ?
Quis Gracchi genus, aut geminos, duo fulmina belli,
Scipiadas, cladem Libyæ, parvoque potentem
Fabricium, vel te sulco, Serrane, ferentem ?
Quò fessum rapitis, Fabii ? tu Maximus ille es,
Unus qui nobis cunctando restituis rem.
  Excudent alii spirantia mollius æra :
Credo equidem, vivos ducent de marmore vultus :
Orabunt causas meliùs, cœlique meatus

» Ces deux hommes, continua-t-il, dont vous
» voyez briller les armes, sont amis dans ce lieu
» de ténebres. Mais lorsqu'ils seront dans le sé-
» jour de la lumiere, quelle guerre ils se feront!
» Que de bras ils armeront l'un contre l'autre, &
» que leur différent fera verser de sang! Le beau-
» pere, traversant les Alpes, & franchissant le ro-
» cher consacré à Hercule solitaire, marchera con-
» tre le gendre, soutenu des troupes de l'Orient.
» O mes fils, cessez de vous faire une guerre si fu-
» neste; cessez de déchirer les entrailles de votre
» patrie, & d'employer vos forces à la détruire. Et
» toi, César, qui descends des Dieux, toi mon
» sang, sois le premier à mettre bas les armes, &
» à te réconcilier avec ton rival.

» Celui-ci, poursuivit Anchise, après avoir
» pris Corinthe & vaincu les Achéens, sera
» conduit au Capitole dans un char de triom-
» phe. Celui-là renversera Argos & Myce-
» nes, détruira la race d'Achille, vengera les
» Troyens ses ancêtres, & fera expier aux Grecs
» la profanation du Temple de Minerve. Qui
» pourroit vous oublier, grand Caton, & vous
» illustre Cossus? Qui pourroit passer sous si-
» lence les fameux Gracques ou les Scipions,
» ces deux foudres de guerre si funestes à la Li-
» bye; Fabrice, cet homme si pauvre & si re-
» doutable; & vous, célebre Serranus, qui de
» la charrue passerez un jour au Consulat? Où
» m'enlevez-vous, illustre maison des Fabius?
» C'est toi, grand Fabius, qui par ta prudente
» lenteur, répareras un jour tous les malheurs de
» la République.

» D'autres peuples plus industrieux feront
» respirer l'airain, & sauront animer le mar-
» bre: ils auront des Orateurs plus éloquents,
» & des Astronomes plus habiles, qui liront
» dans les Cieux & mesureront le cours des

Describent radio, & surgentia sidera dicent.
Tu regere imperio populos, Romane, memento
(Hæ tibi erunt artes) pacisque imponere morem;
Parcere subjectis, & debellare superbos.

 Sic pater Anchises; atque hæc mirantibus addit:
Aspice, ut insignis spoliis Marcellus opimis
Ingreditur, victorque viros supereminet omnes.
Hic rem Romanam, magno turbante tumultu,
Sistet eques: sternet Pœnos, Gallumque rebellem,
Tertiaque arma patri suspendet capta Quirino.

 Atque hic Æneas: unà namque ire videbat
Egregium formâ juvenem & fulgentibus armis;
Sed frons læta parum, & dejecto lumina vultu.
Quis, Pater, ille, virum qui sic comitatur euntem?
Filius, anne aliquis magnâ de stirpe nepotum?
Qui strepitus circa comitum! Quantum instar in
  ipso est!
Sed nox atra caput tristi circumvolat umbrâ.
Tum Pater Anchises lacrymis ingressus obortis:
O nate, ingentem luctum ne quære tuorum.
Ostendent terris hunc tantum fata, neque ultra
Esse sinent: nimium vobis Romana propago
Visa potens, Superi, propria hæc si dona fuissent.
Quantos ille virûm magnam Mavortis ad urbem
Campus aget gemitus! vel quæ, Tiberine, videbis

» étoiles. Pour toi, Romain, songe à subjuguer
» & à régir les nations. C'est à toi de faire la
» guerre & la paix; de pardonner aux peuples sou-
» mis, & de domter ceux qui te réſiſtent. Tels ſont
» les arts qui te ſont réſervés «.

Enée & la Sibylle écoutoient avec étonnement ce que leur diſoit Anchiſe, qui continua
ainſi : » Jettez les yeux, leur dit-il, ſur ce
» guerrier chargé de riches dépouilles, ſur
» cet illuſtre Vainqueur, ſur Marcellus, dont
» l'air triomphant efface tous les autres. Il
» ſoutiendra la République ébranlée par des
» revers, il taillera en pieces les armées de
» Carthage, vaincra les indomtables Gaulois,
» & ſera le troiſieme des Romains, qui con-
» ſacrera à Jupiter Férétrien des dépouilles
» opimes «.

Enée ayant alors apperçu près de ce Romain
un jeune homme d'une aimable figure, couvert
d'armes éclatantes, mais triſte & abattu, interrompit Anchiſe. » Quel eſt celui qui l'accom-
» pagne, demanda-t-il ? Eſt-ce ſon fils, eſt-ce
» quelqu'un de notre illuſtre race ? Quelle
» foule s'empreſſe autour de lui ! Qu'il reſ-
» ſemble au Héros qui eſt à ſes côtés ! Cepen-
» dant une triſte nuit l'environne de ſes om-
» bres. O mon fils, répondit Anchiſe les lar-
» mes aux yeux, ne m'interrogez point ſur
» l'éternel objet des pleurs de vos deſcendants.
» Les Deſtins ne feront que le montrer à la
» terre, & le lui enleveront auſſi-tôt. O Dieux,
» ſi Rome eût pu jouir du préſent que vous lui
» aviez fait, elle vous auroit paru trop puiſ-
» ſante. De combien de gémiſſements & de
» quels cris ſa mort fera retentir le Champ de
» Mars ! Dieu du Tibre, quelle pompe fune-
» bre tu verras ſur tes bords, lorſqu'on lui
» élevera un tombeau que tu baigneras de tes

Funera, cùm tumulum præterlabere recentem !
Nec puer Iliacâ quifquam de gente Latinos
In tantum fpe tollet avos ; nec Romula quondam
Ullo fe tantum tellus jactabit alumno.
Heu pietas ! heu prifca fides ! invictaque bello
Dextera ! non illi quifquam fe impune tuliffet
Obvius armato ; feu cum pedes iret in hoftem,
Seu fpumantis equi foderet calcaribus armos.
Heu miferande puer ! fi qua fata afpera rumpas,
Tu Marcellus eris. Manibus date lilia plenis :
Purpureos fpargam flores, animamque nepotis
His faltem accumulem donis, & fungar inani
Munere. Sic totâ paffim regione vagantur
Aëris in campis latis, atque omnia luftrant.
Quæ poftquam Anchifes natum per fingula duxit,
Incenditque animum famæ venientis amore :
Exin bella viro memorat, quæ deinde gerenda ;
Laurentefque docet populos, urbemque Latini,
Et quo quemque modo fugiatque feratque laborem.

 Sunt geminæ Somni portæ, quarum altera fertur
Cornea, qua veris facilis datur exitus umbris :
Altera candenti perfecta nitens elephanto :
Sed falfa ad cœlum mittunt infomnia manes.
His ubi tum natum Anchifes, unàque Sibyllam
Profequitur dictis, portâque emittit eburnâ.
Ille viam fecat ad naves, fociofque revifit.
Tum fe ad Cajetæ recto fert littore portum :
Anchora de prorâ jacitur ; ftant littore puppes.

» ondes ! Jamais aucun rejetton de la nation
» Troyenne ne donnera tant d'espérance à ses aïeux ;
» jamais Rome ne se glorifiera d'un citoyen si ac-
» compli. Que de religion, que de probité, que
» de valeur ! Aucun ennemi ne se seroit offert im-
» punément à ses yeux, soit qu'il eût combattu à
» pied, soit que, monté sur un superbe coursier,
» il eut entrepris de rompre un escadron. Jeu-
» ne Romain, dont le sort est à plaindre, si tu peux
» te dérober aux rigueurs du Destin, tu seras un
» Marcellus. Que n'ai-je des lys & toutes sortes
» de fleurs, pour en couvrir son tombeau ! Que ne
» puis-je au moins rendre ces vains honneurs à sa
» cendre « !

C'est ainsi qu'Anchise parcouroit avec son fils les vastes champs de l'Elysée, lui découvroit tout, & l'entretenoit de ses illustres descendants, lui inspirant l'amour de la gloire & l'ardeur de se rendre digne d'une si haute destinée. Il lui exposa ensuite les guerres qu'il auroit à soutenir dans l'Ausonie; il lui parla des peuples du Latium, & de la Ville capitale du Roi Latinus. Il lui apprit en même temps les moyens de prévenir tous les revers du sort, ou de les supporter avec courage.

Il y a aux Enfers deux portes, appellées les portes du Sommeil; l'une de corne, l'autre d'ivoire. Par celle de corne, passent les Ombres véritables, qui sortent des enfers, & paroissent sur la terre; par celle d'ivoire, sortent les vaines illusions, & les songes trompeurs. Anchise continuant d'entretenir son fils & la Sibylle, les conduisit vers ces portes, & les fit sortir par la porte d'ivoire. Enée, de retour sur la terre, se hâta de rejoindre sa flotte. Aussi-tôt il ordonna d'appareiller pour se rendre au port de Caïete, où il fit jetter l'ancre & amarrer les vaisseaux.

PUBLII VIRGILII MARONIS ÆNEIDOS.
LIBER SEPTIMUS.

TU quoque littoribus nostris, Æneïa nutrix,
Æternam moriens famam, Cajeta, dedisti;
Et nunc servat honos sedem tuus ossaque nomen
Hesperiâ in magnâ, si qua est ea gloria, signat.
  At pius exequiis Æneas rite solutis,
Aggere composito tumuli, postquam alta quiêrunt
Æquora, tendit iter velis, portumque relinquit.
Adspirant auræ in noctem, nec candida cursum
Luna negat : splendet tremulo sub lumine pontus.
Proxima Circææ raduntur littora terræ,
Dives inaccessos ubi Solis filia lucos
Assiduo resonat cantu, tectisque superbis
Urit odoratam nocturna in lumina cedrum,
Arguto tenues percurrens pectine telas.
Hinc exaudiri gemitus, iræque leonum
Vincla recusantum, & serâ sub nocte rudentum:

L'ÉNÉIDE
DE
VIRGILE.
LIVRE SEPTIEME.

VOus auffi, ô Caïete, nourrice d'Enée, vous avez en mourant illuftré à jamais nos rivages. La contrée où repofent vos cendres eft encore aujourd'hui honorée par ce précieux dépôt; & fi c'eft une gloire, votre nom annonce votre fépulture dans la grande Hefpérie.

Lorfqu'Énée eut célébré les funérailles de fa nourrice, & lui eut fait élever un tombeau, voyant la mer calme, il fit appareiller, & fortit du port. La nuit, le vent fe leva : les Troyens voguoient heureufement à la faveur de la Lune, dont les rayons répandoient une lumiere flottante fur la furface des eaux. Ils rafent les rivages du promontoire de Circé. C'eft là que la fille du Soleil fait fans ceffe retentir de fes chants une forêt inacceffible. La Nuit, rétirée dans fon fuperbe palais, où le cedre allumé répand avec fa lumiere une agréable odeur, elle travaille à des ouvrages de toile, faifant courir une navette entre les fils délicats d'une chaîne fine. Là, on entend aux approches de la nuit, rugir des lions

Setigerique sues, atque in præsepibus ursi
Sævire, ac formæ magnorum ululare luporum;
Quos hominum ex facie Dea sæva potentibus herbis
Induerat Circe in vultus ac terga ferarum.
Quæ ne monstra pii paterentur talia Troes
Delati in portus, neu littora dira subirent,
Neptunus ventis implevit vela secundis,
Atque fugam dedit, & præter vada fervida vexit.

Jamque rubescebat radiis mare, & æthere ab alto
Aurora in roseis fulgebat lutea bigis:
Cum venti posuere, omnisque repente resedit
Flatus, & in lento luctantur marmore tonsæ.
Atque hîc Æneas ingentem ex æquore lucum
Prospicit: hunc inter fluvio Tiberinus amœno,
Vorticibus rapidis & multâ flavus arenâ,
In mare prorumpit: variæ circumque supraque
Assuetæ ripis volucres & fluminis alveo
Æthera mulcebant cantu, lucoque volabant.
Flectere iter sociis, terræque advertere proras
Imperat, & lætus fluvio succedit opaco.

Nunc age, qui reges, Erato, quæ tempora rerum,
Quis Latio antiquo fuerit status, advena classem
Cum primùm Ausoniis exercitus appulit oris,
Expediam, & primæ revocabo exordia pugnæ.
Tu vatem, tu Diva, mone: dicam horrida bella;
Dicam acies, actosque animis in funera reges,
Tyrrhenamque manum, totamque sub arma coac-
    tam
Hesperiam. Major rerum mihi nascitur ordo;

LIVRE VII.

rebelles qu'on enchaîne, & hurler dans leurs prisons des loups énormes, des ours & des sangliers furieux. Ces bêtes féroces furent autrefois des hommes, que la cruelle Déesse transforma ainsi par la force de ses enchantements. Neptune, craignant que les Troyens ne fussent poussés vers cette côte funeste, & n'éprouvassent un pareil sort, enfla d'un vent favorable les voiles de leur flotte, qui franchit rapidement ce dangereux passage.

Déja l'Aurore brilloit sur son char traîné par deux chevaux de couleur de rose, & doroit les ondes de ses rayons naissants. Alors tous les vents tomberent : l'air ne parut pas agité du moindre souffle, & les Troyens se virent contraints de prendre la rame pour fendre les flots tranquilles. Cependant Enée, du haut de sa pouppe, apperçoit le long de la côte une vaste forêt, traversée par le Tibre, dont les eaux rapides, coulant sur un lit de sable doré, vont se décharger dans la mer. Sur ses bords agréables mille oiseaux divers, habitants de ces lieux, volent dans la forêt, & remplissent l'air de leurs doux chants. C'est là qu'Enée donne ordre de prendre terre. La flotte s'approche du rivage, & entre dans le canal du fleuve ombragé d'arbres touffus.

Divine Erato, je dirai maintenant quels étoient les Rois de l'ancien Latium, & dans quel ordre les grands événements que je vais décrire sont arrivés. Je peindrai la situation du pays, lorsque l'armée Troyenne y débarqua, & je remonterai à l'origine d'une guerre sanglante. Muse, soutiens ma foible voix. Je vais représenter d'horribles combats, des armées rangées en bataille, des Rois respirant la vengeance & le carnage ; les Etrusques secourant les Troyens ; enfin toute l'Hespérie en feu, & tous ses peuples sous les armes. Une plus vaste carriere s'ouvre ici à mes regards, & ja-

Majus opus moveo. Rex arva Latinis & urbes
Jam senior longâ placidas in pace regebat.
Hunc Fauno & Nymphâ genitum Laurente Maricâ
Accipimus : Fauno Picus pater ; isque parentem
Te, Saturne, refert : tu sanguinis ultimus autor.
Filius huic, fato Divûm, prolesque virilis
Nulla fuit primâque oriens erepta juventâ est.
Sola domum & tantas servabat filia sedes,
Jam matura viro, jam plenis nubilis annis.
Multi illam magno è Latio, totâque petebant
Ausoniâ : petit ante alios pulcherrimus omnes
Turnus, avis atavisque potens, quem regia conjux
Adjungi generum miro properabat amore;
Sed variis portenta Deûm terroribus obstant.

 Laurus erat tecti medio, in penetralibus altis,
Sacra comam, multosque metu servata per annos:
Quam pater inventam, primas cùm conderet arces,
Ipse ferebatur Phœbo sacrasse Latinus,
Laurentisque ab eâ nomen posuisse colonis.
Hujus apes summum densæ, mirabile dictu,
Stridore ingenti liquidum trans æthera vectæ,
Obsedere aspicem, & pedibus per mutua nexis,
Examen subitum ramo frondente pependit.
Continuò vates : Externum cernimus, inquit,
Adventare virum, & partes petere agmen easdem
Partibus ex iisdem, & summâ dominarier arce.

mais mon esprit n'embrassa de si grands objets.

Le Roi Latinus courbé sous le faix des années, gouvernoit paisiblement les Etats soumis à ses loix. Fils de Marica, Nymphe du pays des Laurentins, selon la tradition, il eut pour pere, Faune né de Picus, qui descendoit de toi, ô Saturne, & qui te comptoit pour la tige de sa race. Latinus eut un fils, que les destins lui enleverent dans la fleur de ses jours. Privé d'enfants mâles, il ne lui restoit qu'une fille, seule héritiere de ses vastes Etats, & l'unique appui de sa maison. Dans un âge nubile, la jeune Princesse se voyoit l'objet des vœux de plusieurs Princes du Latium & de toute l'Ausonie. Le plus distingué de ses amants étoit Turnus, Prince d'un sang illustre, & d'une figure avantageuse, que la Reine Amate, épouse du Roi Latinus, souhaitoit avec ardeur d'unir avec sa fille. Mais les Dieux par d'effrayants prodiges s'opposoient à cette alliance.

Dans l'enceinte & dans l'endroit le plus reculé du Palais de Latinus, il y avoit un Laurier qu'un respect religieux conservoit depuis long-temps. Le Roi l'ayant trouvé planté dans le lieu qu'il avoit choisi pour bâtir son Palais, l'avoit consacré à Apollon ; & c'est de ce Laurier célebre que les Laurentins ses sujets, avoient emprunté leur nom. Un jour il arriva qu'un essaim d'abeilles traversant les airs, qu'il faisoit retentir de ses bourdonnements, vint se reposer sur le sommet de ce Laurier : les abeilles demeurerent suspendues par leurs pattes entrelacées à une branche de l'arbre sacré. Le Devin consulté répondit : ,, Je vois un Prince ,, étranger qui arrive sur ces bords : je le ,, vois suivi d'un peuple nombreux, venant ,, du même côté que cet essaim ; je le vois

Præterea, castis adolet dum altaria tædis,
Et juxta genitorem astat Lavinia virgo,
Visa, nefas, longis comprendere crinibus ignem,
Atque omnem ornatum flammâ crepitante cremari;
Regalesque accensa comas, accensa coronam
Insignem gemmis : tum fumida lumine fulvo
Involvi, ac totis Vulcanum spargere tectis.
Id vero horrendum, ac visu mirabile ferri :
Namque fore illustrem famâ fatisque canebant
Ipsam, sed populo magnum portendere bellum.

At Rex sollicitus monstris oracula Fauni
Fatidici genitoris adit, lucosque sub altâ
Consulit Albuneâ, nemorum quæ maxima sacro
Fonte sonat, sævamque exhalat opaca mephitin.
Hinc Italæ gentes, omnisque Œnotria tellus
In dubiis responsa petunt. Huc dona sacerdos
Cùm tulit, & cæsarum ovium sub nocte silenti
Pellibus incubuit stratis, somnosque petivit,
Multa modis simulachra videt volitantia miris,
Et varias audit voces, fruiturque Deorum
Colloquio, atque imis Acheronta affatur Avernis.
Hic & tum pater ipse petens responsa Latinus
Centum lanigeras mactabat rite bidentes ;
Atque harum effultus tergo, stratisque jacebat
Velleribus : subita ex alto vox reddita luco est :
Ne pete connubiis natam sociare Latinis,
O mea progenies, thalamis ne crede paratis.

» s'établir dans ce Palais «. Une autrefois la Princesse Lavinie, à côté de son pere, faisant un sacrifice & brûlant des parfums sur l'autel, le feu prit à sa belle chevelure. Toute sa coiffure ornée de perles, fut en proie à la flamme, qui, bientôt s'attachant à ses habits, répandit autour d'elle une pâle lumiere, & l'enveloppa de tourbillons de feu & de fumée dont tout le Palais fut rempli. Cet accident causa un grand effroi. Les Devins augurerent de là, que la Princesse auroit une brillante destinée, mais que sa gloire seroit fatale à son peuple, qui auroit à soutenir pour elle une guerre funeste.

Le Roi, inquiet sur ces deux événements, alla consulter le Dieu Faune son pere. Il rendoit ses oracles dans une vaste forêt, près de la fontaine d'Albunée, qui, roulant ses eaux avec grand bruit, exhale d'horribles vapeurs. C'est à cet oracle que les peuples d'Italie, & tout le pays d'Œnotrie en particulier, ont recours dans leurs doutes. Lorsque le Prêtre a conduit les victimes à la fontaine, & qu'il les y a immolées, il en étend pendant la nuit les peaux sur la terre, se couche dessus, & s'y endort. Alors il voit mille fantômes voltiger autour de lui : il entend différentes voix ; il s'entretient avec les Dieux de l'Olympe, avec les Divinités même des Enfers. Le Roi, pour s'éclaircir sur le sort de la Princesse, sacrifia donc dans cette forêt cent brebis au Dieu Faune ; & se coucha ensuite sur leurs toisons étendues. A peine eut-il commencé à se livrer au sommeil, qu'une voix sortant du fond de la forêt lui fit entendre ces mots : » Garde-
» toi, mon fils, de marier ta fille à aucun
» Prince du Latium, & de consentir à l'hymen
» projetté. Bientôt il arrivera des étrangers,

Externi venient generi, qui sanguine nostrum
Nomen in astra ferent, quorumque à stirpe nepotes
Omnia sub pedibus, quà sol utrumque recurrens
Aspicit Oceanum, vertique regique videbunt.
Hæc responsa patris Fauni, monitusque silenti
Nocte datos non ipse suo premit ore Latinus,
Sed circum latè volitans jam fama per urbes
Ausonias tulerat; cum Laemedontia pubes
Gramineo ripæ religavit ab aggere classem.
  Æneas, primique duces, & pulcher Iülus
Corpora sub ramis deponunt arboris altæ;
Instituuntque dapes, & adorea liba per herbas
Subjiciunt epulis (sic Jupiter ipse monebat)
Et Cereale solum pomis agrestibus augent.
Consumptis hic forte aliis, ut vertere morsus
Exiguam in Cererem penuria adegit edendi,
Et violare manu malisque audacibus orbem
Fatalis crusti, patulis nec parcere quadris:
Heus, etiam mensas consumimus! inquit Iülus,
Nec plura alludens. Ea vox audita laborum
Prima tulit finem; primamque loquentis ab ore
Eripuit pater, ac stupefactus numine pressit.
Continuò: Salve fatis mihi debita tellus,
Vosque, ait, ô fidi Trojæ salvete Penates.
Hic domus, hæc patria est: genitor mihi talia (nam-
  que
Nunc repeto) Anchises fatorum arcana reliquit:
Cum te, nate, fames ignota ad littora vectum
Accisis coget dapibus consumere mensas,
Tum sperare domos defessus, ibique memento
Prima locare manu molirique aggere tecta.

» dont le sang mêlé avec le nôtre élevera jusqu'aux
» astres la gloire de notre nom, & dont l'illus-
» tre postérité soumettra un jour à ses loix tous
» les peuples que le Soleil éclaire «. Le Roi ayant
reçu cette réponse de l'Oracle dans le silence de
la nuit, la rendit publique. Déja la Renommée
en avoit instruit toutes les villes d'Ausonie, lorsque les Troyens entrerent dans l'embouchure du
Tibre, où ils rangerent & amarrerent leurs vaisseaux le long du rivage.

Enée, Iüle, & les principaux Chefs de l'armée
vont d'abord se reposer sous un grand arbre:
Là, après qu'on leur eut servi quelques mets,
on leur apporta des fruits sur des gâteaux plats;
effet d'une inspiration de Jupiter. Cependant la
faim les oblige d'avoir recours à ces gâteaux,
qui, posés sur l'herbe, leur servoient de tables.
Mais à peine commencent-ils à rompre avec
leurs mains cette pâte fatale, & à y imprimer
une dent hardie, que le jeune Iüle s'écrie : Oh!
nous mangeons jusqu'à nos tables. Il prononça
ces mots d'un ton badin. Mais quoiqu'échappés
sans réflexion, Enée les recueillit, & frappé de
ce qu'il venoit d'entendre, il y fit une attention sérieuse : il y vit l'accomplissement d'une
prédiction qui lui avoit causé jusqu'alors de vives inquiétudes. » Je vous salue, s'écria-t-il,
» Terre, qui par la loi du Destin devez m'ap-
» partenir : je vous salue, Dieux tutélaires de
» Troie : c'est ici notre demeure & notre pa-
» trie. Je me souviens que mon pere, en me dé-
» voilant les secrets de l'avenir, m'a dit au-
» trefois ces paroles : Mon fils, quand vous
» aurez abordé avec vos compagnons, un ri-
» vage inconnu, où pressés par la faim, après
» avoir consumé vos vivres, vous vous verrez
» forcés de manger vos tables, vous pourrez
» alors vous flatter d'avoir trouvé un sûr

Hæc erat illa fames ; hæc nos suprema manebant
Exitiis positura modum.
Quare agite , & , primo læti cum lumine Solis ,
Quæ loca , quæve habeant homines, ubi mœnia gentis
Vestigemus , & à portu diversa petamus.
Nunc pateras libate Jovi , precibusque vocate
Anchisen genitorem , & vina reponite mensis.
 Sic deinde effatus frondenti tempora ramo
Implicat, & Geniumque loci, primamque Deorum
Tellurem, Nymphasque, & adhuc ignota precatur
Flumina : tum Noctem , noctisque orientia signa ,
Idæumque Jovem, Phrygiamque ex ordine Matrem
Invocat , & duplices Cœloque Ereboque parentes.
Hic Pater omnipotens ter cœlo clarus ab alto
Intonuit, radiisque ardentem lucis & auro
Ipse manu quatiens ostendit ab æthere nubem.
Diditur hic subitò Trojana per agmina rumor ,
Advenisse diem , quo debita mœnia condant.
Certatim instaurant epulas , atque omine magno
Crateras læti statuunt , & vina coronant.
 Postera cùm primâ lustrabat lampade terras
Orta dies, urbem & fines & littora gentis
Diversi explorant : hæc fontis stagna Numici ,
Hunc Tibrim fluvium , hic fortes habitare Latinos.

» afyle, après tant de fatigues. C'eſt en cet
» endroit que vous devez vous fixer, bâtir
» une ville, & vous fortifier. Voilà donc cette
» prétendue famine, voilà le dernier accom-
» pliſſement des Oracles, & le terme de tous
» nos malheurs. Demain au lever de l'Auro-
» re, il faut aller à la découverte du pays,
» afin d'en reconnoître les habitants & les vil-
» les. Aujourd'hui faiſons des libations en l'hon-
» neur de Jupiter ; invoquons mon pere An-
» chiſe, & qu'on diſtribue du vin à toute l'ar-
» mée ".

Après ce diſcours, Enée ceint ſa tête d'un
rameau verd. En même temps il invoque le
Génie du lieu & la Terre, la plus ancienne des
Divinités ; les Nymphes & les fleuves de l'I-
talie qui lui ſont inconnus ; la Nuit & les Aſtres
qui préſident aux ténebres ; Jupiter Idéen ; Cybele, révérée dans la Phrygie ; Vénus ſa mere,
citoyenne du Ciel ; & Anchiſe ſon pere, heureux habitant de l'Elyſée. A peine a-t-il achevé
ſa priere, que Jupiter fait gronder trois fois ſon
tonnerre, & briller au haut des airs un nuage
rempli de flamme & de lumiere, que le Dieu
ſecoue lui-même. En même temps il ſe répand
un bruit général dans toute l'armée, que le jour
eſt enfin arrivé, où, ſuivant la promeſſe des
Dieux, ils vont élever les murs d'une nouvelle
Troie. Les Troyens, tranſportés d'alégreſſe à
la vue de ces heureux préſages, paſſent le reſte
du jour dans des feſtins.

Le lendemain, dès que l'Aurore eut lancé
ſes premiers rayons, chacun ſe met en chemin
pour examiner le pays, & en reconnoître les
villes, les habitants & les frontieres. Ici, ils
découvrent l'étang formé par la ſource du
Numique. Là, ils apprennent que le fleuve qui

Tum satus Anchisâ delectos ordine ab omni
Centum oratores augusta ad mœnia regis
Ire jubet, ramis velatos Palladis omnes,
Donaque ferre viro, pacemque exposcere Teucris.
Haud mora : festinant jussi, rapidisque feruntur
Passibus. Ipse humili designat mœnia fossâ,
Moliturque locum, primasque in littore sedes,
Castrorum in morem, pinnis atque aggere cingit.
 Jamque iter emensi turres ac tecta Latinorum
Ardua cernebant juvenes, muroque subibant.
Ante urbem pueri, & primævo flore juventus
Exercentur equis, domitantque in pulvere currus;
Aut acres tendunt arcus, aut lenta lacertis
Spicula contorquent, cursuque ictuque lacessunt.
Cum provectus equo longævi regis ad aures
Nuntius ingentes ignotâ in veste reportat
Advenisse viros. Ille intra tecta vocari
Imperat, & solio medius confedit avito.
   Tectum augustum, ingens, centum sublime co-
       lumnis
Urbe fuit summâ, Laurentis regia Pici,
Horrendum sylvis, & relligione parentum.
Hîc sceptra accipere, & primos attolere fasces
Regibus omen erat, hoc illis curia templum :

arrose

arrose la contrée est le Tibre, & que tout ce pays est habité par les belliqueux Latins. A leur retour, Enée nomme cent Ambassadeurs, qu'il choisit dans tous les rangs de son armée, pour aller de sa part trouver le Roi Latinus. Ils devoient paroître devant lui couronnés de branches d'olivier, & étoient chargés de lui offrir des présents & de lui proposer une alliance. Les Ambassadeurs obéissent sans différer: ils partent, ils volent. Cependant Enée trace sur le bord du fleuve le plan d'un Fort entouré d'un fossé profond: il fait élever des retranchements, & construire des murailles avec des créneaux.

Déja les Ambassadeurs étoient arrivés près de Laurente: déja ils distinguoient les tours & les hauts édifices de cette Capitale des Latins. Ce jour-là toute la jeunesse de la Ville s'exerçoit hors des murs; les uns à manier des chevaux; les autres à faire voler des chars dans la plaine; ceux-ci à bander leurs arcs & à lancer des traits; d'autres à la course, ou à la lutte. L'un des jeunes Cavaliers, ayant apperçu les Ambassadeurs Troyens courut annoncer au vieux Roi Latinus l'arrivée d'une troupe d'hommes de haute taille, qui à leur habillement sembloient étrangers. Le Roi donne ordre aussi-tôt de les faire paroître devant lui. En même temps, pour les recevoir, il s'assied sur le trône de ses ancêtres, environné de toute sa Cour.

Le Palais auguste de ce Monarque, ancienne demeure de Picus, bâti dans le lieu le plus élevé de la Ville, étoit un vaste édifice soutenu sur cent colonnes. Le bois sacré qui l'environnoit, & la piété de nos peres en faisoient un lieu respectable. C'est là qu'on pratiquoit la cérémonie de l'inauguration des Rois, qu'on leur mettoit le sceptre à la main, & qu'on

Hæc sacris sedes epulis : hic ariete cæso
Perpetuis soliti patres considere mensis.
Quin etiam veterum effigies ex ordine avorum
Antiquâ è cedro : Italusque, paterque Sabinus,
Vitisator, curvam servans sub imagine falcem,
Saturnusque senex, Janique bifrontis imago
Vestibulo astabant : aliique ab origine reges,
Martia qui ob patriam pugnando vulnera passi.
Multaque præterea sacris in postibus arma,
Captivi pendent currus, curvæque secures,
Et cristæ capitum, & portarum ingentia claustra,
Spiculaque, clypeique, ereptaque rostra carinis.
Ipse Quirinali lituo, parvâque sedebat
Succinctus trabeâ, lævâque ancile gerebat
Picus, equûm domitor : quem capta cupidine conjux
Aureâ percussum virgâ, versumque venenis
Fecit avem Circe, sparsitque coloribus alas.

 Tali intus templo Divûm patriâque Latinus
Sede sedens Teucros ad sese in tecta vocavit ;
Atque hæc ingressus placido prior edidit ore :
Dicite, Dardanidæ (neque enim nescimus & ur-
 bem
Et genus, auditique advertitis æquore cursus)

levoit devant eux pour la premiere fois les haches & les faisceaux. C'étoit en même temps le sanctuaire de la justice. On y immoloit des béliers, & on y célébroit sans cesse de religieux festins en l'honneur des Dieux. Le vestibule de ce Palais étoit décoré d'anciennes statues de cedre, qui offroient aux yeux les illustres Ancêtres du Roi, tels qu'Italus & Sabinus, célebre par la quantité des vignes qu'il planta, & qui pour cela étoit représenté une serpe à la main : ensuite le vieux Saturne, Janus au double front, & tous les autres Souverains de la nation depuis son origine, Guerriers qui avoient reçu de glorieuses blessures, en combattant avec courage pour la défense de la patrie. A la façade du Palais, & autour de la porte, étoient suspendues les dépouilles enlevées aux ennemis, des chars, des armes de toute espece, des haches, des casques, des boucliers, des javelots, des portes de villes & des éperons de navires. Au milieu de tous ces trophées paroissoit Picus, célebre domteur de chevaux. Assis & vêtu d'une robe courte à bandes de diverses couleurs, il tenoit d'une main le bâton augural, & de l'autre un bouclier. C'est ce Picus, que Circé son amante, transportée par sa passion, frappa de sa baguette d'or, & par la vertu d'un breuvage transforma en un oiseau, dont mille couleurs diversifient les plumes.

Tel étoit le Palais du Roi Latinus. Ce fut dans ce lieu sacré, qu'assis sur le trône de ses aïeux, il reçut les Troyens. Lorsqu'ils eurent été admis à son audience, le Roi leur parla le premier, & s'exprima avec bonté en ces termes :
» Enfants de Dardanus, nous connoissons votre
» Ville & votre origine ; & avant que vous
» fussiez arrivés en ce pays, nous avions ouï

Quid petitis ? quæ caufa rates, aut cujus egentes
Littus ad Aufonium tot per vada cærula vexit ?
Sive errore viæ, feu tempeftatibus acti,
Qualia multa mari nautæ patiuntur in alto,
Fluminis intraftis ripas, portuque fedetis;
Ne fugite hofpitium, neve ignorate Latinos
Saturni gentem, haud vinclo nec legibus æquam,
Sponte fuâ, veterifque Dei fe more tenentem.
Atque equidem memini (fama eft obfcurior annis)
Auruncos ita ferre fenes : his ortus ut agris
Dardanus Idæas Phrygiæ penetravit ad urbes,
Threïciamque Samum, quæ nunc Samothracia fer-
 tur.
Hinc illum Corythi Tyrrhenâ ab fede profectum
Aurea nunc folio ftellantis regia cœli
Accipit, & numero Divorum altaribus addit.
 Dixerat : & dicta Ilioneus fic voce fecutus.
Rex, genus egregium Fauni, nec fluctibus actos
Atra fubegit hyems veftris fuccedere terris,
Nec fidus regione viæ littufve fefellit.
Confilio hanc omnes animifque volentibus urbem
Afferimur, pulfi regnis, quæ maxima quondam
Extremo veniens fol afpiciebat Olympo.
Ab Jove principium generis : Jove Dardana pubes
Gaudet avo : Rex ipfe Jovis de gente fupremâ
Troïus Æneas tua nos ad limina mifit.
Quanta per Idæos fævis effufa Mycenis
Tempeftas ierit campos; quibus actus uterque
Europæ atque Afiæ fatis concurrerit orbis,
Audiit, & fi quem tellus extrema refufo

Livre VII.

» parler de vous. Que demandez-vous ? Quel
» motif, quelle nécessité vous a fait traverser
» tant de mers, pour aborder au rivage d'Au-
» fonie ? Vos vaisseaux se sont-ils égarés dans
» leur route ? Est-ce la tempête, comme il
» arrive souvent, qui vous a contraints de
» relâcher à cette côte, d'entrer dans l'em-
» bouchure du Tibre, & d'y chercher un asyle ?
» Acceptez l'hospitalité que je vous offre, &
» sachez que les Latins sont le peuple de
» Saturne. Ce n'est point la crainte des loix
» qui nous fait pratiquer la vertu. Justes par
» inclination, nous conservons les mœurs du
» regne de cet ancien Dieu. Je me souviens
» que des vieillards de la nation des Aurun-
» ces, m'ont autrefois raconté (c'est une
» très-ancienne tradition) que Dardanus,
» fondateur de Troie, partit de Corynthe,
» Ville de Tyrrhénie, où il étoit né : qu'il
» passa dans la Samothrace, & de là dans la
» Phrygie, Héros, qui est aujourd'hui au nom-
» bre des Immortels, & reçoit l'encens des Hu-
» mains «.

Le Roi ayant cessé de parler, Ilionée prit
la parole : » Illustre fils du Dieu Faune, dit-il,
» la tempête ne nous a point jettés sur ces
» côtes, & notre flotte, fidélement guidée
» par les étoiles, ne s'est point méprise en
» abordant à ce rivage. Chassés du plus flo-
» rissant Royaume que le Soleil levant ait ja-
» mais éclairé, c'est à dessein & de notre
» propre mouvement que nous sommes ve-
» nus en ces lieux. Les Troyens se glorifient
» d'être issus de Jupiter, & notre Roi Enée,
» qui nous envoie vers vous, est le petit-
» fils de ce Dieu suprême. Est-il quelqu'un
» dans l'Univers, fût-ce aux extrêmités de
» l'Océan, fût-ce sous les feux de la zone

Submovet Oceano, & si quem extenta plagarum
Quatuor in medio dirimit plaga Solis iniqui.
Diluvio ex illo tot vasta per æquora vecti
Diis sedem exiguam patriis littusque rogamus
Innocuum, & cunctis undamque auramque patentem.
Non erimus regno indecores, nec vestra feretur
Fama levis, tantique abolescet gratia facti :
Nec Trojam Ausonios gremio excepisse pigebit.
Fata per Æneæ juro, dextramque potentem,
Sive fide, seu quis bello est expertus & armis.
Multi nos populi, multæ (ne temne, quod ultro
Præferimus manibus vittas ac verba precantum)
Et petiere sibi & voluere adjungere gentes.
Sed nos fata Deûm vestras exquirere terras
Imperiis egere suis. Hinc Dardanus ortus
Huc repetit, jussisque ingentibus urget Apollo
Tyrrhenum ad Tibrim, & fontis vada sacra Numici.
Dat tibi præterea fortunæ parva prioris
Munera, relliquias Trojâ ex ardente receptas.
Hoc pater Anchises auro libabat ad aras :
Hoc Priami gestamen erat, cum jura vocatis
More daret populis, sceptrumque, sacerque tiaras,
Iliadumque labor, vestes.

„ torride, qui n'ait entendu parler de la for-
„ midable armée des Grecs, de cet impétueux
„ torrent, qui inonda les champs de la Phrygie ?
„ Est-il quelqu'un qui ne sache l'issue de cette
„ guerre funeste entre l'Europe & l'Asie ? Echap-
„ pés de ce déluge affreux, après avoir long-temps
„ erré sur les flots, nous demandons un asyle en
„ ces climats. Nous vous prions de nous accorder
„ un peu de terre le long du rivage, pour y
„ établir nos Dieux Pénates. Nous demandons l'u-
„ sage de l'air & de l'eau, qui appartiennent à
„ tous les hommes. Nous ne ferons point de
„ déshonneur à votre Royaume, vous aurez
„ la gloire du bienfait, & notre reconnoissance
„ sera éternelle. Enfin, vous ne vous repenti-
„ rez point d'avoir reçu Troie dans votre Em-
„ pire. J'en jure par les Destins d'Enée, par sa
„ main aussi fidelle dans les traités que redouta-
„ ble dans les combats. Si vous nous voyez
„ humbles & suppliants devant vous, ce n'est
„ pas que plusieurs nations n'aient recherché
„ notre alliance, & ne nous aient offert une
„ retraite. Mais les Dieux nous ont expressé-
„ ment ordonné de venir dans l'Ausonie. Dar-
„ danus, né dans ces climats, y revient au-
„ jourd'hui pour y fixer son séjour. Les ordres
„ d'Apollon le ramenent sur les bords du Ti-
„ bre, & à la source de l'étang sacré du Numi-
„ que. C'est ce même Dardanus, qui vous
„ offre aujourd'hui par nos mains ces médio-
„ cres présents, sauvés des flammes de Troie,
„ tristes restes de son ancienne opulence. Voici la
„ coupe d'or, dont Anchise, pere d'Enée, se
„ servoit dans ses libations : voilà le Sceptre & la
„ Tiare que Priam portoit, selon, la coutume,
„ lorsqu'il dictoit ses loix à ses peuples assem-
„ blés: ces étoffes brodées sont l'ouvrage de nos
„ Dames Troyennes «.

Talibus Ilionei dictis defixa Latinus
Obtutu tenet ora, foloque immobilis hæret,
Intentos volvens oculos : nec purpura regem
Picta movet, nec fceptra movent Priameïa tantum,
Quantum in connubio natæ thalamoque moratur,
Et veteris Fauni volvit fub pectore fortem.
Hunc illum fatis externa ab fede profectum
Portendi generum, paribufque in regna vocari
Aufpiciis : hinc progeniem virtute futuram
Egregiam, & totum quæ viribus occupet orbem.
Tandem lætus ait : Dii noftra incepta fecundent,
Auguriumque fuum. Dabitur, Trojane, quod
    optas ;
Munera nec fperno : non vobis, rege Latino,
Divitis uber agri, Trojæve opulentia deerit.
Ipfe modo Æneas, noftri fi tanta cupido eft,
Si jungi hofpitio properat, fociufque vocari,
Adveniat, vultus neve exhorrefcat amicos :
Pars mihi pacis erit dextram tetigiffe tyranni.
Vos contra regi mea nunc mandata referte.
Eft mihi nata, viro gentis quam jungere noftræ
Non patrio ex adyto fortes, non plurima cœlo
Monftra finunt : generos externis affore ab oris,
Hoc Latio reftare, canunt, qui fanguine noftrum
Nomen in aftra ferant : hunc illum pofcere fata
Et reor, &, fi quid veri mens augurat, opto.
  Hæc effatus, equos numero pater eligit omni:

Ce discours d'Ilionée frappa le Roi des Latins. Il demeure immobile : il fixe ses yeux à terre, & les roule d'un air pensif. La magnificence des présents & le Sceptre de Priam le touchent moins que l'idée de l'hymen de sa fille. Il se rappelle l'oracle du Dieu Faune ; il se persuade que le Prince étranger, nouvellement arrivé dans ses Etats, est le gendre que les Dieux lui destinent, qu'ils l'appellent à sa succession sous d'heureux auspices, & que de son union avec la Princesse doit naître une glorieuse postérité, dont l'invincible courage asservira l'Univers. ״ Que ״ les Dieux, dit-il d'un air satisfait, secondent ״ nos projets, & accomplissent leurs oracles. ״ Troyens, je vous accorde ce que vous me ״ demandez, & j'accepte vos présents. Tant ״ que Latinus régnera, vous trouverez dans ״ ses Etats les avantages dont vous jouissiez ״ dans la Phrygie, & toute l'opulence du ״ pays de Troie. Mais si votre Prince desire ״ avec tant d'ardeur de s'allier avec moi, je ״ l'exhorte à venir à ma Cour : qu'il ne crai- ״ gne point de se confier à un Roi qui l'as- ״ sure de son amitié. Je le veux voir, je veux ״ toucher sa main, pour cimenter notre al- ״ liance. Cependant voici ce que vous lui direz ״ de ma part. J'ai une fille unique, que plu- ״ sieurs prodiges célestes, & que les Oracles ״ de ce pays me défendent d'unir à aucun Prin- ״ ce d'Italie. Ils m'ont prédit l'arrivée d'un ״ Prince étranger, destiné à être l'époux de la ״ Princesse, & à porter jusqu'au ciel la gloire ״ de notre nom. Votre Roi, selon les appa- ״ rences, est celui que ces Oracles m'ont an- ״ noncé. Je le crois, & si je ne me trompe point ״ dans l'interprétation de la volonté des Dieux, je ״ le desire ״.

Trois cents chevaux magnifiques étoient nour-

Stabant tercentum nitidi in præsepibus altis.
Omnibus extemplo Teucris jubet ordine duci
Instratos austro alipedes, pictisque tapetis.
Aurea pectoribus demissa monilia pendent;
Tecti auro, fulvum mandunt sub dentibus aurum.
Absenti Æneæ currum, geminosque jugales
Semine ab ætherio, spirantes naribus ignem,
Illorum de gente, patri quos Dædala Circe
Supposita de matre nothos furata creavit.
Talibus Æneadæ donis, dictisque Latini,
Sublimes in equis redeunt, pacemque reportant.
 Ecce autem Inachiis sese referebat ab Argis
Sæva Jovis conjux, aurasque invecta tenebat :
Et lætum Ænean, classemque ex æthere longè
Dardaniam Siculo prospexit ab usque Pachyno.
Moliri jam tecta videt, jam sidere terræ,
Deseruisse rates. Stetit acri fixa dolore ;
Tum quassans caput, hæc effundit pectore dicta.
Heu stirpem invisam, & fatis contraria nostris
Fata Phrygum ! num Sigæis occumbere campis,
Num capti potuere capi ? num incensa cremavit
Troja viros ? Medias acies, mediosque per ignes
Invenere viam. At, credo, mea numina tandem
Fessa jacent, odiis aut exsaturata quievi.
Quin etiam patriâ excussos infesta per undas
Ausa sequi, & profugis toto me opponere ponto :
Absumptæ in Teucros vires cœlique marisque.

ris dans les superbes écuries de ce Monarque. Il donne ordre d'en choisir cent, dont il fait présent aux Ambassadeurs. Ces rapides coursiers étoient couverts de riches housses de pourpre brodées : tout leur harnois étoit doré, & leurs mords étoient d'or massif. Le Roi envoie en même temps à Enée un char attelé de deux chevaux pareils. Le feu leur sortoit des naseaux, étant de la céleste race des chevaux du Soleil, dont l'artificieuse Circé, sa fille, avoit furtivement fait couvrir ses cavales. Les Ambassadeurs, après avoir reçu cette réponse & ces présents de Latinus, s'en retournent montés sur de superbes chevaux, & rapportent au camp la nouvelle de l'alliance conclue avec le Roi des Latins.

Cependant l'implacable épouse de Jupiter venant d'Argos, & traversant les airs sur son char, s'arrêta au-dessus du Promontoire de Pachyn. De là elle jetta les yeux sur l'Italie, où elle apperçut sur le rivage Enée, dont la joie étoit peinte sur le visage. Elle voit sa flotte à l'ancre, & les Troyens travaillant à bâtir des logements, & se regardant comme possesseurs tranquilles du terrein qu'ils occupent. A cette vue, vivement piquée, & secouant sa tête altiere : » Peuple odieux, dit la Déesse, ta
» destinée triomphe donc de tous mes efforts.
» Quoi ! cette nation n'a pu être détruite dans
» les champs de Sigée ? Elle n'a point été ensevelie sous les ruines de sa ville embrasée ?
» A travers les armes & les flammes, elle
» s'est dérobée à ma vengeance. Suis-je donc
» lasse de la persécuter ? Ma haine est-elle
» calmée, & ma colere éteinte ? Chassé des
» rivages de Troie, j'ai poursuivi ce peuple
» sur les flots : j'ai su armer contre lui les

Quid Syrtes, aut Scylla mihi, quid vasta Cha-
　　rybdis
Profuit ? optato conduntur Tibridis alveo,
Securi pelagi atque mei. Mars perdere gentem
Immanem Lapithûm valuit : concessit in iras
Ipse Deûm antiquam genitor Calydona Dianæ.
Quod scelus aut Lapithis tantum, aut Calydone
　　merente ?
Ast ego, magna Jovis conjux , nil linquere inausum
Quæ potui infelix, quæ memet in omnia verti,
Vincor ab Ænea. Quod si mea numina non sunt
Magna satis, dubitem haud equidem implorare
　　quod usquam est.
Flectere si nequeo superos, Acheronta movebo.
Non dabitur regnis, esto, prohibere Latinis,
Atque immota manet fatis Lavinia conjux :
At trahere, atque moras tantis licet addere rebus ;
At licet amborum populos exscindere regum.
Hac gener atque socer coëant mercede suorum :
Sanguine Trojano & Rutulo dotabere, virgo ;
Et Bellona manet te pronuba. Nec face tantum
Cisseis prægnans ignes enixa jugales :
Quin idem Veneri partus suus, & Paris alter,
Funestæque iterum recidiva in Pergama tædæ.
　Hæc ubi dicta dedit, terras horrenda petivit.
Luctificam Alecto Dirarum ab sede sororum,
Infernisque ciet tenebris ; cui tristia bella,
Iræque, insidiæque, & crimina noxia cordi.
Odit & ipse pater Pluton, odere sorores.

„ Dieux du ciel & de la mer. Mais que m'ont
„ servi les Syrtes, Caribde, Scylla, & tous
„ les écueils ? Les Troyens bravent les tempê-
„ tes & mon courroux ? Les voilà sur les bords
„ du Tibre, & tous leurs desirs sont satisfaits.
„ Mars a pu exterminer les féroces Lapithes ;
„ Jupiter a livré l'antique nation des Calydo-
„ niens à la colere de Diane. Quel crime ces
„ deux peuples avoient-ils commis qui méri-
„ tât ce traitement ? Et moi, épouse du plus
„ grand des Dieux, malgré tous mes soins,
„ toutes mes intrigues, tous mes efforts, mal-
„ heureuse ! je suis vaincue par Enée. Ah !
„ puisque mon pouvoir est trop foible, j'aurai
„ désormais recours à tout ce qu'il y a de plus
„ puissant ; & au défaut des Divinités du Ciel,
„ j'armerai celles des Enfers. Si je ne puis em-
„ pêcher le Prince Troyen de régner dans le
„ Latium, & si par l'arrêt du Destin, Lavi-
„ nie doit être son épouse, je puis au moins
„ traverser le projet & reculer le succès : je
„ puis exciter une guerre cruelle entre les deux
„ peuples, & faire périr les sujets de l'un &
„ de l'autre Prince. Qu'à ce prix le beau-pere
„ & le gendre s'allient. Malheureuse Princesse !
„ ta dot sera le sang des Troyens & des Ru-
„ tules, & Bellone fera les apprêts de tes noces.
„ Hécube ne sera pas la seule qui aura porté
„ un flambeau dans son sein : Vénus aura le
„ même sort que la fille de Cissée ; son fils sera
„ un autre Pâris, & deviendra la cause funeste
„ de la chûte & de l'embrasement de la nouvelle
„ Troie «.

A ces mots, la Déesse redoutable descend sur
la terre. Elle évoque la cruelle Alecto, & la
fait sortir de sa demeure infernale. Cette Furie
ne respire que la vengeance, la trahison, les
guerres funestes & les crimes. Pluton ne voit

Tartareæ monstrum : tot sese vertit in ora,
Tam sævæ facies, tot pullulat atra colubris.
Quam Juno his acuit verbis, ac talia fatur :
Hunc mihi da proprium, virgo sata nocte, laborem,
Hanc operam, ne noster honos, infractave cedat
Fama loco, neu connubiis ambire Latinum
Æneadæ possint, Italosve obsidere fines.
Tu potes unanimes armare in prælia fratres,
Atque odiis versare domos : tu verbera tectis,
Funereasque inferre faces : tibi nomina mille,
Mille nocendi artes. Fœcundum concute pectus:
Disjice compositam pacem ; sere crimina belli :
Arma velit, poscatque simul, rapiatque juventus.
 Exin Gorgoneis Alecto infecta venenis,
Principio Latium, & Laurentis tecta tyranni
Celsa petit, tacitumque obsedit limen Amatæ ;
Quam super adventu Teucrûm Turnique hymenæis
Fœmineæ ardentem curæque iræque coquebant.
Huic Dea cæruleis unum de crinibus anguem
Conjicit, inque sinum præcordia ad intima subdit,
Quo furibunda domum monstro permisceat om-
  nem,
Ille inter vestes, & levia pectora lapsus
Volvitur attactu nullo, fallitque furentem,
Vipeream inspirans animam : fit tortile collo
Aurum ingens coluber, fit longæ tænia vittæ :
Innectitque comas, & membris lubricus errat.
Ac dum prima lues udo sublapsa veneno

qu'avec horreur ce monstre détesté de ses sœurs mêmes. Il n'est point de forme qu'elle n'emprunte : sa tête est hérissée de serpents, & la cruauté est empreinte sur son front. Junon lui parla ainsi : ʺFille de la nuit, rend-moi un ʺservice, que seule tu peux me rendre. Il ʺs'agit de me garantir d'un affront : fais en ʺsorte que le Roi des Latins refuse de conʺsentir à l'hymen de sa fille avec le Chef des ʺTroyens, & que ces étrangers ne puissent ʺs'établir dans l'Italie. Tu peux, quand il te ʺplait, armer le frere contre le frere, semer ʺle trouble dans les familles, y allumer le ʺflambeau de la haine, & y exciter des queʺrelles meurtrieres. Tu as cent prétextes & ʺcent moyens de nuire. Secoue ton génie féʺcond. Romp l'alliance qui vient d'être conʺclue entre les deux Rois : jette entr'eux des ʺsemences de guerre : que la jeunesse des deux Naʺtions, transportée d'une ardeur martiale, deʺmande à combattre, & coure aux armes de touʺtes parts ʺ.

Alecto, armée du poison des Gorgones, se rend d'abord dans le Latium. Elle entre dans le palais du Roi, & s'introduit dans l'appartement de la Reine, qu'elle trouve alarmée de la descente des Troyens en Italie, & irritée de la rupture du mariage de sa fille avec Turnus. Aussi-tôt elle arrache un des serpents qui forme sa chevelure, & le glisse dans le sein de la Reine, afin que la fureur dont elle sera saisie, se communique à toute sa maison. Le serpent s'insinue sous ses habits, & coule légérement sur sa peau. Tantôt il forme un collier autour de sa gorge, tantôt une boucle de cheveux, ou une longue tresse. Il glisse successivement sur tous ses membres. Tandis qu'il se promene ainsi sur le corps de la Reine, le poison coule

Pertentat sensus, atque ossibus implicat ignem;
Necdum animus toto percepit pectore flammam;
Mollius, & solito matrum de more locuta est,
Multa super natâ lacrymans, Phrygiisque Hyme-
  næis.
  Exulibusne datur ducenda Lavinia Teucris,
O genitor ? nec te miseret natæque, tuique ?
Nec matris miseret, quam primo Aquilone relin-
  quet
Perfidus, alta petens, abductâ virgine, prædo ?
An non sic Phrygius penetrat Lacedæmona pastor,
Ledæamque Helenam Trojanas vexit ad arces ?
Quid tua sancta fides, quid cura antiqua tuorum,
Et consanguineo toties data dextera Turno ?
Si gener externâ petitur de gente Latinis,
Idque sedet, Faunique premunt te jussa parentis,
Omnem equidem sceptris terram quæ libera nostris
Dissidet, externam reor, & sic dicere Divos.
Et Turno, si prima domûs repetatur origo,
Inachus, Acrisiusque patres, mediæque Mycenæ.
  His ubi nequicquam dictis experta Latinum
Contra stare videt, penitusque in viscera lapsum
Serpentis furiale malum, totamque pererrat:
Tum verò infelix, ingentibus excita monstris,
Immensam sine more furit lymphata per urbem :
Ceu quondam torto volitans sub verbere turbo,
Quem pueri magno in gyro vacua atria circum
Intenti ludo exercent : ille actus habenâ

insensiblement

insensiblement dans son cœur. Elle n'en sent d'abord que de foibles atteintes. Son ressentiment n'est encore qu'un feu léger, qui n'a point enflammé son ame. Elle tient le tendre langage des meres; elle pleure sur sa fille, & gémit de son alliance avec un Phrygien.

 „ Pere dénaturé, dit-elle au Roi son époux, „ quoi, vous donnez Lavinie à ces Troyens „ fugitifs, & vous n'avez pitié, ni de votre „ fille, ni de sa mere, ni de vous-même ! Le „ perfide étranger, dont vous prétendez faire „ votre gendre, au premier vent favorable „ levera l'ancre, & nous ravira la Princesse. „ N'est-ce pas ainsi que le Berger Phrygien, „ reçu par Ménélas, dans Lacédémone, enle„ va la fille de Léda, & la conduisit à Troie ? „ Qu'est devenue votre bonne foi, votre ten„ dresse pour votre famille, & la parole que „ vous avez donnée tant de fois à Turnus votre „ neveu ? Mais s'il faut que ma fille épouse un „ étranger, & si le Dieu Faune votre pere „ vous prescrit cette loi, ne devons-nous pas „ regarder comme étrangers tous ceux qui ne „ sont point nos sujets ? Tel est le sens de l'O„ racle. D'ailleurs, si vous recherchez les an„ cêtres de Turnus, ce Prince descend d'Ina„ chus & d'Acrisius, & est originaire de My„ cenes ".

La Reine s'efforce vainement de faire changer de résolution au Roi son époux. Alors le serpent verse tout son poison dans ses vaines, & la fureur s'empare de son ame. Bientôt effrayée par des prodiges, & troublée par d'étranges images, elle sort du palais, & traverse la ville d'un air insensé : semblable à ce jouet de l'enfance, qui, tournant rapidement autour de son centre, & traçant dans un vaste lieu plusieurs cercles par son mouvement, est admiré

Curvatis fertur spatiis : stupet inscia juxtà
Impubesque manus, mirata volubile buxum :
Dant animos plagæ. Non cursu segnior illo
Per medias urbes agitur, populosque feroces.
Quin etiam in sylvas, simulato numine Bacchi,
Majus adorta nefas, majoremque orsa furorem,
Evolat, & natam frondosis montibus abdit,
Quo thalamum eripiat Teucris, tædasque moretur.
Evohe Bacche fremens, solum te virgine dignum
Vociferans : etenim molles tibi sumere thyrsos,
Te lustrare choro, sacrum tibi pascere crinem
Fama volat : Furiisque accensas pectore matres
Idem omnes simul ardor agit, nova quærere tecta.
Deseruere domos : ventis dant colla comasque.
Ast aliæ tremulis ululatibus æthera complent,
Pampineasque gerunt incinctæ pellibus hastas.
Ipsa inter medias flagrantem fervida pinum
Sustinet, ac natæ Turnique canit hymenæos,
Sanguineam torquens aciem, torvumque repente
Clamat : Io, matres, audite ubi quæque, Latinæ,
Si qua piis animis manet infelicis Amatæ
Gratia, si juris materni cura remordet,
Solvite crinales vittas, capite Orgia mecum.

 Talem inter sylvas, inter deserta ferarum,
Reginam Alecto stimulis agit undique Bacchi.
Postquam visa satis primos acuisse furores,
Consiliumque omnemque domum vertisse Latini;
Protinus hinc fuscis tristis Dea tollitur alis

de la jeune troupe ignorante qui l'entoure, & qui le réveille sans cesse à coups de fouet. C'est ainsi que la Reine court de ville en ville, s'offrant aux regards de ses peuples belliqueux. Mais bientôt plus hardie & plus insensée encore, elle fuit dans les bois, comme une Bacchante, accompagnée de sa fille, qu'elle veut cacher dans le fond des forêts, & dérober à la poursuite des Troyens. C'est toi, ô Bacchus, qu'elle invoque dans ses transports : toi seul lui parois digne de la Princesse. La Renommée publie même que pour toi Lavinie s'arme d'un Thyrse, qu'elle danse en ton honneur autour de tes autels, & qu'elle t'a consacré sa chevelure. Les Dames de Laurente, à l'exemple de leur Reine, sortent de leurs maisons, & se répandent dans la campagne. Leurs cheveux, épars sur leurs épaules nues, sont le jouet des vents, tandis que d'autres couvertes de peaux de tigres, & armées de dards ornés de pampres, remplissent les airs de leurs hurlements fredonnés. Amate, environnée de cette troupe de Ménades, & tenant une torche à la main, célebre par des chansons, l'hymenée de Turnus avec sa fille. Puis les yeux égarés & teints de sang, elle s'écrie tout à coup d'un ton féroce : » Femmes Latines, » écoutez-moi. S'il vous reste de l'attachement pour » la malheureuse Amate, si vous vous intéressez » pour le droit des meres, laissez flotter vos che- » veux épars, & venez avec moi célébrer les sa- » crées Orgies «.

La Reine, qu'Alecto avoit enyvrée de la fureur de Bacchus, erroit ainsi dans les forêts, & dans les déserts habités par les bêtes farouches. La Déesse, satisfaite du désordre qu'elle a causé à la Cour du Roi, & du trouble de sa maison, déploie ses noires ailes, & prend son vol vers la ville de Turnus, bâtie autrefois

Audacis Rutuli ad muros ; quam dicitur urbem
Acrisioneis Danaë fundasse colonis ,
Præcipiti delata Noto : locus Ardua quondam
Dictus avis , & nunc magnum manet Ardea no-
  men ;
Sed fortuna fuit. Tectis hîc Turnus in altis
Jam mediam nigrâ carpebat nocte quietem.
Alecto torvam faciem & furiala membra
Exuit : in vultus sese transformat aniles ,
Et frontem obscœnam rugis arat ; induit albos
Cum vittâ crines ; tum ramum innectit olivæ.
Fit Calybe, Junonis anus, templique sacerdos,
Et juveni ante oculos his se cum vocibus offert :
Turne, tot incassum fusos patiere labores,
Et tua Dardaniis transcribi sceptra colonis ?
Rex tibi conjugium , & quæsitas sanguine dotes
Abnegat , externusque in regnum quæritur hæres.
I nunc , ingratis offer te , irrise, periclis ;
Tyrrhenas , i , sterne acies ; rege pace Latinos.
Hæc adeo tibi me , placida cum nocte jaceres,
Ipsa palam fari omnipotens Saturnia jussit.
Quare age, & armari pubem , portisque moveri
Lætus in arma para , & Phrygios , qui flumine pul-
  chro
Consedere , duces , pictasque exure carinas.
Cœlestum vis magna jubet. Rex ipse Latinus,
Ni dare conjugium , & dicto parere fatetur,
Sentiat , & tandem Turnum experiatur in armis.
 Hic juvenis , vatem irridens , sic orsa vicissim

dit-on, par une colonie, que Danaé, fille d'Acrifius, conduifoit, & qu'un vent de midi fit échouer fur la côte d'Italie. Son nom ancien d'Ardua a été changé en celui d'Ardéa, nom d'un oifeau. Mais quoiqu'elle porte encore ce nom célebre, elle eft bien déchue de fa gloire & de fon opulence.

La nuit étoit au milieu de fa courfe, & Turnus étoit plongé dans un fommeil profond, lorfque la Furie changeant de corps, & dépouillant fa terrible figure, prend celle d'une vieille femme. Son vifage hideux fe couvre de fillons, & fa tête de cheveux blancs : une bandelette facrée & une branche d'olivier lui ceignent le front : elle a tous les traits de Calybé, vieille Prêtreffe du Temple de Junon. Sous ce déguifement elle approche du lit de Turnus, & lui parle ainfi : " Quoi, Turnus, tu fouffriras qu'une co-
" lonie de Troyens te raviffe un fceptre mérité
" par tant de travaux? Le Roi des Latins te re-
" fufe fa fille ! Il te préfere un étranger, pour
" fuccéder à un trône, digne prix du fang
" que tu as verfé pour fa défenfe ! Va main-
" tenant affronter les dangers pour le fervice
" d'un ingrat qui te joue. Va mettre en fuite
" les Tyrrhéniens, & affurer le repos des La-
" tins. C'eft Junon qui m'envoie ici, au mi-
" lieu de la nuit, pour te réveiller : c'eft elle
" qui te parle par ma voix. Leve-toi, arme
" toute la Jeuneffe de tes Etats : fais-la mar-
" cher contre les Phrygiens, tranquilles fur
" les bords du Tibre : attaque leurs Chefs &
" brûle leurs vaiffeaux : c'eft la volonté & l'or-
" dre des Dieux. Que le Roi des Latins lui-
" même, s'il perfifte dans fon refus, devienne
" l'objet de ta vengeance, & qu'il éprouve la force
" de ton bras ".

Le jeune Prince méprifant le difcours de la

Ore refert : Classes invectas Tybridis alveo.
Non, ut rere, meas effugit nuntius aures.
Ne tantos mihi finge metus : nec regia Juno
Immemor est nostri.
Sed te victa situ, verique effœta senectus,
O mater, curis nequicquam exercet, & arma
Regum inter falsâ vatem formidine ludit.
Cura tibi Divûm effigies & templa tueri :
Bella viri pacemque gerant, queis bella gerenda.
  Talibus Alecto dictis exarsit in iras.
At juveni oranti subitus tremor occupat artus :
Diriguere oculi. Tot Erynnis sibilat hydris,
Tantaque se facies aperit : tum flammea torquens
Lumina, cunctantem & quærentem dicere plura
Reppulit, & geminos erexit crinibus angues,
Verberaque insonuit, rabidoque hæc addidit ore :
En ego victa situ, quam veri effœta senectus
Arma inter regum falsâ formidine ludit.
Respice ad hæc : adsum dirarum ab sede sororum ;
Bella manu, lethumque gero.
Sic effata, facem juveni conjecit, & atro
Lumine fumantes fixit sub pectore tædas.
  Olli somnum ingens rumpit pavor, ossaque & artus
Perfundit toto proruptus corpore sudor.
Arma amens fremit ; arma toro, tectisque requirit :
Sævit amor ferri, & scelerata insania belli ;
Ira super : magno veluti cum flamma sonore
Virgea suggeritur costis undantis aheni,
Exsultantque æstu latices furit intus aquæ vis,
Fumidus atque altè spumis exuberat amnis :

Prêtresse, lui répondit : ,, Je n'ignore pas,
,, comme tu le crois, l'entrée des vaisseaux
,, Troyens dans le canal du Tibre. Cesse de
,, vouloir m'effrayer. Il suffit que Junon me
,, protege. Vieille Prêtresse, ton âge décrépit
,, te rend crédule, amie du faux, & vainement
,, inquiete. Les querelles des Rois te causent
,, de fausses alarmes. Mêle-toi du culte des
,, Dieux : prend soin de leurs Idoles & de leurs
,, Temples : voilà ton ministere. A l'égard de
,, la guerre ou de la paix, c'est l'affaire des
,, Guerriers ,,.

Cette réponse de Turnus alluma le courroux
de la fausse Prêtresse. Alecto reprend aussi-tôt
sa figure terrible, fait siffler ses serpents, &
roule avec fureur ses yeux enflammés. A cet
aspect, le Prince épouvanté se trouble ; il ouvre en vain la bouche pour parler & fléchir
la Déesse irritée : elle le repousse, fait dresser
sur sa tête deux de ses serpents, & déployant
son fouet vengeur : ,, Voilà, dit-elle d'un ton
,, menaçant, voilà cette Vieille décrépite, que son
,, âge rend crédule & amie du faux, & à qui
,, les querelles des Rois causent de vaines alarmes.
,, Regarde-moi : sortie des Enfers, je suis cette
,, Furie redoutable, qui porte dans ses mains la
,, guerre & la mort ,,. En parlant ainsi, elle lui
jette une torche ardente, & le couvre de flammes & de fumée.

La frayeur réveille Turnus. Il se leve baigné de sueur. Transporté de fureur, il court
à ses armes : il les cherche autour de son lit,
& dans tout son Palais. Dans sa colere, il ne
respire que les sanglants combats, que le fer
homicide, que la guerre insensée. Ainsi l'eau
renfermée dans un vase d'airain, qu'environne
une pétillante flamme excitée par des branches
de bois sec, exhale une épaisse fumée, bouil-

Nec jam se capit unda; volat vapor ater ad auras.

Ergo iter ad regem, pollutâ pace, Latinum
Indicit primis juvenum, & jubet arma parari,
Tutari Italiam, detrudere finibus hostem :
Se satis ambobus Teucrisque venire, Latinisque.
Hæc ubi dicta dedit, Divosque in vota vocavit.
Certatim sese Rutuli exhortantur in arma.
Hunc decus egregium formæ movet, atque juventæ;
Hunc atavi reges, hunc claris dextera factis.

Dum Turnus Rutulos animis audacibus implet,
Alecto in Teucros Stygiis se concitat alis,
Arte novâ speculata locum, quo littore pulcher
Insidiis cursuque feras agitabat Iülus.
Hic subitam canibus rabiem Cocytia virgo
Objicit, & noto nares contingit odore,
Ut cervum ardentes agerent : quæ prima malorum
Causa fuit, belloque animos accendit agrestes.

Cervus erat formâ præstanti, & cornibus ingens,
Tyrrheidæ pueri quem matris ab ubere raptum
Nutribant, Tyrrheusque pater, cui regia parent
Armenta, & lati custodia credita campi.
Assuetum imperiis soror omni Sylvia curâ
Mollibus intexens ornabat cornua sertis,
Pectebatque ferum, puroque in fonte lavabat.
Ille manum patiens, mensæque assuetus herili,
Errabat sylvis; rursusque ad limina nota

fonne avec fureur, furmonte les bors du vafe qui la contient, & fe répand de toutes parts.

Le Prince affemble auffi-tôt les principaux guerriers de fa nation. Il leur déclare que fon alliance avec le Roi des Latins eft rompue, & qu'il va marcher contre lui. Il leur ordonne de prendre les armes, pour affurer le repos de l'Italie, & en chaffer les Troyens. Si on l'en croit, lui feul fuffit pour vaincre les deux nations. Après cette déclaration de guerre, fuivie de facrifices, les Rutules s'animent l'un l'autre à prendre les armes pour feconder leur Souverain. Les uns l'aiment à caufe de fa beauté & de fa jeuneffe, les autres réverent fa haute naiffance, & ceux-là font frappés de l'éclat de fes exploits.

Tandis que Turnus leur communique fon ardeur guerriere, Alecto agitant fes ailes infernales, paffe rapidement dans le camp des Troyens, d'où elle apperçoit l'aimable Iüle chaffant fur les bords du Tibre. La fille du Cocyte infpire auffi-tôt fa fureur aux chiens du jeune chaffeur, répand dans les airs une odeur qui leur eft connue, & les met fur la voie d'un Cerf, qu'elle leur fait pourfuivre avec la plus vive ardeur. Funefte chaffe, qui caufa tous les troubles, & fouleva contre les Troyens tous les habitants de la campagne!

Il y avoit un Cerf d'une beauté parfaite & d'une haute ramure, qui, arraché du fein de fa mere lorfqu'elle l'allaitoit encore, étoit nourri dans la maifon & par les jeunes enfants de Thyrrhée, Intendant des troupeaux du Roi & de fon vafte domaine. Sylvie leur fœur, chériffant ce Cerf apprivoifé, ornoit fa tête de fleurs, & avoit foin de le peigner & de le laver fouvent dans le courant d'une eau pure. Docile & familier, il fe laiffoit approcher &

Ipse domum ferâ quamvis se nocte ferebat.
Hunc procul errantem rabidæ venantis Iüli
Commovere canes, fluvio cum forte secundo
Deflueret, ripâque æstus viridante levaret.
Ipse etiam eximiæ laudis succensus amore
Ascanius curvo direxit spicula cornu.
Nec dextræ erranti Deus abfuit; actaque multo
Perque uterum sonitu perque ilia venit arundo.
Saucius at quadrupes nota intra tecta refugit,
Successitque gemens stabulis, questuque cruentus
Atque imploranti similis tectum omne replevit.
Sylvia prima soror, palmis percussa lacertos,
Auxilium vocat, & duros conclamat agrestes.
Olli (pestis enim tacitis latet aspera sylvis)
Improvisi adsunt : hic torre armatus obusto ;
Stipitis hic gravidi nodis ; quod cuique repertum
Rimanti, telum ira facit : vocat agmina Tyrrheus,
Quadrifidam quercum cuneis ut fortè coactis
Scindebat, raptâ spirans immane securi.

At sæva è speculis tempus Dea nacta nocendi,
Ardua tecta petit stabuli, & de culmine summo
Pastorale canit signum, cornuque recurvo
Tartaream intendit vocem, quâ protinus omne
Contremuit nemus, & sylvæ intonuere profundæ.
Audiit & Triviæ longè lacus audiit amnis
Sulfureâ Nar albus aquâ, fontesque Velini ;
Et trepidæ matres pressere ad pectora natos.

caresser, & étoit accoutumé à la table de son Maître. Le jour il erroit dans les bois, le soir il ne manquoit jamais, quoique tard, de revenir à la maison. Ce jour-là, s'étant baigné dans le Tibre, il se reposoit durant la chaleur sur l'herbe au bord du fleuve. La meute le relança, & Ascagne brûlant d'acquérir de la gloire, banda son arc, & lui décocha une fleche, dont Alecto elle-même conduisit le vol. Percé & couvert de son sang, l'animal se refugie dans son gîte ordinaire : il entre dans l'étable, en poussant des cris plaintifs, & semblant implorer le secours des mains qui ont coutume de le nourrir. Sylvie est informée la premiere de ce malheur. Dans son désespoir elle se meurtrit les bras, remplit l'air de ses cris, & appelle tous les Paysans du voisinage. La Furie étoit cachée dans le bois prochain. Ils accourent, sur le champ, les uns armés de bâtons durcis au feu, les autres de lourdes massues: leur colere fait des armes de tout ce qui se rencontre sous leur main. Tyrrhée lui-même, occupé alors à fendre des arbres, rassemble tous ses bûcherons, & accourt à leur tête, transporté de colere & armé de sa coignée.

Alors la cruelle Déesse sortant du bois, d'où elle épioit l'occasion d'irriter le mal, s'élance dans les airs, & va se placer sur le toit de l'étable du Cerf, où elle se met à sonner d'un cor, dont le bruit infernal remplit les vastes forêts d'alentour, & en ébranla tous les arbres. Il fut entendu au loin sur le lac d'Aricie, sur les eaux blanches & sulphureuses du Nar, & à la source du Velino. Par-tout aux environs, les meres épouvantées de ce son affreux, serrent leurs enfants entre leurs bras. Dans tous les endroits où l'effroyable bruit pénetre, on court

Tum verò ad vocem celeres, quà buccina signum
Dira dedit, raptis concurrunt undique telis
Indomiti agricolæ : nec non & Troïa pubes
Ascanio auxilium castris effundit apertis.
Direxere acies : non jam, certamine agresti,
Stipitibus duris agitur, sudibusve præustis ;
Sed ferro ancipiti decernunt, atraque latè
Horrescit strictis seges ensibus, æraque fulgent
Sole lacessita, & lucem sub nubila jactant.
Fluctus uti primo cœpit cum albescere vento,
Paulatim sese tollit mare, & altiùs undas
Erigit ; inde imo consurgit ad æthera fundo.
 Hîc juvenis primam ante aciem stridente sagittâ,
Natorum Thyrrhei fuerat qui maximus, Almon,
Sternitur : hæsit enim sub gutture vulnus, & udæ
Vocis iter, tenuemque inclusit sanguine vitam.
Corpora multa virûm circa ; Seniorque Galesus,
Dum paci medium se offert, justissimus unus
Qui fuit, Ausoniisque olim ditissimus arvis.
Quinque greges illi balantum, quina redibant
Armenta, & terram centum vertebat aratris.
 Atque ea per campos æquo dum Marte geruntur,
Promissi Dea facta potens, ubi sanguine bellum
Imbuit, & primæ commisit funera pugnæ,
Deserit Hesperiam, & cœli convexa per auras,
Junonem victrix affatur voce superbâ :
En perfecta tibi bello discordia tristi.
Dic, in amicitiam coëant, & fœdera jungant :
Quandoquidem Ausonio resperfi sanguine Teucros.

aux armes, & tous les féroces habitants des campagnes volent bientôt vers le lieu d'où part le funeste signal. D'un autre côté les Troyens sortent de leur camp, & accourent au secours d'Ascagne. On se range en bataille de part & d'autre; ce n'est plus avec de simples bâtons pointus que l'on combat, mais avec la lance & le javelot. Les champs sont hérissés d'épées nues, & les boucliers étincelants réfléchissent la lumiere jusqu'aux astres. Ainsi dans les horreurs d'une tempête la mer blanchit d'abord, s'enfle peu à peu : bientôt les flots irrités s'élevent du fond des abymes, & les vagues en fureur s'élancent jusqu'au haut des airs.

La premiere fleche que l'on entend siffler, atteint Alemon, l'ainé des enfants de Tyrrhée, jeune homme qui combattoit à la tête des paysans : le trait lui perce la gorge, & lui fait perdre, avec un torrent de sang, & la voix & la vie. Plusieurs furent renversés autour de lui; entr'autres, le vieux Galesus, l'homme le plus riche & le plus juste de l'Ausonie, qui s'étoit avancé entre les deux partis, pour les engager à faire la paix. Ce sage vieillard possédoit cinq troupeaux de brebis, & cinq de bœufs, & cent charrues étoient employées à labourer ses terres.

Tandis que l'on combat avec fureur, sans aucun avantage de part ni d'autre, Alecto, après avoir exécuté ce qu'elle avoit promis à la Reine des Dieux, voyant la terre teinte de sang, & la guerre allumée par ce premier combat, quitte l'Hespérie, & fiere de ses succès s'éleve jusqu'à l'Olympe, où elle tient à Junon ce superbe langage : ,, Déesse, j'ai semé
,, la discorde suivant vos desirs, & j'ai allumé
,, la guerre. J'ai versé le sang Ausonien par
,, les mains des Troyens, & je vous défie vous-

P 3

Hoc etiam his addam, tua si mihi certa voluntas:
Finitimas in bella feram rumoribus urbes,
Accendamque animos insani Martis amore,
Undique ut auxilio veniant : spargam arma per agros.
Tum contra Juno : Terrorum & fraudis abunde est.
Stant belli causæ : pugnatur cominus armis.
Quæ fors prima dedit, sanguis novus imbuit arma.
Talia connubia, & tales celebrent hymenæos
Egregium Veneris genus, & rex ipse Latinus.
Te super ætherias errare licentiùs auras
Haud pater ipse velit summi regnator Olympi.
Cede locis : ego, si qua super fortuna laborum est,
Ipsa regam. Tales dederat Saturnia voces :
Illa autem attollit stridentes anguibus alas,
Cocytique petit sedem, supera ardua linquens.

Est locus Italiæ medio, sub montibus altis,
Nobilis, & famâ multis memoratus in oris,
Amsancti valles : densis hunc frondibus atrum
Urget utrimque latus nemoris, medioque fragosus
Dat sonitum saxis & torto vortice torrens.
Hîc specus horrendum, sævi spiracula Ditis,
Monstratur, ruptoque ingens Acheronte vorago
Pestiferas aperit fauces ; queis condita Erynnis
Invisum numen, terras, cœlumque levabat.

Nec minùs interea extremam Saturnia bello
Imponit Regina manum. Ruit omnis in urbem
Pastorum ex acie numerus, cæsosque reportant,
Almonem puerum, fœdatique ora Galæsi :
Implorantque Deos, obtestanturque Latinum.

» même de réconcilier ces deux nations. Si
» vous le voulez, je vais foulever tous les
» peuples voifins, les appeller au fecours des
» Latins, & allumer dans tous les cœurs la
» folle ardeur de la guerre. Je couvrirai tou-
» tes les campagnes d'armes & de foldats.
» Non, répondit la fille de Saturne : c'eft affez
» d'intrigues & d'alarmes ; ils ont un fujet
» légitime de guerre, & ils ne quitteront pas
» fi-tôt les armes que le hazard leur a fait pren-
» dre. Que le brave fils de Vénus & le Roi des
» Latins célebrent fous de pareils aufpices l'hy-
» ménée qu'ils ont réfolu. Pour toi, il faut
» que tu te retires. Jupiter ne te permettroit pas
» d'errer plus long-temps au-deffus du vafte ef-
» pace des airs. S'il refte encore quelque chofe
» à faire, je me charge de ce foin : « A ces
mots la noire Furie étend fe ailes, fait fiffler fes
ferpents, quitte le Ciel, & reprend le chemin du
Cocyte.

Au fein de l'Italie, & au pied des plus hautes montagnes, eft la noble vallée d'Amfanête,
fi renommée en tous lieux, environnée de té-
nébreufes forêts, & traverfée par un torrent,
qui fe précipitant à grand bruit du haut des
rochers, va fe perdre dans un gouffre. Là fe
voit une profonde caverne, affreux foupirail
du trifte féjour de Pluton, ouverture empef-
tée, par où fe déborde l'Achéron, & par où
la cruelle Furie fe replongeant dans le Tartare,
délivre enfin le Ciel & la Terre de fon odieufe
préfence.

Cependant Junon met la derniere main à la
guerre allumée entre les Toyens & les peuples d'Hefpérie. Déja les Pafteurs repouffés
fuient vers la Ville de Laurente, emportant
le corps du jeune Almon, & celui du vieux Ga-
léfus couvert de bleffures. Ils implorent la juf-

Turnus adeft, medioque in crimine cædis & ignis
Terrorem ingeminat : Teucrofque in regna vocari,
Stirpem admifceri Phrygiam, fe limine pelli.
   Tum quorum attonitæ Baccho nemora avia ma-
        tres
Infultant thiafis (neque enim leve nomen Amatæ)
Undique collecti coëunt, Martemque fatigant.
Ilicet infandum cuncti contra omnia bellum,
Contra fata Deûm perverfo numine pofcunt.
Certatim regis circumftant tecta Latini.
Ille, velut pelagi rupes immota, refiftit ;
Ut pelagi rupes, magno veniente fragore,
Quæ fefe, multis circum latrantibus undis,
Mole tenet : fcopuli nequicquam & fpumea circum
Saxa fremunt, laterique illifa refunditur alga.
Verùm ubi nulla datur cæcum exfuperare poteftas
Confilium, & fævæ nutu Junonis eunt res,
Multa Deos, aurafque pater teftatus inanes,
Frangimur heu ! fatis, inquit, ferimurque pro-
        cellâ !
Ipfi has facrilego pendetis fanguine pœnas,
O miferi : te Turne, nefas, te trifte manebit
Supplicium, votifque Deos venerabere feris.
Nam mihi parta quies, omnifque in limine portus
Funere felici fpolior. Nec plura locutus,
Sepfit fe tectis, rerumque reliquit habenas.

tice des Dieux, & la vengeance du Roi. Turnus arrive, & se prévalant de l'attentat récent des Troyens, il augmente la terreur par ses discours: " Voilà, dit-il, ces étrangers qu'on ap-
" pelle à la succession de la Couronne; voilà ces
" nouveaux Alliés: on les reçoit, & on me
" chasse ".

Bientôt les fils de toutes ces femmes errantes dans les forêts, qui autorisées par l'exemple d'Amate, célébroient les Orgies, se rassemblent de toutes parts, & crient hautement qu'il faut prendre les armes. Ils environnent le Palais du Roi, & transportés d'une ardeur insensée, ils le pressent vivement de s'engager dans une guerre fatale, condamnée par les Dieux. Le Roi leur résiste d'abord, & brave leurs clameurs: tel qu'un rocher au milieu des flots qui n'est ébranlé ni par le souffle impétueux des vents, ni par le vain bruit des flots écumants qui le battent sans cesse, & que sans cesse il brise & repousse. Enfin, ne voyant aucun moyen de calmer l'aveugle fureur des Latins, & ne pouvant plus s'opposer à la volonté de Junon, maîtresse de tous les esprits, il prend à témoins les Dieux & l'air qu'il respire. " Hélas! je suis
" entraîné, dit-il, par les Destins, & malgré
" moi je cede à la tempête. Malheureux Latins,
" votre sang expiera votre sacrilege audace. Toi-
" même, ô Turnus, tu en porteras la peine:
" pénétré de tardifs remords, tu imploreras en
" vain les Dieux. Pour moi, qui ai peu de temps
" à vivre, quelque chose qui arrive, je touche
" au port, & je jouirai bientôt de la paix. Tout
" ce que je perds est l'espoir d'une mort douce
" & tranquille ". Le Roi, après ces mots, se renferme dans son Palais, & laisse flotter les rênes de son Empire.

Mors erat Hesperio in Latio, quem protinus urbes
Albanæ coluere sacrum : nunc maxima rerum
Roma colit, cum prima movent in prælia Martem;
Sive Getis inferre manu lacrymabile bellum,
Hyrcanisve, Arabisve parant, seu tendere ad Indos,
Auroramque sequi, Parthosque reposcere signa.
Sunt geminæ belli portæ (sic nomine dicunt)
Relligione sacræ, & sævi formidine Martis :
Centum ærei claudunt vectes, æternaque ferri
Robora; nec custos absistit limine Janus.
Has, ubi certa sedet patribus sententia pugnæ,
Ipse Quirinali trabeâ, cinctuque Gabino
Insignis referat stridentia limina Consul :
Ipse vocat pugnas; sequitur tum cætera pubes,
Æreaque assensu conspirant cornua rauco.
Hoc & tum Æneadis indicere bella Latinus
More jubebatur, tristesque recludere portas.
Abstinuit tactu pater, aversusque refugit
Fœda ministeria, & cæcis se condidit umbris.
Tum regina Deûm cœlo delapsa morantes
Impulit ipsa manu portas, & cardine verso
Belli ferratos rupit Saturnia postes.
Ardet inexcita Ausonia, atque immobilis ante.
Pars pedes ire parat campis; pars arduus altis
Pulverulentus equis furit : omnes arma requirunt.
Pars leves clypeos, & spicula lucida tergent
Arvinâ pingui, subiguntque in cote secures;
Signaque ferre juvat, sonitusque audire tubarum.

Il y avoit dans le Latium un usage antique & sacré, qui depuis a été adopté par toutes les Villes du Royaume d'Albe, & que Rome observe encore religieusement au commencement d'une guerre; soit qu'il s'agisse de la déclarer aux Getes, aux Hyrcaniens, aux Arabes, aux Indiens; soit qu'on ait résolu de s'avancer vers l'aurore, & de forcer les Parthes à rendre nos aigles. Le Temple de Janus a deux portes, que la Religion & la crainte du cruel Mars ont consacrées, & qu'on nomme les portes de la guerre. Durant la paix elles sont fermées à cent verroux, & par d'invincibles barres de fer, & Janus ne cesse point d'y faire la garde. Lorsque le Sénat a résolu la guerre, le Consul, revêtu de la Trabée Romaine, & ceint comme un Gabien, ouvre ces portes terribles, & annonce les combats. Alors toute la Jeunesse Romaine applaudit, & toute la Ville retentit du son guerrier des trompettes. Avant de déclarer la guerre aux Troyens, il falloit donc que le Roi fît cette cérémonie: mais il se refusa à cet odieux ministere, & se tint caché au fond de son Palais. Aussi-tôt la Reine des Dieux descend du Ciel, brise les barres de fer & les verroux du Temple, & poussant elle-même les portes avec violence, les fait tourner sur leurs gonds. A ce signal, toute l'Ausonie court aux armes. Cette nation, qui peu de jours auparavant étoit tranquille & paisible, brûle de combattre. Les uns se destinent à marcher à pied contre l'ennemi; d'autres, montés sur de superbes chevaux, font voler la poussiere de toutes parts: on prépare les armes: ceux-ci fourbissent leurs boucliers, leurs lances & leurs javelots: ceux-là aiguisent le tranchant de leurs haches. Les étendards déployés & le son des trompettes

Quinque adeo magnæ, positis incudibus, urbes
Tela novant, Atina potens, Tiburque superbum;
Ardea, Crustumerique, & turrigeræ Antemnæ.
Tegmina tuta cavant capitum, flectuntque salignas
Umbonum crates : alii thoracas ahenos,
Aut leves ocreas lento ducunt argento.
Vomeris huc & falcis honos, huc omnis aratri
Cessit amor : recoquunt patrios fornacibus enses.
Classica jamque sonant : it bello tessera signum.
Hic galeam tectis trepidus rapit : ille frementes
Ad juga cogit equos, clypeumque, auroque tri-
licem
Loricam induitur, fidoque accingitur ense.
  Pandite nunc Helicona, Deæ, cantusque mo-
vete ;
Qui bello exciti reges ; quæ quemque secutæ
Complerint campos acies ; quibus Itala jam tum
Floruerit terra alma viris ; quibus arserit armis.
Et meministis enim, Divæ, & memorare potestis ;
Ad nos vix tenuis famæ perlabitur aura.
  Primus init bellum Tyrrhenis asper ab oris
Contemptor Divûm Mezentius, agminaque armat.
Filius huic juxta Lausus, quo pulchrior alter
Non fuit, excepto Laurentis corpore Turni :
Lausus, equûm domitor, debellatorque ferarum
Ducit Agyllinâ nequicquam ex urbe secutos

animent cette Jeuneſſe guerriere. La puiſſante Atine, le ſuperbe Tibur, Ardée, Cruſtumere, & la ville fortifiée d'Antemnes ne s'occupent plus qu'à forger des armes. Les enclumes retentiſſent ſous le marteau. On travaille des caſques, des boucliers, des cuiraſſes d'airain, des cuiſſarts d'argent. On ne fabrique plus ni faux, ni ſoc de charrue : chacun renouvelle à la forge les anciennes armes de ſes peres. Déja le ſon des trompettes ſe répand dans les airs. Déja on donne l'ordre pour la marche, & chacun ſe hâte de s'armer. Celui-ci s'empreſſe de prendre ſon caſque ; celui-là d'atteler ſes fiers courſiers à ſon char. L'un charge ſon bras de ſon bouclier, & revêt ſa cuiraſſe tiſſue de fils d'or, l'autre ceint à ſon côté ſa fidelle épée.

Muſes, dévoilez à mes yeux les ſecrets de l'Hélicon, & daignez conduire ma voix. Apprenez-moi quels furent les Princes qui s'engagerent dans cette fameuſe guerre, & les troupes qui ſuivirent leurs étendards ? dites-moi les noms des guerriers, qui ſe diſtinguerent alors dans l'Italie, & des peuples qui prirent les armes dans la ligue contre les Troyens. Déeſſes, vous vous en ſouvenez ; & c'eſt à vous ſeules qu'il eſt permis de raconter des exploits, dont nous conſervons à peine une foible tradition.

Le premier qui parut à la tête d'une troupe, fut le cruel Mezence, contempteur des Dieux, Roi des Tyrrhéniens. Il étoit accompagné de ſon fils Lauſus, le plus beau des Princes d'Auſonie, après Turnus. Savant dans l'art de manier un cheval, & de faire la guerre aux farouches habitants des forêts, il avoit en vain à ſes ordres mille ſoldats de la ville d'Agyle, Prince digne d'un autre pere, digne d'être le fils d'un

Mille viros ; dignus patriis qui lætior esset
Imperiis, & cui pater haud Mezentius esset.
Post hos insignem palmâ per gramina currum,
Victoresque ostentat equos, satus Hercule pulchro,
Pulcher Aventinus, clypeoque insigne paternum
Centum angues, cinctamque gerit serpentibus hy-
    dram.
Collis Aventini sylvâ quem Rhea sacerdos
Furtivum partu sub luminis edidit oras,
Mista Deo mulier, postquam Laurentia victor
Geryone exstincto, Tirynthius attigit arva,
Tyrrhenoque boves in flumine lavit Iberas.
Pila manu, sævosque gerunt in bella dolones,
Et tereti pugnant mucrone, veruque Sabello.
Ipse pedes tegumen torquens immane leonis,
Terribili impexum setâ, cum dentibus albis
Indutus capiti, sic regia tecta subibat,
Horridus, Herculeoque humeros innexus amictu.
  Tum gemini fratres Tiburtia mœnia linquunt,
Fratris Tiburti dictam cognomine gentem,
Catillusque, acerque Coras, Argiva juventus,
Et primam ante aciem densa inter tela feruntur ;
Ceu duo nubigenæ cum vertice montis ab alto
Descendunt Centauri, Omolem, Othrynque niva-
    lem
Linquentes cursu rapido : dat euntibus ingens
Sylva locum, & magno cedunt virgulta fragore.
  Nec Prænestinæ fundator defuit urbis,
Vulcano genitum pecora inter agrestia regem,
Inventumque focis, omnis quem credidit ætas,
Cæculus : hunc legio latè comitatur agrestis.
Quique altum Præneste viri, quique arva Gabinæ
Junonis, gelidumque Anienem, & roscida rivis
Hernica saxa colunt : quos dives Anagnia pascit,

Livre VII.

Roi moins détesté de ses sujets. Après eux, Aventinus fils d'Hercule, jeune guerrier bien fait comme son pere, brilloit sur son char traîné par des coursiers souvent vainqueurs dans les jeux du Cirque. L'Hydre de Lerne à cent têtes gravées sur son bouclier, annonçoit son illustre naissance. Après la défaite de Géryon, Hercule ayant conduit sur les bords du Tybre les bœufs qu'il avoit enlevés dans l'Ibérie, devint amoureux de la Prêtresse Rhéa, & de cet amour nâquit Aventinus dans la forêt du Mont Aventin : ses soldats tenant un dard à la main, étoient armés de pieux, qui receloient une longue pointe de fer, à la maniere des Sabins. Arrivé près du Palais du Roi il mit pied à terre, vêtu comme Hercule son pere, de la peau d'un lion, dont la criniere & le muffle garni de ses dents, lui couvroient la tête.

On vit paroître ensuite deux freres sortis de la ville d'Argos, Catille & Coras, fondateurs de la Ville de Tibur, à qui ils avoient donné le nom de Tiburte leur frere. L'un & l'autre à la tête de leurs soldats avoient coutume de percer les bataillons ennemis, comme les impétueux Centaures, enfants d'une nuée, lorsqu'ils descendent des montagnes d'Othys & d'Omole, qu'ils pénetrent au travers des bois les plus épais, & que dans leur course rapide & bruyante, ils font plier les arbrisseaux.

Cœculus ne manqua pas de se joindre aux autres combattants. On a toujours cru que ce Prince, fils de Vulcain, étoit né à la campagne au milieu des troupeaux, & qu'il avoit été trouvé dans un foyer. Il commandoit une troupe nombreuse d'habitants des contrées de Preneste & de Gabie, des froides rives de l'Anio, du pays des Herniques, coupé par des montagnes & des ruisseaux, des riches cam-

Quos Amafene pater : non illis omnibus arma,
Nec clypei, currufve fonant : pars maxima glandes
Liventis plumbi fpargit : pars fpicula geftat
Bina manu, fulvofque lupi de pelle galeros
Tegmen habet capiti : veftigia nuda finiftri
Inftituere pedis : crudus tegit altera pero.

 At Meffapus equûm domitor, Neptunia proles,
Quem neque fas igni cuiquam, nec fternere ferro,
Jam pridem refides populos, defuetaque bello
Agmina in arva vocat fubitò, ferrumque retractat.
Hi Fefcenninas acies, æquofque Falifcos,
Hi Soractis habent arces, Flaviniaque arva,
Et Cimini cum monte lacum, lucofque Capenos.
Ibant æquati numero, regemque canebant :
Ceu quondam nivei liquida inter nubila cycni,
Cum fefe è paftù referunt, & longa canoros
Dant per colla modos, fonat amnis, & Afia longè
Pulfa palus.
Nec quifquam æratas acies ex agmine tanto
Mifceri putet, aëriam fed gurgite ab alto
Urgeri volucrum raucarum ad littora nubem.

 Ecce, Sabinorum prifco de fanguine, magnum
Agmen agens Claufus, magnique ipfe agminis inf-
  tar :
Claudia nunc à quo diffunditur & Tribus & gens
Per Latium, poftquam in partem data Roma Sabi-
  nis.
Unà ingens Amiterna cohors, Prifcique Quirites,
Ereti manus omnis, oliviferæque Mutufcæ :
Qui Nomentum urbem, qui Rofea rura Velini,
Qui Tetricæ horrentis rupes, montemque feverum,

pagnes d'Anagnie, & des bords du fleuve Amafene. Ils n'avoient ni épées, ni boucliers, ni chars. Les uns étoient armés de frondes pour lancer le plomb, d'autres portoient deux dards à la main, & fur leur tête une peau de loup. Tous avoient la jambe gauche nue, & la droite couverte d'un brodequin de cuir.

D'un autre côté, Meſſape, fils de Neptune, guerrier toujours à cheval, bravant le fer & le feu, reveille l'ardeur des combats dans le cœur des peuples, à qui une longue paix a fait oublier le métier de la guerre. Il arme les Feſcennins, les Faliſques, nation célebre par ſes loix, les habitans du mont Soracte, ceux des campagnes de Flavinie, des bords du lac Cimin, & des forêts de Capene. Tous marchent en ordre, chantant des vers en l'honneur de leur Chef; ſemblables à une troupe de Cygnes, qui, au retour du pâturage traverſant les airs, tirent de leur long goſier des chants mélodieux, dont retentiſſent au loin les bords du Caïſtre & du marais Aſia. De loin on eût pris ces ſoldats, non pour un corps de troupes, mais pour une nuée d'oiſeaux de paſſage, qui, après avoir franchi les mers, s'abat ſur le rivage, & célebre par ſes chants ſon heureuſe arrivée.

On vit alors paroître à la tête d'une nombreuſe troupe un guerrier, qui lui ſeul valloit un bataillon. C'étoit le fameux Clauſus, d'une maiſon illuſtre parmi les Sabins, tige de la famille & chef de la tribu Claudienne, aujourd'hui ſi étendue dans l'Italie, depuis que les Sabins ont été réunis au peuple Romain. Sous ſes ordres marchoient les cohortes d'Amiterne, de Cures, d'Erete, de Mutuſque, pays couvert d'oliviers; de la ville de Nomente, des campagnes humides du Vélino, des horribles monts Tétrique & Sévere, des champs de Caſpérie, & de Fo-

Tome II. Q

Casperiamque colunt, Forulosque, & flumen Hi-
    mellæ.
Qui Tiberim Fabarimque bibunt, quòs frigida
    misit
Nursia, & Hortinæ classes, populique Latini :
Quosque secans infaustum interluit Allia nomen.
Quàm multi Libyco volvuntur marmore fluctus,
Sævus ubi Orion hybernis conditur undis ;
Vel cum Sole novo densæ torrentur aristæ,
Aut Hermi campo, aut Lyciæ flaventibus arvis :
Scuta sonant, pulsuque pedum tremit excita tellus.

 Hinc Agamemnonius, Trojani nominis hostis,
Curru jungit Halesus equos, Turnoque feroces
Mille rapit populos : vertunt felicia Baccho
Massica qui rastris, & quos de collibus altis
Aurunci misere patres, Sidicinaque juxta
Æquora ; quique Cales linquunt, amnisque vadosi
Accola Vulturni ; pariterque Saticulus asper,
Oscorumque manus : teretes sunt aclides illis
Tela, sed hæc lento mos est aptare flagello.
Lævas cetra tegit, falcati cominus enses.

 Nec tu carminibus nostris indictus abibis,
Œbale : quem generasse Telon Sebethide Nymphâ
Fertur, Teleboum Capreas cum regna teneret :
Jam senior : patriis sed non & filius arvis
Contentus, latè jam tum ditione premebat
Sarrastes populos, & quæ rigat æquora Sarnus ;
Quique Rufars, Batulumque tenent, atque arva
    Celennæ,
Et quos malifere despectant mœnia Abellæ,
Teutonico ritu soliti torquere cateias :

rule ; ceux qui boivent les eaux d'Himelle, du Tibre & du Fabaris ; enfin les habitants de la froide Nurfie, du pays d'Horta, & des funeftes bords de l'Allia. Toutes ces troupes étoient fi nombreufes, qu'on compteroit auffi aifément, foit les flots de la mer de Libye foulevés par l'orageux Orion, lorfqu'en hyver il fe plonge dans les eaux, foit les épis mûris par le Soleil, dans le pays arrofé des eaux de l'Hermus, & dans les fertiles campagnes de la Lycie. L'air retentit du bruit des boucliers, & la terre eft émue par la marche de tant de foldats.

D'une autre part, Halésus, fils d'Agamemnon, & ennemi du nom Troyen, arrive monté fur un char, pour fe joindre à Turnus, à la tête d'un nombre confidérable de troupes, tirées de différentes contrées ; tels que ceux qui cultivent les heureux côteaux de Maffique, comblés des faveurs de Bacchus ; les Aurunces, habitants de hautes montagnes ; les Sidicins, fitués dans une plaine ; les peuples de Cales, & des rivages du Vulturne. On voyoit à leur fuite les féroces Saticules, & les Ofques armés de courtes maffues, hériffées de pointes de fer, & attachées à leur bras droit par une courroie. A la main gauche ils portent un petit bouclier, & font ufage d'un fabre recourbé, lorfqu'ils font près de l'ennemi.

Je ne t'oublierai point dans mes vers, illuftre Œbale, fils de la Nymphe Sébéthis & du vieux Télon, Roi des Téléboëns, peuple de l'Ifle de Caprée. Œbale, ne bornant pas fon ambition au petit Royaume de fon pere, avoit conquis le vafte pays fitué le long du Sarno : il avoit fujugué les Sarraftes, & foumis à fon empire les peuples de Rufre, de Battule, de Célene, & du territoire d'Avelle, fi fertile en noifettes.

Tegmina queis capitum raptus de fubere cortex,
Ærataeque micant peltæ, micat æreus enfis.
Et te montofæ mifere in prælia Nurfæ,
Ufens, infignem famâ, & felicibus armis:
Horrida præcipuè cui gens, affuetaque multo
Venatu nemorum, duris Æquicola glebis
Armati terram exercent, femperque recentes
Convectare juvat prædas, & vivere rapto.
  Quin & Marrubiâ venit de gente facerdos,
Fronde fuper galeam & felici comptus olivâ,
Archippi regis miffu, fortiffimus Umbro ;
Vipereo generi, & graviter fpirantibus hydris,
Spargere qui fomnos cantuque manuque folebat,
Mulcebatque iras, & morfus arte levabat.
Sed non Dardaniæ medicari cufpidis ictum
Evaluit ; neque eum juvere in vulnera cantus
Somniferi, & Marfis quæfitæ in montibus herbæ.
Te nemus Angitiæ, vitreâ te Fucinus undâ,
Te liquidi flevere lacus.
  Ibat & Hippolyti proles pulcherrima bello
Virbius, infignem quem mater Aricia mifit,
Eductum Egeriæ lucis, Hymettia circum
Littora, pinguis ubi & placabilis ara Dianæ.
Namque ferunt famâ Hippolytum, poftquam arte
      novercæ
Occiderit, patriafque explerit fanguine pœnas
Turbatis diftractus equis, ad fidera rurfus
Ætheria & fuperas cœli veniffe fub auras,
Pœoniis revocatum herbis, & amore Dianæ.
Tum pater omnipotens, aliquem indignatus ab um-
      bris.
Mortalem infernis ad lumina furgere vitæ,
Ipfe repertorem medicinæ talis & artis
Fulmine Phœbigenam Stygias detrufit ad undas,

Leurs armes étoient un lourd javelot, qu'ils lançoient avec vigueur, à la maniere des Teutons ; leurs épées & leurs boucliers étoient d'airain, & leurs casques d'écorce de liege. Brave Ufens, renommé par tant d'exploits, tu sortis des montagnes de Nursse, à la tête de tes Equicoles, nation sauvage, accoutumée à chasser dans les forêts, à labourer tout armés leur terre ingrate, & à vivre de rapines & de butin.

Le brave Umbron, grand Prêtre de Marrubium, vint de la part du Roi Archippe son maître, portant sur son casque une couronne d'olivier. Ses secrets joints à ses paroles endormoient les viperes & les hydres, dont il calmoit les fureurs & guérissoit les morsures. Cependant la lance d'Enée lui fit une blessure, que ni son art, ni les herbes somniferes cueillies sur les montagnes des Marses, ni tous ses enchantements ne purent guérir. Généreux Umbron, la forêt d'Angitie, la fontaine & le lac de Fucin pleurent ta mort.

Au nombre de ces guerriers parut le beau Viribus, illustre fils d'Hippolyte & d'Aricie, élevé par sa mere dans les bois sacrés d'Egérie, vers ce rivage où se voit encore aujourd'hui un autel célebre, consacré à Diane. Hippolyte, si l'on en croit la renommée, ayant été, par l'artifice de sa belle-mere, immolé à la colere de Théséé, Diane touchée du malheur de ce jeune Prince, traîné & mis en pieces par ses propres chevaux, le rappella à la vie, après avoir guéri ses blessures par le secours de certaines herbes médicinales. Mais Jupiter indigné qu'un mortel, plongé dans les ombres des Enfers, fût revenu à la lumiere, foudroya l'inventeur de cet art, fils d'Apollon, & le précipita dans l'abyme du Styx. Diane, pour ga-

At trivia Hippolytum secretis alma recondit
Sedibus, & Nymphæ Egeriæ nemorique relegat :
Solus ubi in sylvis Italis ignobilis ævum
Exigeret, versoque ubi nomine Virbius esset.
Unde etiam Triviæ templo, lucisque sacratis
Cornipedes arcentur equi ; quod littore currum,
Et juvenem monstris pavidi effudere marinis.
Filius ardentes haud secius æquore campi
Exercebat equos, curruque in bella ruebat.

  Ipse inter primos præstanti corpore Turnus
Vertitur, arma tenens, & toto vertice suprà est :
Cui triplici crinita jubâ galea alta Chimæram
Sustinet, Ætnæos efflantem faucibus ignes :
Tam magis illa fremens, & tristibus effera flammis,
Quam magis effuso crudescunt sanguine pugnæ.
At levem clypeum sublatis cornibus Io
Auro insignibat, jam setis obsita, jam bos ;
Argumentum ingens, & custos virginis Argus,
Cœlatâque amnem fundens pater Inachus urnâ.
Insequitur nimbus peditum, clypeataque totis
Agmina densantur campis, Argivaque pubes,
Auruncæque manus, Rutuli, veteresque Sicani,
Et Sacranæ acies : & picti scuta Labici,
Qui saltus, Tiberine, tuos, sacrumque Numici
Littus arant, Rutulosque exercent vomere colles,
Circæumque jugum : queis Jupiter Anxurus arvis
Præsidet & viridi gaudens Feronia luco :
Quà Saturæ jacet atra palus, gelidusque per imas

rantir Hippolyte du courroux du Maître des Dieux, le cacha dans une forêt, le confia à la Nymphe Egérie, qui lui fit couler obscurément le reste de ses jours, inconnu à toute l'Italie sous le nom de Virbius. On a soin d'éloigner les chevaux & du Temple de Diane & du bois qui lui est consacré, parce que les coursiers d'Hippolyte, effarouchés à la vue d'un monstre de la mer, le renverserent de son char, & le firent périr cruellement. Son fils ne laissoit pas de se plaire à exercer dans la plaine des chevaux fougueux, & à combattre sur un char.

Cependant, Turnus, par son air noble & sa haute taille, effaçoit tous ces guerriers. Le cimier de son casque, orné d'une triple aigrette, représentoit la chimere vomissant des flammes comme l'Etna : plus le carnage s'échauffoit, plus elle devenoit furieuse, & sembloit lancer des feux. Son bouclier offroit aux yeux l'histoire d'Io, & annonçoit la haute origine de ce Prince. Des cornes s'élevoient sur le front d'Io : déja son corps se couvroit de longs poils; déja elle étoit génisse. A côté d'elle on voyoit Argus son gardien, & son pere Inachus avec son urne, d'où sortoit un fleuve. Turnus parut à la tête d'une troupe nombreuse de gens de pied, armés de boucliers; les Argiens, les Aurunces, les anciens Sicanes, les Sacranes, les Labiques, les habitants des bords du Tibre & du Numique, des montagnes Rutuloises & du mont Circéen ; ceux qui cultivent les campagnes de Terracine, où Jupiter Anxur est révéré; les voisins du bois consacré à la Déesse Féronie; enfin les peuples des bords du noir marais de Sature & du fleuve Ufens, qui, après avoir traversé de profondes vallées, va se perdre dans la mer.

On vit aussi arriver du pays des Volsques, à

Quærit iter valles, atque in mare conditur Ufens.
  Hos super advenit Volscâ de gente Camilla,
Agmen agens equitum, & florentes ære catervas,
Bellatrix : non illa colo, calathisve Minervæ
Fœmineas assueta manus; sed prælia virgo
Dura pati, cursuque pedum prævertere ventos.
Illa vel intactæ segetis per summa volaret
Gramina, nec teneras cursu læsisset aristas :
Vel mare per medium, fluctu suspensa tumenti
Ferret iter, celeres nec tingeret æquore plantas.
Illam omnis tectis, agrisque effusa juventus,
Turbaque miratur matrum, & prospectat euntem,
Attonitis inhians animis : ut regius ostro
Velet honos leves humeros, ut fibula crinem
Auro internectat; Lyciam ut gerat ipsa pharetram,
Et pastoralem præfixâ cuspide myrtum.

Livre VII.

la tête d'un brillant escadron, la belliqueuse Camille, qui dès son enfance dédaignant l'aiguille & le fuseau, s'étoit endurcie aux pénibles travaux de la guerre, qui plus rapide que le vent, auroit pu voler sur un champ couvert d'herbes hautes ou d'épis, sans les faire plier sous ses pas, ou se frayer une route au milieu de la mer, & courir sur les flots sans mouiller ses pieds légers. On quittoit ses foyers & ses champs, ou s'assembloit de toutes parts, pour voir sa course rapide dans les plaines. Les hommes, comme les femmes, accouroient pour l'admirer : sa légéreté fixoit tous les regards & étonnoit tous les esprits. Un mantelet d'écarlate couvroit ses délicates épaules, chargées d'un carquois Lycien : une boucle d'or attachoit ses cheveux noués, & sa main étoit armée d'une lance de bois de myrte, semblable à une houlette de berger, & garnie d'une longue pointe de fer.

PUBLII VIRGILII MARONIS ÆNEIDOS.
LIBER OCTAVUS.

UT belli signum Laurenti Turnus ab arce
Extulit, & rauco strepuerunt cornua cantu,
Utque acres concussit equos, utque impulit arma,
Extemplo turbati animi : simul omne tumultu
Conjurat trepido Latium, sævitque juventus
Effera : ductores primi Messapus & Ufens,
Contemptorque Deûm Mezentius, undique cogunt
Auxilia, & latos vastant cultoribus agros.
Mittitur & magni Venulus Diomedis ad urbem,
Qui petat auxilium, & Latio consistere Teucros,
Advectum Ænean classi, victosque Penates
Inferre, & fatis regem se dicere posci
Edoceat multasque viro se adjungere gentes
Dardanio, & latè Latio increbrescere nomen.
Quid struat his cœptis ; quem, si fortuna sequatur,

L'ÉNÉIDE
DE
VIRGILE.
LIVRE HUITIEME.

Dès que Turnus, du haut de la citadelle de Laurente, eut déployé l'étendard de la guerre, dès qu'on eut entendu le son de ses trompettes, qu'on eut vu voler ses chevaux dans la plaine, & qu'il eut frappé de sa lance sur son bouclier, la fureur s'empara aussi-tôt de tous les esprits : tout le Latium fut en mouvement, & la jeunesse impétueuse fit éclater ses transports. Messape, Ufens, & l'impie Mézence, principaux Chefs de l'armée Latine, levent des troupes de toutes parts, & dépeuplent les campagnes de Laboureurs. En même temps on députe Vénulus au grand Diomede, pour lui demander du secours, & lui dire que les Troyens avoient abordé avec leur flotte dans le Latium, sous la conduite d'Enée : que ce Prince, qui prétendoit y établir ses Dieux vaincus, se disoit appellé par les Destins à l'Empire d'Italie : qu'issu de Dardanus, il avoit attiré déja dans son parti plusieurs nations du pays, & que tout y retentissoit du nom de cet étranger:

Eventum pugnæ cupiat, manifeſtius ipſi,
Quam Turno regi, aut regi apparere Latino.
 Talia per Latium : quæ Laomedontius heros
Cuncta videns, magno curarum fluctuat æſtu :
Atque animum nunc huc celerem, nunc dividit illuc,
In parteſque rapit varias, perque omnia verſat.
Sicut aquæ tremulum labris ubi lumen ahenis
Sole repercuſſum, aut radiantis imagine Lunæ,
Omnia pervolitat latè loca ; jamque ſub auras
Erigitur, ſummique ferit laquearia tecti.
 Nox erat, & terras animalia feſſa per omnes,
Alituum pecudumque genus, ſopor altus habebat ;
Cum pater in ripâ gelidique ſub ætheris axe
Æneas, triſti turbatus pectora bello,
Procubuit, ſeramque dedit per membra quietem.
Huic Deus ipſe loci fluvio Tyberinus amœno
Populeas inter ſenior ſe attollere frondes
Viſus : eum tenuis glauco velabat amictu
Carbaſus, & crines umbroſa tegebat arundo.
Tum ſic affari, & curas his demere dictis :
O ſate gente Deûm, Trojanam ex hoſtibus urbem
Qui revehis nobis, æternaque Pergama ſervas,
Exſpectate ſolo Laurenti, arviſque Latinis :
Hîc tibi certa domus, certi (ne abſiſte) Penates :
Neu belli terrere minis tumor : omnis, & iræ
Conceſſere Deûm.
 Jamque tibi (ne vana putes hæc fingere ſomnum)
Littoreis ingens inventa ſub ilicibus ſus,
Trigenta capitum fœtus enixa, jacebit ;
 Alba, ſolo recubans, albi circum ubera nati.

que Diomede comprenoit mieux que Turnus, & que le Roi Latinus même, quelles étoient les vues du Troyen, & à quoi il aspiroit si la fortune secondoit ses desseins.

Cependant Enée, instruit de tout ce qui se passoit dans le Latium, se trouva dans un étrange embarras. Agité de mille soins, & en proie aux plus cruelles inquiétudes, il formoit & rejettoit tour à tour mille résolutions, sans pouvoir se fixer à aucune. Ses pensées incertaines ressembloient aux rayons du Soleil ou de la Lune, réfléchis de la superficie tremblante d'une eau agitée dans un vase d'airain : l'inconstante lumiere voltige çà & là, s'abaisse, s'éleve & frappe successivement les lambris & les plafonds.

Il étoit nuit, & tous les habitants de la terre & de l'air, ensevelis dans un sommeil profond, soulageoient leurs corps fatigués ; lorsque le Chef des Troyens, accablé des soucis que lui donnoit la guerre dont il étoit menacé, se coucha à l'air sur le bord du Tibre, & se livra enfin au repos. Alors le Dieu du fleuve, sous la figure d'un vieillard, lui sembla, à travers les peupliers, sortir de son lit, les épaules couvertes d'un voile bleu de toile fine, & la tête couronnée de roseaux. Le Dieu, pour calmer ses inquiétudes, lui tint ce langage : ,, Prince issu du sang des Dieux, & si long-
,, temps attendu sur ces bords, toi par qui
,, Ilium doit renaître en ces climats & jouir
,, d'une éternelle durée ,, voici le lieu où il
,, faut te fixer, & établir tes Dieux domesti-
,, ques. Que la guerre qu'on te déclare ne
,, t'épouvante point. La colere des Dieux est
,, calmée. Mais afin que tu ne croies pas que
,, ce que je t'annonce soit une illusion, tu trou-
,, veras sur ce rivage une laie blanche cou-
,, chée sous des chênes, & entourée de trente
,, marcassins blancs qu'elle allaite. Voilà l'en-

Hic locus urbis erit, requies ea certa laborum,
Ex quo ter denis urbem redeuntibus annis
Afcanius clari condet cognominis Albam.
Haud incerta cano : nunc quâ ratione quod inftat
Expedias victor, paucis (adverte) docebo.
Arcades his oris, genus à Pallante profectum,
Qui regem Evandrum comites, qui figna fecuti,
Delegere locum, & pofuere in montibus urbem,
Pallantis proavi de nomine Pallanteum.
Hi bellum affiduè ducunt cum gente Latinâ :
Hos caftris adhibe focios, & fœdera junge.
Ipfe ego te ripis & recto flumine ducam,
Adverfum remis fuperes fubvectus ut amnem.
Surge, age, nate Deâ, primifque cadentibus aftris
Junoni fer rite preces, iramque, minafque
Supplicibus fupera votis : mihi victor honorem
Perfolves : ego fum, pleno quem flumine cernis
Stringentem ripas, & pinguia culta fecantem,
Cæruleus Tybris, cœlo gratiffimus amnis.
Hîc mihi magna domus, celfis caput urbibus exit.
Dixit, deinde lacu fluvius fe condidit alto,
Ima petens : nox Æneam, fomnufque reliquit.
  Surgit, & ætherei fpectans orientia Solis
Lumina, rite cavis undam de flumine palmis
Suftulit, ac tales effudit ad æthera voces :
Nymphæ, Laurentes Nymphæ, genus amnibus unde eft,
Tuque ô Tibri, tuque ô genitor, cum flumine fancto,
Accipite Æneam, & tandem arcete periclis.
Quo te cumque lacus miferantem incommoda nof-
  tra
Fonte tenet, quocumque folo pulcherrimus exis,
Semper honore meo, femper celebrabere donis.

„ droit où tu dois bâtir ta Ville : voilà le
„ terme de tes travaux. Ce préfage t'appren-
„ dra que dans trente ans ton fils Afcagne éle-
„ vera les murs de la célebre Ville d'Albe. Ce
„ que je te prédis eſt certain. Je vais mainte-
„ nant t'inſtruire en peu de mots des meſures
„ que tu dois prendre pour vaincre les obſ-
„ tacles. Ecoute attentivement. Le Roi Evan-
„ dre a conduit en ces lieux une colonie d'Ar-
„ cadiens, qui ont bâti dans les montagnes une
„ Ville, appellée Pallantée, du nom de Pallas,
„ aïeul de leur Roi. Comme ils font toujours
„ en guerre avec les Latins, tu dois te liguer
„ avec eux. Je te conduirai moi-même à ſa
„ Cour, & je feconderai les efforts de tes ra-
„ meurs, qui remonteront vers ma fource.
„ Leve-toi donc, fils de Déeffe, & dès que le
„ jour commencera à paroître, tâche par tes
„ prieres & tes vœux, de vaincre la colere de
„ Junon. Lorſque tu auras triomphé de tes enne-
„ mis, tu me rendras des honneurs. Je fuis le
„ Dieu du Tibre, dont les eaux chéries du ciel
„ coulent le long de ce rivage, & arroſent ces
„ fertiles campagnes. Mon Palais eſt au fond de
„ ces eaux, & ma fource lave les murs de
„ plus d'une Ville célebre ". A ces mots il plonge ſa tête dans le fein de ſes ondes, & difpa-
roît aux yeux d'Enée, que le fommeil abandonna
avec la nuit.

Il ſe leve, & tournant ſes yeux vers l'Aurore, qui commençoit à répandre ſes premiers
rayons, il prend de l'eau du fleuve dans ſes mains,
& fait cette priere : „ Nymphes de Laurente,
„ Naïades, dont les fontaines forment les fleu-
„ ves, & toi, Dieu du Tibre, recevez Enée
„ fur vos eaux, & garantiſſez-le des périls
„ qui le menacent. Fleuve facré, puiſque tu
„ es touché de nos maux, de quelque terre

Corniger Hesperidum fluvius regnator aquarum,
Adsis ô tantùm, & propius tua numina firmes.
　Sic memorat, geminasque legit de classe biremes,
Remigioque aptat, socios simul instruit armis.
Ecce autem subitum atque oculis mirabile monf-
　　trum,
Candida per sylvam cum fœtu concolor albo
Procubuit, viridique in littore conspicitur sus:
Quam pius Æneas, tibi enim, tibi, maxima Juno,
Mactat, sacra ferens, & cum grege sistit ad aram.
Tibris eâ fluvium, quàm longa est, nocte tumentem
Leniit, & tacitâ refluens ita substitit undâ,
Mitis ut in morem stagni, placidæque paludis.
Sterneret æquor aquis, remo ut luctamen abesset.
Ergo iter inceptum celerant rumore secundo:
Labitur uncta vadis abies: mirantur & undæ,
Miratur nemus insuetum fulgentia longè
Scuta virum, fluvio pictasque innare carinas.
Olli remigio noctemque diemque fatigant,
Et longos superant flexus, variisque teguntur
Arboribus, viridesque secant placido æquore sylvas.
Sol medium cœli conscenderat igneus orbem,
Cùm muros, arcemque procul, ac rara domorum
Tecta vident, quæ nunc Romana potentia cœlo
Æquavit: tum res inopes Evandrus habebat.
Ocius advertunt proras, urbique propinquant.
　Fortè die solemnem illo rex Arcas honorem
Amphitryoniadæ magno, Divisque ferebat
Ante urbem in luco: Pallas huic filius unà,

Livre VIII.

» que tu fortes, & quelle que foit ta fource, je te
» rendrai toujours mes hommages. O fleuve, roi
» des fleuves de l'Hefpérie, fois-moi propice,
» & que ton prompt fecours juftifie ta divine
» promeffe «.

Auffi-tôt il choifit dans fa flotte deux galeres
à double rang, qu'il garnit d'excellents rameurs,
& qu'il pourvoit d'armes & de foldats. Alors
une laie blanche (ô prodige !) avec trente petits, blancs comme elle, s'offre à fes yeux,
couchée fur l'herbe au bord du fleuve. C'eſt à
toi, ô puiſſante Reine des Dieux, qu'Enée offre
cette laie & ces marcaffins, qu'il immole aux
pieds d'un autel. Cependant le Dieu du Tibre,
dont les eaux avoient été agitées toute la nuit,
les rendit le matin auſſi calmes que celles d'un
tranquille marais ou d'un paiſible étang, afin
que les rames puſſent fendre plus aiſément les
flots. Enée avec fa fuite s'embarque plein d'eſpérance & de joie, & les deux galeres volent fur le fein de l'onde. Les eaux du fleuve
& les grands arbres qui le bordent, admirent
ces navires étrangers, peints de diverſes couleurs,
& les armes brillantes de ceux qui les montent.
On rame jour & nuit, & l'on fuit le cours
du fleuve dans tous fes détours au travers des
bois. Le Soleil étoit au milieu de fa courſe,
lorfqu'on apperçut de loin des murs, un Fort
& quelques maifons, que la magnificence Romaine a depuis changées en fuperbes Palais. Ce
n'étoit alors qu'une Ville pauvre, où réfidoit le
Roi Evandre. Bientôt on tourne les proues, &
on aborde.

Ce jour-là le Prince Arcadien, accompagné
de fon fils Pallas, du modefte Sénat de fa nation, & de fes principaux Guerriers, offroit
dans un bois facré près de la Ville, un facrifice en l'honneur de l'illuftre fils d'Amphitryon,

Unà omnes juvenum primi, pauperque senatus
Thura dabant; tepidusque cruor fumabat ad aras.
Ut celsas videre rates, atque inter opacum
Allabi nemus, & tacitis incumbere remis ;
Terrentur visu subito, cunctique relictis
Consurgunt mensis: audax quos rumpere Pallas
Sacra vetat, raptoque volat telo obvius ipse.
Et procul è tumulo : Juvenes, quæ causa subegit
Ignotas tentare vias ? quo tenditis ? inquit.
Qui genus ? unde domo ? pacemne huc fertis, an
 arma ?
 Tum pater Æneas puppi sic fatur ab altâ,
Paciferæque manu ramum prætendit olivæ :
Trojugenas, ac tela vides inimica Latinis,
Quos illi bello profugos egere superbo.
Evandrum petimus : ferte hæc, & dicite lectos
Dardaniæ venisse duces, socia arma rogantes.
Obstupuit tanto perculsus nomine Pallas :
Egredere ô, quicunque es, ait, coramque parentem
Alloquere, ac nostris succede Penatibus hospes.
Excepitque manu ; dextramque amplexus inhæsit.
Progressi subeunt luco, fluviumque relinquunt.
Tum regem Æneas dictis affatur amicis :
 Optime Grajugenûm, cui me Fortuna precari,
Et vittâ comptos voluit prætendere ramos ;
Non equidem extimui, Danaûm quod ductor, &
 Arcas,

Livre VIII.

& des autres Dieux, faisant fumer sur leurs autels le sang des victimes immolées. A la vue de deux navires, qui traversant la forêt remontoient le fleuve, & sans bruit s'avançoient vers le rivage, une crainte subite s'empare de l'assemblée: tout le monde se leve, & veut abandonner le festin sacré. Mais le fier Pallas leur défend d'interrompre cette partie du sacrifice, & saisissant un javelot, il vole vers le rivage. Là, monté sur une hauteur, il parla ainsi : " Etrangers, quel des-
" sein vous amene dans ces lieux? Que préten-
" dez-vous? Qui êtes-vous? quelle est votre na-
" tion & votre pays? Apportez-vous la guerre ou
" la paix ? "

Enée lui montre un rameau d'olivier, & lui répond en ces mots du haut de sa pouppe: " Vous voyez les Troyens, ennemis des La-
" tins, qui ont dédaigné notre alliance, &
" nous ont déclaré la guerre, pour nous chasser
" de l'Hespérie. Nous venons trouver Evan-
" dre. Dites-lui que les Chefs de la Nation
" Troyenne sont ici, & qu'ils demandent à
" faire avec lui une ligue contre leurs ennemis
" communs. Qui que vous soyez, ô étranger,
" (repliqua Pallas, frappé du nom d'un peuple si
" célèbre) descendez sur ce rivage, venez parler
" au Roi mon pere, entrez dans notre Ville com-
" me ami ". En même temps il tend la main à Enée, & l'embrasse à la descente de son navire. Ils s'éloignent du rivage, & s'avancent ensemble dans le bois. Enée présenté à Evandre, lui parla ainsi :

" O le plus juste des Grecs, la Fortune me
" conduit en ces lieux, la branche d'olivier
" à la main, avec la bandelette sacrée, pour
" implorer votre secours. Quoique vous soyez
" un Prince Grec & un Arcadien, quoi-
" que vous soyez parent des Atrides, ces

Quodque ab ſtirpe fores geminis conjunctus Atridis ;
Sed mea me virtus, & ſancta oracula Divûm,
Cognatique patres, tua terris didita fama,
Conjunxere tibi, & ſatis egere volentem.
Dardanus, Iliacæ primus pater urbis & autor,
Electrâ (ut Graji perhibent) Atlantide cretus,
Advehitur Teucros. Electram maximus Atlas
Edidit, ætherios humero qui ſuſtinet orbes.
Vobis Mercurius pater eſt, quem candida Maja
Cyllenæ gelido conceptum vertice fudit.
At Majam (auditis ſi quicquam credimus) Atlas,
Idem Atlas generat, cœli qui ſidera tollit.
Sic genus amborum ſcindit ſe ſanguine ab uno.
His fretus, non legatos, neque prima per artem
Tentamenta tui pepigi : me, me ipſe, meumque
Objeci caput, & ſupplex ad limina veni.
Gens eadem, quæ te, crudeli Daunia bello
Inſequitur : nos ſi pellant, nihil abfore credunt,
Quin omnem Heſperiam penitus ſua ſub juga mittant,
Et mare, quod ſuprà, teneant, quodque aluit infrà.
Accipe, daque fidem : ſunt nobis fortia bello
Pectora, ſunt animi, & rebus ſpectata juventus.

 Dixerat Æneas : ille os oculoſque loquentis
Jamdudum, & totum luſtrabat lumine corpus.
Tum ſic pauca refert : Ut te, fortiſſime Teucrûm,
Accipio agnoſcoque libens ! ut verba parentis,
Et vocem Anchiſæ magni, vultumque recordor !
Nam memini Heſionæ viſentem regna ſororis
Laomedontiadem Priamum, Salamina petentem,
Protinus Arcadiæ gelidos inviſere fines.

» titres ne m'ont inspiré aucune défiance. La
» droiture de mon cœur, les ordres des Dieux,
» une commune origine, enfin votre renom-
» mée, m'ont déterminé à rechercher votre
» alliance. Dardanus, fondateur de Troie,
» étoit, comme les Grecs en conviennent,
» fils d'Electre, dont le pere fut Atlas, qui
» soutient le ciel sur ses épaules. Vous des-
» cendez de ce même Atlas, puisque la belle
» Maïa sa fille, suivant la tradition, mit au
» monde, sur le mont Cyllene, Mercure dont
» vous tirez votre origine. Ainsi notre tige est
» commune. C'est par ces motifs, que sans
» vous envoyer des Ambassadeurs pour vous
» proposer une alliance, je n'ai pas craint de
» venir moi-même implorer votre appui. La
» nation des Rutules qui vous fait la guerre,
» nous la déclare aussi. S'ils peuvent nous chasser
» les uns & les autres des pays que nous occu-
» pons, ils comptent que rien ne les empê-
» chera d'asservir bientôt toute l'Italie, & de
» régner sur les rivages des deux mers. Sei-
» gneur, recevez ma foi, & donnez-moi la
» vôtre. J'ai sous mes ordres de jeunes guer-
» riers, pleins d'ardeur & de courage, & qui
» dans les occasions ont donné des preuves de leur
» valeur «.

Tandis qu'Enée parloit, Evandre considéroit avec attention ses yeux, son air & toute
sa personne. » Brave Troyen, lui dit-il, quel
» plaisir pour moi de vous recevoir dans mon
» royaume, & de revoir en vous Anchise,
» votre illustre pere ! Vous me rappellez le
» son de sa voix, & tous les traits de son vi-
» sage. Je me souviens que dans le voyage que
» Priam fit autrefois à Salamine, pour voir
» les Etats d'Hésione sa sœur, il s'avança jus-
» que dans notre froide Arcadie. J'étois alors

Tum mihi prima genas vestibat flore juventa ;
Mirabarque duces Teucros, mirabar & ipsum
Laomedontiaden ; sed cunctis altior ibat
Anchises : mihi mens juvenili ardebat amore
Compellare virum, & dextræ conjungere dextram:
Accessi, & cupidus Phenei sub mœnia duxi.
Ille mihi insignem pharetram, Lyciasque sagittas,
Discedens, chlamydemque auro dedit intertextam,
Frenaque bina, meus quæ nunc habet aurea Pallas.
Ergo &, quam petitis, juncta est mihi fœdere dex-
   tra :
Et lux cum primùm terris se crastina reddet,
Auxilio lætos dimittam, opibusque juvabo.
Interea sacra hæc (quando huc venistis amici)
Annua, quæ differre nefas, celebrate faventes
Nobiscum, & jam nunc sociorum assuescite mensis.

   Hæc ubi dicta, dapes jubet & sublata reponi
Pocula, gramineoque viros locat ipse sedili :
Præcipuumque toro, & villosi pelle leonis
Accipit Æneam, folioque invitat acerno.
Tum lecti juvenes certatim, aræque sacerdos
Viscera tosta ferunt taurorum, onerantque canistris
Dona laboratæ Cereris, Bacchumque ministrant.
Vescitur Æneas simul, & Trojana juventus
Perpetui tergo bovis, & lustralibus extis.
   Postquam exempta fames, & amor compressus
   edendi,
Rex Evandrus ait : Non hæc solemnia nobis,
Has ex more dapes, hanc tanti numinis aram

» dans la fleur de mes premieres années ; j'ad-
» mirois les Capitaines Troyens, & fur-tout le
» Roi Priam. Mais Anchife qui étoit à fa fuite,
» effaçoit tous les autres. Je brûlois d'envie de
» lui parler, & de me lier d'amitié avec lui.
» Je l'abordai, & je le conduifis chez moi dans
» les murs de Phénée. En me quittant, il me
» fit préfent d'un magnifique carquois, garni
» de fleches Lyciennes, d'un manteau brodé
» d'or, & de deux freins d'or, que j'ai donnés
» à mon fils Pallas. Ainfi l'alliance que vous
» defirez, eft depuis long-temps formée entre
» nous. Demain, au retour de la lumiere, je
» ferai partir des troupes avec vous, & je vous
» donnerai toute forte de fecours. En atten-
» dant, puifque vous êtes arrivés dans le temps
» que je célébrois un facrifice annuel, qu'il
» ne m'eft pas permis de différer, daignez,
» comme amis, y prendre part, & accoutu-
» mez-vous dès à préfent à la table de vos al-
» liés «.

Auffi-tôt il ordonne de rapporter le vin &
les viandes qu'on avoit deffervies ; il fait mettre les Troyens fur des lits de gazon, & invite
leur Chef à fe placer fur un lit élevé, de bois
d'érable, couvert d'une peau de lion. Alors le
grand Prêtre, & les jeunes Miniftres du facrifice
apporterent les entrailles rôties des victimes, dont
ils couvrirent les tables ; ils fervirent auffi les
dons de Cérès dans des corbeilles, & ceux de
Bacchus dont ils remplirent les coupes. Enée
& toute fa fuite fe nourrirent d'un bœuf entier qui leur fut fervi, & des inteftins offerts aux
Dieux.

Lorfque le repas fut fini, le Roi parla ainfi :
» Ce n'eft ni une fuperftition vaine, ni une
» ignorance de l'ancienne Religion, qui nous
» fait célébrer ce facrifice : c'eft la reconnoif-

Vana superstitio veterumve ignara Deorum
Imposuit : sævis, hospes Trojane, periclis
Servati facimus, meritosque novamus honores.
Jam primum saxis suspensam hanc aspice rupem;
Disjectæ procul ut moles, desertaque montis
Stat domus, & scopuli ingentem traxere ruinam.
Hîc spelunca fuit, vasto summota recessu,
Semihominis Caci, facies quam dira tenebat
Solis inaccessam radiis ; semperque recenti
Cæde tepebat humus ; foribusque affixa superbis
Ora virûm tristi pendebant pallida tabo.
Huic monstro Vulcanus erat pater : illius atros
Ore vomens ignes magnâ se mole ferebat.
Attulit & nobis aliquando optantibus ætas
Auxilium, adventumque Dei: nam maximus ultor,
Tergemini nece Geryonis, spoliisque superbus
Alcides aderat, taurosque hâc victor agebat
Ingentes : vallemque boves amnemque tenebant.
At furiis Caci mens effera, ne quid in ausum
Aut intentatum scelerisve dolive fuisset,
Quatuor à stabulis præstanti corpore tauros
Avertit, totidem formâ superante juvencas :
Atque hos, ne qua forent pedibus vestigia rectis,
Caudâ in speluncam tractos, versisque viarum
Indiciis raptos, saxo occultabat opaco.
Quærentem nulla ad speluncam signa ferebant.
Interea, cum jam stabulis saturata moveret
Amphitryoniades armenta, abitumque pararet,
Discessu mugire boves, atque omne querelis
Impleri nemus, & colles clamore relinqui.
Reddidit una boum vocem, vastoque sub antro
Mugiit, & Caci spem custodita fefellit.

» fance à l'égard d'un Dieu qui nous à préfer-
» vés d'un grand danger : & c'eſt auſſi en ſon
» honneur que tous les ans nous renouvel-
» lons cette fête. Regardez ce mont eſcarpé,
» ces roches pendantes, cette demeure in-
» habitée ; voyez ces groſſes pierres éparſes,
» & tous ces horribles débris. Dans le ſein
» de cette montagne fut autrefois une pro-
» fonde caverne, inacceſſible aux rayons du
» ſoleil, & toujours fumante de ſang humain,
» affreuſe retraite de Cacus, monſtre demi-hom-
» me & d'une taille énorme. Fils de Vulcain,
» ſa bouche vomiſſoit des tourbillons de flam-
» mes : des têtes livides & ſanglantes étoient
» ſans ceſſe ſuſpendues à ſa porte. Nous fû-
» mes enfin délivrés de ce fléau, par l'arrivée
» d'un Héros dans ces climats. Alcide, le ven-
» geur des crimes, fier de la défaite de Géryon
» à trois corps, & des dépouilles enlevées à
» ce tyran, avoit conduit dans notre contrée
» de grands bœufs, qui couvroient nos val-
» lées & les rivages de ce fleuve. A la vue
» de ces magnifiques troupeaux, la paſſion de
» Cacus s'allume, & pour ne pas laiſſer échap-
» per l'occaſion d'exercer ſa ſubtile méchan-
» ceté, il enleve quatre des bœufs les plus
» grands, & autant de géniſſes des plus bel-
» les. Mais pour n'être pas découvert par les
» traces de leurs pas, il les traîne par la queue
» & à reculons dans ſa ſombre demeure, où
» il les enferme. Nul indice ne put donc con-
» duire dans ce lieu ceux qui les chercherent.
» Cependant Alcide, après avoir engraiſſé ſes
» troupeaux dans nos pâturages, ſe diſpoſoit
» à quitter ces lieux. Ses bœufs ayant fait en
» partant retentir de leurs mugiſſements nos
» bois & nos montagnes, une des géniſſes
» renfermées dans la vaſte retraite de Cacus

Hîc vero Alcidæ furiis exarserat atro
Felle dolor : rapit arma manu, nodisque gravatum
Robur, & aërii cursu petit ardua montis.
Tum primùm nostri Cacum videre timentem,
Turbatumque oculis : fugit ilicet ocior Euro,
Speluncamque petit : pedibus timor addidit alas.
Ut sese inclusit, ruptisque immane catenis
Dejecit saxum, ferro quod & arte paternâ
Pendebat, fultosque emuniit objice postes.
Ecce furens animis aderat Tirynthius, omnemque
Accessum lustrans, huc ora ferebat & illuc,
Dentibus infrendens : ter totum fervidus irâ
Lustrat Aventini montem : ter saxea tentat
Limina nequicquam : ter fessus valle resedit.
Stabat acuta silex, præcisis undique saxis,
Speluncæ dorso insurgens, altissima visu,
Dirarum nidis domus opportuna volucrum.
Hanc, ut prona jugo lævum incumbebat ad amnem,
Dexter in adversum nitens concussit, & imis
Avulsam solvit radicibus ; inde repente
Impulit, impulsu quo maximus insonat æter :
Dissultant ripæ, refluitque exterritus amnis.
At specus, & Caci detecta apparuit ingens
Regia, & umbrosæ penitus patuere cavernæ :
Non secus, ac si quâ penitus vi terra dehiscens
Infernas referet sedes, & regna recludat
Pallida, Dîs invisa, superque immane barathrum

Livre VIII.
» répondit à ces mugissements ; & trahit l'ef-
» pérance dont le ravisseur s'étoit flatté. Al-
» cide transporté de colere prend aussi-tôt ses
» armes & sa noueuse massue, & s'avance vers
» la montagne escarpée. Alors les peuples de
» la contrée, virent pour la premiere fois Ca-
» cus saisi de frayeur. Les yeux égarés, &
» plus prompt que le vent, il se mit à fuir
» vers son antre ; la frayeur lui donnoit des
» ailes. S'y étant caché, il en bouche l'ouver-
» ture avec un rocher énorme, que des chaî-
» nes de fer formées par Vulcain tenoient sus-
» pendu : il les brise, & ayant abattu le ro-
» cher, il s'en fait un rempart. Mais voici que
» le Héros de Tirynthe arrive furieux au pied
» de la montagne. Il cherche vainement l'en-
» trée de la caverne. Sa fureur augmente ; il
» frémit de rage, trois fois il fait le tour du
» mont Aventin ; trois fois il essaie de renver-
» ser le rocher, qui ferme l'entrée de la For-
» teresse du brigand, & trois fois lassé de ses
» vains efforts il se repose dans la vallée. Sur
» la croupe de la montagne étoit une roche
» pointue & isolée, qui, servant d'asyle aux oi-
» seaux de proie, & située directement sur l'an-
» tre de Cacus, penchoit à gauche du côté du
» Tibre. Hercule appuyant ses épaules contre
» le côté droit de cette roche, la pousse si vio-
» lemment, qu'il l'ébranle, la déracine, & la
» précipite sur le rivage. Le ciel retentit de l'ef-
» froyable bruit de sa chûte, la rive s'écroula,
» & le fleuve épouvanté recula vers sa source.
» Alors la lumiere pénétra pour la premiere
» fois dans la noire & vaste demeure de Ca-
» cus. Si le sein de la terre, par quelque vio-
» lente secousse, s'entrouvroit jusque dans
» ses abymes, nos yeux découvriroient ainsi
» les demeures infernales, le sombre empire

Cernatur, trepidentque immisso lumine Manes.
  Ergo insperatâ deprensum in luce repente,
Inclusumque cavo saxo, atque insueta rudentem
Desuper Alcides telis premit, omniaque arma
Advocat, & ramis vastisque molaribus instat.
Ille autem (neque enim fuga jam super ulla pericli)
Faucibus ingentem fumum (mirabile dictu!)
Evomit, involvitque domum caligine cæcâ,
Prospectum eripiens oculis, glomeratque sub antro
Fumiferam noctem, commixtis igne tenebris.
Non tulit Alcides animis, seque ipse per ignem
Præcipiti jecit saltu, quâ plurimus undam
Fumus agit, nebulâque ingens specus æstuat atrâ.
Hîc Cacum in tenebris incendia vana vomentem
Corripit, in nodum complexus, & angit inhærens,
Elisos oculos, & siccum sanguine guttur.
Panditur extemplo foribus domus atra revulsis ;
Abstractæque boves, abjurataque rapinæ
Cœlo ostenduntur, pedibusque informe cadaver
Protrahitur : nequeunt expleri corda tuendo
Terribiles oculos, vultum, villosaque setis
Pectora semiferi, atque extinctos faucibus ignes.
Ex illo celebratus honos, lætique minores
Servavere diem : primusque Potitius autor,
Et domus Herculei custos Pinaria sacri,
Hanc aram luco statuit, quæ maxima semper

Livre VIII.

» des morts détesté des Dieux, l'horrible torrent
» du Styx, & les Manes effrayées des nouveaux
» rayons d'une lumiere inconnue «.

» La clarté du jour ayant pénétré dans la
» profonde caverne, offrit aux yeux des spec-
» tateurs, Cacus tremblant dans son Fort, &
» poussant d'affreux hurlements. Alcide com-
» mence par lui lancer des dards : il a ensuite
» recours à toutes sortes d'armes : il fait pleu-
» voir sur lui des pieces de bois & des pier-
» res énormes. Mais, ô prodige ! le monstre se
» voyant assiégé sans pouvoir fuir, tire de
» sa poitrine une épaisse fumée, mêlée d'étin-
» celles, qui répand le feu & la nuit dans son
» antre, & le dérobe aux yeux de son ennemi.
» Irrité de sa résistance, Alcide s'élance dans
» la caverne à travers le plus épais tourbil-
» lon de flamme & de noire fumée : il saisit
» Cacus, malgré les vains feux qu'il vomit,
» il l'embrasse, l'étreint, lui serre la gorge,
» lui fait sortir les yeux de la tête & l'étran-
» gle. Il renverse ensuite le rocher qui fer-
» moit l'antre. Alors on vit les bœufs, & tous
» les larcins que le brigand avoit dérobés à la
» lumiere. On traîna son corps hideux hors de
» la caverne. Tous les peuples d'alentour ne
» se lassoient point de considérer son visage ter-
» rible, ses yeux menaçants, sa poitrine cou-
» verte d'un poil semblable à celui des bêtes, &
» sa redoutable bouche qui ne lançoit plus
» de flammes. Depuis cette mémorable vic-
» toire, pour témoigner notre reconnoissance
» au Vainqueur, nous célébrons tous les ans
» en son honneur une fête, dont Potitius est le
» premier instituteur. La famille Pinaria, dé-
» positaire des cérémonies de ce culte, a érigé
» au milieu de ce bois un autel, qui, parmi
» nous, portera toujours le nom de grand au-

Dicetur nobis, & erit quæ maxima semper.
Quare, agite, ô juvenes, tantarum in munere laudum
Cingite fronde comas, & pocula porgite dextris,
Communemque vocate Deum, & date vina volentes.
Dixerat : Herculeâ bicolor cùm populus umbrâ
Velavitque comas, foliisque innexa pependit
Et sacer implevit dextram scyphus : ocius omnes
In mensam læti libant, Divosque precantur.
　Devexo interea propior fit vesper Olympo :
Jamque sacerdotes, primusque Potitius, ibant,
Pellibus in morem cincti, flammasque ferebant.
Instaurant epulas, & mensæ grata secundæ
Dona ferunt, cumulantque oneratis lancibus aras.
Tum Salii ad cantus incensa altaria circum,
Populeis adsunt evincti tempora ramis :
Hic juvenum chorus, ille senum, qui carmine laudes
Herculeas, & facta ferant : ut prima novercæ
Monstra manu, geminosque premens eliserit angues :
Ut bello egregias idem disjecerit urbes,
Trojamque, Œchaliamque : ut duros mille labores,
Rege sub Eurystheo, fatis Junonis iniquæ,
Pertulerit. Tu nubigenas, invicte, bimembres,
Hylæumque, Pholumque manu, tu Cresia mactas
Prodigia, & vastum Nemeæ sub rupe leonem.
Te Stygii tremuere lacus, te janitor Orci

» tel, & sera sans cesse à nos yeux le plus
» grand des autels. Célébrez donc avec nous,
» Troyens, cette fête d'Hercule ; couronnez
» vos têtes de feuillages ; invoquez comme
» nous, ce Dieu, qui sera le Dieu tutélaire
» de l'une & l'autre nation : Que les coupes
» passent de main en main, & que la liqueur
» de Bacchus soit prodiguée «. A ces mots,
Evandre ceint sa tête de branches de peuplier, (arbre dédié à Hercule) & prend une coupe sacrée pleine de vin, dont il répand quelques gouttes sur la table ; libation, qui fut imitée avec joie par tous les convives. On invoqua en même temps toutes les Divinités de l'Olympe.

Cependant l'étoile du soir commençoit à monter sur l'horison : on voit alors paroître Potitius, à la tête des Sacrificateurs, qui étoient revêtus de peaux de lion, suivant l'usage, & portoient des flambeaux. Aussi-tôt on recommence à manger, & de nouveaux plats chargés de viandes, sont présentés sur l'autel. Ensuite les Saliens, couronnés de rameaux de peuplier, entourent les autels du Dieu où l'encens fumoit, & partagés en deux chœurs, l'un des jeunes gens, l'autre des vieillards, ils chantent les louanges d'Alcide, & célebrent ses travaux immortels. Ils dirent comment, dans sa premiere enfance, il étouffa entre ses mains deux serpents, premiers monstres que sa marâtre lui opposa : comment il saccagea deux villes fameuses, Troie & Œchalie : comment par l'ordre du Roi Eurysthée, & suivant la volonté de Junon, il s'engagea dans un si grand nombre d'entreprises périlleuses : » C'est toi, disoient-ils, indomtable
» guerrier, qui as vaincu les deux Centaures,
» fils d'une Nuée, Hylée & Pholus. C'est toi

Ossa super recubans antro semesa cruento.
Nec te ullæ facies, non terruit ipse Thyphœus
Arduus, arma tenens: non te rationis egentem
Lernæus turbâ capitum circumstetit anguis,
Salve, vera Jovis proles, decus addite Divis :
Et nos, & tua dexter adi pede sacra secundo.
Talia carminibus celebrant : super omnia Caci
Speluncam adjiciunt, spirantemque ignibus ipsum.
Consonat omne nemus strepitu, collesque resultant.

 Exin se cuncti divinis rebus ad urbem
Perfectis referunt : ibat rex obsitus ævo,
Et comitem Æneam juxta, natumque tenebat
Ingrediens, varioque viam sermone levabat.
Miratur, facilesque oculos fert omnia circum
Æneas, capiturque locis, & singula lætus
Exquiritque, auditque virûm monumenta priorum.
Tum Rex Evandrus Romanæ conditor arcis :
Hæc nemora indigenæ Fauni, Nymphæque tene-
 bant,
Gensque virûm truncis & duro robore nata,
Queis neque mos, neque cultus erat ; nec jungere
 tauros,
Aut componere opes nôrant, aut parcere parto ;
Sed rami, atque asper victu venatus alebat.
Primus ab ætherio venit Saturnus Olympo,
Arma Jovis fugiens, & regnis exul ademptis.

Livre VIII.

» qui as terrassé l'indomtable Taureau de
» Crete, & le Lion énorme de la forêt de
» Némée. Tu as répandu l'effroi jusque sur les
» bords du Styx : tu épouvantas Cerbere cou-
» ché dans son antre teint de sang, sur un tas
» d'os à demi rongés. Pour toi, rien ne t'a
» jamais effrayé ; ni le Géant Typhoée les ar-
» mes à la main, ni l'Hydre de Lerne avec
» toutes ses têtes renaissantes. Nous te saluons,
» digne fils du Souverain des Dieux, nouvel
» ornement du ciel. Reçoi favorablement notre
» sacrifice & protege-nous «. Après avoir ainsi
célébré les hauts faits du grand Alcide, leurs
cantiques finirent par le récit de la victoire que
le Héros remporta sur Cacus dans sa caverne,
en dépit des flammes qu'il vomissoit. La forêt &
toutes les collines d'alentour retentissoient de leurs
chants sacrés.

Après cette cérémonie, on s'en retourna à
la Ville. Evandre, accablé du poids des années,
marchoit appuyé sur Enée & sur son fils Pallas,
qui étoient à ses côtés, & par ses discours il
soulageoit la fatigue du chemin. Enée observoit avec complaisance ce pays dont il étoit
enchanté ; & tandis que ses yeux réjouis se
promenoient de tous côtés, il s'informoit de
tout, & s'instruisoit avec plaisir des traditions
& des antiquités de la Nation. » Des Faunes
» & des Nymphes originaires de la contrée,
» ont autrefois habité ces forêts (lui disoit
» Evandre, que nous devons regarder comme
» le premier fondateur de Rome.) Alors ces
» lieux étoient peuplés d'hommes sauvages,
» sans mœurs, sans loix, durs comme les
» chênes dont ils étoient nés. Ignorant l'art de
» cultiver la terre, ils ne savoient ni amas-
» ser, ni ménager des provisions pour les be-
» soins de la vie. Ils ne vivoient que de leur

Tome II.   T

Is genus indocile, ac dispersum montibus altis
Composuit, legesque dedit, Latiumque vocari
Maluit; his quoniam latuisset tutus in oris.
Aurea quæ perhibent illo sub rege fuerunt
Sæcula : sic placidâ populos in pace regebat.
Deterior donec paulatim ac decolor ætas,
Et belli rabies, & amor successit habendi.
Tum manus Ausonia, & gentes venere Sicanæ;
Sæpiùs & nomen posuit Saturnia tellus.
Tum reges, asperque immani corpore Tybris :
A quo post Itali fluvium cognomine Tybrim
Diximus : amisit verum vetus Albula nomen.
Me pulsum patriâ pelagique extrema sequentem,
Fortuna omnipotens, & ineluctabile fatum
His posuere locis : matrisque egere tremenda
Carmentis Nymphæ monita, & Deus autor Apollo.

Vix ea dicta dehinc progressus, monstrat & aram,
Et Carmentalem Romano nomine portam;
Quam memorant Nymphæ priscum Carmentis honorem
Vatis fatidicæ, cecinit quæ prima futuros
Æneadas magnos, & nobile Pallanteum.
Hinc lucum ingentem, quem Romulus acer Asylum
Rettulit, & gelidâ monstrat sub rupe Lupercal,
Parrhasio dictum Panos de more Lycæi.

» chasse, que des fruits sauvages qu'ils cueil-
» loient, & leurs repas étoient sans apprêt. Sa-
» turne, détrôné par son fils Jupiter, pour
» se dérober à sa poursuite, s'enfuit de l'O-
» lympe, & vint se refugier dans ces lieux.
» Il rassembla les hommes féroces, épars sur
» nos montagnes; il leur donna des loix, &
» voulut qu'un pays où il s'étoit caché, &
» qui avoit été pour lui un sûr asyle, portât
» le nom de Latium. On dit que son regne fut
» l'âge d'or, ses paisibles sujets étant gouver-
» nés avec douceur. Mais cet âge dégénéra
» insensiblement, & les hommes s'abandonne-
» rent à la fureur des combats & à la soif des
» richesses. Alors les Ausoniens, & ensuite les
» Sicaniens envahirent ce pays, qui changea
» plusieurs fois de nom & de Rois. Enfin Ti-
» bris, Guerrier d'une taille énorme, le con-
» quit, & les Italiens donnerent son nom à
» ce fleuve, qui portoit auparavant celui d'Al-
» bula. Pour moi, banni de ma patrie, & er-
» rant sur les mers, la Fortune toute-puissante
» & l'inévitable Destin m'ont jetté sur ces cô-
» tes, & ont fixé mon séjour en ces lieux,
» suivant les avis respectables de la Nymphe
» Carmente ma mere, & les ordres absolus
» d'Apollon «.

Ainsi parloit Evandre en s'avançant vers la Ville. Il fit alors remarquer à Enée l'autel érigé en l'honneur de Carmente, & le lieu où est aujourd'hui située la porte, que les Romains ont depuis nommée Carmentale, en mémoire de cette antique Prophétesse, qui la premiere annonça la gloire des descendants d'Enée, & celle du mont Palatin. Puis il lui montra la forêt où Romulus devoit dans la suite établir un asyle, & lui fit voir aux pieds d'un rocher le fameux Lupercal, consacré au

Nec non & sacri monstrat nemus Argileti,
Testaturque locum, & letum docet hospitis Argi.
Hinc ad Tarpejam sedem, & Capitolia ducit,
Aurea nunc, olim sylvestribus horrida dumis.
Jam tum relligio pavidos terrebat agrestes
Dira loci: jam tum sylvam saxumque tremebant.
Hoc nemus, hunc, inquit, frondoso vertice collem
(Quis Deus, incertum est) habitat Deus: Arcades
  ipsum
Credunt se vidisse Jovem, cum sæpe nigrantem
Ægida concuteret dextrâ, nimbosque cieret.
Hæc duo præterea disjectis oppida muris,
Relliquias, veterumque vides monumenta virorum.
Hanc Janus pater, hanc Saturnus condidit arcem:
Janiculum huic, illi fuerat Saturnia nomen.
  Talibus inter se dictis ad tecta subibant
Pauperis Evandri, passimque armenta videbant
Romanoque foro & lautis mugire Carinis.
Ut ventum ad sedes: Hæc, inquit, limina victor
Alcides subiit, hæc illum regia cepit.
Aude, hospes, contemnere opes, & te quoque
  dignum
Finge Deo, rebusque veni non asper egenis.
Dixit, & angusti subter fastigia tecti
Ingentem Ænean duxit, stratisque locavit
Effultum foliis, & pelle Libystidis ursæ.
    Nox ruit, & fuscis tellurem amplectitur alis.
At Venus haud animo nequicquam exterrita mater,

Dieu Pan, fuivant le culte des Arcadiens, qui adoroient ce Dieu fur le mont Lycée. Il n'oublia pas de lui faire tourner fes regards du côté du bois Argilete. Il prit à témoin le tombeau de l'Argien qui y étoit inhumé, proteftant qu'il n'étoit point coupable de la mort de fon hôte. Evandre conduifit enfuite Enée vers le mont Tarpeïus, où s'éleve aujourd'hui le magnifique Capitole, & qui n'étoit alors couvert que de ronces & d'épines. Cependant c'étoit dès ce temps-là un lieu facré, qui infpiroit le refpect & la crainte aux habitants de la campagne. » Un » Dieu, dit Evandre, quel qu'il foit, un Dieu » réfide fur cette montagne. Les Arcadiens » croient y avoir vu Jupiter frapper fur fa noire » Egide, & raffembler les nuages. Vous voyez, » ajouta-t-il, les débris de deux anciennes forte-» reffes, l'une bâtie par Janus, l'autre par Saturne: » celle-ci portoit le nom de Saturnie, & celle-là » de Janicule «.

En parlant ainfi, ils approchoient de la maifon du Roi, où il n'y avoit ni richeffe ni ornement. Ils avoient devant les yeux le lieu champêtre, où eft aujourd'hui la grande place de Rome, & le quartier magnifique des Carenes. C'étoit alors une prairie couverte de troupeaux mugiffants. Lorfqu'ils furent arrivés: » Voilà, dit » Evandre, la maifon où j'ai autrefois reçu le » grand Alcide: tel eft le Palais où il a logé. » Ofez, comme lui, dédaigner le fafte & le luxe; » pardonnez-nous notre pauvreté, & ne foyez pas » plus difficile qu'un Dieu «. A ces mots, il introduit le Prince Troyen dans fa maifon, & le fait affeoir fur des feuillages couverts d'une peau de Panthere de Libye.

Cependant la nuit arrive, & enveloppe la Terre de fes fombres ailes. Vénus, que les menaces des Latins, & les mouvements de

Laurentumque minis, & duro mota tumultu,
Vulcanum alloquitur, thalamoque hæc conjugis aureo
Incipit, & dictis divinum aspirat amorem.
Dum bello Argolici vastabant Pergama reges
Debita, casurasque inimicis ignibus arces,
Non ullum auxilium miseris, non arma rogavi
Artis, opisque tuæ : nec te, charissime conjux,
Incassumve tuos volui exercere labores :
Quamvis & Priami deberem plurima natis,
Et durum Æneæ flevissem sæpe laborem.
Nunc Jovis imperiis Rutulorum constitit oris.
Ergo eadem supplex venio, & sanctum mihi numen,
Arma rogo, genitrix nato. Te filia Nerei,
Te potuit lacrymis Tithonia flectere conjux.
Aspice, qui coëant populi, quæ mœnia claufis
Ferrum acuant portis in me, excidiumque meorum.

Dixerat : & niveis hinc atque hinc Diva lacertis
Cunctantem amplexu molli fovet : ille repente
Accepit solitam flammam, notusque medullas
Intravit calor, & labefacta per ossa cucurrit.
Non secus atque olim, tonitru cùm rupta corusco
Ignea rima micans percurrit lumine nimbos,
Sensit læta dolis, & formæ conscia conjux.

toute l'Hespérie alarment, a recours à Vulcain. Couchée dans un lit d'or à côté de son époux, elle lui tient ce langage, qui réveille sa tendresse. " Mon cher époux, dans le temps
" que les Rois de la Grece assiégeoient Ilium,
" & lançoient des feux ennemis sur cette Ville
" destinée à être réduite en cendres, je ne
" vous ai point importuné pour les malheu-
" reux Troyens ; je n'ai point eu recours à
" votre art, & je n'ai point imploré votre se-
" cours. Malgré l'intérêt que je prenois à la
" famille de Priam, malgré les larmes que je
" versois pour mon fils Enée, sans cesse ex-
" posé dans les combats, je n'exigeai point
" de vous une peine inutile. Par l'ordre de Ju-
" piter, il est aujourd'hui sur les frontieres des
" Rutules. Souffrez que je vous fasse une prie-
" re, que j'implore votre puissance, que j'ai
" toujours révérée, & qu'une mere vous de-
" mande des armes pour son fils. La fille de
" Nérée, & l'épouse de Tithon, ont bien pu
" vous toucher par leurs larmes. Voyez la li-
" gue formée contre moi, voyez combien de
" peuples, renfermés encore dans leurs murs,
" aiguisent le fer pour la destruction de mes chers
" Troyens ".

A ces mots, elle embrasse tendrement son époux, & le serre amoureusement entre ses beaux bras. Vulcain, jusqu'alors insensible, sent renaître tout à coup sa premiere ardeur pour sa divine épouse. Un feu qui ne lui est pas inconnu, pénetre dans ses veines, & se répand dans tous ses membres amollis. Ainsi l'éclair qui s'échappe de la nue enflammée, vole en un instant d'un pole à l'autre. Vénus voit avec plaisir l'effet de ses caresses, & le triomphe de ses charmes, dont elle connoissoit le pouvoir. Le Dieu, qui n'avoit jamais

Tum pater æterno fatur devinctus amore :
Quid causas petis ex alto ? fiducia cessit
Quò tibi, Diva, mei ? similis si cura fuisset,
Tum quoque fas nobis Teucros armare fuisset ;
Nec pater omnipotens Trojam, nec fata vetabant
Stare, decemque alios Priamum superesse per annos.
Et nunc, si bellare paras, atque hæc tibi mens est,
Quicquid in arte meâ possum promittere curæ,
Quod fieri ferro liquidove potest electro,
Quantum ignes animæque valent ; absiste precando
Viribus indubitare tuis. Ea verba locutus,
Optatos dedit amplexus ; placidumque petivit
Conjugis infusus gremio per membra soporem.

Inde, ubi prima quies medio jam noctis abactæ
Curriculo expulerat somnum, cùm fœmina primùm,
Cui tolerare colo vitam tenuique Minervâ
Impositum, cinerem & sopitos suscitat ignes,
Noctem addens operi, famulasque ad lumina longo
Exercet penso ; castum ut servare cubile
Conjugis, & possit parvos educere natos.
Haud secus Ignipotens, nec tempore segnior illo
Mollibus è stratis opera ad fabrilia surgit.

Insula Sicanium juxta latus Æoliamque
Erigitur Liparen, fumantibus ardua saxis ;
Quam subter specus, & Cyclopum exesa caminis

cessé de l'aimer, lui répond : " Déesse, pourquoi cherchez-vous des motifs si éloignés, " Qu'est devenue cette confiance que vous " aviez autrefois en moi ? Pour peu que vous " l'eussiez voulu, j'aurois fourni des armes aux " Troyens. Ni Jupiter, ni les Destins n'au- " roient point empêché leur Ville de subsister, " & Priam auroit encore pu régner dix années. " Mais puisque vous avez aujourd'hui une nou- " velle guerre à soutenir, je vous offre, Déesse, " toutes les ressources de mon art, tout ce que " mes feux & mes soufflets peuvent opérer " sur le fer & sur le métal de fonte composé d'or " & d'argent. Cessez, par vos prieres, de dou- " ter de votre empire sur moi ". En même temps il lui donne les plus vifs & les plus délicieux embrassements, puis il s'endort tranquillement sur son sein.

Lorsque la nuit, parvenue au milieu de sa course, a dissipé le premier sommeil, une femme, que son indigence force de chercher dans les ouvrages de Minerve de quoi subsister, se leve long-temps avant le jour, réveille son feu assoupi sous la cendre, & distribue de longues tâches à ses ouvrieres, qu'elle fait travailler à la lumiere d'une lampe : elle garde par ce moyen la fidélité du lit conjugal, & se met en état d'élever ses enfants. C'est ainsi que le Dieu du feu sort des bras d'un doux sommeil, & se leve diligemment au milieu de la nuit, pour veiller aux travaux de sa forge.

Entre la Sicile & l'Isle de Lipare, l'une des Eoliennes, s'éleve une Isle couverte de rochers, dont le sommet vomit d'affreux tourbillons de flamme & de fumée. Sous ces rochers tonnants, émules du mont Etna, est un antre profond, miné par les fournaises des Cyclopes, qui sans cesse y font gémir l'enclume

Antra Ætnea tonant, validique incudibus ictus
Auditi referunt gemitum, striduntque cavernis
Stricturæ chalybum, & fornacibus ignis anhelat;
Volcani domus, & Volcania nomine tellus.
Hoc tunc Ignipotens cœlo descendit ab alto.
Ferrum exercebant vasto Cyclopes in antro,
Brontesque, Steropesque, & nudus membra Pyracmon.
His informatum manibus, jam parte politâ,
Fulmen erat (toto genitor quæ plurima cœlo
Dejicit in terras) pars imperfecta manebat.
Tres imbris torti radios, tres nubis aquosæ
Addiderant, rutuli tres ignis, & alitis Austri.
Fulgores nunc terrificos, sonitumque, metùmque
Miscebant operi, flammisque sequacibus iras.
Parte aliâ Marti currumque rotasque volucres
Instabant, quibus ille viros, quibus excitat urbes:
Ægidaque horriferam, turbatæ Palladis arma,
Certatim squammis serpentum, auròque polibant
Connexosque angues, ipsamque in pectore Divæ
Gorgona defecto vertentem lumina collo.

Tollite cuncta, inquit, cœptosque auferte labores,
Ætnæi Cyclopes, & huc advertite mentem.
Arma acri facienda viro : nunc viribus usus,
Nunc manibus rapidis, omni nunc arte magistrâ:
Præcipitate moras. Nec plura effatus. At illi
Ociùs incubuere omnes, pariterque laborem
Sortiti : fluit æs rivis, aurique metallum,
Vulnificusque chalybs vastâ fornace liquescit.
Ingentem clypeum informant, unum omnia contra
Tela Latinorum, septenosque orbibus orbes
Impediunt : alii ventosis follibus auras

sous leurs pesants marteaux. Là un feu bruyant, animé par les soufflets, embrase le fer qui retentit & étincelle sous les coups redoublés des forgerons. C'est dans cette Isle ardente, demeure de Vulcain, dont elle porte le nom, que le Dieu du feu descendit du haut des cieux. Les Cyclopes, Bronte, Sterope, Pyracmon, les membres nuds, battoient le fer. Ils achevoient alors de forger un de ces foudres, que le pere des Dieux lance souvent sur la terre. L'ouvrage, dont une partie n'étoit encore qu'informe, renfermoit trois rayons de grêle, trois de pluie, trois de feu, & trois de vent. On travailloit à y joindre les terribles éclairs, le bruit affreux, les traînées de flamme, la colere de Jupiter, & la frayeur des mortels. D'un autre côté on fabriquoit un char pour le Dieu Mars, & on forgeoit ces roues volantes, qui transportent rapidement le Dieu de la Guerre chez les Nations, pour les exciter aux combats. D'autres Cyclopes s'occupoient à polir une redoutable Egide pour la belliqueuse Pallas, & à l'orner de plaques d'or & d'écailles de serpents. Au milieu du bouclier étoit la tête menaçante de Méduse, hérissée de couleuvres, & lançant d'affreux regards.

» Cessez tous ces ouvrages, Cyclopes, » dit Vulcain, & recevez mes ordres. Il faut » que vous forgiez des armes pour un illustre » Guerrier. Travaillez avec ardeur : déployez » vos forces & tout votre art : hâtez-vous «. Les Cyclopes obéissent, & aussi-tôt ils commencent l'ouvrage, qu'ils partagent entr'eux. A l'instant coulent des ruisseaux d'or & d'airain, & l'homicide acier bouillonne dans d'immenses fourneaux. Ils forgent un vaste bouclier de sept feuilles appliquées l'une sur l'autre, impénétrable à tous les traits des La-

Accipiunt, redduntque: alii stridentia tingunt
Æra lacu: gemit impositis incudibus antrum.
Illi inter sese multâ vi brachia tollunt
In numerum, versantque tenaci forcipe massam.
  Hæc pater Æoliis properat dum Lemnius oris,
Evandrum ex humili tecto lux suscitat alma,
Et matutini volucrum sub culmine cantus.
Consurgit senior, tunicâque induitur artus,
Et Tyrrhena pedum circumdat vincula plantis.
Tum lateri atque humeris Tegeæum subligat en-
  sem,
Demissa ab lævâ pantheræ terga retorquens.
Nec non & gemini custodes limine ab alto
Procedunt, gressumque canes comitantur herilem,
Hospitis Æneæ sedem, & secreta petebat
Sermonum memor & promissi muneris heros.
Nec minus Æneas se matutinus agebat.
Filius huic Pallas, illi comes ibat Achates.
Congressi jungunt dextras, mediisque resident
Ædibus, & licito tandem sermone fruuntur.
Rex prior hæc:
  Maxime Teucrorum ductor, quo sospite nun-
  quam
Res equidem Trojæ victas aut regna fatebor,
Nobis ad belli auxilium pro nomine tanto
Exiguæ vires. Hinc Tusco claudimur amni:
Hinc Rutulus premit, & murum circumsonat ar-
  mis.
Sed tibi ego ingentes populos, opulentaque regnis
Jungere castra paro; quam fors inopina salutem
Ostentat: fatis huc te poscentibus affers.
Haud procul hinc saxo incolitur fundata vetusto
Urbis Agyllinæ sedes, ubi Lydia quondam
Gens, bello præclara, jugis insedit Etruscis.

tins. Cependant les uns reçoivent l'air daus de grands foufflets, & l'en font fortir avec impétuofité ; les autres trempent le fer dans l'eau frémiffante. Toute la caverne retentit des coups déchargés fur les enclumes. Ils levent tour à tour & en cadence leurs bras nerveux, & avec de fortes tenailles ils retournent le fer qu'ils ont battu.

Tandis que le Dieu de Lemnos fait frabiquer ces ouvrages, le retour de la lumiere, & le chant des oifeaux perchés fur l'humble toit de la maifon d'Evandre, réveillent ce Prince. Le Vieillard fe leve, prend fa tunique & fa chauffure Etrufque, met fon baudrier & fon épée Arcadienne, & fe revêt d'une peau de Panthere. Occupé de l'entretien qu'il a eu la veille avec Enée, & du foin de tenir fa parole, il fort de fon appartement, accompagné de deux chiens, fa garde fidele, & s'avance vers celui de fon hôte, qui, auffi diligent que lui, étoit déja levé. Ils fe rencontrent l'un accompagné de fon fils Pallas, & l'autre de fon ami Achate. Ils fe donnent la main l'un à l'autre, & s'affeyent. Evandre prenant la parole, dit à Enée : ,, Illuftre Prince des Troyens, tant ,, que vous vivrez, je ne croirai jamais que l'em- ,, pire de Troie foit éteint. Le fecours que je ,, puis vous fournir, eft bien médiocre pour ,, une guerre auffi importante. Mon Royaume ,, eft peu étendu : d'un côté nous fommes bor- ,, nés par le Tibre, de l'autre les Rutules nous ,, refferrent, & font des courfes jufques fous ,, nos murs. Mais je veux vous procurer des ,, troupes auxiliaires d'une nation nombreufe ,, & opulente. Les Deftins femblent vous avoir ,, conduit en ces lieux, pour profiter d'une ,, conjoncture inefpérée. Près d'ici, fur une ,, montagne, eft une ville très-ancienne,

Hanc multos florentem annos rex deinde superbo
Imperio & sævis tenuit Mezentius armis.
Quid memorem infandas cædes, quid facta tyranni
Effera? Dii capiti ipsius, generique reservent!
Mortua quin etiam jungebat corpora vivis,
Componens manibusque manus, atque oribus ora,
(Tormenti genus!) & sanie taboque fluentes
Complexu in misero longâ sic morte necabat.
At fessi tandem cives infanda furentem
Armati circumsistunt ipsumque, domumque:
Obtruncant socios, ignem ad fastigia jactant.
Ille, inter cædes, Rutulorum elapsus in agros
Confugere, & Turni defendier hospitis armis.
Ergo omnis furiis surrexit Etruria justis:
Regem ad supplicium præsenti Marte reposcunt.
His ego te, Ænea, ductorem millibus addam:
Toto namque fremunt condensæ littore puppes,
Signaque ferre jubent. Retinet longævus Aruspex,
Fata canens: O Mæoniæ delecta juventus,
Flos veterum virtusque virûm, quos justus in hostem
Fert dolor, & meritâ accendit Mezentius irâ;
Nulli fas Italo tantam subjungere gentem:
Externos optate duces. Tum Etrusca resedit
Hoc acies campo, monitis exterrita Divûm.
Ipse oratores ad me, regnique coronam
Cum sceptro misit, mandatque insignia Tarchon:

» nommée Agylle, fondée par une Colonie
» de Lydiens, peuple guerrier, qui, ayant
» passé les mers, vint s'établir sur les monta-
» gnes d'Etrurie. Cette ville, qui s'est vue
» long-temps florissante, a gémi depuis sous
» le joug du superbe & cruel Mézence, qui
» l'a conquise. Vous dirai-je tout le sang qu'il
» a versé, & tous ses barbares forfaits? Que
» les Dieux les lui fassent éprouver à lui-
» même, & à sa postérité ! Il prenoit plaisir
» à étendre un homme vivant sur un cadavre
» (nouveau genre de supplice !) à joindre en-
» semble leurs bouches, leurs mains, & tous
» leurs membres. Il faisoit ainsi par une mort
» lente, & au milieu d'une affreuse infection,
» mourir les vivants dans les embrassements des
» morts. Ses sujets, las enfin d'obéir à ce
» Prince inhumain, se souleverent, prirent les
» armes, égorgerent ses gardes, l'assiégerent
» dans son Palais, & y mirent le feu. Au mi-
» lieu du carnage, il s'est échappé & sauvé
» chez les Rutules, & il s'est mis sous la pro-
» tection de Turnus. Toute l'Etrurie trans-
» portée d'une juste fureur est aujourd'hui en
» armes, & demande qu'on lui livre le Tyran,
» pour le faire mourir. Voilà les troupes nom-
» breuses, dont je veux vous procurer le
» commandement. Leurs vaisseaux rassemblés
» bordent les rivages du fleuve, & n'atten-
» dent que le signal. Mais un vieil Aruspice
» les arrête. Lydiens, leur dit-il, qui avez
» le noble courage de vos ancêtres, un juste
» ressentiment vous arme contre Mézence ;
» mais les Dieux défendent que dans cette
» guerre aucun Capitaine d'Italie vous com-
» mande : choisissez des Généraux étrangers.
» L'armée Etrusque, arrêtée par cet ordre du
» Ciel, n'ose se mettre en campagne. Tarchon

Succedam castris, Tyrrhenaque regna capessam.
Sed mihi tarda gelu, sæclisque effœta senectus
Invidet imperium, seræque ad fortia vires.
Natum exhortarer, ni mixtus matre Sabellâ
Hinc partem patriæ traheret. Tu, cujus & annis
Et generi fatum indulget, quem numina poscunt,
Ingredere, ô Teucrûm atque Italûm fortissime ductor.
Hunc tibi præterea, spes & solatia nostri,
Pallanta adjungam : sub te tolerare magistro
Militiam & grave Martis opus, tua cernere facta
Assuescat, primis & te miretur ab annis.
Arcadas huic equites bis centum, robora pubis
Lecta, dabo, totidemque suo tibi nomine Pallas.

Vix ea fatus erat; defixique ora tenebant
Æneas Anchisiades, & fidus Achates,
Multaque dura suo tristi cum corde putabant;
Ni signum cœlo Cytherea dedisset aperto.
Namque improviso vibratus ab æthere fulgor
Cum sonitu venit, & ruere omnia visa repente,
Tyrrhenusque tubæ mugire per æthera clangor.
Suspiciunt : iterum atque iterum fragor intonat ingens.
Arma inter nubem cœli in regione serenâ
Per sudum rutilare vident, & pulsa tonare.
Obstupuere animis alii; sed Troïus heros
Agnovit sonitum, & Divæ promissa parentis.
Tum memorat : Ne verò, hospes, ne quære profecto

„ leur Chef m'a donc envoyé des Ambaſſa-
„ deurs, pour m'inviter à venir prendre le
„ commandement, m'offrant la couronne d'E-
„ trurie, m'envoyant même le ſceptre & tou-
„ tes les marques de la royauté. Mais l'âge a
„ glacé mon ſang dans mes veines ; je ſuis
„ trop vieux pour commander, & pour li-
„ vrer des combats. Je pourrois propoſer mon
„ fils à ma place ; mais ſa mere étoit fille du
„ Roi des Sabins, & de ce côté-là il n'eſt
„ point étranger. Prince, votre naiſſance, vo-
„ tre âge, les Dieux mêmes ſemblent vous
„ appeller au commandement de ces troupes.
„ Soyez leur Chef, comme vous êtes celui
„ des Troyens. Je veux que mon fils, mon
„ eſpérance & ma conſolation, vous ſuive,
„ & que formé par vous au dur métier de la
„ guerre, il faſſe ſous un tel maître ſes pre-
„ mieres armes, qu'il s'accoutume à voir vos
„ exploits, & que dès ſa premiere jeuneſſe il
„ ſache les admirer. Je lui donnerai deux
„ cents jeunes Cavaliers Arcadiens d'élite, &
„ il vous en fournira autant lui-même en ſon
„ nom ".

Enée & Achate demeuroient dans un triſte
ſilence, ſe repréſentant les dangers de la guerre
qu'ils auroient à ſoutenir ; quand la Déeſſe
de Cythere leur donna tout à coup un ſigne
favorable. Un grand bruit & une éclatante lumiere ſe répandent dans les airs; la terre paroît trembler, & on entend mugir une trompette Etruſque. Ils levent les yeux : le bruit
renaît & s'augmente. Alors ils voient, vers
un endroit du ciel pur & ſerein, briller à
travers un nuage, des armes dont le choc
rend un ſon éclatant. Tous ſont effrayés : Enée
ſeul n'eſt point ému. Il reconnoît le ſon des
armes divines & l'accompliſſement de la pro-

Quem casum portenta ferant : ego poscor Olympo.
Hoc signum cecinit missuram Diva creatrix,
Si bellum ingrueret ; Vulcaniaque arma per auras
Laturam auxilio.
Heu , quantæ miseris cædes Laurentibus instant !
Quas pœnas mihi, Turne, dabis ! quàm multa sub
    undas
Scuta virûm , galeasque & fortia corpora volves,
Tibri pater ! Poscant acies, & fœdera rumpant.
   Hæc ubi dicta dedit , solio se tollit ab alto;
Et primùm Herculeis sopitas ignibus aras
Excitat, hesternumque larem , parvosque Penates.
Lætus adit , mactat lectas de more bidentes
Evandrus pariter, pariter Trojana juventus.
Post hinc ad naves graditur , sociosque revisit :
Quorum de numero , qui sese in bella sequantur,
Præstantes virtute legit : pars cætera pronâ
Fertur aquâ, segnisque secundo defluit amni,
Nuntia ventura Ascanio rerumque patrisque.
Dantur equi Teucris Tyrrhena petentibus arva :
Ducunt exsortem Æneæ, quem fulva leonis
Pellis obit totum , præfulgens unguibus aureis.
   Fama volat , parvam subitò vulgata per urbem,
Ociùs ire equites Tyrrheni ad limina regis.
Vota metu duplicant matres, propiùsque periclo
It timor , & major Martis jam apparet imago.
Tum pater Evandrus, dextram complexus euntis,

messe de Vénus : „ Ne soyez point inquiet de
„ ce prodige, dit-il à Evandre; c'est moi
„ qu'il regarde. Vénus me l'a annoncé, en me
„ promettant que si la guerre m'étoit décla-
„ rée, elle m'apporteroit elle-même du haut
„ du ciel des armes forgées par Vulcain. O que
„ de sang va couler dans les champs des mal-
„ heureux Laurentins ! Téméraire Turnus, que
„ tu vas être puni de ton audace ! Et toi,
„ Dieu du Tibre, que de boucliers, que de
„ casques, que de cadavres tu rouleras dans
„ tes flots ! Qu'ils rompent maintenant l'alliance
„ qu'ils ont jurée, & qu'ils assemblent leurs ba-
„ taillons «.

A ces mots, Enée se leve, & accompagné
de la jeunesse Troyenne, il va avec Evandre
rallumer le feu sur l'autel d'Hercule. Il rend
ensuite ses hommages aux Dieux domestiques,
& après leur avoir immolé des brebis choisies
suivant l'usage, il retourne à ses galeres, où
il retrouve ses compagnons, dont il nomme les
plus braves, pour le suivre à l'armée des Etrusques. Les autres, par son ordre, descendent
tranquillement le fleuve, pour aller au camp
porter au jeune Ascagne des nouvelles de son
pere, & lui annoncer le succès de son voyage.
Evandre fit donner des chevaux à tous les
Troyens qui devoient accompagner leur Chef
à l'armée d'Etrurie, & à Enée un coursier superbe, couvert d'une peau de lion armée de
griffes dorées.

Bientôt le bruit se répand dans la petite
ville de Pallantée, que la jeunesse Arcadienne va monter à cheval, pour faire la guerre
au Roi des Etrusques. Déja les meres alar-
mées redoublent leurs vœux pour le retour de
leurs fils ; leur frayeur s'accroît avec le péril ;
& elles se représentent plus vivement toutes

Hæret, inexpletum lacrymans, ac talia fatur:
O mihi præteritos referat si Jupiter annos !
Qualis eram, cùm primam aciem Præneste sub ipsa
Stravi, scutorumque incendi victor acervos ;
Et regem hâc Herilum dextrâ sub Tartara misi ;
Nascenti cui tres animas Feronia mater
(Horrendum dictu) dederat, terna arma movenda ;
Ter leto sternendus erat : cui tunc tamen omnes
Abstulit hæc animas dextra, & totidem exuit armis.
Non ego nunc dulci amplexu divellerer usquam,
Nate, tuo ; neque finitimo Mezentius unquam
Huic capiti insultans, tot ferro sæva dedisset
Funera tam multis viduasset civibus urbem.
At vos, ô superi, & Divûm tu maxime rector
Jupiter, Arcadii quæso miserescite regis,
Et patrias audite preces. Si numina vestra
Incolumem Pallanta mihi, si fata reservant,
Si visurus eum vivo, & venturus in unum,
Vitam oro : patiar quemvis durare laborem.
Sin aliquem infandum casum, Fortuna, minaris;
Nunc ô, nunc liceat crudelem abrumpere vitam;
Dum curæ ambiguæ, dum spes incerta futuri
Dum te, chare puer, mea sera & sola voluptas,
Complexu teneo : graviorne nuncius aures
Vulneret. Hæc genitor digressu dicta supremo
Fundebat : famuli collapsum in tecta ferebant.

Livre VIII.

les horreurs de la guerre. Le Roi Evandre, voyant son fils prêt à partir, l'embrasse tendrement, & ne pouvant tenir ses larmes, il lui parle ainsi : » Mon fils, si Jupiter me rendoit
» mes jeunes années, si j'étois encore à cet âge,
» où je taillois en pieces l'armée des Preneſtins
» sous les murailles de leur ville, & où je brûlai
» un monceau de boucliers ! Mon bras précipita
» dans les enfers leur Roi Hérylus, à qui la
» Nymphe Féronie sa mere, par un prodige
» inouï, avoit donné trois ames & trois ar-
» mures. Il falloit lui donner trois fois la mort :
» cette main lui arracha toutes ses ames, & lui
» enleva toutes ses armes : Oui, mon fils, si j'a-
» vois aujourd'hui la même vigueur, je ne te
» laisserois point partir seul. L'odieux Mézen-
» ce, insultant à ma foiblesse, n'auroit pas ver-
» sé si près de moi tant de sang, & n'auroit pas
» dépeuplé sa Ville de tant de citoyens. O
» Dieux, & vous sur-tout, grand Jupiter,
» puissant maître de tous les Dieux, ayez pi-
» tié du Roi des Arcadiens, & écoutez les
» vœux d'un pere. Si votre volonté & les
» Destins me conservent mon fils, si je vis
» pour le revoir & l'embrasser, je vous de-
» mande de prolonger mes jours & mes en-
» nuis. Mais si tu me prépares, ô Fortune,
» le coup le plus terrible, ô Dieux, qu'il me
» soit permis de les finir, tandis que je ne fais
» encore que craindre, que je suis dans l'in-
» certitude de l'avenir, tandis que je te tiens
» encore entre mes bras, mon cher fils, seule
» joie de ma triste vieillesse, & avant qu'une
» affreuse nouvelle vienne frapper mes oreilles «.
Tels étoient les touchants adieux d'Evandre à son fils. Le Vieillard à ces mots tombe en foiblesse, & ses esclaves le transportent dans son appartement.

Jamque adeo exierat portis equitatus apertis:
Æneas inter primos, & fidus Achates:
Inde alii Trojæ proceres : ipse agmine Pallas
In medio, chlamyde & pictis conspectus in armis:
Qualis, ubi Oceani perfusus Lucifer undâ,
Quem Venus ante alios astrorum diligit ignes,
Extulit os sacrum cœlo, tenebrasque resolvit.
Stant pavidæ in muris matres, oculisque sequuntur
Pulveream nubem, & fulgentes ære catervas.
Olli per dumos, quà proxima meta viarum,
Armati tendunt : it clamor, & agmine facto,
Quadrupedante putrem sonitu quatit ungula campum.

 Est ingens gelidum lucus prope Cæritis amnem,
Relligione patrum latè sacer : undique colles
Inclusere cavi, & nigrâ nemus abjete cingunt.
Sylvano fama est veteres sacrasse Pelasgos,
Arvorum pecorisque Deo, lucumque, diemque,
Qui primi fines aliquando habuere Latinos.
Haud procul hinc Tarcho & Tyrrheni tuta tenebant
Castra locis ; celsoque omnis de colle videri
Jam poterat legio, & latis tendebat in arvis.
Huc pater Æneas, & bello lecta juventus.
Succedunt, fessique & equos & corpora curant.

 At Venus æthereos inter Dea candida nimbos
Dona ferens aderat, natumque in valle reductâ
Ut procul è gelido secretum flumine vidit,

Cependant la Cavalerie Troyenne & Arcadienne sort des portes de la ville. Enée accompagné du fidele Achate, marchoit à la tête avec les autres Seigneurs Troyens. Pallas au milieu d'eux se distinguoit par la magnificence de son vêtement militaire, & par l'éclat de ses armes, semblable à l'étoile du matin, qui, plus cherie de Vénus que les autres astres, encore toute mouillée des eaux de l'Océan, montre sa tête sacrée au haut des cieux, & fait disparoître les ombres de la nuit. Les meres tremblantes étoient accourues sur les remparts, d'où elles suivoient des yeux le poudreux nuage & le brillant escadron. Ils prennent le chemin le plus court par des défilés, à travers les buissons : ils entrent ensuite dans une plaine, & marchent en bataille en poussant de grands cris : toute la campagne retentit de la marche de cette superbe Cavalerie.

Près du fleuve qui baigne les murs de Céré, est un grand bois consacré par la religion des anciens habitants, & tout environné de collines couvertes de sapins. On prétend que les Pélasques, qui, les premiers des Grecs vinrent autrefois s'établir dans l'Ausonie, sur les frontieres des Latins, consacrerent ce bois à Sylvain, qui préside aux champs & aux troupeaux, & qu'ils instituerent un jour de fête en son honneur. Tarchon & les Tyrrhéniens sous ses ordres, étoient campés près de ce bois ; & l'on pouvoit voir du haut d'une colline toute son armée étendue dans la plaine. Arrivé sur cette hauteur, Enée ordonne à sa troupe de mettre pied à terre, & faire repaître les hommes & les cheveaux fatigués de la marche.

Cependant Vénus paroît sur un nuage, apportant les armes destinées pour son fils. Dès

Talibus affata est dictis, seque obtulit ultro.
En perfecta mei promissâ conjugis arte
Munera: ne mox aut Laurentes, nate, superbos,
Aut acrem dubites in prælia poscere Turnum.
Dixit, & amplexus nati Citherea petivit:
Arma sub adversâ posuit radiantia quercu.

Ille Deæ donis & tanto lætus honore
Expleri nequit, atque oculos per singula volvit;
Miraturque, interque manus & brachia versat.
Terribilem cristis galeam, flammasque vomentem,
Fatiferumque ensem, loricam ex ære rigentem,
Sanguineam, ingentem: qualis cùm cærula nubes
Solis inardescit radiis, longèque refulget.
Tum leves ocreas electro auroque recocto,
Hastamque, & clypei non enarrabile textum.
Illic res Italas, Romanorumque triumphos,
Haud vatum ignarus venturique inscius ævi,
Fecerat Ignipotens: illic genus omne futuræ
Stirpis ab Ascanio, pugnataque in ordine bella
Fecerat; & viridi fœtam Mavortis in antro
Procubuisse lupam; geminos huic ubera circum
Ludere pendentes pueros, & lambere matrem
Impavidos: illam tereti cervice reflexam
Mulcere alternos, & corpora fingere linguâ.
Nec procul hinc Romam, & raptas sine more Sabi-
nas,

qu'elle l'apperçoit se reposant au bord du fleuve, elle s'offre à ses regards, & lui parle en ces mots : » Mon fils, voici le présent que je » vous ai promis : voici les armes que Vulcain » a faites pour vous. Ne craignez point main- » tenant de défier au combat, & les superbes » Laurentins, & le belliqueux Turnus «. Elle dit, & après avoir embrassé son fils, elle laisse les brillantes armes vis-à-vis de lui, au pied d'un chêne.

Le présent de la Déesse charme les yeux d'Enée, qu'il comble de gloire : il ne se lasse point de considérer, de manier, d'admirer le casque étincelant, & son redoutable panache ; la meurtriere épée, avec la brillante cuirasse d'airain de couleur de sang, semblable à un nuage brûlant pénétré des rayons du soleil ; les légers cuissars, faits de métal mêlé d'or & d'argent, avec des ornements d'or fin ; la lance, & sur-tout le bouclier, ouvrage merveilleux qui ne se peut décrire. Vulcain, instruit des oracles & de l'avenir, y avoit exprimé les plus célebres événements de l'Histoire de Rome : il y avoit représenté les glorieux descendants d'Ascagne, les combats & les triomphes des Romains. On voyoit, dans un antre consacré au Dieu Mars, une louve couchée sur la verdure ; deux enfants jumeaux, suçant ses mamelles, badinoient sans crainte autour de la bête féroce, qu'ils regardoient comme leur mere, & qui tournant la tête, les caressoit avec sa langue. Près de là on appercevoit la nouvelle Ville de Rome, les Sabines enlevées contre le droit des gens, au milieu des grands Jeux du Cirque, & la guerre allumée à ce sujet entre Romulus & le vieux Tatius, Roi des austeres Sabins. Ces deux Princes mettant bas les armes, paroissoient en-

Tome II. X

Concessu caveæ, magnis Circensibus actis,
Addiderat, subitòque novum consurgere bellum
Romulidis, Tatioque seni, Curibusque severis.
Post iidem inter se, posito certamine, reges
Armati Jovis ante aram, paterasque tenentes
Stabant, & cæsâ jungebant fœdera porcâ.
Haud procul inde citæ Metium in diversa quadrigæ
Distulerant (at tu dictis, Albane, maneres!)
Raptabatque viri mendacis viscera Tullus
Per sylvam, & sparsi rorabant sanguine vepres.
Nec non Tarquinium ejectum Porsenna jubebat
Accipere, ingentique urbem obsidione premebat.
Æneadæ in ferrum pro libertate ruebant.
Illum indignanti similem, similemque minanti
Aspiceres : pontem auderet quod vellere Cocles,
Et fluvium vinclis innaret Clœlia ruptis.
In summo custos Tarpejæ Manlius arcis
Stabat pro templo, & Capitolia celsa tenebat,
Romuleoque recens horrebat Regia culmo.
Atque hîc auratis volitans argenteus anser
Porticibus Gallos in limine adesse canebat.
Galli per dumos aderant, arcemque tenebant,
Defensi tenebris, & dono noctis opacæ.
Aurea cæsareis illis, atque aurea vestis :
Virgatis lucent sagulis : tum lactea colla
Auro innectuntur : duo quisque Alpina coruscant
Gæsa manu, scutis protecti corpora longis.
Hinc exultantes Salios, nudosque Lupercos,
Lanigerosque apices, & lapsa Ancilia cœlo

suite debout & armés devant l'autel de Jupiter, tenant chacun une coupe, immolant une victime, & se jurant mutuellement une éternelle alliance. Plus loin, dans une forêt, des chevaux rapides, par l'ordre de Tullus, déchiroient les membres de Métius écartelé. Infidele Albain, que ne gardois-tu tes serments! Les buissons & les ronces dégouttoient de son sang. Ailleurs on appercevoit Porsenna, voulant rétablir Tarquin, renversé du trône. Il presse Rome par un siege opiniâtre. Les Romains combattent avec ardeur pour la défense de leur liberté. Porsenna, les yeux menaçants, frémit de colere, à la vue de l'intrépide Coclès rompant un pont devant lui, & de l'audacieuse Clélie, qui ayant brisé ses chaînes, fuit sous ses yeux, & passe le Tibre à la nage. Au haut du bouclier étoit le Temple de Jupiter, élevé sur le mont Tarpeïus, & la maison royale de Romulus, couverte de chaume : vis-à-vis paroissoit Manlius, à qui l'on avoit confié la garde du Capitole. Une oie, volant sur les portiques dorés du Temple, sonnoit l'alarme avec ses ailes argentées, & par ses cris perçants avertissoit les Romains de l'approche des Gaulois, qui se glissant au travers des buissons, à la faveur des ténebres, tâchoient de surprendre la citadelle. Ils étoient remarquables par leur blonde chevelure, par l'or qui éclatoit sur leurs sayes rayées, & par la blancheur de leur cou, paré de chaînes d'or. Ils tenoient chacun deux dards d'une main, & de l'autre un long bouclier, qui leur couvroit tout le corps. D'un autre côté, on voyoit les Saliens dansants, les Luperques courants tout nuds, les Prêtres de Jupiter avec leurs bonnets ornés de houpes de laine. On appercevoit les petits boucliers descendus du ciel, &

Extuderat: castæ ducebant sacra per urbem
Pilentis matres in mollibus: hinc procul addit
Tartareas etiam sedes, alta ostia Ditis,
Et scelerum pœnas : & te, Catilina, minaci
Pendentem scopulo, furiarumque ora trementem;
Secretosque pios, his dantem jura Catonem.
Hæc inter tumidi latè maris ibat imago
Aurea : sed fluctu spumabant cærula cano :
Et circum argento clari delphines in orbem
Æquora verrebant caudis, æstumque secabant.
In medio classes æratas, Actia bella,
Cernere erat; totumque instructo Marte videres
Fervere Leucaten, auroque effulgere fluctus.
Hinc Augustus agens Italos in prælia Cæsar,
Cum patribus, populoque, Penatibus, & magnis
  Diis,
Stans celsâ in puppi : geminas cui tempora flammas
Læta vomunt, patriumque aperitur vertice sidus.
Parte aliâ ventis & Diis Agrippa secundis,
Arduus, agmen agens: cui, belli insigne superbum,
Tempora navali fulgent rostrata coronâ.
Hinc ope barbaricâ, variisque Antonius armis
Victor ab auroræ populis, & littore rubro
Ægyptum, viresque Orientis, & ultima secum
Bactra vehit, sequiturque, nefas, Ægyptia conjux.
Unà omnes ruere, ac totum spumare reductis
Convulsum remis, rostrisque tridentibus æquor.
Alta petunt : pelago credas innare revulsas
Cycladas, aut montes concurrere montibus altos :
Tantâ mole viri turritis puppibus instant !
Stuppea flamma manu, telisque volatile ferrum

les Dames Romaines recommandables par leur chasteté, qui traînées mollement dans des chars, promenoient par la Ville les objets du culte public. Vulcain avoit représenté loin de là le profond empire du Dieu des morts, les prisons du Tartare, & les supplices des coupables. On te voyoit, Catilina, suspendu à la pointe menaçante d'un rocher, tremblant à la vue des Furies vengeresses. Dans un lieu écarté étoient les hommes vertueux, à qui Caton dictoit ses loix. Au milieu du bouclier étoit représentée en or une vaste mer, enflée par les vents : les Dauphins nageant en cercle balayoient de leur queue la plaine liquide, & fendoient les flots argentés. On découvroit en pleine mer deux flottes ennemies, & le combat d'Actium. Vous eussiez vu toute la côte de Leucate couverte de vaisseaux armés en guerre & chargés de soldats, dont les armes éclatantes étoient réfléchies par les ondes. Auguste César paroissoit debout sur la pouppe de son vaisseau, ayant sous ses drapeaux le Sénat, le peuple Romain, les Dieux de la Patrie, & les grands Dieux de l'Olympe. Deux rayons sortoient de ses tempes, & l'étoile de César son pere naissoit sur sa tête. Le brave Agrippa, favorisé des vents & des Dieux, la tête ceinte d'une couronne rostrale, commandoit l'aile gauche. Antoine, vainqueur des peuples de l'Aurore, étoit à la tête de la flotte ennemie, traînant à sa suite une foule de Barbares, tels que les peuples qui habitent les bords de la Mer-Rouge, & les rivages du Nil, les Bactriens, enfin toutes les forces de l'Orient. La Reine d'Egypte son épouse, ô honte ! le suivoit avec ses vaisseaux. On voyoit le choc des deux armées navales, & le sein écumant des flots de toutes parts dé-

Spargitur : arva novâ Neptunia cæde rubescunt.
Regina in mediis patrio vocat agmina sistro ;
Nec dum etiam geminos à tergo respicit angues.
Omnigenûmque Deûm monstra, & latrator Anubis
Contra Neptunum & Venerem, contraque Minervam
Tela tenent, sævit medio in certamine Mavors
Cælatus ferro, tristesque ex æthere Diræ ;
Et scissâ gaudens vadit Discordia pallâ,
Quam cum sanguineo sequitur Bellona flagello.
  Actius hæc cernens arcum intendebat Apollo
Desuper : omnis eo terrore Ægyptus, & Indi,
Omnis Arabs omnes vertebant terga Sabæi.
Ipsa videbatur ventis regina vocatis
Vela dare, & laxos jam jamque immittere funes.
Illam inter cædes pallentem morte futurâ
Fecerat Ignipotens undis & Iapyge ferri.
Contra autem magno mœrentem corpore Nilum,
Pandentemque sinus, & totâ veste vocantem
Cœruleum in gremium latebrosaque flumina victos.
At Cæsar, triplici invectus Romana triumpho
Mœnia, Diis Italis votum immortale sacrabat,
Maxima ter centum totam delubra per urbem :
Lætitiâ ludisque viæ plausuque fremebant :
Omnibus in templis matrum chorus, omnibus aræ :
Ante aras terram cæsi stravere juvenci.
Ipse sedens niveo candentis limine Phœbi

chiré par les rames & par les éperons des galeres. A la vue de tant de grands navires, on eût cru voir les Cyclades nager fur les eaux, ou des montagnes fe heurter. Mille feux, mille traits volent de part & d'autre : un carnage nouveau rougit les champs de Neptune. La Reine, au milieu de fon efcadre, fait avancer fes vaiffeaux au fon du Syftre Egyptien, & ne voit pas les deux ferpents qui l'attendent à fon retour. Une foule de Dieux monftrueux, à la fuite de l'aboyant Anubis, effaie de combattre contre Neptune, Vénus & Minerve. Mars, repréfenté en fer, paroît au milieu des combattants, & leur infpire fa rage. Les cruelles Furies volent dans les airs, & les animent. La Difcorde traîne avec joie fa robe déchirée, & Bellone la fuit armée d'un fouet enfanglanté.

Apollon regarde le combat du haut du promontoire d'Actium, & bande fon arc. A cet afpect, l'Egyptien, l'Indien, l'Arabe, le Sabéen, tous prennent la fuite. La Reine effrayée, implorant le fecours des vents, fuit à toutes voiles. Vulcain l'avoit repréfentée pâle, la mort dans les yeux, & fon vaiffeau pouffé par le Iapyx : Le Dieu du Nil, d'une taille énorme, touché du malheur de la Reine, déploie tous les pans de fa robe, & ouvre fon fein azuré pour y recevoir les vaincus & les dérober au vainqueur. Céfar, de retour à Rome, y recueille trois fois les honneurs du triomphe, & pour l'accompliffement de fon vœu, fait élever dans la Ville trois cents autels. Toutes les rues retentiffent de cris de joie & d'applaudiffements : tous les Temples font remplis de Dames Romaines, on ne voit qu'autels & que victimes immolées. Dans le veftibule du Temple d'Apollon, conftruit de marbre blanc, Céfar reçoit les préfents des diver-

Dona recognoscit populorum, aptatque superbis
Postibus : incedunt victæ longo ordine gentes,
Quàm variæ linguis, habitu tam vestis & armis.
Hîc Nomadum genus & discinctos Mulciber Afros,
Hîc Lelegàs, Carasque, sagittiferosque Gelonos
Pinxerat : Euphrates ibat jam mollior undis :
Extremique hominum Morini, Rhenusque bicornis,
Indomitique Dahæ, & pontem indignatus Araxes.
 Talia per clypeum, Vulcani dona parentis,
Miratur, rerumque ignarus imagine gaudet,
Attollens humero famamque & fata nepotum.

ſes nations, & les conſacre au Dieu. On voit marcher la longue file des peuples vaincus, dont les habillements & les armes ſont auſſi différents que leur langage. Vulcain avoit ici repréſenté les Africains & les Nomades en robes flottantes ; là les Léleges, les Cariens, & les Gelons, excellents Archers. On voyoit l'Euphrate rouler ſes flots moins fiérement : on appercevoit les Morins, habitants des extrêmités de la terre ; les deux bras du Rhin ; les Dahes juſqu'alors indomtés ; enfin l'Araxe en fureur ſous le pont qui l'enchaîne.

Tels étoient les objets gravés par Vulcain ſur le divin bouclier. Enée comblé de joie admire l'ouvrage ; mais l'avenir eſt voilé pour lui. Il prend ce bouclier, & charge ſur ſes épaules la gloire & les deſtins de ſa poſtérité.

PUBLII VIRGILII MARONIS ÆNEIDOS.
LIBER NONUS.

Atque ea diversâ penitus dum parte geruntur,
Irim de cœlo misit Saturnia Juno
Audacem ad Turnum. Luco tum fortè parentis
Pilumni Turnus sacratâ valle sedebat.
Ad quem sic roseo Thaumantias ore locuta est :
Turne, quod optanti Divûm promittere nemo
Auderet, volvenda dies en attulit ultro.
Æneas, urbe & sociis & classe relictâ,
Sceptra Palatini, sedemque petivit Evandri.
Nec satis : extremas Corythi penetravit ad urbes,
Lydorumque manum collectos armat agrestes.
Quid dubitas ? nunc tempus equos, nunc poscere
    currus :
Rumpe moras omnes, & turbata arripe castra.
Dixit, & in cœlum paribus se sustulit alis,
Ingentemque fugâ secuit sub nubibus arcum.

L'ÉNÉIDE
DE
VIRGILE.
LIVRE NEUVIEME.

Tandis que ces choses se passent de part & d'autre, la fille de Saturne fait descendre Iris sur la terre, & l'envoie vers le fier Turnus. Ce Prince se reposoit alors au milieu d'un bois, dans une vallée consacrée à Pilumne, l'un de ses aïeux. Iris l'aborde par ces mots, que prononce sa bouche vermeille : » Turnus, ce qu'aucun Dieu n'eût osé promet-
» tre à tes desirs, l'occasion te l'offre aujourd'hui.
» Enée, ayant abandonné son armée, son camp, sa
» flotte, est allé vers le mont Palatin, pour se ren-
» dre dans la Ville du Roi Evandre, & s'est avancé
» jusqu'au pays de Coryte, frontiere de l'Etrurie.
» Là, il leve des soldats Lydiens, & fait prendre les
» armes aux habitants de la campagne. Pourquoi ba-
» lances-tu? Il est temps de faire marcher tes chevaux
» & tes chars : hâte-toi, & va porter dans le camp
» ennemi le trouble & la confusion «. Elle dit, & aussi-tôt déployant également ses ailes, la Déesse fend les airs, s'envole vers le Ciel, & par sa fuite trace dans la nue un grand arc de lumiere. A

Agnovit juvenis, duplicesque ad sidera palmas
Sustulit, & tali fugientem est voce secutus:
Iri, decus cœli, quis te mihi nubibus actam
Detulit in terras? unde hæc tam clara repente
Tempestas? video medium discedere cœlum,
Palantesque polo stellas: sequor omnia tanta,
Quisquis in arma vocas. Et sic effatus ad undam
Processit, summoque hausit de gurgite lymphas,
Multa Deos orans; oneravitque æthera votis.

Jamque omnis campis exercitus ibat apertis,
Dives equûm, dives pictaï vestis & auri.
Messapus primas acies, postrema coërcent
Tyrrhidæ juvenes: medio dux agmine Turnus
Vertitur arma tenens, & toto vertice suprà est.
Ceu septem surgens sedatis amnibus altus
Per tacitum Ganges, aut pingui flumine Nilus,
Cùm refluit campis, & jam se condidit alveo.

Hîc subitam nigro glomerari pulvere nubem
Prospiciunt Teucri, ac tenebras insurgere campis.
Primus ab adversâ conclamat mole Caïcus:
Quis globus, ô cives, caligine volvitur atrâ?
Ferte citi ferrum, date tela, scandite muros:
Hostis adest, eïa. Ingenti clamore per omnes
Condunt se Teucri portas, & mœnia complent.
Namque ita discedens præceperat optimus armis
Æneas: si qua interea fortuna fuisset,
Neu struere auderent aciem, neu credere campo:

ce signe éclatant, le Prince reconnoît la messagere des Dieux. Il leve les mains au Ciel, & la suivant des yeux, il lui adresse ces mots : » Iris, ornement de l'Olympe, quelle Divi- » nité t'a fait descendre sur la terre, portée » sur un brillant nuage ? Mais d'où vient cette » soudaine sérénité ? Je vois le milieu du Ciel » s'ouvrir, je vois errer des étoiles : je me » livre à un si grand présage. Dieu, qui m'or- » donnez de combatre, qui que vous soyez, je » vous obéis «. Aussi-tôt il s'approche du fleuve, y puise de l'eau, & se purifie : il invoque en même temps le secours du Ciel & lui adresse mille vœux.

Déja marchoit en bataille toute l'armée du Roi des Rutules, composée de troupes superbement vétues, & d'une nombreuse cavalerie. L'avant-garde est conduite par Messape, & l'arriere-garde par les fils de Tyrrhus. Turnus brille au centre par l'éclat de ses armes, & surpasse de la tête tous les autres combattants. On voyoit filer ces troupes, telles que coulent les profondes eaux du tranquille Gange, grossi de sept paisibles rivieres, ou telles que le Nil, lorsqu'il rappelle ses fertiles ondes répandues dans les campagnes, & qu'il est enfin rentré dans son lit.

Cependant les Troyens voient au loin un nuage épais de poussiere s'élever, & les champs s'obscurcir ; Caïcus, en faction sur le rempart, s'écrie le premier : » Troyens, quel noir tourbil- » lon ! Aux armes, aux armes : montez sur les » remparts : voilà l'ennemi : alerte, alerte «. On lui répond par de grands cris : chacun court à son poste, & on borde les remparts. Enée, en habile Capitaine, avant de partir leur avoit prescrit, quoi qu'il arrivât, de ne point sortir des retranchements pour se mettre en bataille,

Castra modò, & tutos servarent aggere muros.
Ergo, etsi conferre manum pudor iraque monstrat,
Objiciunt portas tamen, & præcepta facessunt,
Armatique cavis expectant turribus hostem.
 Turnus, ut ante volans tardum præcesserat ag-
  men,
Viginti lectis equitum comitatus, & urbi
Improvisus adest; maculis quem Thracius albis
Portat equus, cristâque tegit galea aurea rubrâ.
Ecquis erit mecum, juvenes, qui primus in hostem?
En, ait : & jaculum intorquens emittit in auras,
Principium pugnæ, & campo sese arduus infert.
Clamore excipiunt socii, fremituque sequuntur
Horrisono. Teucrûm mirantur inertia corda,
Non æquo dare se campo, non obvia ferre
Arma viros, sed castra fovere. Huc turbidus atque
  huc
Lustrat equo muros, aditumque per avia quærit.
Ac veluti pleno lupus insidiatus ovili,
Cùm fremit ad caulas, ventos perpessus & imbres,
Nocte super mediâ ; tuti sub matribus agni
Balatum exercent : ille asper & improbus irâ
Sævit in absentes : collecta fatigat edendi
Ex longo rabies, & siccæ sanguine fauces :
Haud aliter Rutulo muros & castra tuenti
Ignescunt iræ ; duris dolor ossibus ardet.
Quâ tentet ratione aditus, & quæ via clausos
Excutiat Teucros vallo, atque effundat in æquor?
 Classem, quæ lateri castrorum adjuncta latebat,
Aggeribus septam circum & fluvialibus undis
Invadit, sociosque incendia poscit ovantes ;
Atque manum pinu flagranti fervidus implet.

leur ordonnant de se borner à défendre le camp. Ainsi, quoique leur honneur & leur bouillant courage les excitent à marcher contre l'ennemi, ils obéissent, ferment les portes, & prêts à le recevoir, ils l'attendent de pied ferme sur les remparts & dans les tours.

Turnus s'étant détaché du gros de l'armée qui avançoit lentement, paroît tout à coup à la tête de vingt Cavaliers d'élite, monté sur un cheval moucheté, portant un casque doré, sur lequel flotte un panache rouge. ″Jeunes guerriers, ″ dit-il à sa troupe, qui de vous veut lancer avec ″ moi le premier trait contre l'ennemi ? le voilà ″ lancé ″. Il décoche en effet une fleche pour signal de la guerre déclarée, & fait voltiger superbement son coursier dans la plaine. Les Rutules poussent des cris terribles, & applaudissent à leur Roi. Cependant ils sont surpris que les Troyens n'osent sortir de leur camp : ils croient que c'est par lâcheté qu'ils refusent de se mettre en bataille. Turnus furieux fait le tour du camp, & cherche quelque endroit par où il puisse le forcer. Tel au milieu d'une nuit orageuse, un loup battu de la pluie & des vents, rode autour d'une bergerie. Tandis que les agneaux en sûreté bêlent sous le ventre de leurs meres, le cruel animal dévoré de faim & altéré de sang, ne pouvant jouir de sa proie, frémit de colere & de désespoir. La fureur de Turnus s'allume ainsi, à la vue du camp ennemi où il ne peut pénétrer. Que fera-t-il ? Par quel moyen pourra-t-il le forcer ? Comment attirera-t-il les Troyens dans la plaine ?

Leur flotte étoit à l'ancre dans le canal du Tibre, défendue par le fleuve même & par un des côtés du camp. Turnus s'approche des vaisseaux, & propose à son audacieux escadron de les embraser. Animés par la présence de leur

Tum verò incumbunt : urget præsentia Turni;
Atque omnis facibus pubes accingitur atris.
Diripuere focos : piceum fert fumida lumen
Tæda, & commistam Vulcanus ad astra favillam.
Quis Deus, ô Musæ, tam sæva incendia Teucris
Avertit ? tantos ratibus quis depulit ignes ?
Dicite : prisca fides facto, sed fama perennis.
Tempore quo primùm Phrygiâ formabat in Idâ
Æneas classem, & pelagi petere alta parabat ;
Ipsa Deûm fertur genitrix Berecynthia magnum
Vocibus his affata Jovem : Da, nate, petenti,
Quod tua chara parens domito te poscit Olympo.
Pinea sylva mihi, multos dilecta per annos,
Lucus in arce fuit summâ, quò sacra ferebant,
Nigranti piceâ trabibusque obscurus acernis :
Has ego Dardanio juveni, cùm classis egeret,
Læta dedi : nunc sollicitam timor anxius angit.
Solve metus, atque hoc precibus sine posse paren-
  tem ;
Neu cursu quassatæ ullo, neu turbine venti
Vincantur : profit nostris in montibus ortas.
Filius huic contra, torquet qui sidera mundi :
O genitrix, quò fata vocas, aut quid petis istis ?
Mortaline manu factæ immortale carinæ
Fas habeant, certusque incerta pericula lustret
Æneas ? cui tanta Deo permissa potestas ?
Imò, ubi defunctæ finem portusque tenebunt
Ausonios, olim quæcumque evaserit undis,
Dardaniumque ducem Laurentia vexerit arva,
Mortalem eripiam formam, magnique jubebo

Livre IX.

Roi, tous, à son exemple, s'arment de pins enflammés, & de tisons ardents, qu'ils enlevent des foyers. Une fumée épaisse, mêlée de sombres flammes & d'étincelles volantes, s'éleve jusqu'aux astres. Muses, apprenez-moi quelle Divinité préserva la flotte Troyenne d'un si funeste incendie : événement que l'antiquité a cru, & dont jamais le souvenir ne s'effacera.

Dans le temps qu'Enée, se préparant à traverser les mers, faisoit construire ses vaisseaux dans la forêt du mont Ida, ont dit que Cybele tint ce langage à Jupiter : ″Votre mere, mon fils,
″ vous demande une grace, en reconnoissance
″ de l'empire du Ciel que vous tenez d'elle.
″ Au sommet du mont Ida, une vaste & sombre forêt de pins & d'érables m'est chere
″ depuis long-temps. C'est là que les Phrygiens
″ venoient m'offrir des sacrifices. J'ai bien vou-
″ lu permettre à un Prince Troyen d'y abat-
″ tre des arbres pour bâtir sa flotte. Je suis
″ aujourd'hui alarmée, mon fils, pour ce bois
″ sacré. Calmez les inquiétudes de votre me-
″ re, & accordez-lui la faveur qu'elle implore.
″ Que les vaisseaux qui en sont formés, puis-
″ sent toujours résister à la fureur des flots &
″ des vents : Que ce soit pour eux un avan-
″ tage d'être nés sur une montagne qui m'ap-
″ partient. Ma mere, répondit le Maître du
″ monde, prétendez-vous forcer les Destinées ?
″ Voulez-vous que des vaisseaux, ouvrage
″ d'une main mortelle, aient le sort des Im-
″ mortels, & qu'Enée dans le sein du péril
″ n'ait rien à craindre ? Quel Dieu eut jamais
″ le pouvoir d'accorder ce privilege ? Mais
″ voici ce que je vous promets. Lorsque la
″ flotte aura touché le rivage d'Ausonie, &
″ rendu le Prince Troyen aux champs Lauren-
″ tins, je transformerai les galeres échappées

Tome II.   Y

Æquoris esse Deas, qualis Nereïa Doto,
Et Galatea secant spumantem pectore pontum.
Dixerat: idque ratum Stygii per flumina fratris,
Per pice torrentes, atráque voragine ripas,
Annuit, & totum nutu tremefecit Olympum.

Ergo aderat promissa dies, & tempora Parcæ
Debita complêrant; cum Turni injuria matrem
Admonuit sacris ratibus depellere tædas.
Hic primum nova lux oculis effulsit, & ingens
Visus ab aurora cœlum transcurrere nimbus;
Idæique chori: tum vox horrenda per auras
Excidit, & Troum Rutulorumque agmina complet.
Ne trepidate meas, Teucri, defendere naves,
Neve armate manus: maria ante exurere Turno
Quàm sacras dabitur pinus. Vos ite solutæ,
Ite, Deæ pelagi: genitrix jubet. Et sua quæque
Continuò puppes abrumpunt vincula ripis;
Delphinumque modo, demersis æquora rostris,
Ima petunt: hinc virgineæ, mirabile monstrum!
Quot prius æratæ steterant ad littora proræ,
Reddunt se totidem facies, pontoque feruntur.
Obstupuere animis Rutuli: conterritus ipse
Turbatis Messapus equis: cunctatur & amnis
Rauca sonans, revocatque pedem Tiberinus ab alto.
At non audaci cessit fiducia Turno:
Ultro animos tollit dictis, atque increpat ultro.

Trojanos hæc monstra petunt: his Jupiter ipse
Auxilium solitum eripuit: non tela, nec ignes
Exspectant Rutulos: ergo maria invia Teucris,

» aux vagues en Déeſſes immortelles de la mer,
» telles que Doto & Galatée, qui fendent à la nage
» le flots écumants «. Jupiter, après avoir juré par
le fleuve de ſon frere, par les rives de ce gouffre
de bitume enflammé, inclina doucement ſa tête,
& tout l'Olympe trembla.

Le jour deſtiné à cet événement étoit arrivé,
& les Parques avoient filé tous les inſtants qui
le devoient précéder. La fureur de Turnus fut
pour la Mere des Dieux un avertiſſement de garantir de l'incendie la flotte ſacrée. On voit donc
tout à coup briller une nouvelle lumiere. Un
grand nuage paſſe avec rapidité de l'aurore au
couchant. Des chœurs de Corybantes font retentir les airs, & une voix redoutable ſe fait également entendre & des Troyens & des Rutules. » Troyens, ne vous armez point pour la dé-
» fenſe de mes vaiſſeaux. Turnus embraſera plu-
» tôt les mers que cette flotte ſacrée. Galeres,
» nagez, & devenez Déeſſes de la mer : c'eſt la
» Mere des Dieux qui l'ordonne «. Auſſi-tôt
chaque Galere briſe ſes cables, & comme des
Dauphins, ſe plongeant dans le ſein des flots,
ô prodige ! elles reparoiſſent à l'inſtant, & offrent aux yeux autant de Nymphes. La crainte
& la ſurpriſe s'emparent des Rutules. Meſſape lui-
même eſt épouvanté, & ſes chevaux ſont effrayés :
le Tibre frémiſſant s'arrête, & recule vers ſa ſource. Le ſeul Turnus n'eſt point ému. Il reproche
même aux autres leur effroi, & par ces mots
rappelle leur courage.

» Ce prodige, dit-il, ne regarde que les
» Troyens. Jupiter les prive de leur reſſource
» ordinaire. Les Rutules n'auront la peine ni
» de les combattre, ni d'embraſer leurs navi-
» res : déſormais la route des mers leur eſt fer-
» mée : ils ne peuvent plus fuir : ils n'ont plus
» que la terre, dont nous ſommes les maitres,

Nec spes ulla fugæ : rerum pars altera adempta est.
Terra autem in manibus nostris : tot millia gentes
Arma ferunt Italæ. Nil me fatalia terrent,
Si qua Phryges præ se jactant, responsa Deorum.
Sat satis Venerique datum, tetigere quod arva
Fertilis Ausoniæ Troes : sunt & mea contra
Fata mihi, ferro sceleratam exscindere gentem,
Conjuge præreptâ : nec solos tangit Atridas
Iste dolor, solisque licet capere arma Mycenis.
Sed periisse semel satis est : peccare fuisset
Ante satis, penitus modò non genus omne perosos
Fœmineum, quibus hæc medii fiducia valli,
Fossarumque moræ, leti discrimina parva,
Dant animos. At non viderunt mœnia Trojæ,
Neptuni fabricata manu, considere in ignes ?
Sed vos, ô lecti, ferro quis scindere vallum
Apparat, & mecum invadit trepidantia castra ?
Non armis mihi Vulcani, non mille carinis
Est opus in Teucros : addant se protinus omnes
Etrusci socios : tenebras, & inertia furta
Palladii, cæsis summæ custodibus arcis,
Ne timeant ; nec equi cæcâ condemur in alvo.
Luce palam certum est igni circumdare muros.
Haud sibi cum Danais rem faxo & pube Pelasgâ
Esse putent, decimum quos distulit Hector in an-
    num.
Nunc adeo, melior quoniam pars acta diei,
Quod superest, læti bene gestis corpora rebus
Procurate viri, & pugnam sperate parati.

„ & cent peuples d'Italie font armés pour les
„ détruire. Quelques Oracles en leur faveur
„ dont ils se vantent, ne m'effraient point. Ils
„ ont abordé aux champs de la fertile Auso-
„ nie : c'est tout ce qui a été promis à Vé-
„ nus, & leur destinée est accomplie. La mienne
„ est d'exterminer par le fer une nation crimi-
„ nelle, qui prétend m'enlever une épouse. Les
„ Atrides ne ressentent pas seuls un pareil af-
„ front, & d'autres villes que Mycenes sa-
„ vent s'en venger. Ne devoit-il pas suffire à
„ ces perfides ravisseurs, d'avoir commis un
„ premier crime, & d'en avoir subi le châ-
„ timent ? N'étoit-ce pas assez qu'ils n'eussent
„ point en horreur toutes les femmes. Ces re-
„ tranchements, ces fossés, impuissantes bar-
„ rieres entr'eux & la mort, les rassurent vai-
„ nement. N'ont-ils pas vu les murs de Troie
„ dévorés par la flamme, quoique bâtis des
„ mains de Neptune ? Braves compagnons, qui
„ de vous veut venir avec moi renverser ces
„ foibles remparts, & forcer ce camp où re-
„ gne l'épouvante ? Je n'ai besoin ni des ar-
„ mes de Vulcain, ni d'une flotte de mille vais-
„ seaux. Que toute l'Etrurie se déclare pour
„ eux : ils n'auront à craindre de ma part ni
„ les surprises de la nuit, ni le lâche enlé-
„ vement d'un Palladium, ni le massacre de la
„ garde d'un Temple. Nous ne nous cacherons
„ point dans les flancs obscurs d'un cheval de
„ bois. C'est en plein jour que je veux em-
„ braser leur nouvelle Ville. Ils n'auront point
„ affaire à des Grecs, qu'un Hector tint devant
„ Troie durant dix années. Cependant la plus
„ grande partie du jour est écoulée : Compa-
„ gnons, employez le reste à vous reposer de vos
„ fatigues, mais attendez-vous & soyez prêts à
„ livrer demain l'assaut. „.

Intereà vigilum excubiis obsidere portas
Cura datur Messapo, & mœnia cingere flammis.
Bis septem, Rutulo muros qui milite servent,
Delecti : ast illos centeni quemque sequuntur
Purpurei cristis juvenes, auroque corusci :
Discurrunt, variantque vices, fusique per herbam
Indulgent vino, & vertunt crateras ahenos.
Collucent ignes : noctem custodia ducit
Insomnem ludo.
Hæc super è vallo prospectant Troës, & armis
Alta tenent : nec non trepidi formidine portas
Explorant, pontesque & propugnacula jungunt.
Tela gerunt : instant Mnestheus, acerque Serestus :
Quos pater Æneas, si quando adversa vocarent,
Rectores juvenum & rerum dedit esse magistros.
Omnis per muros legio, sortita periclum,
Excubat, exercetque vices, quod cuique tuendum
    est.
Nisus erat portæ custos, acerrimus armis,
Hyrtacides : comitem Æneæ quem miserat Ida
Venatrix, jaculo celerem, levibusque sagittis.
Et juxta comes Euryalus, quo pulchrior alter
Non fuit Æneadúm, Trojana nec induit arma ;
Ora puer primâ signans intonsa juventâ.
His amor unus erat, pariterque in bella ruebant :
Tunc quoque communi portam statione tenebant.
Nisus ait : Dine hunc ardorem mentibus addunt,
Euryale ? an sua cuique Deus fit dira cupido ?
Aut pugnam, aut aliquid jam dudum invadere ma-
    gnum

Livre IX.

En même temps on donne ordre à Meſſape de poſer des ſentinelles devant toutes les portes du camp Troyen, & de faire allumer des feux autour des remparts. Quatorze Officiers ſont commandés, chacun avec cent hommes, pour garnir les poſtes & relever les gardes. Ils étoient ſuperbement vêtus, & de brillantes aigrettes flottoient ſur tous leurs caſques. Tandis que les uns ſont en faction, les autres couchés ſur l'herbe paſſent la nuit dans le jeu & dans le vin, éclairés par les feux qui ſont allumés de toutes parts. Les Troyens de leur côté, en armes ſur leurs murs, obſervent la contenance des Rutules. Alarmés du ſiege qui les menace, ils viſitent avec ſoin toutes les portes du camp, & conſtruiſent des ponts de communication entre les ouvrages de défenſe. Tous ſont armés de dards, & reçoivent les ordres de Mneſthée & de l'ardent Sérefte, qu'Enée avoit chargés du commandement, ſuppoſé que le camp fût attaqué. On tire au ſort pour monter la garde tour à tour, & chacun veille au poſte qui lui eſt échu.

La garde d'une des portes du camp avoit été confiée à Niſus, fils d'Hyrtacus, jeune homme d'une grande valeur, ſorti du mont Ida, pays de chaſſe, pour ſuivre Enée, adroit à tirer de l'arc & à lancer le javelot. Il étoit à ce poſte avec Euryale ſon ami, le plus beau de tous les Troyens qui portoient les armes, & qui étoit alors dans la fleur de ſes premieres années. Ils s'aimoient tendrement l'un l'autre, & ne ſe quittoient jamais dans les combats. Niſus dit à ſon ami : ″ Cher Euryale, l'ardeur que je
″ ſens eſt-elle une céleſte inſpiration, ou ſeu-
″ lement un de ces deſirs naturels que l'on croit
″ que le Ciel inſpire ? Las d'un tranquille re-
″ pos, je brûle de combattre, ou de me ſigna-

Mens agitat mihi, nec placidâ contenta quiete est.
Cernis, quæ Rutulos habeat fiducia rerum :
Lumina rara micant : somno vinoque soluti
Procubuere : silent latè loca. Percipe porrò,
Quid dubitem, & quæ nunc animo sententia sur-
   gat.
Æneam acciri omnes, populusque, patresque
Exposcunt, mittique viros qui certa reportent.
Si tibi, quæ posco, promittunt (nam mihi facti
Fama sat est) tumulo videor reperire sub illo
Posse viam ad muros & mœnia Pallantea.
   Obstupuit magno laudum perculsus amore
Euryalus, simul his ardentem affatur amicum :
Mene igitur socium summis adjungere rebus,
Nise, fugis ? solum te in tanta pericula mittam ?
Non ita me genitor bellis assuetus Opheltes
Argolicum terrorem inter, Trojæque labores
Sublatum erudiit : nec tecum talia gessi,
Maganimum Ænean, & fata extrema secutus.
Est hîc, est animus lucis contemptor, & istum
Qui vitâ bene credat emi, quò tendis, honorem.
   Nisus ad hæc. Equidem de te nil tale verebar ;
Nec fas : non ita me referat tibi magnus ovantem
Jupiter, aut quicumque oculis hæc aspicit æquis.
Sed si quis (quæ multa vides discrimine tali)
Si quis in adversùm rapiat casusve, Deusve,
Te superesse velim : tua vitâ dignior ætas.
Sit, qui me raptum pugnâ, pretiove redemptum

» ler par quelque belle action. Tu vois la fé-
» curité des Rutules, enfevelis dans l'ivreffe
» & dans le fommeil. La plus grande partie de
» leurs feux eft éteinte, & un profond filence
» regne dans leur camp. Apprends donc quel
» eft mon projet. Chefs & foldats, nous defi-
» rons tous avec ardeur le retour d'Enée. Nous
» voudrions au moins que quelqu'un nous ap-
» portât de fes nouvelles. Je ne demande rien
» pour moi; la gloire me fuffit. Mais fi l'on
» veut me promettre pour toi ce que je de-
» manderai, je crois pouvoir me frayer le long
» de cette colline une route jufqu'à la Ville de
» Pallantée «.

Euryale, non moins avide de gloire que Nifus, frappé de ce deffein, lui répondit: Quoi,
» Nifus, tu dédaignes de m'affocier à une glo-
» rieufe entreprife? Pourrois-je te laiffer cou-
» rir feul un fi grand péril? Né pendant le fiege
» de Troie, au milieu des combats & des dan-
» gers, de tels fentiments ne m'ont point été
» infpirés par le courageux Ophelte, mon pere.
» Depuis que je porte les armes à la fuite d'E-
» née, & que je te fuis attaché, m'as-tu vu me
» comporter lâchement? Ce cœur, cher Nifus,
» ce cœur brave la mort, & acheteroit vo-
» lontiers au prix de la vie cet honneur où tu
» afpires.

» Je n'ai jamais foupçonné ton courage, lui
» repliqua Nifus, & j'aurois tort d'en douter.
» Puiffe Jupiter & tous les Dieux favorables à
» mon deffein, me ramener triomphant! Mais,
» dans une entreprife auffi dangereufe, fi quel-
» que Dieu ennemi, fi quelque accident me fait
» périr, je veux au moins, cher Euryale, que tu
» me furvives. Ta tendre jeuneffe rend tes jours
» plus précieux que les miens. Vis pour ra-
» cheter mon corps, fi je perds la vie dans

Mandet humo solitâ : aut, si qua id fortuna vetabit,
Absenti ferat inferias, decoretque sepulchro.
Neu matri miseræ tanti sim causa doloris,
Quæ te sola, puer, multis è matribus ausa,
Prosequitur, magni nec mœnia curat Acestæ.
Ille autem : Causas nequicquam nectis inanes,
Nec mea jam mutata loco sententia cedit.
Acceleremus, ait : vigiles simul excitat : illi
Succedunt, servantque vices : statione relictâ
Ipse comes Niso graditur, regemque requirunt.
 Cætera per terras omnes animalia somno
Laxabant curas, & corda oblita laborum.
Ductores Teucrûm primi, & delecta juventus
Consilium summis regni de rebus habebant ;
Quid facerent, quisve Æneæ jam nuntius esset.
Stant longis adnixi hastis, & scuta tenentes,
Castrorum & campi medio : tum Nisus & unâ
Euryalus confestim alacres admittier orant :
Rem magnam, pretiumque more fore. Primus Iülus
Accepit trepidos, ac Nisum dicere jussit.
 Tum sic Hyrtacides : Audite ô mentibus æquis
Æneadæ, neve hæc nostris spectentur ab annis
Quæ ferimus. Rutuli somno vinoque sepulti
Conticuere : locum insidiis conspeximus ipsi,
Qui patet in bivio portæ, quæ proxima Ponto.

„ cette expédition, & pour me rendre les de-
„ voirs de la sépulture ; ou, si la fortune ne
„ le permet pas, pour m'élever au moins un
„ tombeau, & célébrer mes funérailles. Je ne
„ causerai point une douleur mortelle à ta mere,
„ en te permettant de m'accompagner. Elle
„ seule de tant de meres, bravant tous les dan-
„ gers, a suivi son fils jusqu'en ces lieux, &
„ a refusé de s'établir dans le Royaume d'A-
„ ceste. Tu m'opposes de vains motifs, repar-
„ tit Euryale : ma résolution ne peut changer :
„ partons «. Il va aussi-tôt réveiller les soldats
„ de la garde qui devoient les relever. Dès que
ceux-ci furent entrés en faction à leur place,
Euryale suivit Nisus, & tous deux se prépa-
rerent à se mettre en chemin pour aller trouver
le Roi.

Il étoit nuit, & le sommeil faisoit oublier à
tous les animaux leurs peines & leurs soucis.
Les principaux Chefs des Troyens, avec les
plus braves Guerriers, debout dans la place d'armes, tenant d'une main leur bouclier, & appuyés
sur leurs longues javelines, tenoient conseil, par
rapport aux affaires présentes, & au choix de
celui qu'on députeroit vers Enée. Nisus & Euryale se présentent, & supplient avec instance
qu'on les écoute sur une chose importante, &
que les moments étoient chers. Ascagne, voyant
leur empressement, les fait avancer, & permet à
Nisus de parler.

„ Ecoutez-nous favorablement, Seigneurs,
„ dit Nisus, & ne jugez point par notre âge
„ de ce que nous avons à vous dire. On n'en-
„ tend plus aucun bruit dans le camp des Ru-
„ tules : tous sont ensevelis dans le vin, &
„ plongés dans le sommeil. Leurs feux pres-
„ qu'éteints répandent une noire fumée. Si
„ vous nous permettez de profiter de l'occa-

Interrupti ignes, aterque ad sidera fumus
Erigitur : si fortunâ permittitis uti,
Quæsitum Æneam ad mœnia Pallantea,
Mox hîc cum spoliis, ingenti cæde peractâ,
Affore cernetis : nec nos via fallet euntes.
Vidimus obscuris primam sub vallibus urbem
Venatu assiduo, & totum cognovimus amnem.
  Hîc annis gravis atque animi maturus Alethes :
Di patrii, quorum semper sub numine Troja est,
Non tamen omnino Teucros delere paratis,
Cùm tales animos juvenum, & tam certa tulistis
Pectora : sic memorans, humeros dextrasque te-
    nebat
Amborum, & vultum lacrymis atque ora rigabat :
Quæ vobis, quæ digna, viri, pro talibus ausis,
Præmia posse rear solvi ? Pulcherrima primum
Di, moresque dabunt vestri : tum cætera reddet
Actutum pius Æneas, atque integer ævi
Ascanius, meriti tanti non immemor unquam.
  Imò ego vos, cui sola salus genitore reducto,
Excipit Ascanius, per magnos, Nise, Penates,
Assaracique Larem, & canæ penetralia Vestæ,
Obtestor, quæcumque mihi fortuna, fidesque est,
In vestris pono gremiis; revocate parentem,
Reddite conspectum : nihil illo triste recepto.
Bina dabo argento perfecta, atque aspera signis
Pocula, devictâ genitor quæ cepit Arisbâ ;
Et tripodas geminos, auri duo magna talenta :
Cratera antiquum, quem dat Sidonia Dido.
Si verò capere Italiam, sceptrisque potiri

Livre IX.

» fion, nous irons trouver le Roi dans les
» murs de Pallantée, & vous le reverrez in-
» ceſſamment couvert du ſang des ennemis &
» chargé de leurs dépouilles. En chaſſant, nous
» avons ſouvent parcouru les bords de ce fleu-
» ve, & nous avons obſervé, vers la porte
» de notre camp la plus proche de la mer,
» un chemin commode pour une ſurpriſe, qui ſe
» partage, & conduit à la Ville d'Evandre, que
» nous avons apperçue au bord d'une ſombre
» vallée.

» Dieux de Troie, s'écria le vieil & ſage
» Alethe, vous n'avez donc pas réſolu notre
» perte, & vous ne ceſſez point de nous pro-
» téger, puiſque vous ſuſcitez parmi nous de
» jeunes guerriers d'un ſi grand courage «. A
ces mots, le Vieillard leur ſerre les mains, les
embraſſe, & mouille leurs viſages de ſes larmes.
» Comment payer, diſoit-il, le ſervice que vous
» voulez bien nous rendre ? Votre vertu & la juſ-
» tice des Dieux ſeront les premiers auteurs de vo-
» tre digne récompenſe. Comptez enſuite ſur les
» bienfaits du Roi, & ſoyez aſſurés que le jeune
» Aſcagne ſon fils, n'oubliera point un ſi grand
» ſervice.

» Braves Guerriers, interrompit le jeune
» Prince, au nom des Dieux protecteurs de
» la maiſon d'Aſſaracus, & par le ſanctuaire
» de la blanche Veſta, je vous conjure d'aller
» trouver mon pere, & de le ramener en ces
» lieux. Je mets en vous mon eſpérance &
» mon bonheur. Sa préſence diſſipera nos alar-
» mes. Pour récompenſe, je vous donnerai
» deux vaſes d'argent ciſelé, que mon pere
» enleva autrefois dans la priſe d'Ariſbe; de
» plus, deux cuvettes d'or, deux grands ta-
» lents, & une coupe antique, que Didon m'a
» donnée. Si le Sceptre d'Italie peut paſſer en

Contigerit victori, & prædæ ducere sortem :
Vidisti, quo Turnus equo, quibus ibat in armis
Aureus : ipsum illum clypeum, cristasque rubentes
Excipiam sorti, jam nunc tua præmia, Nise.
Præterea bis sex genitor lectissima matrum
Corpora, captivosque dabit, suaque omnibus ar-
   ma :
Insuper his, campi quod rex habet ipse Latinus.
Te verò, mea quem spatiis propioribus ætas
Insequitur, venerande puer, jam pectore toto
Accipio, & comitem casus complector in omnes.
Nulla meis sine te quæretur gloria rebus :
Seu pacem, seu bella geram, tibi maxima rerum,
Verborumque fides. Contra quem talia fatur
Euryalus : Me nulla dies tam fortibus ausis
Dissimilem arguerit : tantùm fortuna secunda,
Haud adversa cadat. Sed te super omnia dona
Unum auro : genitrix Priami de gente vetustâ
Est mihi, quam miseram tenuit non Ilia tellus
Mecum excedentem, non moenia regis Acestæ.
Hanc ego nunc ignaram hujus quodcunque pericli
   est,
Inque salutatam linquo : nox, & tua testis
Dextera, quod nequeam lacrymas perferre parentis.
At tu, oro, solare inopem, & succurre relictæ :
Hanc sine me spem ferre tui : audentior ibo
In casus omnes. Perculsâ mente dederunt
Dardanidæ lacrymas : ante omnes pulcher Iülus :
Atque animum patriæ strinxit Pietatis imago.
Tum sic effatur.

» nos mains, & si nous pouvons tirer au sort
» les dépouilles de nos ennemis, vous avez vu
» le superbe coursier de Turnus, & sa bril-
» lante armure : je vous les promets, Nisus,
» & que ni son cheval, ni son bouclier, ni son
» casque orné d'un rouge panache, n'entre-
» ront point dans le partage du butin : dès main-
» tenant ils sont à vous. A ces présents, mon
» pere ajoutera douze belles femmes, plusieurs
» captifs avec leurs armes, enfin ce champ
» où nous sommes, appartenant au Roi Lati-
» nus. Pour vous, Euryale, dont la vertueuse
» jeunesse est respectable, vous, dont l'âge
» surpasse à peine le mien, vous serez désor-
» mais mon ami, mon confident, le compa-
» gnon de mes travaux dans la guerre & dans
» la paix.

» Si je survis à cette courageuse entreprise,
» repliqua le jeune Guerrier, on ne me verra
» jamais me démentir. Mais je vous demande,
» Seigneur, une seule grace, que je préfere à
» tout ce que vous me promettez. J'ai une mere
» issue de l'ancienne race de Priam, qui m'a
» suivi dans ces climats. Ni les rivages de Troie,
» ni la Ville d'Aceste n'ont pu l'arrêter. Je lui
» cache le péril où je vais m'exposer, & je pars
» sans l'embrasser. J'atteste ; & cette nuit & votre
» main, Seigneur, qu'il me seroit impossible de
» résister à ses larmes. Je vous conjure donc de
» la consoler de mon absence, & de la soutenir
» dans ce cruel abandon. Permettez-moi d'em-
» porter cette douce espérance, qui me fera bra-
» ver tous les dangers.«.

L'assemblée émue de ce discours ne put retenir
ses larmes. Un si bel exemple de piété filiale
fit une vive impression sur le jeune Iüle. » Je
» vous promets, dit-il à Euryale, de faire
» pour vous tout ce que mérite votre géné-

Spondeo digna tuis ingentibus omnia cœptis :
Namque erit ista mihi genitrix , nomenque Creüsæ
Solum defuerit ; nec partum gratia talem
Parva manet, casus factum quicunque sequentur.
Per caput hoc juro, per quod pater ante solebat :
Quæ tibi polliceor reduci , rebusque secundis ,
Hæc eadem matrique tuæ , generique manebunt.
   Sic ait illacrymans. Humero simul exuit ensem
Auratum , mirâ quem fecerat arte Lycaon
Gnossius , atque habilem vaginâ aptarat eburnâ.
Dat Niso Mnestheus pellem horrentisque leonis
Exuvias : galeam fidus permutat Alethes.
Protinus armati incedunt ; quos omnis euntes
Primorum manus ad portas juvenumque senumque
Prosequitur votis : nec non & pulcher Iülus ,
Ante annos animumque gerens, curamque virilem ,
Multa patri portanda dabat mandata : sed auræ
Omnia discerpunt ,& nubibus irrita donant.
   Egressi superant fossas , noctisque per umbram
Castra inimica petunt : multis tamen ante futuri
Exitio. Passim vino somnoque per herbam
Corpora fusa vident ; arrectos littore currus ;
Inter lora rotasque viros, simul arma jacere,
Vina simul. Prior Hyrtacides sic ore locutus :
Euryale, audendum dextrâ : nunc ipsa vocat res.
Hac iter est : tu , nequa manus se attollere nobis

» reufe entreprife. Je regarderai votre mere com-
» me la mienne : il ne lui manquera que le nom
» de Créüfe. Quel que foit le fuccès de fon fils,
» nous lui tiendrons compte de la naiffance
» qu'elle lui a donnée. Tout ce que je vous pro-
» mets à votre retour, je le promets à votre
» mere, quoi qu'il arrive, & à toute votre fa-
» mille ; j'en jure par ma tête, que mon pere a
» coutume de prendre à témoin dans les ferments
» qu'il fait «.

Ainfi parla le jeune Prince les larmes aux yeux. En même temps il fit préfent à Euryale de fon épée, dont la poignée étoit d'or, & le fourreau d'ivoire, ouvrage de Lycaon, célebre ouvrier de Gnoffe. Mnefthée donne à Nifus une peau de lion, & Alethe change fon cafque avec le fien. Armés de la forte, Nifus & Euryale fe mettent en chemin. Ils font conduits jufqu'à la fortie du camp par les Chefs des Troyens, Guerriers de différent âge, qui faifoient mille vœux pour leur retour. Afcagne, dont la prudence & l'attention étoient au-deffus de fes années, les charge de dire de fa part plufieurs chofes à fon pere : vaines paroles, qu'emportent les vents, & qui fe perdent dans les airs !

Nifus & Euryale fortent des retranchements, & à la faveur des ténebres, ils entrent dans le camp ennemi, d'où ils ne fortiront qu'après avoir répandu bien du fang. Ils voient de toutes parts des foldats, que le vin & le fommeil ont étendus fur l'herbe ; des chars dételés le long du rivage, & leurs conducteurs couchés entre les harnois & les roues, des armes éparfes ; & çà & là des vafes remplis de vin. » Eu-
» ryale, dit Nifus à fon ami, il faut faire
» un coup hardi ; l'occafion nous y invite :

A tergo possit, custodi, & consule longè.
Hæc ego vasta dabo, & lato te limite ducam.
  Sic memorat, vocemque premit. Simul ense superbum
Rhamnetem aggreditur, qui fortè tapetibus altis
Exstructus toto proflabat pectore somnum;
Rex idem & regi Turno gratissimus augur:
Sed non augurio potuit depellere pestem.
Tres juxtà famulos, temere inter tela jacentes,
Armigerumque Remi premit, aurigamque sub ipsis
Nactus equis, ferroque secat pendentia colla.
Tum caput ipsi aufert domino, truncumque reliquit
Sanguine singultantem : atro tepefacta cruore
Terra, torique madent, necnon Lamyrumque, Lamumque,
Et juvenem Sarranum, illâ qui plurima nocte
Luserat insignis facie, multoque jacebat
Membra Deo victus: felix, si protinus illum
Æquasset nocti ludum, in lucemque tulisset !
Impastus ceu plena leo per ovilia turbans
(Suadet enim vesana fames) manditque trahitque
Molle pecus, mutumque metu ; fremit ore cruento.
  Nec minor Euryali cædes : incensus & ipse
Perfurit ; ac multam in medio sine nomine plebem,
Fabumque, Hebesumque subit, Rhœtumque, Abarimque,
Ignaros; Rhœtum vigilantem, & cuncta videntem;
Sed magnum metuens se post cratera tegebat:

» c'est par là que je vais m'avancer : pour toi, ob-
» serve de loin, & prend garde que l'ennemi ne
» vienne par derriere nous surprendre. Je vais
» égorger tout ce qui s'offrira sur mon passage,
» & te frayer une route aisée «.

Il cesse alors de parler. Aussi-tôt il tombe
l'épée à la main sur le superbe Rhamnès, qui
couché sous une magnifique tente dormoit profondément, Prince que son habileté dans l'art
de prédire rendoit cher au Roi Turnus : mais
toute sa science Augurale ne put le garantir
d'une funeste mort. Il surprend ensuite trois esclaves de Rhémus, couchés près de ses armes :
il les massacre avec son Écuyer & avec le
conducteur de son char, dormant sur son siege, la tête panchée sur ses chevaux. Nisus, du
tranchant de son épée, l'abat à ses pieds, &
fait subir au maître le même sort. Son corps
sanglant, séparé de sa tête, inonde son lit, &
baigne la terre de son sang. Lamyre, Lamus,
le beau Sarranus ont la même destinée. Ce dernier venoit de se livrer au sommeil, après avoir
passé dans le jeu une grande partie de la nuit.
Heureux s'il eût joué jusqu'au retour de la lumiere ! Nisus est dans le camp des Rutules tel
qu'un lion affamé qui exerce ses fureurs au milieu d'une bergerie : il entraîne & déchire le foible troupeau, rendu muet par la crainte, victime
tremblante de sa faim cruelle & de sa gueule san-
guinaire.

La fureur d'Euryale ne cede point à celle de
Nisus : il fait tomber sous ses coups une foule
de guerriers vulgaires : il surprend Fadus, Hé-
bésus, Rhétus & Abaris. Rhétus ne dormoit
point, & voyoit le massacre de ses compagnons. Craignant d'éprouver le même sort, il
se couvroit d'un grand vase. Le jeune Troyen
l'apperçoit au moment qu'il leve la tête,

Pectore in adverso totum cui cominus ensem
Condidit assurgenti, & multâ morte recepit.
Purpuream vomit ille animam, & cum sanguine
    mixta
Vina refert moriens. Hic furto fervidus instat.
Jamque ad Messapi socios tendebat, ubi ignem
Deficere extremum, & religatos ritè videbat
Carpere gramen equos; breviter cum talia Nisus:
(Sensit enim nimiâ cæde, atque cupidine ferri)
Absistamus, ait; nam lux inimica propinquat:
Pœnarum exhaustum satis est: via facta per hostes.
Multa virûm solido argento perfecta relinquunt,
Armaque, craterasque simul, pulchrosque tapetas.
Euryalus phaleras Rhamnetis, & aurea bullis
Cingula, Tiburti Remulo ditissimus olim
Quæ mittit dona, hospitio cùm jungeret absens
Cædicus: ille suo moriens dat habere nepoti.
Post mortem, bello Rutuli prædáque potiti.
Hæc rapit, atque humeris nequicquam fortibus
    aptat.
Tum galeam Messapi, habilem, cristifque decoram
Induit. Excedunt castris, & tuta capessunt.
   Interea præmissi equites ex urbe Latinâ,
Cætera dum legio campis instructa moratur,
Ibant, & Turno regi responsa ferebant,
Tercentum, scutati omnes, Volscente magistro.
Jamque propinquabant castris, muroque subibant;
Cùm procul hos lævo flectentes limite cernunt;

& lui enfonce son épée dans la poitrine. Avant qu'il l'ait retirée, Rhétus expire, & vomit son ame avec des flots de sang & de vin. Animé par ces nocturnes exploits, Euryale marchoit vers le quartier de Messape, où les feux étoient presque éteints, & où les chevaux dételés paissoient l'herbe. Mais Nisus voyant que la fureur du carnage emportoit trop loin son ami : ,, Ces- ,, sons, lui dit-il, le jour qui approche nous est ,, contraire : c'est assez répandre de sang : nous ,, nous sommes ouverts un chemin au travers ,, des ennemis : il suffit ". Ils ne s'arrêtent donc point à butiner, à enlever d'éclatantes armes, de précieux vases, de superbes étoffes. Euryale cependant prend l'écharpe de Rhamnès & son baudrier garni de clous d'or. C'étoit un présent que l'opulent Cédicus avoit autrefois envoyé à Rémulus de Tibur, pour resserrer entr'eux les nœuds de l'hospitalité. Rémulus en mourant le légua à son petit-fils. Après la mort de celui-ci les Rutules ayant défait les peuples de Tibur, Rhamnès dans le partage du butin eut cette dépouille. Euryale s'en saisit, & en charge vainement ses épaules. Il prend aussi le casque de Messape, orné d'une brillante aigrette. Aussi-tôt ils sortent l'un & l'autre du camp, & se mettent en sûreté.

Cependant il étoit parti de Laurente trois cents chevaux, qui avoient pris les devants, pour joindre Turnus & lui apporter des nouvelles de l'armée campée à quelque distance. Volscens commandoit cet escadron armé de longs boucliers. Déja ils approchoient du camp de leurs alliés, lorsqu'ils apperçurent les deux jeunes Troyens qui se détournoient à gauche. La nuit commençant à se dissiper, le casque brillant de Messape trahit l'imprudent Euryale.

Et galea Euryalum subluſtri noctis in umbrâ
Prodidit immemorem, radiiſque adverſa refulſit.
Haud temerè eſt viſum, conclamat ab agmine
  Volſcens :
State, viri : Quæ cauſa viæ ? quive eſtis in armis ?
Quòve tenetis iter ? Nihil illi tendere contra ;
Sed celerare fugam in ſylvas, & fidere nocti.
Objiciunt equites ſeſe ad divortia nota
Hinc atque hinc, omnemque aditum cuſtode coro-
  nant.
Sylva fuit latè dumis atque ilice nigrâ
Horrida, quam denſi complêrant undique ſentes :
Rara per occultos ducebat ſemita calles.
  Euryalum tenebræ ramorum oneroſaque præda
Impediunt, fallitque timor regione viarum.
Niſus abit : jamque imprudens evaſerat hoſtes,
Atque lacus, qui poſt Albæ de nomine dicti
Albani : tum rex ſtabula alta Latinus habebat.
Ut ſtetit, & fruſtra abſentem reſpexit amicum :
Euryale, infelix quâ te regione reliqui ?
Quàve ſequar ? Rurſus perplexum iter omne revol-
  vens
Fallacis ſylvæ, ſimul & veſtigia retro
Obſervata legit, dumiſque ſilentibus errat.
Audit equos, audit ſtrepitus, & ſigna ſequentum.
Nec longum in medio tempus ; cùm clamor ad aures
Pervenit, ac videt Euryalum, quem jam manus
  omnis
Fraude loci & noctis, ſubito turbante tumultu,
Oppreſſum rapit, & conantem plurima fruſtra.
Quid faciat ? qua vi juvenem, quibus audeat armis
Eripere ? an ſeſe medios moriturus in enſes

Livre IX.

„ Je ne me trompe point (s'écria Volscens du
„ milieu de son escadron), alte-là, jeunes
„ gens : quel motif vous conduit ? Qui êtes-
„ vous ? Où al'ez-vous ? " Nisus & Euryale,
sans répondre, commencent à fuir & se jettent
dans un bois, espérant échapper à la faveur des
ténebres. Volscens partage alors sa troupe, qui
connoissoit le pays, & la poste à toutes les is-
sues du bois. C'étoit un taillis épais, ombragé
de chênes touffus, & hérissé de ronces, où l'on
appercevoit à peine quelques sentiers étroits & peu
frayés.

L'obscurité & le poids des dépouilles dont
Euryale est chargé, l'arrêtent dans sa course,
& sa crainte l'égare dans ce chemin difficile.
Cependant Nisus avance, sans savoir si Euryale le suit. Déja il a traversé le bois, &
n'a plus rien à craindre de l'ennemi. Déja il
est au-delà de ces lacs, qu'on a depuis appel-
lés les lacs Albains du nom de la ville d'Albe.
Là, étoient alors de magnifiques étables, qui
renfermoient les troupeaux du Roi Latinus.
Il s'arrête, & ses yeux cherchent en vain son
ami. „ Euryale, s'écrie-t-il en quel lieu t'ai-
„ je laissé ? Malheureux que je suis, de quel
„ côté te chercherai-je ? " Il retourne sur ses
pas ; il s'engage de nouveau dans ces routes
obscures & trompeuses qu'il a déja parcou-
rues ; il erre çà & là dans le silence des bois.
Tout à coup il entend derriere lui un bruit de
chevaux, & des voix confuses frappent ses
oreilles : il tourne la tête & apperçoit Euryale, qui, n'ayant su quelle route tenir, & s'é-
tant perdu dans l'obscurité, étoit entraîné par
des mains ennemies, & faisoit de vains efforts
pour se dégager. Que fera Nisus pour délivrer
son ami ? Le peut-il de vive force ? Ira-t-il,
en attaquant seul cette troupe nombreuse,

Inferat, & pulchram properet per vulnera mortem?
Ociùs adducto torquens hastile lacerto,
Suspiciens altam Lunam, & sic voce precatur:
Tu, Dea, tu præsens nostro succurre labori,
Astrorum decus, & nemorum Latonia custos.
Si qua tuis unquam pro me pater Hyrtacus aris
Dona tulit; si qua ipse meis venatibus auxi,
Suspendive tholo, aut sacra ad fastigia fixi:
Hunc sine me turbare globum, & rege tela per auras.

Dixerat: & toto connixus corpore ferrum
Conjicit: hasta volans noctis diverberat umbras,
Et venit adversi in tergum Sulmonis, ibique
Frangitur, ac fisso transit præcordia ligno.
Volvitur ille vomens calidum de pectore flumen
Frigidus, & longis singultibus ilia pulsat.
Diversi circumspiciunt. Hoc acrior idem
Ecce aliud summâ telum librabat ab aure.
Dum trepidant, iit hasta. Tago per tempus utrumque
Stridens, trajectoque hæsit tepefacta cerebro.
Sævit atrox Volscens, nec teli conspicit usquam
Auctorem, nec quò se ardens immittere possit.
Tu tamen interea calido mihi sanguine pœnas
Persolves amborum, inquit: simul ense recluso
Ibat in Euryalum. Tùm verò exterritus, amens
Conclamat Nisus; nec se celare tenebris
Amplius, aut tantum potuit perferre dolorem.
Me, me (adsum qui feci) in me convertite ferrum
O Rutuli. Mea fraus omnis: nihil iste, nec ausus,
Nec potuit: cœlum hoc & conscia sidera testor:
Tantùm infelicem nimiùm dilexit amicum.
Talia dicta dabat: sed viribus ensis adactus
Transadigit costas, & candida pectora rumpit.
Volvitur Euryalus leto, pulchrosque per artus
It cruor, inque humeros cervix collapsa recumbit.

cherche

chercher une mort héroïque ? Il bande son arc, & levant les yeux vers l'Astre de la nuit : „ Déesse, dit-il, qui brillez au Ciel, & qui „ présidez aux forêts, si mon pere Hyrtacus vous „ a fait pour moi des offrandes, si moi-même „ j'ai suspendu aux voûtes de vos temples les „ dépouilles des forêts, faites que je dissipe cet „ escadron, & conduisez les traits que je vais „ lancer «.

Il dit ; & à l'instant il décoche une fleche de toutes ses forces. Le trait vole à travers les ombres, perce le dos de Sulmon, & se brise en lui traversant la poitrine. Sulmon tombe, vomit des flots de sang, & expire. La troupe étonnée jette en vain les yeux de toutes parts. Encouragé par le succès de ce premier coup, Nisus leve le bras, & lance un second trait, qui vient en sifflant frapper Tagus, & lui perce les deux tempes. Volscens transporté de fureur cherche vainement d'où sont partis les deux coups. Ne sachant à qui s'en prendre, il se tourne vers Euryale : „ Ta mort dit-il, „ va venger celle de ces deux guerriers «. A l'instant il s'avance vers lui l'épée nue, pour le percer. A cette vue, Nisus se trouble : sa raison l'abandonne : il ne peut plus se tenir caché, ni soutenir un spectacle qui le pénetre de douleur. C'est moi, s'écrie-t-il, c'est moi „ qui ai lancé les traits ; Rutules, punissez- „ moi ; je suis le seul coupable. Celui-ci n'a „ osé ni pu vous nuire. J'en jure par le Ciel „ & par ces Astres : son crime est d'avoir trop „ aimé son malheureux ami «. Tandis qu'il parle, l'épée du furieux Volscens perce impitoyablement le flanc & le sein délicat du jeune Euryale. Il tombe mourant : des ruisseaux de sang coulent sur son beau corps, & sa tête languissante se penche sur une de ses épaules.

Purpureus veluti cum flos succisus aratro
Languescit moriens, lassove papavera collo
Demisere caput, pluviâ cum forte gravantur.

 At Nisus ruit in medios, solumque per omnes
Volscentem petit; in solo Volscente moratur.
Quem circum glomerati hostes, hinc cominus atque hinc
Proturbant. Instat non segnius, ac rotat ensem
Fulmineum; donec Rutuli clamantis in ore
Condidit adverso, & moriens animam abstulit hosti.
Tùm super exanimem sese projecit amicum
Confossus, placidáque ibi demum morte quievit.
Fortunati ambo! si quid mea carmina possunt,
Nulla dies unquam memori vos eximet ævo;
Dum domus Æneæ Capitoli immobile saxum
Accolet, imperiumque pater Romanus habebit.

 Victores prædâ Rutuli spoliisque potiti
Volscentem exanimem flentes in castra ferebant.
Nec minor in castris luctus, Rhamnete reperto
Exsangui, & primis unâ tot cæde peremptis,
Sarranoque, Numáque: ingens concursus ad ipsa
Corpora, séminecesque viros, tepidumque recenti
Cæde locum, & plenos spumanti sanguine rivos.
Agnoscunt spolia inter se, galeamque nitentem
Messapi, & multo phaleras sudore receptas.

 Et jam prima novo spargebat lumine terras
Tithoni croceum linquens Aurora cubile:
Jam sole infuso, jam rebus luce retectis,

Ainsi meurt une fleur nouvelle, coupée par le tranchant de la charrue : ainsi baissent leur tête fanée des pavots courbés par une pluie orageuse.

Nisus se jette à l'instant au milieu de l'escadron ennemi. Il cherche Volscens : il n'en veut qu'à lui. On l'environne, on l'écarte, on s'oppose à sa fureur. Rien ne l'arrête : tout cede à sa foudroyante épée. Ayant enfin atteint Volscens, il la lui plonge dans la bouche jusqu'à la garde, au moment qu'elle s'ouvre pour le menacer, & il ne perd la vie qu'en l'ôtant à ce barbare. Percé aussi-tôt de mille coups, il tombe sur le corps sanglant de son cher Euryale, & content de l'avoir vengé, il expire sans regret. Heureux amis ! si mes vers ont quelque pouvoir, vous ne serez jamais effacés de la mémoire des hommes ; vous y vivrez, tant que le Capitole sera la demeure des descendants d'Enée, tant que les Romains seront les maîtres de l'univers.

Les Rutules, après avoir dépouillé les deux Troyens, étendent sur leurs longs boucliers le corps de Volscens, & déplorant son sort le transportent dans leur camp, où la douleur n'étoit pas moins vive, à la vue de Rhamnès, de Sarranus, de Numa, & des autres Chefs enveloppés dans le même massacre. On accourt, on s'assemble autour des morts & des blessés qui respiroient encore ; on voit la terre fumante de leur sang nouvellement répandu. Parmi les dépouilles des deux Troyens, on reconnoît le casque brillant de Messape, & le riche baudrier de Rhamnès ; dépouilles qui avoient tant coûté à recouvrer.

Déja l'Aurore sortie du lit de Tithon répandoit une nouvelle lumiere sur la terre, & les rayons du Soleil naissant commençoient à mani-

Turnus in arma viros, armis circumdatus ipse,
Suscitat, æratasque acies in prælia cogit;
Quisque suos, variisque acuunt rumoribus iras,
Quin ipsa arrectis (visu miserabile) in hastis
Præfigunt capita, & multo clamore sequuntur,
Euryali, & Nisi.
   Æneadæ duri murorum in parte sinistrâ
Opposuere aciem (nam dextera cingitur amni)
Ingentesque tenent fossas, & turribus altis
Stant mœsti: simul ora virûm præfixa movebant,
Nota nimis miseris, atroque fluentia tabo.
Interea pavidam volitans pennata per urbem
Nuncia fama ruit, matrisque allabitur aures
Euryali: ac subitus miseræ calor ossa reliquit;
Excussi manibus radii, revolutaque pensa.
Evolat infelix, & femineo ululatu,
Scissa comam, muros amens atque agmina cursu
Prima petit. Non illa virûm, non illa pericli,
Telorumve memor: cœlum dehinc quæstibus implet.
Hunc ego te, Euryale, aspicio? tu ne ille senectæ
Sera meæ requies? potuisti linquere solam
Crudelis? nec te, sub tanta pericula missum,
Affari extremum miseræ data copia matri?

Livre IX.

fefter les objets ; lorfque Turnus fe montrant tout armé, fit publier l'ordre de fe tenir prêt inceffamment pour l'attaque du camp ennemi. A l'inftant tous les Chefs raffemblent les troupes fous leurs drapeaux, & par leurs difcours ils excitent l'ardeur des combattants. En même temps ils font porter au bout de deux lances, les têtes de Nifus & d'Euryale : horrible trophée, fuivi des cris de tous les foldats.

Cependant les Troyens, endurcis aux travaux d'un fiege, portent toutes leurs forces à la gauche de leur camp, le fleuve mettant la droite à couvert. Les uns bordent les retranchements ; les autres font poftés dans les tours. Le fpectacle de deux têtes fanglantes, portées fur la pointe de deux lances, s'offre alors à leurs triftes regards, & ils ne les reconnoiffent que trop aifément. La Renommée eut bientôt répandu dans la ville une fi déplorable nouvelle. Elle parvient aux oreilles de la mere d'Euryale. Ses forces & fa chaleur l'abandonnent ; fes fufeaux, & l'ouvrage qui l'occupoit, s'échappent de fes mains. Ayant enfin repris fes fens, elle s'arrache les cheveux, & rempliffant l'air de fes cris lamentables, elle court toute éperdue, monte fur les remparts, & s'avance jufqu'aux premiers rangs. Elle ne craint ni de fe mêler avec les foldats, ni d'être en bute aux traits des affiégeants. » Eft-ce toi » que je vois, mon cher Euryale, s'écrie- » t-elle, toi, la confolation de ma vieilleffe ? » As-tu pu, cruel, me quitter ainfi ? Quoi ! » avant que de t'expofer à de fi grands pé- » rils, tu n'es point venu recevoir mes der- » niers embraffements ! Hélas ! ton corps, » étendu dans une terre étrangere, va donc » être là proie des chiens & des oifeaux. » Malheureufe mere ! je ne t'ai point fer-

Heu, terrâ ignotâ, canibus data præda Latinis,
Alitibufque jaces! nec te, tua funera, mater
Produxi, preffive oculos, aut vulnera lavi,
Vefte tegens, tibi quam noctes feftina diefque
Urgebam, & telâ curas folabar aniles.
Quò fequar? aut quæ nunc artus, avulfaque membra,
Et funus lacerum tellus habet? hoc mihi de te,
Nate, refers? hoc fum terrâque marique fecuta?
Figite me, fi qua eft pietas; in me omnia tela
Conjicite, ô Rutuli : me primam abfumite ferro.
Aut tu, magne pater Divûm, miferere, tuoque
Invifum hoc detrude caput fub Tartara telo,
Quando aliter nequeo crudelem abrumpere vitam.

Hoc fletu concuffi animi, mœftufque per omnes
It gemitus : torpent infractæ ad prælia vires.
Illam incendentem luctus Idæus & Actor,
Ilionei monitu, & multum lacrymantis Iüli
Corripiunt, interque manus fub tecta reponunt.

At tuba terribilem fonitum procul ære canoro
Increpuit : fequitur clamor, cœlumque remugit.
Accelerant actâ pariter teftudine Volfci,
Et foffas implere parant, ac vellere vallum.
Quærunt pars aditum, & fcalis afcendere muros,
Quà rara eft acies, interlucetque corona
Non tam fpiffa viris. Telorum effundere contra
Omne genus Teucri, ac duris detrudere contis,
Affueti longo muros defendere bello.

Livre IX.

» mé les yeux, je n'ai point lavé tes plaies,
» je ne t'ai point rendu les devoirs funebres,
» je n'ai point couvert ton corps de ces ha-
» bits, que je travaillois pour toi nuit & jour :
» travail qui foulageoit les ennuis de ma trifte
» vieilleffe. Où irai-je ? Où trouverai-je les
» malheureux reftes de ton corps ? Voilà donc,
» mon cher fils, tout ce que je reverrai ja-
» mais de toi : voilà ce que je fuis venue
» chercher à travers tant de terres & de mers.
» Cruels Rutules, s'il vous refte encore quel-
» que pitié, lancez contre moi tous vos traits:
» hâtez-vous de me donner la mort : Ou
» vous, pere des Dieux, grand Jupiter, ayez
» pitié de ma douleur : Que votre foudre
» tombe fur cette tête, objet de votre haine,
» & me précipite dans les enfers, fi je ne
» puis autrement me délivrer d'une cruelle
» vie «.

Ses plaintes attendrirent tous les cœurs, tous les Troyens pénétrés de douleur gémiffoient comme elle. Ce malheur les plongea dans l'abattement. Par l'ordre d'Ilionée & d'Afcagne, qui fondoit en larmes, Idée & Actor enlevent cette mere éplorée qui ne ceffoit de crier, & la reconduifent chez elle.

Cependant le bruit éclatant des terribles trompettes fe fait entendre au loin, & tout l'air retentit des cris affreux des Rutules. Déja les Volfques ferrant leurs boucliers, forment la tortue militaire. Tandis que les uns s'avancent pour combler le foffé & arracher les paliffades, d'autres s'approchent des remparts, pour les efcalader aux endroits les plus foibles & les moins garnis de foldats. Les Troyens, aguerris dans cette forte de combat, & à qui un long fiege avoit appris à foutenir des affauts, emploient toutes fortes d'armes

Saxa quoque infesto volvebant pondere, si quâ
Possent tectam aciem perrumpere : cum tamen omnes
Ferre libet subter densâ testudine casus.
Nec jam sufficiunt : nam, quâ globus imminet ingens,
Immanem Teucri molem volvuntque ruuntque ;
Quæ stravit Rutulos latè, armorumque resolvit
Tegmina. Nec curant cæco contendere Marte
Amplius audaces Rutuli ; sed pellere vallo
Missilibus certant.
 Parte aliâ horrendus visu quassabat Etruscam
Pinum, & fumiferos infert Mezentius ignes.
At Messapus equùm domitor, Neptunia proles,
Rescendit vallum, & scalas in moenia poscit.
 Vos, ô Calliope, precor, aspirate canenti ;
Quas ibi tum ferro strages, quæ funera Turnus
Ediderit ; quem quisque virum demiserit Orco :
Et mecum ingentes oras evolvite belli.
Et meministis enim, Divæ, & memorare potestis.
 Turris erat vasto suspectu, & pontibus altis,
Opportuna loco : summis quam viribus omnes
Expugnare Itali, summâque evertere opum vi
Certabant : Troës contra defendere saxis,
Perque cavas densi tela intorquere fenestras.
Princeps ardentem conjecit lampada Turnus,
Et flammam affixit lateri ; quæ plurima vento

contre

contre les assiégeants. Tantôt avec de longues perches ils écartent les ennemis ; tantôt ils font pleuvoir sur eux des pierres d'un poids horrible, pour rompre leur tortue : invincible, elle brave tous les efforts des assiégés. Mais bientôt il faut qu'elle succombe. Un rocher d'une masse énorme, roulé & précipité par des bras vigoureux, tombe du haut du rempart sur cette large voûte de boucliers, l'enfonce, écrase des milliers de soldats, & dissipe tout le bataillon. Alors les fiers Rutules déconcertés, renoncent à cette aveugle attaque, & ne veulent plus que lancer des traits contre les assiégés, pour les chasser des remparts.

D'une autre part, Mézence, dont la vue inspire l'horreur, secouant une torche Etrusque qui répand au loin la flamme & la fumée, s'avance pour mettre le feu aux palissades. En même temps Messape, fameux domteur de chevaux, fils de Neptune, entreprend de sapper la muraille, & demande des échelles pour monter à l'assaut.

Muses, vous sur-tout Calliope, soutenez ici ma voix : racontez-moi les sanglants exploits de Turnus dans cette journée : dites-moi combien de guerriers furent précipités dans le sombre empire de Pluton : dévoilez avec moi les grands événements de ce siege : ô Muses, vous vous en souvenez, & vous le pouvez décrire.

Il y avoit une haute tour de bois à plusieurs étages avantageusement située, & que les assiégeants faisoient tous leurs efforts pour renverser. Les Troyens la défendoient avec vigueur, & faisoient pleuvoir sur les ennemis, par les crénaux & par les meutrieres, une grêle de pierres & de traits. Turnus prenant lui-même un brandon, le lance contre cette

Corripuit tabulas, & postibus hæsit adesis.
Turbati trepidare intùs, frustraque malorum
Velle fugam. Dum se glomerant, retroque resident
In partem, quæ peste caret; tum pondere turris
Procubuit subitò, & cœlum tonat omne fragore.
Semineces ad terram, immani mole secutâ,
Confixique suis telis, & pectora duro
Transfossi ligno veniunt: vix unus Helenor,
Et Lycus elapsi : quorum primævus Helenor,
Mæonio regi quem serva Lycimnia furtim
Sustulerat, vetitisque ad Trojam miserat armis;
Ense levis nudo, parmâque inglorius albâ.
Isque ubi se Turni media inter millia vidit,
Hinc acies atque hinc acies astare Latinas:
Ut fera, quæ densâ venantum septa coronâ
Contra tela furit, seseque haud nescia mortis
Injicit, & saltu supra venabula fertur :
Haud aliter juvenis medios moriturus in hostes
Irruit, & quà tela videt densissima, tendit.
   At pedibus longè melior Lycus, inter & hostes
Inter & arma, fugâ muros tenet; altaque certat
Prendere tecta manu, sociûmque attingere dextras.
Quem Turnus pariter cursu teloque secutus,
Increpat his victor : Nostrasne evadere, demens,
Sperasti te posse manus ? simul arripit ipsum
Pendentem, & magna muri cum parte revellit;

tour, où il s'attache. Le vent excitant la flamme, les planches & toute la charpente s'embrasent. Alors les assiégés, saisis de trouble & d'effroi, se refugient en désordre vers l'endroit que l'incendie épargne encore. Ils fuient vainement le malheur qui les poursuit. Tandis qu'ils se poussent & se précipitent tous vers le côté opposé aux flammes, la tour, surchargée en cet endroit, s'écroule tout à coup avec un horrible fracas, dont le Ciel retentit. Les uns tombent, écrasés par la chûte de l'edifice : les autres sont percés de leurs propres armes, ou par les éclats des poutres brisées. Hélénor & Lycus sont presque les seuls qui échappent. Hélénor, le plus âgé des deux, étoit fils du Roi de Méonie, & de l'esclave Lycemnia, qui l'ayant élevé secrétement, l'envoya, contre les loix de la milice, au siege de Troie. Il n'avoit alors pour armes que l'épée, avec un simple bouclier sans cifelure. Lorsqu'il se vit au milieu de l'armée de Turnus, & de toutes parts enveloppé de Rutules & de Latins : comme une bête farouche, assaillie d'une nombreuse troupe de chasseurs armés, s'élance contre les dards, affronte une mort certaine, & saute par-dessus les épieux : tel l'intrépide Hélénor se jette sans espoir au milieu des ennemis, & attaque les bataillons les plus hérissés de lances & de javelines.

Lycus, plus léger à la course, perce à travers les ennemis & s'échappe. Déja il est parvenu au pied du rempart, où il tâche de monter avec le secours de ses compagnons, qui lui tendent la main. Mais Turnus l'atteint. Insensé, lui dit-il, as-tu cru pouvoir m'échapper ? En même temps il le tire avec effort, & entraîne avec lui un pan de la muraille. Ainsi l'oiseau de Jupiter fond sur un lievre ou sur

Qualis ubi aut leporem, aut candenti corpore
   cygnum
Suſtulit alta petens pedibus Jovis armiger uncis ;
Quæſitum aut matri multis balatibus agnum
Martius à ſtabulis rapuit lupus. Undique clamor
Tollitur : invadunt, & foſſas aggere complent.
Ardentes tædas alii ad faſtigia jactant.
  Ilioneus ſaxo, atque ingenti fragmine montis
Lucetium portæ ſubeuntem, ignesque ferentem ;
Emathiona Liger, Corinæum ſternit Aſylas :
Hic jaculo bonus, hic longè fallente ſagittâ ;
Ortygium Cæneus, victorem Cænea Turnus :
Turnus Itim, Cloniumque, Dioxippum, Promu-
   lumque,
Et Sagarim, & ſummis ſtantem pro turribus Idan :
Privernum Capys : hunc primo levis haſta Temillæ
Strinxerat : ille manum, projecto tegmine, demens
Ad vulnus tulit : ergo alis allapſa ſagitta,
Et lævo infixa eſt lateri manus, abditaque intus
Spiramenta animæ letali vulnere rumpit.
Stabat in egregiis Arcentis filius armis,
Pictus acu chlamydem, & ferrugine clarus Iberâ ;
Inſignis facie : genitor quem miſerat Arcens,
Eductum Martis luco, Symethia circum
Flumina, pinguis ubi & placabilis ara Palici.
Stridentem fundam poſitis Mezentius haſtis
Ipſe ter adductâ circum caput egit habenâ,
Et media adverſi liquefacto tempora plumbo
Diffidit, ac multâ porrectum extendit arenâ.
  Tum primùm bello celerem intendiſſe ſagittam
Dicitur, ante feras ſolitus terrere fugaces,

un cygne, le prend entre ſes ſerres, & l'enleve au haut des airs ; ainſi un loup audacieux ſurprend un agneau, que ſa mere appelle en vain. L'action de Turnus eſt applaudie par les cris de tous ſes ſoldats. Ils s'avancent auſſi-tôt pour combler le foſſé, tandis que d'autres lancent des feux contre les tours.

Dans le temps que Lucétius met le feu à une porte, Ilionée fait tomber ſur ſa tête une pierre énorme qui l'écraſe. Liger, habile à lancer le dard, tue Emathion. Azylas, dont la main ſûre frappe au but le plus éloigné, décoche une fleche, qui atteint & perce Corinée. Cénée tue Ortygius, & Cénée à ſon tour eſt tué par Turnus, qui en même-temps immole Itys, Cléonius, Dioxippe, Promulus, Sagaris, & Idas, chargé de la défenſe des tours. Capis tue Priverne d'un coup de fleche. Priverne, déja bleſſé par la lance de Témille, avoit jetté ſon bouclier & portoit ſa main à ſa plaie, lorſque la fleche ailée de Capis fendant les airs lui perce la main, pénetre dans ſa poitrine, & lui fait perdre la reſpiration & la vie. Le fils d'Arcens ſe diſtinguoit par la beauté de ſon viſage, par l'éclat de ſes armes, & par ſon manteau de teinture d'Ibérie, richement brodé. Son pere, avant de l'expoſer aux périls de la guerre, l'avoit élevé avec ſoin ſur le bord du fleuve Symethe, dans un bois conſacré au Dieu Mars, où eſt aujourd'hui le riche & propice autel de Palicus. Mézence l'ayant apperçu, met bat ſes javelots, & enferme une balle de plomb dans une fronde qu'il fait tourner trois fois : le plomp s'échappe, vole, fend la tête du fils d'Arcens, & l'étend mort ſur le ſable.

On dit que ce fut alors qu'Aſcagne, qui n'avoit encore épouvanté que les timides hôtes des forêts, fit dans un combat le premier eſſai

Ascanius, fortemque manu fudisse Numanum,
Cui Remulo cognomen erat, Turnique minorem
Germanam, nuper thalamo sociatus, habebat.
Is primam ante aciem digna atque indigna relatu
Vociferans : tumidusque novo præcordia regno,
Ibat, & ingentem sese clamore ferebat.
Non pudet obsidione iterum valloque teneri,
Bis capti Phryges, & morti prætendere muros ?
En, qui nostra sibi bello connubia poscunt.
Quis Deus Italiam, quæ vos dementia adegit ?
Non hic Atridæ, nec fandi fictor Ulysses.
Durum ab stirpe genus : natos ad flumina primùm
Deferimus, sævoque gelu duramus & undis :
Venatu invigilant pueri, sylvasque fatigant :
Flectere ludus equos, & spicula tendere cornu.
At patiens operum, parvoque assueta juventus
Aut rastris terram domat, aut quatit oppida bello.
Omne ævum ferro teritur, versâque juvencûm
Terga fatigamus hastâ : nec tarda senectus
Debilitat vires animi, mutatque vigorem ;
Canitiem galeâ premimus : semperque recentes
Comportare juvat prædas, & vivere rapto.
Vobis picta croco, & fulgenti murice vestis ;
Desidiæ cordi : juvat indulgere choreis,
Et tunicæ manicas, & habent redimicula mitræ.
O verè Phrygiæ, neque enim Phryges, ite per alta

de ſes rapides fleches. Il perça d'un trait le brave Numanus, ſurnommé Rémulus, qui avoit depuis peu épouſé la derniere ſœur de Turnus. Numanus enflé de ſa nouvelle alliance avec un Roi, étoit à la tête de la premiere ligne, où ſon brutal orgueil inſultant les Troyens à haute voix, vomiſſoit contr'eux les plus horribles injures. ῾῾Lâches Phrygiens, crioit-il,
῾῾ vous ne rougiſſez pas d'être pour la ſeconde
῾῾ fois aſſiégés, & de mettre des murailles en-
῾῾ tre vous & la mort? Voilà donc cette nation,
῾῾ qui, les armes à la main, veut nous enlever
῾῾ une épouſe. Quel Dieu, ou plutôt quelle fu-
῾῾ reur vous a conduits en Italie? Vous ne
῾῾ trouverez ici ni les fils d'Atrée, ni le fourbe
῾῾ Ulyſſe, mais des hommes nés robuſtes, qui
῾῾ plongent dans les fleuves leurs enfants nou-
῾῾ vellement nés, & les endurciſſent dans les
῾῾ glaces. Parcourir les forêts, pourſuivre les
῾῾ bêtes farouches, domter les chevaux, lan-
῾῾ cer des traits, ce ſont les jeux de notre en-
῾῾ fance. Notre jeuneſſe, ſobre & laborieuſe,
῾῾ cultive la terre où porte les armes. Nous
῾῾ avons ſans ceſſe le fer à la main: un dard
῾῾ eſt l'aiguillon dont nous nous ſervons, pour
῾῾ preſſer nos bœufs attelés à la charrue. La
῾῾ lente vieilleſſe ne nous abat ni les forces ni
῾῾ le courage: nous couvrons d'un caſque nos
῾῾ cheveux blancs. Nous nous enrichiſſons ſans
῾῾ ceſſe de nouvelles dépouilles, & nous vi-
῾῾ vons de butin. Pour vous, Troyens, vous
῾῾ portez ſous des habits de couleur éclatante
῾῾ des cœurs lâches, qui ne reſpirent que la
῾῾ danſe & les vains amuſements. Vos tuniques
῾῾ à longues manches, vos mitres ornées de
῾῾ rubans annoncent votre molleſſe. Allez, Phry-
῾῾ giennes (car vous ne méritez pas le nom de
῾῾ Phrygiens) allez danſer ſur votre montagne

Dindyma ubi assuetis biforem dat tibia cantum.
Tympana vox buxusque vocant Berecynthia matris
Idææ : sinite arma viris, & cedite ferro.
　　Talia jactantem dictis, ac dira canentem
Non tulit Ascanius : nervoque obversus equino,
Intendit telum, diversaque brachia ducens,
Constitit, ante Jovem supplex per vota precatus :
Jupiter omnipotens, audacibus annue cœptis.
Ipse tibi ad tua templa feram solemnia dona,
Et statuam ante aras auratâ fronte juvencum
Candentem, pariterque caput cum matre ferentem ;
Jam cornu petat, & pedibus qui spargat arenam.
Audiit, & cœli Genitor de parte serenâ
Intonuit lævum : sonat unà fatifer arcus :
Effugit horrendum stridens adducta sagitta,
Perque caput Remuli venit, & cava tempora ferro
Trajicit. I, verbis virtutem illude superbis :
Bis capti friges hæc Rutulis responsa remittunt.
Hoc tantùm Ascanius. Teucri clamore sequuntur,
Lætitiâque fremunt : animosque ad sidera tollunt.
　　Ætheria tum fortè plagâ crinitus Apollo
Desuper Ausonias acies urbemque videbat
Nube sedens, atque his victorem affatur Iülum :
Macte novâ virtute puer : sic itur ad astra,
Diis genite, & geniture Deos : jure omnia bella
Gente sub Assaraci fato ventura resident :
Nec te Troja capit. Simul hæc effatus, ab alto
Æthere se mittit ; spirantes dimovet auras,
Ascaniumque petit. Formam tum vertitur oris

» de Dindyme, où vos oreilles font accoutumées
» au double fon de la flûte Phrygienne. Cet inf-
» trument & les tambourins de votre Déeffe d'Ida
» vous appellent. Renoncez aux armes, cédez le
» fer aux hommes «.

Afcagne ne put fouffrir ces infolentes bravades. Il bande fon arc, & tout prêt à tirer il fait cette priere à Jupiter: » Dieu tout-puiffant,
» favorife mon coup d'effai: j'offrirai des dons
» folemnels dans tes Temples: je t'immolerai
» un jeune taureau blanc, dont les cornes fe-
» ront dorées, auffi grand que fa mere, qui
» déja frappera de la corne, & dont les pieds
» feront voler la pouffiere «. Le Pere des Dieux l'exauce. Au milieu d'un ciel ferein, le tonnerre gronde à fa gauche. Soudain fa fleche part, vole, fiffle, frappe Rémulus à la tête, & lui perce les deux tempes. » Infulte maintenant
» à la valeur par tes difcours infolents,
» dit-il: voilà la réponfe de ces lâches Phry-
» giens, qui fe laiffent deux fois vaincre dans
» leurs murs «. Le courageux Afcagne ne dit que ces mots. Les Troyens, tranfportés de joie & triomphants, lui applaudiffent par un cri général.

Cependant Apollon à la belle chevelure, affis fur un nuage, confidéroit l'armée des Rutules, & le camp des Troyens. » Courage,
» généreux enfant, dit-il au jeune Afcagne:
» c'eft ainfi qu'on fe rend immortel: tu def-
» cends des Dieux, & de toi des Dieux doi-
» vent defcendre. La race d'Affaracus fera un
» jour ceffer toutes les guerres que le Deftin
» aura allumées. L'Empire de Troie n'étoit pas
» digne de toi «. A ces mots, il defcend de la nue, fend les airs, & s'approche du jeune Prince, fous la figure du vieux Butès, autrefois Ecuyer d'Anchife, & le fidele garde de fa

Antiquum in Buten : hic Dardanio Anchisæ
Armiger ante fuit, fidusque ad limina custos.
Tum comitem Ascanio pater addidit : ibat Apollo
Omnia longævo similis, vocemque, coloremque,
Et crines albos, & sæva sonoribus arma ;
Atque his ardentem dictis affatur Iülum :
Sit satis, Æneide, telis impune Numanum
Oppetiisse tuis : primam hanc tibi magnus Apollo
Concedit laudem, & paribus non invidet armis ;
Cætera parce, puer, bello. Sic orsus Apollo
Mortales medio aspectus sermone reliquit,
Et procul in tenuem ex oculis evanuit auram.
Agnovere Deum proceres divinaque tela
Dardanidæ, pharetramque fugâ sensere sonantem.
Ergo avidum pugnæ, dictis ac numine Phœbi,
Ascanium prohibent : ipsi in certamina rursus
Succedunt, animasque in aperta pericula mittunt.
  It clamor totis per propugnacula muris :
Intendunt acres arcus, amentaque torquent.
Sternitur omne solum telis : tum scuta, cavæque
Dant sonitum flictu galeæ : pugna aspera surgit.
Quantus ab occasu veniens pluvialibus hœdis
Verberat imber humum : quam multâ grandine
  nimbi
In vada præcipitant, cum Jupiter horridus Austris
Torquet aquosam hyemem, & cœlo cava nubila
  rumpit.
  Pandarus & Bitias, Idæo Alcanore creti,
Quos Jovis eduxit luco sylvestris Hiera,

porte, mais pour lors gouverneur d'Afcagne. Apollon avoit pris la parfaite reſſemblance du Vieillard, fa voix, fon teint, ſes cheveux blancs, avec fes armes ordinaires. ,, Fils d'E-
,, née, dit-il au jeune Prince tranſporté d'ar-
,, deur, c'eſt aſſez pour vous d'avoir vaincu
,, le brave Numanus. Vous devez ce glorieux
,, coup d'eſſai à la faveur d'Apollon, qui n'eſt
,, point jaloux qu'on égale ſon adreſſe. Ce-
,, pendant ceſſez, courageux enfant, de vous
,, expoſer dans les combats ''. A ces mots Apollon ſe dérobe à ſa vue mortelle, & s'évanouit dans les airs. Les Capitaines Troyens, qui environnoient Afcagne, reconnurent le Dieu au bruit de ſon carquois & de ſes fleches. Suivant les divins conſeils d'Apollon, ils réprimerent donc l'ardeur guerriere du jeune Prince, & le déroberent aux dangers. Pour eux, ils continuerent de combattre & d'affronter les hazards.

Tout à coup un grand cri s'éleve le long des remparts: à l'inſtant tous les arcs ſont tendus: mille fleches partent, mille dards lancés d'un bras vigoureux volent dans les airs. Toute la terre en un moment eſt jonchée de traits. Les caſques & les boucliers retentiſſent des coups qu'ils parent. Le combat devient furieux. Ainſi ſous la conſtellation des Chevreaux, il vient du couchant des pluies orageuſes, qui ravagent les campagnes; ainſi le redoutable Jupiter ſouleve les vents du midi, excite une horrible tempête, & briſe les nuages, d'où s'échappe une grêle affreuſe qui ſe précipite ſur la terre.

Il y avoit dans le camp des Troyens deux fils d'Alcanor, Idéen, nommés Pandare & Bitias: Hiéra leur mere, habitante des forêts, les avoit élevés dans un bois conſacré à Jupiter. Ces deux jeunes guerriers, dont la taille énorme

Abjetibus juvenes patriis, & montibus æquos :
Portam, quæ ducis imperio commiſſa, recludunt
Freti armis, ultroque invitant mœnibus hoſtem.
Ipſi intùs dextrâ ac levâ pro turribus aſtant
Armati ferro, & criſtis capita alta coruſci.
Quales aëriæ, liquentia flumina circum,
Sive Padi ripis, Atheſim ſeu propter amœnum,
Conſurgunt geminæ quercus, intonſaque cœlo
Attollunt capita, & ſublimi vertice nutant.
Irrumpunt aditus Rutuli ut videre patentes.
Continuò Quercens, & pulcher Aquicolus armis,
Et præceps animi Tmarus, & Mavortius Hæmon,
Agminibus totis aut verſi terga dedere,
Aut ipſo portæ poſuere in limine vitam.
Tum magis increſcunt animis diſcordibus iræ :
Et jam collecti Troës glomerantur eodem,
Et conferre manum, & procurrere longiùs audent.

  Ductori Turno diversâ in parte furenti
Turbantique viros perfertur nuncius, hoſtem
Fervere cæde novâ, & portas præbere patentes.
Deſerit inceptum, atque immani concitus irâ
Dardaniam ruit ad portam, fratreſque ſuperbos :
Et primum Antiphaten, is enim ſe primus agebat,
Thebanâ de matre nothum Sarpedonis alti
Conjecto ſternit jaculo : volat Itala cornus
Aëra per tenuem, ſtomachoque infixa ſub altum
Pectus abit : reddit ſpecus atri vulneris undam
Spumantem, & fixo ferrum in pulmone tepeſcit.
Tum Meropem, atque Erymantha manu, tum
    ſternit Aphidnum,
Tum Bitian, ardentem oculis, animiſque frementem ;

Livre IX.

égaloit la hauteur des montagnes & des sapins, au milieu desquels ils étoient nés, comptant sur leurs armes, ouvrent la porte, dont on leur avoit confié la garde, & défient l'ennemi de pénétrer dans le camp. Le casque en tête & le fer à la main, ils se tiennent fiérement aux deux côtés de la porte, vis-à-vis des tours dont elle étoit flanquée ; tels que deux chênes plantés sur les rives du Pô ou de l'Adige, qui élevent jusqu'aux cieux leurs têtes battues des vents. Les Rutules voyant une porte du camp ouverte y accoururent en foule. Quercens, le brillant Aquicole, le bouillant Tmarus, & le belliqueux Hémon viennent à la tête de leurs soldats attaquer les deux freres. Mais tous sont mis en fuite, ou tombent étendus aux pieds des deux géants. Ce spectacle redouble la fureur de part & d'autre. Les Troyens encouragés se rassemblent à cette même porte, & brûlant de combattre, ils osent franchir la barriere.

Les Rutules envoient dire aussi-tôt à Turnus, qui, d'un autre côté, chargeoit avec vigueur, que les assiégés viennent d'ouvrir les portes de leur camp, qu'ils sont sortis sur les assiégeants, & qu'ils font un grand carnage. Turnus, que ce rapport met en fureur, abandonne son attaque, accourt du côté de la porte ouverte, & s'avance vers les deux redoutables freres. Avant d'arriver, celui qui s'offre le premier à ses coups, est Antiphate, fils naturel du grand Sarpedon & d'une Thébaine. Il lui lance un dard Italique, dont il lui perce la poitrine. Le fer pénetre jusqu'à ses poulmons, reste dans la plaie & fait jaillir un torrent de sang. Turnus fait subir le même sort à Mérope, à Erymanthe, & à Aphidne. Il marche ensuite contre l'ardent Bitias, dont les yeux étincellent & le cœur frémit de colere. Ce n'est point avec un dard qu'il l'at-

Non jaculo, neque enim jaculo vitam ille dediſſet,
Sed magnum ſtridens contorta phalarica venit
Fulminis acta modo: quam nec duo taurea terga,
Nec duplici ſquammâ lorica fidelis & auro
Suſtinuit: collapſa ruunt immania membra.
Dat tellus gemitum, & clypeum ſuper intonat in-
gens.
Qualis in Euboïco Bajarum littore quondam
Saxea pila cadit, magnis quam molibus ante
Conſtructam jaciunt Ponto: ſic illa ruinam
Prona trahit, penituſque vadis illiſa recumbit:
Miſcent ſe maria, & nigræ attolluntur arenæ:
Tum ſonitu Prochyta alta tremit, durumque cu-
bile
Inarime, Jovis imperiis impoſta Typhoëo.
 Hîc Mars armipotens animum vireſque Latinis
Addidit, & ſtimulos acres ſub pectore vertit;
Immiſitque fugam Teucris, atrumque timorem.
Undique conveniunt; quoniam data copia pugnæ,
Bellatorque animo Deus incidit.
Pandarus, ut fuſo germanum corpore cernit,
Et quo ſit fortuna loco, qui caſus agat res,
Portam vi multâ converſo cardine torquet
Obnixus latis humeris, multoſque ſuorum
Mœnibus excluſos duro in certamine linquit:
Aſt alios ſecum includit, recipitque ruentes:
Demens! qui Rutulum in medio non agmine re-
gem
Viderit irrumpentem, ultroque incluſerit urbi,
Immanem veluti pecora inter inertia tigrim.
Continuò nova lux oculis effulſit, & arma
Horrendum ſonuere: tremunt in vertice criſtæ
Sanguineæ clypeoque micantia fulgura mittit.

taque (un dard ne lui eût pu faire perdre la vie) mais avec la formidable phalarique. Il la lance avec la même impétuosité que Jupiter lance la foudre ; le bouclier de Bitias couvert de deux cuirs, & sa fidéle cuirasse formée d'un tissu de maille d'or, ne peuvent résister à la violence du coup terrible. Blessé à mort, il tombe de toute sa hauteur : sa chûte fait gémir la terre & retentir son vaste bouclier. Ainsi sur le rivage de Baïes tombe dans la mer un vaste amas de pierres assemblées pour former une puissante digue : la masse écroulée bouleverse les flots, & souleve un sable noir au fond des abymes : elle fait trembler l'Isle de Prochyte & les rochers d'Inarime, par l'ordre de Jupiter entassés sur le corps du Géant Typhoé, dont cette Isle est le funeste lit.

Alors le Dieu Mars rehausse le courage des Latins, & abat celui des Troyens, à qui il envoie la fuite & la triste épouvante. Les premiers se rassemblant de toutes parts à la vue de l'ennemi hors des murailles, sont animés par le Dieu des combats. Dans cette circonstance, Pandare voyant son frere étendu par terre, les Troyens repoussés, & le danger qui les menace, appuie en dedans ses larges épaules contre la porte du camp, la fait tourner sur ses gonds, malgré les efforts des assiégeants, & vient à bout de la fermer, laissant hors des murs un grand nombre de ses compagnons engagés dans un sanglant combat. Cependant plusieurs rentrent avec lui : insensé, qui ne s'apperçut pas que le Roi des Rutules le suivoit, & qu'il l'introduisoit lui-même dans le camp, tel qu'un tigre cruel au milieu d'un timide troupeau ! Bientôt on le reconnoît au terrible bruit de ses armes, à l'aigrette rouge qui flotte sur son casque, aux foudroyants éclairs de son bouclier

Agnoscunt faciem invisam, atque immania membra
Turbati subitò Æneadæ. Tum Pandarus ingens
Emicat, & mortis fraternæ fervidus irâ
Effatur : Non hæc dotalis regia Amatæ,
Nec muris cohibet patriis media Ardea Turnum.
Castra inimica vides ; nulla hinc exire potestas.
Olli subridens sedato pectore Turnus :
Incipe, si qua animo virtus, & confere dextram :
Hîc etiam inventum Priamo narrabis Achillem.
Dixerat : ille rudem nodis & cortice crudo
Intorquet summis adnixus viribus hastam.
Excepere auræ vulnus : Saturnia Juno
Detorsit veniens, portæque infigitur hasta.
At non hoc telum, mea quod vi dextera versat,
Effugies : neque enim is teli nec vulneris autor.
Sic ait, & sublatum altè consurgit in ensem,
Et mediam ferro gemina inter tempora frontem
Dividit, impubesque immani vulnere malas.
Fit sonus : ingenti concussa est pondere tellus.
Collapsos artus, atque arma cruenta cerebro
Sternit humi moriens : atque illi partibus æquis
Huc caput atque illuc humero ex utroque pependit.
 Diffugiunt versi trepidâ formidine Troës.
Et, si continuò victorem ea cura subisset,
Rumpere claustra manu, sociosque immittere por-
  tis,
Ultimus ille dies bello, gentique fuisset.
Sed furor ardentem, cædisque insana cupido
Egit in adversos.
Principio Phalarim, & succiso poplite Gygen,

à son air ennemi, & à sa haute taille. Les Troyens à cet aspect se troublent: mais Pandare sans s'effrayer marche avec lui, brûlant de venger la mort de son frere. » Ce n'est pas ici, » lui dit-il, le Palais d'Amate, dont Turnus » se flatte d'épouser la fille: il n'est pas ren- » fermé dans les murs d'Ardée sa patrie. Te » voici, Turnus, au milieu de tes ennemis; » tu ne leur échapperas point «. Turnus, sans s'émouvoir, lui répond en souriant: » Si tu as » du courage, viens l'essayer contre moi: tu » pourras bientôt raconter à Priam, que tu as » trouvé un nouvel Achille «. Pandare lui lance aussi-tôt de toute sa force un javelot terrible, dont le bois noueux étoit couvert de son écorce; mais le coup se perdit dans les airs: Junon le détourna, & le dard demeura enfoncé dans la porte. » Tu n'éviteras pas ainsi, lui dit Tur- » nus, le coup que ma main te destine; c'est un » autre bras que le tien, dont tu vas éprouver » l'adresse & la vigueur «. Il dit, & levant un redoutable cimeterre, il lui en décharge un coup si violent, qu'il lui fend la tête entre les deux tempes, & sépare ses deux joues, qui étoient encore sans barbe. Sa tête partagée tombe sur ses deux épaules, sa cervelle se répand sur ses armes ensanglantées, & la terre est émue de la chûte de son corps énorme.

A cette vue les Troyens saisis d'effroi prennent la fuite: & si Turnus dans le même temps eût pensé à briser les portes du camp pour y introduire ses troupes, ce jour eût été le dernier jour de la guerre & de la nation Troyenne. Mais il se laissa emporter par la fureur du carnage. Il tombe d'abord sur Phalaris, & sur Gygès à qui il coupe un jarret. Après s'être saisi de leurs dards, il les lance contre ceux que la terreur faisoit fuir. Junon augmentoit

Excipit : hinc raptas fugientibus ingerit haſtas
In tergum : Juno vires animumque miniſtrat.
Addit Halyn comitem , & confixum Phegea par-
   ma :
Ignaros deinde in muris , Martemque cientes ,
Alcandrumque , Haliumque , Noëmonaque , Pryta-
   nimque ,
Lyncea tendentem contra , ſociofque vocantem
Vibranti gladio connixus ab aggere dexter
Occupat : huic uno dejectum cominus ictu.
Cum galea longe jacuit caput : inde ferarum
Vaſtatorem Amycum ; quo non felicior alter
Ungere tela manu , ferrumque armare veneno :
Et Clytium Æoliden , & amicum Cretea Muſis :
Cretea Muſarum comitem , cui carmina ſemper
Et citharæ cordi , numeroſque intendere nervis :
Semper equos , atque arma virum , pugnafque ca-
   nebat.
   Tandem ductores , auditâ cæde ſuorum ,
Conveniunt Teucri. Mneſtheus , acerque Sereſtus ,
Palantefque vident ſocios , hoſtemque receptum.
Et Mneſtheus : Quo deinde fugam ? quo tenditis ?
   inquit.
Quos alios muros ? quæ jam ultra mœnia habetis ?
Unus homo , & veſtris , ô cives , undique ſeptus
Aggeribus , tantas ſtrages impune per urbem
Ediderit ? juvenum primos tot miſerit Orco ?
Non infelicis patriæ , veterumque Deorum ,
Et magni Æneæ , ſegnes miſeretque , pudetque ?
Talibus accenſi firmantur , & agmine denſo
Conſiſtunt. Turnus paulatim excedere pugna ,
Et fluvium petere , ac partem , quæ cingitur amni.
Acriùs hoc Teucri clamore incumbere magno ,
Et glomerare manum. Ceu ſævum turba leonem
Cùm telis premit infenſis : ac territus ille ,

sa force & son courage. Il immole Halys & Phégé, dont il perce le petit bouclier. Il monte ensuite sur le rempart : il attaque & renverse Alcandre, Halius, Noëmon & Prytanis, qui ignoroient que ce Prince fût dans le camp. Cependant Lyncée marche contre lui, & appelle ses compagnons. Mais Turnus se rangeant contre la muraille le prévient, & lui assène un coup de cimeterre, qui lui fait voler la tête avec le casque. Il tue aussi Amycus le plus grand chasseur de son temps, habile dans l'art funeste de tremper les dards dans des sucs vénéneux. Il tourne ensuite ses armes contre Clytius fils d'Eole, & contre Crétée, favori des Muses, qui, épris de l'harmonie des vers & des charmes de la Musique, chantoit souvent sur sa lyre les courses des chevaux, & les combats des Guerriers.

Cependant les deux commandants, Mnesthée & Séreste, apprennent le carnage que Turnus fait dans le camp : ils accourent ; ils voient l'ennemi dans les murs, & leurs défenseurs dispersés, qui fuient devant lui. ″ Où fuyez-vous, ″ Troyens, s'écrie Mnesthée ? Avez-vous d'au-″ tres remparts que ceux-ci ? Un seul hom-″ me enfermé dans vos murailles cause tout ″ ce désordre, & moissonne impunément la ″ fleur de nos jeunes guerriers ! Lâches, vous ″ oubliez ainsi ce que vous devez à votre patrie, ″ à votre Roi, à vos Dieux ! « Ces paroles réveillent le courage des Troyens. Ils se rallient, & font tête à l'ennemi. Turnus évite le combat, & se retire insensiblement du côté du fleuve. Les Troyens se réunissent pour l'attaquer : ils poussent de grands cris, & le poursuivent avec ardeur. Tel qu'un lion redoutable, pressé par une troupe de chasseurs armés, recule en rugissant, & lance des re-

Asper, acerba tuens, retro redit? & neque terga
Ira dare aut virtus pariter: nec tendere contrà
Ille quidem, hoc cupiens, potis est, per tela virof-
    que,
Haud aliter retrò dubius vestigia Turnus
Improperata refert, & mens exæstuat irâ.
Quin etiam bis tum medios invaserat hostes:
Bis conversa fugâ per muros agmina vertit.
Sed manus è castris propere coit omnis in unum:
Nec contra vires audet Saturnia Juno
Sufficere: aëriam cœlo nam Jupiter Irim
Demisit, germanæ haud mollia jussa ferentem;
Ni Turnus cedat Teucrorum mœnibus altis.
Ergo nec clypeo juvenis subsistere tantùm
Nec dextrâ valet: injectis sic undique telis
Obruitur: strepit assiduo cava tempora circum
Tinnitu galea, & saxis solida æra fatiscunt,
Discussæque jubæ capiti: nec sufficit umbo
Ictibus: ingeminant hastis & Troës, & ipse
Fulmineus Mnestheus: tum toto corpore sudor
Liquitur, & piceum (nec respirare potestas)
Flumen agit: fessos quatit æger anhelitus artus.
Tùm demùm præceps saltu sese omnibus ormis
In fluvium dedit: ille suo cum gurgite flavo
Accepit venientem, ac mollibus extulit undis,
Et lætam sociis, ablutâ cæde, remisit.

gards terribles : fa colere & fon courage l'empêchent de fuir : il voudroit, mais il ne peut, s'élancer fur tous les chaffeurs, & fe faire jour à travers les dards & les épieux. Le fier Turnus, incertain, furieux, recule lentement & malgré lui. Deux fois il repouffe lui feul un gros d'ennemis ; deux fois il fait fuir le long des remparts une troupe nombreufe de Troyens. Mais toute l'armée s'étant raffemblée pour l'inveftir, Junon n'ofe plus le protéger contre tant de bras réunis. Car Jupiter en ce moment envoie Iris à fa divine époufe, pour lui annoncer de fa part des ordres menaçants, fi Turnus ne fe hâte de fortir du camp des Troyens. Ce Prince fent alors que fa force & fon courage l'abandonnent. A peine peut-il lever le bras pour frapper, à peine peut-il oppofer fon bouclier aux coups terribles qu'on lui porte. Son cafque & toutes fes armes retentiffent des traits & des pierres, dont elles ne peuvent plus foutenir les atteintes. Son panache eft renverfé, & fon bouclier n'eft plus capable de parer tant de coups. Le foudroyant Mnefthée, à la tête de fes guerriers armés de lances, le laiffe à peine refpirer. A la fin, couvert de fueur, de fang & de pouffiere, & hors d'haleine, il s'élance tout armé dans le fleuve. Le Tibre le reçoit dans fon fein ; il le foutient fur fes flots tranquilles, & après avoir lavé le fang dont il étoit fouillé, il le rend à fon armée.

PUBLII VIRGILII MARONIS ÆNEIDOS.

LIBER DECIMUS.

Panditur intereà domus omnipotentis Olympi,
Consiliumque vocat Divûm pater atque hominum
   rex
Sideream in sedem : terras undè arduus omnes
Castraque Dardanidûm aspectat, populosque La-
   tinos.
Consident tectis bipatentibus. Incipit ipse :
Cœlicolæ magni, quia nam sententia vobis
Versa retrò, tantumque animis certatis iniquis ?
Abnueram bello Italiam concurrere Teucris.
Quæ contra vetitum discordia ? Quis metus aut hos
Aut hos arma sequi, ferrumque lacessere suasit ?
Adveniet justum pugnæ (ne arcessite) tempus,
Cùm fera Carthago Romanis arcibus olim
Exitium magnum, atque Alpes immittet apertas,
Tùm certare odiis, tùm res rapuisse licebit.
Nunc sinite, & placidum læti componite fœdus.

L'ÉNÉIDE
DE
VIRGILE.
LIVRE DIXIEME.

Cependant le Palais de l'Olympe s'ouvre, & Jupiter y rassemble les Dieux autour de son trône semé d'étoiles. C'est de là que le Pere des Dieux & des Hommes, abaissant ses regards sur la terre, voit le camp Troyen & l'armée Latine. Tous les Dieux s'asseyent, & Jupiter leur parle ainsi : " Grands
" Citoyens des Cieux, pourquoi avez-vous changé
" de résolution ? Pourquoi cette partialité & cette
" haine, qui vous divisent ? J'avois défendu que les
" peuples d'Italie fissent la guerre aux Troyens.
" D'où vient cette discorde, qui malgré ma défense
" regne entre les deux nations ? Quelle terreur leur
" a fait prendre les armes de part & d'autre, & les
" a excités à se livrer des combats ? Ne prévenons
" point le temps fatal. Un jour viendra que l'Italie
" sera le théâtre d'une sanglante guerre, quand la fé-
" roce Carthage s'étant ouvert une route à travers les
" Alpes, menacera de renverser le Capitole. Alors
" il vous sera permis de donner un libre cours
" à vos inimitiés, & de ravager ces contrées.

Jupiter hæc paucis : at non Venus aurea contra
Pauca refert.

O Pater, ô hominum Divûmque æterna potestas!
Namque aliud quid sit, quod jam implorare quea-
    mus ?
Cernis ut insultent Rutuli, Turnusque feratur
Per medios insignis equis, tumidusque secundo
Marte ruat. Non clausa tegunt jam mœnia Teucros.
Quin intra portas, atque ipsis prælia miscent
Aggeribus murorum, & inundant sanguine fossæ.
Æneas ignarus abest. Nunquamne levari
Obsidione sines ? Muris iterùm imminet hostis
Nascentis Trojæ, nec non exercitus alter ;
Atque iterùm in Teucros Ætolis surgit ab Arpis
Tydides. Equidem, credo, mea vulnera restant ;
Et tua progenies mortalia demoror arma.
Si sine pace tua, atque invito numine Troës
Italiam petiere, luant peccata ; neque illos
Juveris auxilio. Sin tot responsa secuti,
Quæ Superi Manesque dabant ; cur nunc tua quis-
    quam
Vertere jussa potest ? aut cur nova condere fata ?
Quid repetam exustas Erycino in littore classes ?
Quid tempestatum regem, ventosque furentes
Æoliâ excitos, aut actam nubibus Irim ?
Nunc etiam Manes (hæc intentata manebat
Sors rerum) movet, & superis immissa repentè
Alecto, medias Italûm bacchata per urbes.

„ En attendant, ceſſez d'exciter des troubles,
„ & faites régner parmi vous la joie & la paix ".
Lorſque Jupiter eût prononcé ce peu de mots,
la belle Vénus prit la parole, & fit ce long
diſcours :
„ Roi éternel des Dieux & des hommes,
„ vous qui êtes le ſeul dont nous puiſſions
„ aujourd'hui implorer le ſecours, vous voyez
„ comme les Rutules nous inſultent : vous
„ voyez comme Turnus brille au milieu de
„ ſes nombreux eſcadrons, enflé déja du ſuc-
„ cès de ſes armes. Les Troyens ne ſont plus
„ en ſûreté dans leurs retranchements. Le Ru-
„ tule pénetre dans l'enceinte de leur camp ; il
„ combat contr'eux juſque ſur leurs remparts,
„ & leurs foſſés regorgent de ſang. Enée, qui
„ eſt abſent, ignore ce qui ſe paſſe. La nation
„ Troyenne ſera-t-elle donc toujours aſſiégée ?
„ A peine les murs de la nouvelle Troie com-
„ mencent-ils à s'élever, que voici une ar-
„ mée qui en forme le ſiege. Un Diomede
„ ſort encore des champs d'Etolie pour venir
„ attaquer les Troyens, & votre fille doit
„ s'attendre à recevoir encore une bleſſure de
„ la main d'un mortel ? Si c'eſt ſans votre
„ permiſſion, & contre vos ordres, que les
„ Troyens ont abordé en Italie, qu'ils expient
„ leur audace, & refuſez-leur votre appui.
„ Mais s'ils y ont été conduits par des Ora-
„ cles, s'ils ont obéi au Ciel & aux Enfers,
„ comment oſe-t-on aujourd'hui enfreindre
„ vos loix, & changer les deſtinées ? Rap-
„ pellerai-je l'embraſement de nos vaiſſeaux
„ ſur le rivage d'Eryx ? Parlerai-je du Roi
„ des tempêtes ſollicité, & des vents déchaî-
„ nés dans l'Eolie ; enfin de tant de voyages
„ d'Iris ſur la terre ? Il ne manquoit plus que
„ de ſoulever contre nous les Divinités infer-

Tome II. Dd

Nil super imperio moveor : speravimus ista,
Dum fortuna fuit : vincant, quos vincere mavis.
Si nulla est regio, Teucris quam det tua conjux
Dura; per eversæ, genitor, fumantia Trojæ
Excidia obtestor : liceat dimittere ab armis
Incolumem Ascanium, liceat superesse nepotem.
Æneas sanè ignotis jactetur in undis,
Et, quamcumque viam dederit fortuna, sequatur.
Hunc tegere, & diræ valeam subducere pugnæ.
Est Amathus, est celsa mihi Paphus, atque Cy-
 thera,
Idaliæque domus : positis inglorius armis
Exigat hîc ævum. Magnâ ditione jubeto
Carthago premat Ausoniam : nihil urbibus indè
Obstabit Tyriis. Quid pestem evadere belli
Juvit, & Argolicos medium fugisse per ignes ?
Totque maris, vastæque exhausta pericula terræ,
Dùm Latium Teucri recidivaque Pergama quæ-
 runt ?
Non satiùs cineres patriæ insedisse supremos,
Atque solum, quo Troja fuit ? Xanthum & Si-
 moënta
Redde, oro, miseris : iterùmque revolvere casus

Livre X.

» nales. Voici Alecto, qui tout à coup sort
» du Tartare, & souffle ses fureurs dans tou-
» tes les Villes d'Italie. Je n'en demande plus
» l'empire pour mon fils. Nous nous en som-
» mes flattés, lorsque la fortune nous étoit fa-
» vorable. Donnez la victoire à qui il vous
» plaira. Mais si votre implacable épouse ne
» souffre pas que les Troyens aient aucune
» retraite, je vous conjure, mon pere, au
» nom des ruines fumantes de la malheureuse
» Troie, de permettre au moins que je sauve
» le jeune Ascagne des périls de la guerre,
» & qu'il me reste un petit-fils. Qu'Enée,
» puisqu'on le veut, erre sans cesse au gré
» du sort sur des mers inconnues. Mais que
» je puisse au moins soustraire son fils aux
» dangers qui l'environnent dans le camp où
» il est renfermé. J'ai mes domaines d'Ama-
» thonte, de Paphos, de Cythere, & mon
» Temple d'Idalie. Qu'Ascagne renonçant à
» la gloire des armes, coule dans ces lieux
» des jours tranquilles & ignorés. Ordonnez
» que Carthage subjugue un jour l'Ausonie.
» Jamais les descendants d'Ascagne ne s'oppo-
» seront aux conquêtes des Tyriens. Hélas !
» que nous a servi d'avoir échappé aux mal-
» heurs de la guerre, & de nous être sauvés
» à travers les feux ennemis ? Que nous sert
» d'avoir essuyé tant de périls sur la terre &
» sur la mer, pour arriver en Italie, dans le
» dessein d'y bâtir un nouvel Ilium ? Ne va-
» loit-il pas mieux nous établir sur les cendres
» même de notre patrie embrasée, dans ce pays
» infortuné, où Troie a cessé d'être ? Rendez-nous
» le Xanthe & le Simoïs; remettez-nous sur les
» bords de ces fleuves, & faites encore essuyer aux
» malheureux Troyens tous les travaux du siege
» de leur Ville «.

Da, Pater, Iliacos Teucris. Tum regia Juno
Acta furore gravi : Quid me alta silentia cogis
Rumpere, & obductum verbis vulgare dolorem ?
Æneanhominum quisquam Divûmque subegit
Bella sequi, aut hostem regi se inferre Latino ?
Italiam fatis petiit auctoribus: esto,
Cassandræ impulsus furiis : num linquere castra
Hortati sumus, aut vitam committere ventis ?
Num puero summam belli. Num credere muros?
Tyrrhenamve fidem, aut gentes agitare quietas ?
Quis Deus in fraudem, quæ dura potentia nostri
Egit ? ubi hîc Juno, demissave nubibus Iris ?
Indignum est Italos Trojam circumdare flammis
Nascentem: & patriâ Turnum consistere terrâ,
Cui Pilumnus avus, cui Diva Venilia mater.
Quid ? face Trojanos atrâ vim ferre Latinis ?
Arva aliena jugo premere, atque avertere prædas ?
Quid ? soceros legere, & gremiis abducere pactas ;
Pacem orare manu, præfigere puppibus arma ?
Tu potes Æneanmanibus subducere Grajúm,
Proque viro nebulam & ventos obtendere inanes ;
Et potes in totidem classem convertere Nymphas :
Nos aliquid Rutulos contrà juvisse nefandum est.
Æneas ignarus abest : ignarus & absit.
Est Paphus, Idaliumque tibi, sunt alta Cythera.

Junon, vivement piquée de ce discours de
Vénus, l'interrompit. "Pourquoi, dit-elle,
" me forcez-vous de rompre un profond silen-
" ce, & de manifester des sujets de plainte
" que jusqu'ici j'ai bien voulu dissimuler? Qui
" des Dieux ou des hommes a obligé votre
" Enée à prendre les armes, & à déclarer la
" guerre au Roi des Latins? Je veux que pour
" obéir aux Destins, & à la Prophétesse Cas-
" sandre, il soit venu en Italie. Mais est-ce
" moi qui lui ai conseillé de quitter son camp,
" & de s'embarquer sur le Tibre? Devoit-il
" confier à un enfant la conduite de la guerre
" & la défense de ses retranchements, pour
" aller soulever les peuples d'Etrurie, & trou-
" bler des nations paisibles? Quelle Divinité
" l'a séduit par ce conseil? Ai-je, pour l'y
" contraindre, fait usage de ma puissance?
" Junon, ou Iris envoyée sur la terre, ont-
" elles ici quelque part? Il est injuste, dit-on,
" que les peuples d'Italie veuillent embraser la
" nouvelle Troie. Il est donc injuste de laisser
" régner Turnus; & le fils de Vénilie, le des-
" cendant de Pilumne, doit être chassé de sa
" patrie & de ses Etats. Quoi! les Troyens
" ravageront impunément les terres des La-
" tins : ils y commettront d'affreux brigan-
" dages : ils choisiront un beau-pere à leur gré,
" & enleveront une épouse promise : enfin ils
" demanderont la paix en déclarant la guerre!
" Déesse, vous avez l'art de dérober votre
" fils au fer des Grecs : vous savez lui sub-
" stituer un nuage, & du vent. Vous avez
" le pouvoir de transformer ses vaisseaux en
" Nymphes de la mer. Et moi je n'aurai pas
" droit de protéger les Rutules ! Enée absent
" ignore, dites-vous, ce qui se passe dans
" son camp. Que vous importe? N'êtes-vous

Quid gravidam bellis urbem, & corda aspera tentas?
Nosne tibi fluxas Phrygiæ res vertere fundo
Conamur? Nos! an miseros qui Troas Achivis
Objecit? quæ causa fuit consurgere in arma
Europamque Asiamque, & fœdera solvere furto?
Me duce Dardanius Spartam expugnavit adulter?
Aut ego tela dedi, fovive Cupidine bella?
Tunc decuit metuisse tuis: nunc sera querelis
Haud justis assurgis, & irrita jurgia jactas.

 Talibus orabat Juno: cunctique fremebant
Cœlicolæ assensu vario: ceu flamina prima,
Cùm deprensa fremunt sylvis, & cæca volutant
Murmura, venturos nautis prodentia ventos.
Tùm pater omnipotens, rerum cui summa potestas,
Infit: eo dicente Deûm domus alta silescit;
Et tremefacta solo tellus; silet arduus æther:
Tùm Zephyri posuere; premit placida æquora pontus.

 Accipite ergo, animis atque hæc mea figite dicta.
Quandoquidem Ausonios conjungi fœdere Teucris
Haud licitum, nec vestra capit discordia finem;
Quæ cuique est fortuna hodiè, quam quisque secat spem,
Tros Rutulusve fuat, nullo discrimine habebo:
Seu fatis Italûm castra obsidione tenentur,

„ pas Souveraine de Paphos, d'Idalie, & de
„ Cythere, où vous pouvez l'établir ? Pour-
„ quoi irritez-vous une nation nombreuse &
„ guerriere ? Nous voulons, si l'on vous en
„ croit, exterminer les restes de Troie. Mais
„ est-ce nous qui avons allumé la guerre en-
„ tre les Grecs & les malheureux Troyens ?
„ Nous ! Qui a soulevé l'Europe contre l'Asie,
„ pour venger un perfide attentat ? Fût-ce par
„ mon ordre que l'adultere Troyen saccagea la
„ Ville de Sparte ? Fût-ce moi qui lui fournis
„ des armes, & qui allumai dans son ame cette
„ coupable ardeur qui a causé la guerre ? C'étoit
„ alors que vous deviez trembler pour votre chere
„ nation. Aujourd'hui vos plaintes tardives
„ sont injustes, & toutes vos invectives sont
„ vaines ".

Ainsi parla Junon. Les discours des deux
Déesses partagerent la troupe céleste. On entendoit dans la divine assemblée un murmure,
semblable au souffle naissant d'un vent qui commence d'agiter la cime des arbres, & qui annonce aux Nochers une tempête prochaine. Enfin
le souverain Arbitre de l'Univers prononça son
arrêt. Il parle, tous les Dieux se taisent ; la terre
tremble, un profond silence regne au haut des
airs, les vents retiennent leur haleine, la mer
calme ses flots.

„ Ecoutez-moi, dit Jupiter, & gravez dans
„ vos esprits ce que je vais vous dire. Puis-
„ que les Ausoniens ne peuvent s'accorder
„ avec les Troyens, & que la division ne cesse
„ de régner parmi vous ; quel que soit le sort
„ & l'espérance du Troyen ou du Rutule, je
„ ne favoriserai ni l'un ni l'autre. Le siege
„ du camp Troyen peut devenir fatal à l'Ita-
„ lie : il se peut aussi que ces étrangers soient
„ abusés par des Oracles mal entendus. Je ne

Sive errore malo Trojæ, monitisque finistris.
Nec Rutulos solvo : sua cuique exorsa laborem
Fortunamque ferent. Rex Jupiter omnibus idem.
Fata viam invenient. Stygii per flumina fratris,
Per pice torrentes, atrâque voragine ripas
Annuit, & totum nutu tremefecit Olympum.
Hic finis fandi : solio tùm Jupiter aureo
Surgit, Cœlicolæ medium quem ad limina ducunt.

 Intereà Rutuli portis circùm omnibus instant
Sternere cæde viros, & mœnia cingere flammis.
At legio Æneadum vallis obsessa tenetur ;
Nec spes ulla fugæ : miseri stant turribus altis
Nequidquam, & rarâ muros cinxere coronâ.
Asius Imbrasides, Hicetaoniusque Thymœtes,
Assaracique duo, & senior cum Castore Thybris
Prima acies : hos germani Sarpedonis ambo
Et Clarus, & Hœmon, Lyciâ comitantur ab altâ.
Fert ingens toto connixus corpore saxum,
Haud partem exiguam montis, Lyrnessius Acmon,
Nec Clytio genitore minor, nec fratre Mnestheo.
Hi jaculis, illi certant defendere saxis,
Molirique ignem, nervoque aptare sagittas.
Ipse inter medios, veneris justissima cura,
Dardanius caput ecce puer detectus honestum ;
Qualis gemma micat, fulvum quæ dividit aurum,
Aut collo decus, aut capiti ; vel quale per artem
Inclusum buxo, aut Oriciâ terebintho
Lucet ebur : fusos cervix cui lactea crines

» garantis point les Rutules de ce qu'ils ont à
» craindre. Les entreprises des uns & des autres
» seront heureuses, ou malheureuses. Je suis le
» même Jupiter pour tous, & quelque chose qui
» arrive, les Destinées s'accompliront «. Après
avoir juré par le fleuve de son frere le Roi des
Enfers, par les redoutables rives de ce torrent
de soufre, de cet affreux gouffre de bitume, le
Maître du monde incline sa tête, & ce signe fait
trembler tout l'Olympe. Telle fut la fin du
céleste Conseil. Jupiter se leve de son trône d'or:
tous les Dieux l'environnent, & le conduisent à
son Palais.

Cependant les Rutules ayant investi toutes
les portes du camp des Troyens, s'efforçoient
de les chasser des remparts, & de brûler leurs
retranchements. Les assiégés pressés de toutes
parts n'ont aucune espérance de retraite. Malheureux!
ils défendent vainement leurs hautes
tours, & leurs murs ne sont plus bordés que
d'un petit nombre de soldats. Asius, fils d'Imbrasius,
Thymete, fils d'Hicetaon, les deux Assaracus,
le vieux Thybris avec Castor, étoient
au premier rang, secondés des deux Princes
de Lycie, Clarus & Hémon, freres de Sarpedon.
Alors Acmon de Lyrnesse, digne fils de
Clytius, & digne frere de Mnesthée, s'avance
sur le parapet, portant avec effort une pierre
énorme, arrachée d'une montagne, & la précipite
sur les assiégeants. Les uns en même temps
font pleuvoir sur eux une grêle de dards & de
fleches; d'autres les accablent de pierres, ou
leur lancent des feux. Ascagne, juste objet des
tendres soins de Vénus, ayant sa belle tête nue,
parcourt les rangs. Sa chevelure attachée avec
une agraffe d'or, flotte sur ses épaules d'une
blancheur éclatante. Il brille au milieu des

Accipit, & molli subnectens, circulus auro.
Te quoque magnanimæ viderunt, Ismare, gentes
Vulnera dirigere, & calamos armare veneno,
Mœoniâ generose domo, ubi pinguia culta
Exercentque viri, Pactolusque irrigat auro.
Affuit & Mnestheus, quem pulsi pristina Turni
Aggere murorum sublimem gloria tollit ;
Et Capys : hinc nomen Campanæ ducitur urbi.
 Illi inter sese duri certamina belli
Contulerant : mediâ Æneas freta nocte secabat.
Namque ut ab Evandro castris ingressus Etruscis,
Regem adit, & regi memorat nomenque genus-
 que ;
Quidve petat, quidve ipse ferat ; Mezentius arma
Quæ sibi conciliet ; violentaque pectora Turni
Edocet : humanis quæ sit fiducia rebus
Admonet, immiscetque preces. Haud fit mora :
 Tarchon
Jungit opes, fœdusque ferit. Tùm libera fatis
Classem conscendit jussis gens Lydia Divûm,
Externo commissa duci. Æneïa puppis
Prima tenet, rostro Phrygios subjuncta leones :
Imminet Ida super, profugis gratissima Teucris.
Hîc magnus sedet Æneas, secumque volutat
Eventus belli varios : Pallasque sinistro
Affixus lateri jam quærit sidera, opacæ
Noctis iter, jam quæ passus terrâque marique.

Chefs, comme une perle enchaffée dans de l'or, ornement du cou ou de la tête, ou comme l'ivoire artiftement entouré d'ébene ou de bois de térébinthe. Brave Ifmare, né dans la fertile Méonie, où le Pactole roule des fables d'or, tant de belliqueufes nations te virent fignaler ton adreffe à lancer des fleches trempées dans des fucs vénéneux. On voyoit auffi combattre le brave Mnefthée, que la fuite de Turnus, chaffé des remparts, couvroit de gloire, & l'illuftre Capis, dont la Ville de Capoue tire fon nom.

Tandis qu'un cruel combat continue entre les deux partis, Enée au milieu de la nuit vogue fur la mer. Après avoir quitté Evandre, & joint l'armée Etrufque, il s'abouche avec le Roi Tarchon. Il lui apprend fon nom & fon illuftre origine, & l'entretient des fecours dont ils ont befoin réciproquement, de la ligue que Mézence a formée, & du caractere violent de Turnus. Il lui repréfente qu'il faut fe défier des événements, & joint les prieres aux remontrances. Tarchon confent auffi-tôt à joindre fes forces aux fiennes, & conclut avec lui un traité d'alliance. Alors la nation Lydienne, voyant l'oracle accompli, marche, felon la volonté des Dieux, fous les ordres d'un Général étranger, & s'embarque fur la flotte. Le vaiffeau d'Enée étoit à la tête, ayant fa proue ornée de deux lions de Phrygie, qui fembloient tirer fon vaiffeau. Au-deffus étoit repréfenté le mont Ida, objet agréable pour les Troyens bannis de leur Patrie. Là, étoit affis fur le tillac le magnanime Enée, méditant fur les différents fuccès de la guerre préfente. Pallas, qui étoit à fa gauche, tantôt lui demandoit quels aftres reglent la courfe d'un navire pendant la nuit, tantôt il le prioit de lui raconter ce

Pandite nunc Helicona, Deæ, cantusque movete:
Quæ manus intereà Tuscis comitetur ab oris
Æneam, armetque rates, pelagoque vehatur.

Massicus æratâ princeps secat æquora Tigri:
Sub quo mille manus juvenum, qui mœnia Clusi,
Quique urbem liquere Cosas: quæis tela, sagittæ,
Corytique leves humeris, & letifer arcus.
Unà torvus Abas: huic totum insignibus armis
Agmen, & aurato fulgebat Apolline puppis,
Sexcentos illi dederat Populonia mater
Expertos belli juvenes : ast Ilva trecentos,
Insula inexhaustis chalybum generosa metallis.
Tertius ille hominum Divûmque interpres Asylas,
Cui pecudum fibræ, cœli cui sidera parent,
Et linguæ volucrum, & præsagi fulminis ignes,
Mille rapit densos acie, atque horrentibus hastis.
Hos parere jubent Alpheæ ab origine Pisæ,
Urbs Etrusca solo. Sequitur pulcherrimus Astur,
Astur equo fidens, & versicoloribus armis.
Tercentum adjiciunt (mens omnibus una sequendi)
Qui Cærete domo, qui sunt Minionis in arvis,
Et Pyrgi veteres, intempestæque Graviscæ.

Non ego te, Ligurum ductor, fortissime bello,
Transierim, Cinyra, & paucis comitate Cupavo,

qu'il avoit souffert sur la terre & sur la mer.

Muses, ouvrez-moi votre Temple de l'Hélicon, & daignez seconder mes chants. Dites-moi quels peuples & quels chefs s'embarquerent avec Énée sur la flotte Etrusque.

Massicus fend la mer avec un vaisseau, dont la proue représentoit un tigre : sous sa conduite, marchent mille guerriers, qui ont abandonné les murs de Clusium & de Cosé. Leurs armes sont des dards, des fleches, de légers carquois flottants sur leurs épaules, avec un arc terrible. Sur la même ligne vogue le vaisseau du féroce Abas, dont la pouppe est ornée d'un Apollon doré. Toutes les troupes de ce Prince sont couvertes d'armes éclatantes : ce sont six cents jeunes soldats aguerris, que lui a fourni la grande ville de Populonie : il en avoit aussi tiré trois cents de l'Isle d'Elva, célebre par ses inépuisables mines de fer. Après eux venoit Asylas, l'interprete des Dieux, qui savoit lire dans les entrailles des victimes, dans les Astres, dans le chant des oiseaux, & tirer des présages de la foudre qui fend la nue. Il conduisoit mille soldats, exercés à former un impénétrable bataillon hérissé de lances. La ville de Pise en Etrurie, fondée par une colonie des bords du fleuve Alphée, avoit donné au brave Asylas le commandement de cette troupe. Suivoit le bel Astur, adroit à manier un cheval, & couvert d'une armure de diverses couleurs. Sa troupe, qui marchoit gaiement sous ses ordres, étoit composée de trois cents soldats de Cerete, de l'ancienne ville de Pyrge, de celle de Gravisque, & des campagnes arrosées par le Minio.

Je ne te passerai pas sous silence, brave Cinyras, Chef des Liguriens, ni toi, généreux Cupavon, qui portois sur ton casque des plumes

Cujus olorinæ surgunt de vertice pennæ.
Crimen amor vestrum, formæque insigne paternæ.
Namque ferunt, luctu Cygnum Phaëthontis amati,
Populeas inter frondes umbramque sororum
Dum canit, & mœstum musâ solatur amorem,
Canentem molli plumâ duxisse senectam,
Linquentem terras, & sidera voce sequentem.
Filius, æquales comitatus classe catervas,
Ingentem remis Centaurum promovet : ille
Instat aquæ, saxumque undis immane minatur
Arduus, & longâ sulcat maria alta carinâ.
Ille etiam patriis agmen ciet Ocnus ab oris,
Fatidicæ Mantûs & Tusci filius amnis,
Qui muros, matrisque dedit tibi, Mantua, nomen.
Mantua dives avis : sed non genus omnibus unum :
Gens illi triplex, populi sub gente quaterni :
Ipsa caput populis : Tusco de sanguine vires.

Hinc quoque quingentos in se Mezentius armat,
Quos patre Benaco velatus arundine glaucâ
Mincius infestâ ducebat in æquora pinu.
It gravis Aulestes, centenâque arbore fluctus
Verberat assurgens : spumant vada marmore verso.
Hunc vehit immanis Triton, & cærula conchâ

de Cygne, & n'avois qu'une petite troupe sous tes ordres. Jeunes Guerriers, le tendre amour, & la beauté de votre pere, firent le malheur de votre maison. Car on raconte que Cycnus, touché de la perte de son cher Phaëton, passa le reste de ses jours à le pleurer, assis aux pieds des sœurs de son ami changées en peupliers, & soulageant sa douleur par ses chants: que dans sa vieillesse les Dieux changerent en plumes ses cheveux blancs, & que sous la forme d'un Cygne, continuant de chanter, il s'envola vers le ciel. Son fils Cinyras, dont la troupe étoit composée de soldats d'une taille égale, montoit un grand navire, nommé le Centaure. La figure de ce monstre, élevé à fleur d'eau, sembloit vouloir précipiter un rocher dans les flots, tandis que le reste de son corps, plongé dans les ondes, formoit un long sillage. Ocnus, fils du Tibre & de la Phrophétesse Manto, suivoit avec les soldats levés dans son pays. C'est lui, célebre Mantoue, qui a bâti tes murs, & qui t'a donné le nom de sa mere. Mantoue eut plus d'un illustre fondateur, dont l'origine n'est pas la même. Trois nations, dont chacune a sous elle quatre peuples différents, partagent son territoire, & tous reconnoissent Mantoue pour leur capitale; mais la force principale du Pays Mantouan est dans la nation Etrusque

La guerre contre Mézence avoit rangé sous les mêmes drapeaux & embarqué sur le même navire cinq cents guerriers des bords du Mincio, fils du lac Bénacus, fleuve dont les rives sont toujours couronnées de roseaux. Auleste, leur respectable Chef, montoit cette galere, qui de cent rames fendoit les flots écumants. Un triton représenté à la proue, enfloit une conque recourbée, dont le son terrible épouvantoit

Exterrens freta; cui laterum tenus hispida nanti
Frons hominem præfert, in pristin definit alvus:
Spumea semifero sub pectore murmurat unda.
Tot lecti proceres ter denis navibus ibant
Subsidio Trojæ, & campos salis ære secabant.

 Jamque dies cœlo concesserat, almaque curru
Noctivago Phœbe medium pulsabat Olympum:
Æneas (neque enim membris dat cura quietem)
Ipse sedens clavumque regit velisque ministrat,
Atque illi medio in spatio chorus, ecce, suarum
Occurrit comitum ; Nymphæ, quas alma Cybele
Numen habere maris, Nymphasque è navibus esse
Jusserat : innabant pariter fluctusque secabant,
Quot prius æratæ steterant ad littora proræ.
Agnoscunt longè regem, lustrantque choreis.
Quarum, quæ fandi doctissima, Cymodocea
Pone sequens, dextrâ puppim tenet ; ipsaque dorso
Eminet, ac lævâ tacitis subremigat undis.
Tum sic ignarum alloquitur. Vigilasne, Deûm gens,
Ænea ? vigila, & velis immitte rudentes.
Nos sumus Idææ sacro de vertice pinus
Nunc pelagi Nymphæ, classis tua. Perfidus ut nos
Præcipites ferro Rutulus flammâque premebat,
Rupimus invitæ tua vincula, teque per æquor
Quærimus : hanc genitrix faciem miserata refecit,
Et dedit esse Deas, ævumque agitare sub undis.

les meres : fa figure hideufe offroit jufqu'aux reins un homme nageant, & pour le refte du corps un poiffon énorme : l'onde bruyante bouillonnoit fous fa poitrine hériffée de poils. Tels étoient les illuftres Chefs de cette efcadre compofée de trente galeres, volant fur la plaine liquide au fecours de la nouvelle Troie.

Déja le jour avoit ceffé de luire, & la Lune promenée fur fon char nocturne étoit parvenue au milieu de fa carriere. Enée, à qui fes inquiétudes ne permettoient pas de fe livrer au repos, affis à la pouppe gouvernoit lui-même le timon & les voiles de fon vaiffeau. Il avoit achevé la moitié de fa route, lorfque les Déeffes de la mer, ces Nymphes dans lefquelles la mere des Dieux avoit transformé fes vaiffeaux, s'affemblerent autour de fa galere, & la fuivirent. Elles avoient de loin reconnu leur ancien maître, & nageant en ordre & en cadence, elles fembloient former une danfe autour de lui. Alors Cymodocée, la plus éloquente de ces Nymphes, élevée jufqu'à la ceinture fur la furface des eaux tranquilles, appuyant fa main droite fur la pouppe, & nageant de la gauche, tint ce langage au Roi des Troyens, pour l'informer de ce qu'il ignoroit. ›› Veillez-vous, ›› dit-elle, fils de Vénus ? Veillez, & déployez ›› toutes vos voiles. Nous étions autrefois ces ›› vaiffeaux que vous conftruifîtes du bois de ›› la montagne d'Ida : nous fommes aujourd'hui ›› des Nymphes de la mer. Le perfide Rutule, ›› le fer & la flamme à la main, étant fur le ›› point de nous faire périr, nous avons été ›› forcées de brifer nos cables, & de nous ›› éloigner du rivage. Errantes fur les flots ›› nous vous cherchons. Cybele touchée de ›› notre fort a changé notre forme naturelle : ›› elle a fait de nous des Déeffes, & nous a

At puer Afcanius muro foffifque tenetur,
Tela inter media, atque horrentes Marte Latinos.
Jam loca juffa tenent, forti permiftus Etrufco,
Arcas eques: medias illis opponere turmas,
Ne caftris jungant, certa eft fententia Turno.
Surge age, & aurorâ focios veniente vocari
Primus in arma jube, & clypeum cape, quem de-
    dit ipfe
Invictum ignipotens, atque oras ambiit auro.
Craftina lux, mea fi non irrita dicta pútaris,
Ingentes Rutulæ fpectabit cædis acervos.
Dixerat: & dextrâ difcedens impulit altam,
Haud ignara modi, puppim: fugit illa per undas
Ocior & jaculo & ventos æquante fagittâ.
Inde aliæ celerant curfus. Stupet infcius ipfe
Tros Anchifiades: animos tamen omine tollit.
Tùm breviter fupera afpectans convexa precatur:
Alma parens Idæa Deûm, cui Dindyma cordi,
Turrigeræque urbes, bijugique ad frena leones,
Tu mihi nunc pugnæ princeps; tu rite propinques
Augurium, Phrygibufque adfis pede, Diva, fe-
    cundo.
Tantùm effatus: & intereà revoluta ruebat
Matura jam luce dies, noctemque fugarat.
Principio fociis edicit, figna fequantur,
Atque animos aptent armis, pugnæque parent fe,

Livre X. 331

» accordé une vie immortelle au sein des on-
» des. Cependant votre fils Ascagne, assiégé
» par l'armée des Latins, est dans le plus grand
» péril. La cavalerie Arcadienne, fortifiée des
» troupes Etrusques, est arrivée à l'endroit que
» vous lui avez prescrit. Turnus pour empê-
» cher leur jonction avec l'armée Troyenne,
» a résolu de leur disputer le passage. Levez-
» vous donc, & aux premiers rayons de l'Au-
» rore commencez à mettre tous vos alliés
» sous les armes : vous-même armez-vous
» de l'impénétrable bouclier, que Vulcain a
» forgé pour vous. Si vous ne prenez pas mes
» paroles pour de vaines promesses, soyez sûr
» que le jour qui va luire verra un affreux car-
» nage des Rutules, & leurs cadavres étendus
» sur tout le rivage «. Elle dit, & savante
dans l'art de naviger, elle pousse habilement
la pouppe du vaisseau d'Enée, & le fait voler
sur le sein des ondes, avec plus de rapidité
qu'un dard ou qu'une fleche qui égale la vitesse des vents. Pour le suivre, les autres vaisseaux forcent de rames & de voiles. Le Héros ne
sait d'où vient ce prodige : mais il accepte un
augure qui releve son espoir, & il adresse cette
priere à Cybele : » Puissante Mere des Dieux,
» Reine d'Ida, qui chérissez Dindyme, qui
» protégez les villes fortifiées de tours, & dont
» le char est traîné par des lions dociles, c'est
» vous qui aujourd'hui m'ordonnez de combat-
» tre ; rendez cet augure favorable, & secon-
» dez vos chers Phrygiens «. Telle fut sa
priere. Tandis qu'il parle, déja le retour de la
clarté a chassé les ombres de la nuit. Le Prince
Troyen commence par ordonner à toutes les
troupes de se ranger sous leurs drapeaux ; il les
exhorte à se remplir d'une ardeur martiale &
à se tenir prêtes pour le combat. Debout sur sa

Jamque in conspectu Teucros habet, & sua castra,
Stans celsâ in puppi : clypeum tùm deinde sinistrâ
Extulit ardentem. Clamorem ad sidera tollunt
Dardanidæ è muris : spes addita suscitat iras.
Tela manu jaciunt : quales sub nubibus atris
Strymoniæ dant signa grues, atque æthera tranant
Cum sonitu, fugiuntque Notos clamore secundo.
 At Rutulo regi, ducibusque ea mira videri
Ausoniis ; donec versas ad littora puppes
Respiciunt, totumque allabi classibus æquor.
Ardet apex capiti, cristisque à vertice flamma
Funditur, & vastos umbo vomit aureus ignes.
Non secus, ac liquidâ si quando nocte Cometæ
Sanguinei lugubre rubent, aut Sirius ardor :
Ille sitim, morbosque ferens mortalibus ægris
Nascitur, & lævo contristat lumine cœlum.
Haud tamen audaci Turno fiducia cessit
Littora præripere, & venientes pellere terrâ.
Ultro animos tollit dictis, atque increpat ultrò :
Quod votis optastis, adest perfringere dextrâ :
In manibus Mars ipse, viri. Nunc conjugis esto
Quisque suæ, tectique memor : nunc magna referto
Facta patrum, laudesque : ultrò occurramus ad
  undam,
Dum trepidi, egressifque labant vestigia prima.

Livre X. 333

pouppe, il apperçoit déja les fortifications de son camp, & les Troyens qui les défendent. Alors il leve son bras gauche, armé de son bouclier éclatant. Les Troyens du haut de leurs remparts, reconnoissent leur Roi, & poussent des cris de joie. A sa vue l'espérance rappellée dans leur cœur ranime leur courage. Aussi-tôt mille traits partent de leurs mains & sifflent dans les airs. Ainsi sous un ciel couvert d'épais nuages, les grues, après avoir annoncé leur départ, prennent leur vol, traversent les airs à grand bruit, & les font retentir de leurs joyeux cris, en fuyant les régions du midi, pour se rendre sur les bords du Strymon.

Turnus & les Chefs de son armée s'étonnent de cette soudaine ardeur des Troyens. Mais bientôt leur surprise cesse, à la vue de quelques vaisseaux, qui déja ont tourné leurs pouppes, & de toute la flotte prête d'aborder. En même temps ils apperçoivent le Roi des Troyens, dont le casque étincelant, orné d'un cimier d'or & d'une aigrette rouge, semble vomir des flammes. Telle une lugubre comete répand une lumiere effrayante au milieu d'une nuit sans nuage: telle l'ardente Canicule, s'élevant sur l'horison, apporte aux malheureux Mortels, la sécheresse & les tristes maladies, & infecte les airs de ses funestes rayons. Cependant l'audacieux Turnus ne se décourage point. Il forme le dessein de se rendre maître du rivage, de repousser l'ennemi, & d'empêcher sa descente. Il parle donc ainsi à ses soldats, pour rehausser leur courage & les exciter au combat. ,,Voi-là, leur dit-il, ,, braves guerriers, voilà ce que vous avez ,, tant desiré: vous pouvez à présent combat- ,, tre. Souvenez-vous de vos femmes & de ,, vos maisons, qu'il s'agit de défendre, &

Audentes Fortuna juvat.
Hæc ait, & secum versat, quos ducere contra,
Vel quibus obsessos possit concredere muros.

 Intereà Æneas socios de puppibus altis
Pontibus exponit : multi servare recursus
Languentis pelagi, & brevibus se credere saltu
Per remos alii. Speculatus littora Tarchon,
Quà vada non sperat, nec fracta remurmurat unda,
Sed mare inoffensum crescenti allabitur æstu,
Advertit subito proras, sociosque precatur.
Nunc, ô lecta manus, validis incumbite remis :
Tollite, ferte rates, inimicam findite rostris
Hanc terram, sulcumque sibi premat ipsa carina.
Frangere nec tali puppim statione recuso,
Arreptâ tellure semel. Quæ talia postquam
Effatus Tarchon, socii consurgere tonsis,
Spumantesque rates arvis inferre Latinis :
Donec rostra tenent siccum, & sedere carinæ
Omnes innocuæ : sed non puppis tua, Tarchon.
Namque inflicta vadis, dorso dum pendet iniquo,
Anceps sustentata diu, fluctusque fatigat,
Solvitur, atque viros mediis exponit in undis :
Fragmina remorum quos & fluitantia transtra
Impediunt, retrahitque pedem simul unda relabens.

» rappellez-vous tous les exploits de vos ancê-
» tres. Marchons vers le rivage ; opposons-nous à
» la descente des ennemis : attaquons-les, épars
» & chancelants au sortir de leurs vaisseaux. La
» fortune favorise l'audace «. Ainsi parla Turnus.
En même temps il délibere en lui-même sur le
choix des troupes qu'il fera marcher contre l'armée auxiliaire, & de celles qu'il laissera pour continuer le siege.

Pendant ce temps-là, Enée fait jetter les ponts
pour débarquer ses soldats. Les uns cherchent
des endroits qu'ils puissent traverser à gué ;
les autres s'appuient sur leurs rames, & sau-
tent légérement sur le sable. Tarchon ayant
examiné le rivage, croit avoir découvert une
anse favorable au débarquement. Les vaisseaux
lui paroissent y devoir être à flot : l'onde y
bat le rivage sans bruit, & le flux y arrive
sans danger. Aussi-tôt il ordonne de tourner
les proues vers cet endroit. » Courage, habi-
» les rameurs, dit-il aux matelots ; redoublez
» vos efforts, faites voler vos galeres : qu'en
» abordant, leurs éperons impriment un pro-
» fond sillon dans cette rive ennemie. Pourvu
» que je prenne terre, qu'importe que mes
» vaisseaux se brisent ? «. On lui obéit : on
force de rames : les proues des galeres fendent & font bouillonner les flots : enfin elles
abordent sans aucun fâcheux accident. Mais
ton vaisseau, courageux Tarchon, est moins
heureux. Engagé sur un banc de sable, battu
par les vagues, long-temps suspendu & balancé
par les flots, sa quille se brise, & tout l'équi-
page tombe dans la mer. Les bancs épars des
rameurs, les avirons flottants, & tous les autres débris du naufrage, les retiennent au milieu
des ondes ; & la violence des flots que le rivage repousse, les empêche de se sauver à la

Nec Turnum segnis retinet mora : sed rapit acer
Totam aciem in Teucros, & contra in littore sistit.
 Signa canunt. Primus turmas invasit agrestes
Æneas, omen pugnæ, stravitque Latinos,
Occiso Therone, virûm qui maximus, ultrò
Æneam petit : huic gladio, perque ærea scuta,
Per tunicam squallentem auro latus haurit apertum.
Inde Licham ferit, exsectum jam matre peremptâ,
Et tibi, Phœbe, sacrum ; casus evadere ferri
Cui licuit parvo. Nec longè Cissea durum,
Immanemque Gyan, sternentes agmina clavâ,
Dejecit leto : nihil illos Herculis arma,
Nil validæ juvere manus, genitorque Melampus,
Alcidæ comes usque, graves dum terrà labores
Præbuit. Ecce, Pharo, voces dum jactat inertes,
Intorquens jaculum, clamanti sistit in ore.
Tu quoque, flaventem primâ lanugine malas
Dum sequeris Clytium, infelix, nova gaudia, Cy-
  don,
Dardaniâ stratus dextrâ, securus amorum
Qui juvenum tibi semper erant, miserande, jaceres;
Ni fratrum stipata cohors foret obvia, Phorci
Progenies, septem numero, septenaque tela
Conjiciunt : partim galeâ, clypeoque resultant
Irrita ; deflexit partim stringentia corpus
Alma Venus. Fidum Æneas affatur Achatem :
Suggere tela mihi (non ullum dexteta frustrà
Torserit in Rutulos) steterunt quæ in corpore Gra-
  jûm

nage & de prendre terre. A la vûe de ce défordre, l'ardent Turnus accourt avec toute fon armée, qu'il range en bataille.

Bientôt on fonne la charge. Enée attaque le premier, & donne d'abord fur les milices Latines levées dans les campagnes, qu'il taille en pieces. Ce premier avantage eft d'un bon augure pour le fuccès du combat. Théron leur Chef, guerrier d'une taille énorme, s'avance contre lui. Enée prenant le défaut de fa cuiraffe d'airain & de fa tunique couverte de lames d'or, lui enfonce fon épée dans le flanc, & il ne la retire que pour la plonger toute fumante dans le corps de Lichas. Lichas en naiffant, avoit échappé aux dangers du fer, ayant été tiré du fein de fa mere après fa mort. Auffi étoit-il confacré au Dieu de la médecine, dont l'art l'avoit mis au monde. Enée tue encore le robufte Ciffée, & le grand Gyas, dont les énormes maffues abattoient des rangs entiers de foldats. Ni leurs forces, ni les armes d'Hercule, ni les leçons de Mélampe leur pere, compagnon des périlleux travaux de ce Dieu, ne purent les garantir. Tandis que Pharus fait de vaines menaces & crie de toute fa force, voici qu'Enée s'arme d'un dard, & le plonge dans fa bouche ouverte. Pour toi, infortuné Cydon, qui ne portois les armes dans cette guerre que pour accompagner le blond Clytius, nouvel objet de ta tendreffe, dont les joues commençoient à peine à fe revêtir d'un duvet naiffant, le bras d'Enée t'auroit immolé, & tu aurois perdu pour jamais ce penchant que tu as toujours eu pour la Jeuneffe, fi les fept jeunes fils de Phorcus n'euffent détourné le coup qui menaçoit ta vie. Ces fept freres lancerent à la fois contre Enée fept javelots, dont les uns furent réfléchis par fon bouclier

Iliacis campis. Tùm magnam corripit haſtam,
Et jacit : illa volans clypei tranſverberat æra
Mæonis , & thoraca ſimul cum pectore rumpit.
Huic frater ſubit Alcanor, fratremque ruentem
Suſtentat dextrâ : trajecto miſſa lacerto
Protinùs haſta fugit, ſervatque cruenta tenorem,
Dexteraque ex humero nervis moribunda pependit.
Tùm Numitor, jaculo fratris de corpore rapto,
Æneam petiit : ſed non & figere contra
Eſt licitum , magnique femur perſtrinxit Achatæ.

 Hîc Curibus, fidens primævo corpore Clauſus
Advenit, & rigidâ Dryopen ferit eminùs haſtâ,
Sub mentum graviter preſſâ , pariterque loquentis
Vocem animamque rapit, trajecto gutture : at ille
Fronte ferit terram, & craſſum vomit ore cruorem.
Tres quoque Threïcios, Boreæ de gente ſupremâ,
Et tres, quos Idas pater, & patria Iſmara mittit,
Per varios ſternit caſus. Occurit Halæſus,
Auruncæque manus : ſubit & Neptunia proles,
Inſignis Meſſapus equis. Expellere tendunt
Nunc hi, nunc illi ; certatur limine in ipſo
Auſoniæ. Magno diſcordes æthere venti
Prælia ceu tollunt, animis & viribus æquis :
Non ipſi inter ſe, non nubila, non mare cedunt :
Anceps pugna diu : ſtant obnixi omnia contra.
Haud aliter Trojanæ acies, aciesque Latinæ

& son casque, & les autres, détournés par Vénus, ne firent que l'effleurer. Enée dit alors à son fidele Achate : „ Donnez-moi de ces dards, dont „ je perçois les Grecs dans les champs d'Ilium, „ ma main n'en lancera aucun vainement contre „ les Rutules «. A l'instant il saisit un long javelot, & le lance contre Méon. Le javelot pénetre à la fois son bouclier d'airain, sa cuirasse & sa poitrine. Le dard ensanglanté conserve même assez de force pour percer le bras de son frere Alcanor, qui s'étoit avancé pour le soutenir dans sa chûte. Alcanor ne put plus faire aucun usage de son bras privé de mouvement & de vie. Numitor, autre frere de Méon, retire le dard, & le lance contre Enée; mais le coup ne peut l'atteindre : il effleure seulement la cuisse du courageux Achate.

Pendant ce temps-là Clausus, se confiant en sa jeunesse, lance de loin un javelot contre Dryope, lui perce la gorge, & lui fait perdre la parole & la vie. Dryope frappe la terre de son front, & sa bouche vomit des flots de sang. Le même bras fait périr par différentes blessures trois jeunes Thraces de la divine race de Borée, & trois fils d'Idas sortis d'Ismare leur patrie. D'une autre part, Halésus accourt avec les Aurunces, & Messape, fils de Neptune, à la tête de sa cavalerie. Les deux partis se disputent le terrein, avancent & reculent tour à tour. La frontiere de l'Ausonie est le champ de bataille. Ainsi luttent des vents contraires, dont le souffle également impétueux, excite un affreux combat dans les airs. Ni les nuages, ni les flots de la mer, ni les vents entr'eux, ne se cedent l'un à l'autre. La résistance est opiniâtre des deux côtés, & la victoire long-temps indécise. Tel est le choc des armées Troyenne & Latine. Chacun serre

Concurrunt : hæret pede pes, densusque viro vir.
　At parte ex aliâ, quà saxa rotantia latè
Impulerat torrens, arbustaque diruta ripis,
Arcadas insuetos acies inferre pedestres
Ut vidit Pallas Latio dare terga sequaci,
Aspera queis natura loci dimittere quando
Suasit equos; unum quod rebus restat egenis,
Nunc prece, nunc dictis virtutem accendit amaris.
Quò fugitis socii? per vos & fortia facta,
Per ducis Evandri nomen, devictaque bella,
Spemque meam, patriæque nunc subit æmula laudi,
Fidite ne pedibus: ferro rumpenda per hostes
Est via, quà globus ille virûm densissimus urget :
Hac vos, & Pallanta ducem patria alta reposcit.
Numina nulla premunt : mortali urgemur ab hoste
Mortales : totidem nobis animæque manusque.
Ecce maris magno claudit nos objice Pontus :
Deest jam terra fugæ : pelagus, Trojamne petemus ?
　Hæc ait, & medius densos prorumpit in hostes.
Obvius huic primum, fatis adductus iniquis,
Fit Lagus: hunc, magno vellit dum pondere saxum,
Intorto figit telo, discrimina costis
Per medium quà spina dedit, hastamque receptat

de près son ennemi, & l'on combat corps à corps.

Dans un endroit du champ de bataille, où un torrent avoit formé un amas de cailloux & d'arbres déracinés, la cavalerie Arcadienne est obligée de mettre pied à terre & de combattre ainsi contre son usage. Attaquée alors par l'infanterie Latine, elle plie & prend la fuite. Pallas accourt, & tâche de rappeller le courage par les prieres & les reproches, seule ressource dans cette extrêmité : ,, Où ,, fuyez-vous, leur dit-il, mes compagnons? ,, Au nom de vos fameux exploits ; au nom ,, d'Evandre, sous qui vous avez remporté ,, tant de victoires ; au nom de l'espérance ,, que j'ai de marcher glorieusement sur les ,, traces de mon pere, ne cherchez point vo- ,, tre salut dans une lâche fuite. Il faut nous ,, ouvrir un chemin à travers les plus épais de ,, ces bataillons : c'est par cette route que la pa- ,, trie veut vous voir de retour avec Pallas ,, votre Chef. Les Dieux ne combattent point ,, contre nous : Mortels, nous ne sommes ,, attaqués que par des Mortels : nous avons ,, autant d'ames, autant de bras qu'eux. De ,, ce côté, la mer est pour nous une barriere : ,, de l'autre, la terre nous refuse tout asyle. ,, Où fuir ? Nous abandonnerons-nous aux ,, flots, ou marcherons-nous vers la nouvelle ,, Troie ? «

A ces mots, il s'élance au milieu des bataillons ennemis. Lagus, conduit par son malheureux sort, s'offre le premier à ses coups. Dans le temps qu'il s'efforce d'arracher une grosse pierre, pour la lancer contre Pallas, celui-ci l'atteint d'un dard, dans l'endroit où l'épine du dos partage les côtes, & il l'en retire aussi-tôt. Hisbon se flatte de le venger.

Ossibus hærentem : quem non super occupat Hif-
  bon,
Ille quidem hoc sperans. Nam Pallas ante ruentem,
Dum furit, incautum crudeli morte sodalis
Excipit, atque ensem tumido in pulmone recondit.
Hinc Sthelenum petit, & Rhœti de gente vetustâ
Anchemolum, thalamos ausum incestare novercæ.
  Vos etiam gemini Rutulis cecidistis in arvis,
Daucia, Laridę Tymberque, simillima proles,
Indiscreta suis, gratusque parentibus error.
At nunc dura dedit vobis discrimina Pallas :
Nam tibi, Thymbre, caput Evandrius abstulit
  ensis ;
Te decisa suum, Laride, dextera quærit,
Semianimesque micant digiti, ferrumque retrac-
  tant.
  Arcadas accensos monitu, & præclara tuentes
Facta viri, mistus dolor & pudor armat in hostes.
Tum Pallas bijugis fugientem Rhœtea præter
Trajicit : hoc spatium, tantumque moræ fuit Ilo :
Ilo namque procul validam direxerat hastam,
Quam medius Rhœteus intercipit, optime Teu-
  thra,
Te fugiens, fratremque Tyren ; curruque volutus
Cædit semianimis Rutulorum calcibus arva.
  Ac velut optatò ventis æstate coortis,
Dispersa immittit sylvis incendia pastor :
Correptis subitò mediis, extinditur unà
Horrida per latos acies Vulcania campos ;
Ille sedens victor flammas despectat ovantes.
Non aliter sociûm virtus coït omnis in unum,

Mais le Prince d'Arcadie le prévient. Hisbon, que la mort de son cher Lagus met en fureur, ne se tenant pas sur ses gardes, Pallas lui plonge son épée dans la poitrine. Il attaque ensuite Sthélénus, & l'incestueux Achémole, issu de l'ancienne race de Rhétus, qui avoit osé souiller le lit de sa belle-mere.

O vous, Laride & Thymber, fils jumeaux de Daucus ; vous pérites aussi de la main de Pallas. Votre parfaite ressemblance trompoit vos parents mêmes, & leur causoit une agréable erreur. Mais Pallas met en ce jour entre vous deux une funeste différence. Le cimeterre d'Evandre, dont il est armé, tranche ta tête, malheureux Thymber, & en même temps, infortuné Laride, tu perds ta main droite. Tombée par terre, elle cherche le bras dont elle est séparée : tes doigts mourants remuent & semblent manier encore des armes.

Les exploits de Pallas, joints à ses reproches, réveillent le courage des Arcadiens : le repentir & la honte les ramenent au combat. Leur Prince perce encore Rhétée, qui monté sur un char prenoit la fuite. Sa mort retarde d'un instant celle d'Ilus. Pallas étoit prêt d'atteindre celui-ci de son dard, lorsque Rhétée fuyant devant toi, brave Teuthras, & devant ton frere Tyrès, s'offrit comme de lui-même au coup fatal destiné pour Ilus. Il tombe de son char, blessé à mort, & demeure étendu dans la plaine.

Comme un berger, dans la saison de l'Eté, profitant d'un vent favorable, met le feu à des buissons : tandis que la flamme dévorante se répand du milieu de la campagne jusqu'aux extrémités, assis sur une hauteur, il voit avec plaisir le progrès de l'incendie qu'il vient d'allumer. Telle est, ô Pallas, la joie que te cause

Teque juvat, Palla. Sed bellis acer Halesus
Tendit in adversos, seque in sua colligit arma.
Hic mactat Ladona, Pheretaque, Demodocumque;
Strymonio dextram fulgenti deripit ense
Elatam in jugulum: saxo ferit ora Thoantis,
Ossaque dispergit cerebro permista cruento.
Fata canens sylvis genitor celarat Halesum:
Ut senior leto canentia lumina solvit,
Injecere manum Parcæ, telisque sacrarunt
Evandri : quem sic Pallas petit, ante precatus:
Da nunc, Tibri pater, ferro, quod missile libro,
Fortunam, atque viam duri per pectus Halesi:
Hæc arma exuviasque viri tua quercus habebit.
Audiit illa Deus: dum texit Imaona Halesus,
Arcadio infelix telo dat pectus inermum.
   At non cæde viri tantâ perterrita Lausus.
Pars ingens belli, sinit agmina. Primus Abantem
Oppositum interimit, pugnæ nodumque moramque.
Sternitur Arcadiæ proles; sternuntur Etrusci;
Et vos ô Graiis imperdita corpora, Teucri.
Agmina concurrunt, ducibusque & viribus æquis:
Extremi addensant acies: nec turba moveri
Tela manusque sinit. Hinc Pallas instat & urget;
Hinc contra Lausus : nec multùm discrepat ætas :

la nouvelle ardeur de tes Arcadiens, que ta voix a ralliés & rappellés au combat. Cependant le brave Halésus marche contr'eux, couvert de son bouclier. Il immole Ladon, Phérete & Démodoce. Du revers de sa brillante épée, il coupe la main à Strymonius, qui la levoit pour lui percer la gorge. Il lance en même temps une pierre contre Thoas, & lui brise le crâne, dont il disperse les os & la cervelle ensanglantée. Le généreux Halésus eut pour pere un Devin, qui prévoyant le sort de son fils, le cacha dans les forêts. Mais à peine les yeux du vieillard furent fermés à la lumiere, que les Parques mirent la main sur son fils, & le dévouerent aux armes du fils d'Evandre, qui avant de combattre contre lui fit cette priere : ,, Dieu du Tibre, conduis ce javelot : qu'il ,, s'ouvre un passage à travers le corps de ce ,, redoutable Guerrier. Je suspendrai à un chêne ,, planté sur tes bords les armes & toute la ,, dépouille de ce fier ennemi ,,. Le Dieu l'exauça. L'infortuné Halésus, voulant couvrir Imaon de son bouclier, se découvre lui-même & s'offre au trait meurtrier du Prince d'Arcadie.

Mais Lausus, l'un des principaux Chefs des troupes Latines, ne permet pas que la mort d'un si grand Capitaine les décourage. Il s'avance contre Abas, dont la valeur mettoit obstacle à sa victoire, & l'étend à ses pieds. Il renverse ensuite, & taille en pieces une foule d'Arcadiens & d'Etrusques. Vous aussi, braves Troyens, vous qui avez tant de fois résisté au fer des Grecs : vous succombez aujourd'hui sous le bras de ce Prince. Cependant la valeur des Chefs & les forces des deux armées sont égales. On serre les rangs, & à peine reste-t-il assez d'espace pour manier les armes.

Egregii formâ, sed queis fortuna negârat
In patriam reditus. Ipsos concurrere passus
Haud tamen inter se magni regnator Olympi :
Mox illos sua fata manent majore sub hoste.

Intereà soror alma monet succurrere Lauso
Turnum, qui volucri curru medium secat agmen.
Ut vidit socios : Tempus desistere pugnâ ;
Solus ego in Pallanta feror, soli mihi Pallas
Debetur : cuperem ipse parens spectator adesset.
Hæc ait, & socii cesserunt æquore jusso.
At Rutulûm abscessu juvenis tum jussa superba
Miratus stupet in Turno ; corpusque per ingens
Lumina volvit, obitque truci procul omnia visu.
Talibus & dictis it contra dicta tyranni :
Aut spoliis ego jam raptis laudabor opimis,
Aut leto insigni : sorti pater æquus utrique est.
Tolle minas. Fatus, medium procedit in æquor :
Frigidus Arcadibus coït in præcordia sanguis.

Desiluit Turnus bijugis ; pedes apparat ire
Comminus : utque leo, speculâ cùm vidit ab altâ,
Stare procul campis meditantem prælia taurum,
Advolat ; haud alia est Turni venientis imago.
Hunc ubi contiguum missæ fore credidit hastæ,
Ire prior Pallas, si quà fors adjuvet ausum
Viribus imparibus ; magnumque ita ad æthera fatur.
Per patris hospitium, & mensas, quas advena adisti,

Pallas & Lausus paroissent chacun à la tête de leurs troupes, tous deux à peu près du même âge, tous deux d'une figure charmante, mais tous deux condamnés à ne plus revoir leur patrie. Jupiter cependant ne permet pas qu'ils combattent l'un contre l'autre : chacun d'eux est réservé par les Destins, pour périr de la main d'un ennemi plus illustre encore.

Dans ce moment la Nymphe Juturne, sœur de Turnus, vient avertir ce Prince d'aller au secours de Lausus. Turnus fait aussi-tôt voler son char & perce les bataillons : » Arrêtez, » s'écrie-t-il en arrivant ; c'est moi qui vais » combattre contre Pallas : cet adversaire m'est » réservé. Qu'Evandre son pere n'est-il spec- » tateur de notre combat «! Aussi-tôt les rangs s'ouvrent & font place aux deux illustres rivaux. Le jeune Pallas admire le fier commandement de Turnus, & la prompte obéissance des dociles Rutules. Il fixe sa vue sur lui, il considere sa haute taille ; il la mesure des yeux, il lance sur toute sa personne des regards terribles, & lui rend ainsi sa superbe menace. » Ou » je me couvrirai glorieusement de tes dépouilles, » ou je m'immortaliserai par un illustre trépas. » Quel que soit mon sort, le Roi mon pere sera » content de moi. Cesse donc de me menacer «. En parlant ainsi, il s'avance. Tous les Arcadiens tremblent pour leur Prince.

Turnus saute de son char dans la plaine, & s'empresse de joindre son rival ; semblable à un lion qui du haut d'une montagne apperçoit de loin dans les vallons un taureau, qui s'apprête au combat. Telle est la fiere démarche du superbe Rutule. Pallas voyant son ennemi à la portée du javelot, veut tenter si la fortune suppléera à l'inégalité de ses forces, & favo-

Te precor, Alcide, cœptis ingentibus adsis.
Cernat semineci sibi me rapere arma cruenta,
Victoremque ferant morientia lumina Turni.
Audiit Alcides juvenem, magnumque sub imo
Corde premit gemitum, lacrymasque effudit ina-
   nes.
Tum genitor natum dictis affatur amicis :
Stat sua cuique dies : breve & irreparabile tempus
Omnibus est vitæ ; sed famam extendere factis,
Hoc virtutis opus. Trojæ sub mœnibus altis
Tot gnati cecidere Deûm : quin occidit unà
Sarpedon, mea progenies : & jam sua Turnum
Fata vocant, metasque dati pervenit ad ævi.
Sic ait atque oculos Rutulorum rejicit arvis.
   Ad Pallas magnis emittit viribus hastam,
Vagináque cavâ fulgentem diripit ensem.
Illa volans, humeri surgunt quà tegmina summa,
Incidit, atque viam clypei molita per oras,
Tandem etiam magno strinxit de corpore Turni.
Hîc Turnus ferro præfixum robur acuto
In Pallanta diu librans jacit, atque ita fatur :
Aspice, num mage sit nostrum penetrabile telum.
Dixerat : at clypeum, tot ferri terga, tot æris,
Cùm pellis toties obeat circumdata tauri,
Vibranti cuspis medium transverberat ictu,
Loricæque moras, & pectus perforat ingens.
Ille rapit calidum frustrà de vulnere telum :
Una eademque via sanguisque animusque sequun-
   tur.
Corruit in vulnus : sonitum super arma dedere,
Et terram hostilem moriens petit ore cruento.
Quem Turnus super assistens :
Arcades hæc, inquit, memores mea dicta referto
Evandro : qualem meruit, Pallanta remitto.

Livre X.

risera son audace. Il adresse donc cette prière au Ciel. « Grand Alcide, je te conjure par » la maison & par la table de mon père, où » tu as autrefois été reçu, de seconder mes » généreux efforts. Que Turnus expirant sous » mon bras se sente désarmé, & que son vain- » queur soit l'objet de ses derniers regards «. Hercule entendit la prière du jeune Guerrier : il gémit intérieurement sur sa destinée, & versa d'inutiles larmes. Jupiter, pour le consoler, lui dit : « Mon fils, les jours de chaque Mortel » sont comptés ; le temps de la vie humaine » est court & irréparable ; mais la vertu assure une » vie immortelle dans la mémoire des hommes. » Combien de Héros issus du sang des Dieux ont » péri sous les murailles de Troie ? Sarpedon mon » fils y a perdu la vie. Turnus lui-même est déja » appellé par les Destins, & touche au terme de » sa carriere «. Ainsi parla Jupiter. En même temps il détourne ses regards de dessus les champs Latins.

Cependant Pallas commence par lancer un javelot de toutes ses forces, & aussi-tôt il tire du fourreau son étincelante épée. Le trait vole perce le bord du bouclier de Turnus, l'atteint au haut de sa cuirasse & lui effleure l'épaule. Turnus à son tour prenant une javeline acé- rée, la balance long-temps avant de la lancer contre Pallas : « Voi, lui dit-il, si mon dard » pénétrera mieux que le tien «. Il dit, & » aussi-tôt sa javeline part. Le bouclier de Pallas, quoique formé de plusieurs cuirs, & couvert de lames de fer & d'airain, est percé au mi- lieu, & malgré sa cuirasse épaisse, le funeste trait entre dans sa poitrine. C'est en vain que Pallas veut arracher le fer de sa plaie : son sang & sa vie s'échappent par la même blessure. Il tombe : ses armes retentissent de sa chûte,

Quifquis honos tumuli, quicquid folamen human-
di eft,
Largior : haud illi ftabunt Æneia parvo
Hofpitia : & lævo preffit pede, talia fatus,
Exanimem, rapiens immania pondera baltei,
Impreffumque nefas : unâ fub nocte jugali
Cæfa manus juvenum fœde, thalamique cruenti;
Quæ Clonus Eurytides multo cælaverat auro :
Quo nunc Turnus ovat fpolio, gaudetque potitus.
Nefcia mens hominum fati, fortifque futuræ,
Nec fervare modum rebus fublata fecundis !
Turno tempus erit, magno cùm optaverit emptum
Intactum Pallanta, & cum fpolia ifta, diemque
Oderit. At focii multo gemitu lacrymifque
Impofitum fcuto referunt Pallanta frequentes.
O dolor, atque decus magnum rediture parenti :
Hæc te prima dies bello dedit, hæc eadem aufert :
Cùm tamen ingentes Rutulorum linquis acervos.

 Nec jam fama mali tanti, fed certior auctor
Advolat Æneæ ; tenui difcrimine leti
Effe fuos; tempus verfis fuccurrere Teucris.
Proxima quæque metit gladio, latumque per agmen
Ardens limitem agit ferro ; te, Turne, fuperbum

& sa bouche ensanglantée mord la poussiere d'une terre ennemie. Alors Turnus, debout vis-à-vis du corps étendu de son rival, parle ainsi : « Arcadiens, rapportez fidélement ces » paroles à Evandre. Je lui renvoie son fils, » tel qu'il mérite de le revoir. J'accorde les » honneurs du tombeau, & la consolation de » la sépulture. Mais que son alliance avec Enée » lui coûtera cher ! « A ces mots, il appuie son pied gauche sur le corps du vaincu, & lui enleve son baudrier, qui étoit d'un poids énorme, & où la main du savant Clonus, fils d'Eurite, avoit gravé l'horrible attentat des Danaïdes, qui, la premiere nuit de leurs noces, souillerent le lit conjugal du sang de leurs jeunes époux. Paré de cette superbe dépouille, Turnus s'applaudit de sa victoire. O que les hommes sont aveugles sur l'avenir & sur leur destinée ! Qu'enflés de leurs succès, ils savent peu se modérer ! Un temps viendra que Turnus souhaitera de racheter chérement sa victoire, & qu'il détestera le jour où il remporta cette dépouille. Cependant les Arcadiens, pénétrés de douleur & versant des larmes, étendent le corps de leur Prince sur un bouclier, & l'enlevent. Malheureux Pallas, quel glorieux & quel triste retour chez ton pere ! Le premier jour qui te voit combattre, te voit périr : mais tu laisses sur le champ de bataille des monceaux de Rutules dont ton bras l'a couvert.

Ce n'est point par la voix de la Renommée, mais par un avis prompt & certain, qu'Enée apprend cette triste nouvelle. On lui dit aussi que ses troupes sont dans un grand danger, & qu'il est temps de les secourir. Il part à l'instant : il renverse tout ce qui s'offre à son épée, & ouvre un large passage à travers les ba-

Cæde novâ quærens. Pallas, Evander, in ipsis
Omnia sunt oculis ; mensæ, quas advena primas
Tunc adiit, dextræque datæ. Sulmone creatos
Quatuor hic juvenes, totidem quos educat Ufens,
Viventes rapit, inferias quos immolet umbris,
Captivoque rogi perfundat sanguine flammas.
Inde Mago procul infensam cùm tenderet hastam,
Ille hastu subit, ac tremebunda supervolat hasta ;
Et genua amplectens effatur talia supplex :
Per patrios manes, per spes surgentis Iüli,
Te precor, hanc animam serves natoque patrique.
Est domus alta ; jacent penitùs defossa talenta
Cælati argenti : sunt auri pondera facti
Infectique mihi. Non hîc victoria Teucrûm
Vertitur : haud anima una dabit discrimina tanta.
Dixerat. Æneas contrà cui talia reddit :
Argenti atque auri memoras quæ multa talenta,
Gnatis parce tuis : belli commercia Turnus
Sustulit ista prior, jam tum Pallante perempto.
Hoc patris Anchisæ manes, hoc sentit Iülus.
Sic fatus galeam lævâ tenet, atque reflexâ
Cervice orantis capulo tenus applicat ensem.

Nec procul Hæmonides, Phœbi Triviæque sa-
cerdos,
Infula cui sacrâ redimibat tempora vittâ,
Totus collucens veste, atque insignibus armis.
Quem congressus agit campo, lapsumque super-
stans
Immolat, ingentique umbrâ tegit : arma Serestus
Lecta refert humeris, tibi, rex Gradive, tro-
phæum :

taillons

taillons Latins. C'est à toi, Turnus, qu'il en veut, à toi, que ton dernier triomphe enivre d'orgueil. Pallas & le Roi Evandre sont devant ses yeux : l'hospitalité, l'alliance de ce Prince, la reconnoissance de tous ses bienfaits, sont présens à son esprit. Il fait d'abord prisonniers huit jeunes soldats, dont quatre étoient fils de Sulmon, & les quatre autres d'Ufens : il réserve ces captifs pour être immolés aux Manes de Pallas, & pour arroser de leur sang les flammes de son bûcher. Poursuivant sa vengeance, il lance un dard terrible contre Magus, qui évite le coup en baissant la tête. Magus se jette à ses genoux, & lui parle ainsi : » Au nom de votre pere Anchise, & du jeune » Ascagne, votre douce espérance, conser- » vez un fils à son pere & un pere à son fils. » J'ai un Palais magnifique : j'ai une grande » quantité d'argent monnoyé, enfoui dans la » terre : j'ai des monceaux d'or, soit travaillé, » soit en lingots. Ma mort ne fixera pas la vic- » toire dans le parti des Troyens, & la vie » d'un homme n'est pas capable de causer une » si grande différence. Enée lui répond : Garde » tous ces trésors pour tes enfans. Pallas que » Turnus a tué, ne me permet plus de com- » poser avec mes ennemis : plus de quartier. » Ainsi l'ordonnent les Manes d'Anchise, & » mon fils Iule. » A ces mots il saisit de sa main gauche le casque de Magus : il lui courbe la tête, & lui plonge son épée dans la gorge.

Non loin de là s'offre à ses yeux le fils d'Hémon, Grand-Prêtre d'Apollon & de Diane, dont le front est ceint d'un bandeau sacré : il brille par ses superbes habits & par ses armes éclatantes. Enée marche à lui, le poursuit, le renverse, l'immole, & couvre ses yeux d'une

Inftaurant acies Vulcani ftirpe creatus
Cæculus, & veniens Marforum montibus Umbro.
Dardanides contra furit : Anxuris enfe finiftram,
Et totum clypei ferro dejecerat orbem.
Dixerat ille aliquid magnum, vimque affore verbo
Crediderat cœloque animum fortaffe ferebat,
Canitiemque fibi & longos promiferat annos.
Tarquitus exultans contra fulgentibus armis,
Sylvicolæ Fauno Dryope quem Nympha crearat,
Obvius ardenti fefe obtulit : ille reductâ,
Loricam, clypeique ingens onus impetit haftâ.
Tum caput orantis nequicquam, & multa parantis
Dicere deturbat terræ ; truncumque tepentem
Provolvens, fuper hæc inimico pectore fatur.
Iftic nunc, metuende, jace : non te optima mater
Condet humi, patrióve onerabit membra fepulchro:
Alitibus linquere feris, aut gurgite merfum
Unda feret, pifcefque impafti vulnera lambent.
Protinùs Antæum, & Licham, prima agmina Turni,
Perfequitur, fortemque Numam, fulvumque Ca-
  mertem,
Magnanimo Volfcente fatum, ditiffimus agri
Qui fuit Aufonidum, & tacitis regnavit Amyclis.
Ægeon qualis, centum cui brachia dicunt,
Centenafque manus, quinquaginta oribus ignem
Pectoribufque arfiffe ; Jovis cùm fulmina contra
Tot paribus ftreperet clypeis, tot ftringeret enfes:
Sic toto Æneas defævit in æquore victor,

éternelle nuit. Sérefte s'empare de fes armes pour t'élever un trophée, térrible Dieu de la guerre. Céculus, fils de Vulcain, & Umbron forti des montagnes des Marfes, rallioient leurs bataillons. Enée leur fait éprouver la fureur de fes coups. Le dernier qui venoit d'abattre le bras, & de fendre le bouclier d'Anxur, avoit prononcé un Oracle en fa faveur, & y ajoutant foi, il fe promettoit une haute réputation & une longue vie. Tarquite, fils de Dryope & du Dieu Faune, orgueilleux de l'éclat de fes armes, accourt pour s'oppofer à la furie du Prince Troyen. Enée lui ayant lancé un dard de toutes fes forces, perce fon bouclier & fa cuiraffe, & le met hors d'état de fe défendre. C'eft en vain que Tarquite demande quartier, & qu'il s'efforce de le fléchir. Enée lui abat la tête, & d'un coup de pied roulant fon corps, il prononce ces mots d'un air irrité : » Redoutable Guerrier, refte ici étendu fur » la pouffiere. Ta mere ne t'enfevelira point, » & ne te fera point porter au tombeau de » tes peres. Tu feras abandonné aux oifeaux » de proie, ou ton corps jetté dans le fleuve » fera le jouet des flots, & la nourriture des » poiffons affamés «. Il fe met alors à la pourfuite d'Anthée, de Lichas, du brave Numa & du blond Camerte, fils du brave Volfcens, & le plus riche Prince d'Aufonie, Roi des taciturnes Amycles. Tous ces Capitaines, poftés au premier rang de l'armée de Turnus, font attaqués par Enée; femblable à Egéon, ce géant à cent bras & à cent mains, à cinquante bouches & à cinquante poitrines, vomiffant des torrents de flammes, & oppofant dit-on, aux foudres de Jupiter autant d'épées & de boucliers. Tel paroît le Prince Troyen fur le champ de bataille, dès qu'il a commencé

Ut femel intepuit mucro. Quin ecce Nyphæi
Quadrijuges in equos adverfaque pectora tendit.
Atque illi longè gradientem, & dira frementem
Ut videre, metu verfi, retròque ruentes
Effunduntque ducem, rapiuntque ad littora currus.
 Intereà bijugis infert fe Lucagus albis
In medios, fraterque Liger : fed frater habenis
Flectit equos : strictum rotat acer Lucagus enfem.
Haud tulit Æneas tanto fervore furentes :
Irruit, adverfaque ingens apparuit hastâ.
Cui Liger :
Non Diomedis equos, non currus cernis Achillis,
Aut Phrygiæ campos : nunc belli finis & ævi
His dabitur terris. Vefano talia latè
Dicta volant Ligeri : fed non & Troius heros
Dicta parat contrà : jaculum nam torquet in hoftem;
Lucagus ut pronus pendens in verbera telo
Admonuit bijugos : projecto dum pede lævo
Aptat fe pugnæ, fubit oras hafta per imas
Fulgentis clypei ; tum lævum perforat inguen.
Excuffus curru moribundus volvitur arvis.
Quem pius Æneas dictis affatur amaris :
Lucage, nulla tuos currus fuga fegnis equorum
Prodidit, aut vanæ vertere ex hoftibus umbræ :
Ipfe rotis faliens, juga deferis. Hæc ita fatus,
Arripuit bijugos : frater tendebat inermes
Infelix palmas, curru delapfus eodem :
Per te, per qui te talem genuere parentes,
Vir Trojane, fine hanc animam, & miferere pre-
 cantis.
Pluribus oranti Æneas : Haud talia dudùm
Dicta dabas : morere, & fratrem ne defere frater,

à enfanglanter fon épée. Le voici qui marche contre Nyphée, qui eft monté fur un char attelé de quatre chevaux de front. Mais auffi-tôt que ces courfiers apperçoivent de loin Enée venant à eux tranfporté de fureur, faifis d'épouvante, ils reculent, renverfent leur conducteur, & entraînent le char vers le rivage. Dans le même temps Lucage, avec fon frere Liger, élevé fur un char attelé de deux chevaux blancs, & efpadonnant de fon épée, pénétroit dans les bataillons Troyens : Liger conduifoit le char. Enée ne put fouffrir leur audace meurtriere. Il fond fur eux, armé d'une longue javeline. Alors Liger lui parle ainfi : » Ce ne font pas ici les champs de Phrygie : » ce ne font ni les chevaux de Diomede, ni » le char d'Achille. Tu vas trouver en ces » lieux la fin de la guerre & de tes jours «. Telles étoient les paroles que l'infenfé Liger faifoit voler dans les airs. Enée ne daigne pas lui répondre. Il leve fon bras, dans le temps que Lucage, penché fur fes chevaux, les pique de la pointe de fon javelot, & que s'apprêtant au combat, il avance fon pied gauche fur le bord de fon char. Alors Enée lui lance un dard, qui pénetre fon bouclier, lui entre dans l'aîne gauche, & le renverfe bleffé à mort. » La » lenteur de tes courfiers, Lucage, n'a point » trahi ton ardeur, lui dit Enée d'un ton in- » fultant, ni la vue de l'ennemi ne les a point » effrayés. C'eft toi-même qui faute à terre, » & qui abandonne ton char «. Auffi-tôt il faifit les rênes des chevaux. Liger qui avoit été renverfé avec fon frere, met bas les armes, & tendant les mains au vainqueur : » Illuftre » Troyen, lui dit-il, je te conjure par toi- » même & par les auteurs de ta vie, d'épar- » gner la mienne. Tu ne parlois pas ainfi il

Tum latebras animæ pectus mucrone recludit.
Talia per campos edebat funera ductor
Dardanius, torrentis aquæ, vel turbinis atri
More furens. Tandem erumpunt & castra relin-
   quunt
Ascanius puer, & nequicquam obsessa juventus.
   Junonem intereà compellat Jupiter ultrò :
O germana mihi, atque eadem gratissima conjux,
Ut rebâre, Venus (nec te sententia fallit)
Trojanas sustentat opes : non vivida bello
Dextra viris, animusque ferox, patiensque pericli.
Cui Juno submissa : Quid, ô pulcherrime conjux,
Sollicitas ægram, & tua tristitia dicta timentem ?
Si mihi, quæ quondam fuerat, quamque esse dece-
   bat,
Vis in amore foret, non hoc mihi namque negares
Omnipotens : quin & pugnæ subducere Turnum,
Et Dauno possem incolumem servare parenti.
Nunc pereat, Teucrisque pio det sanguine pœnas?
Ille tamen nostrâ deducit origine nomen ;
Pilumnusque illi quartus pater : & tua largâ
Sæpe manu, multisque oneravit limina donis.
   Cui Rex ætherei breviter sic fatur Olympi :
Si mora præsentis leti, tempusque caduco
Oratur juveni, meque hoc ita ponere sentis ;
Tolle fugâ Turnum, atque instantibus eripe fatis:
Hactenus indulsisse vacat : sin altior istis
Sub precibus venia ulla latet, totumque moveri
Mutarive putas bellum, spes pascis inanes.
Et Juno allacrymans : Quid si, quod voce gravaris,

„ y a un moment, lui repliqua Enée. Meurs,
„ & fuis ton frere aux Enfers ". En même
temps il lui plonge fon épée dans le cœur,
dernier afyle de fon ame effrayée. Tandis qu'E-
née, tel qu'un torrent furieux ou qu'un noir
tourbillon, renverfe tout ce qui s'oppofe à fon
courroux, Afcagne, & tous les jeunes Troyens,
fe voyant foiblement inveftis, fortent du
camp.

Dans ces conjonctures, Jupiter tint de lui-
même ce difcours à la Reine des Dieux. „ O
„ ma fœur, ô ma chere époufe! vous aviez
„ bien raifon de penfer que Vénus foutenoit
„ les Troyens: car ils n'ont ni feu, ni cou-
„ rage, ni fermeté dans les périls ". Junon lui
répondit d'un air humble: „ Pourquoi, aima-
„ ble époux, vous plaifez-vous à m'affliger,
„ moi qui ai déja tant de fujets de chagrin,
„ & qui crains tant la dureté de vos paroles?
„ Si vous m'aimiez tendrement, comme autre-
„ fois, & comme vous le devriez encore,
„ vous ne me refuferiez pas ce que je defire,
„ vous qui êtes tout-puiffant. Je pourrois
„ alors fauver Turnus, & le rendre fain &
„ fauf à Daunus fon pere. Faut-il que ce Prince
„ périffe, victime de l'ambition Troyenne;
„ ce Prince dont Pilumne eft le quatrieme
„ aïeul, qui eft iffu du fang des Dieux, &
„ dont les offrandes ont fi fouvent enrichi vos
„ autels? "

Le Roi du Ciel lui repartit en peu de mots:
„ Si l'on veut que la mort de Turnus foit re-
„ tardée, & fi vous jugez que je doive lui
„ accorder cette grace, faites enforte qu'il fe
„ retire aujourd'hui du combat, & tâchez de
„ le fouftraire à la pourfuite du Deftin. C'eft
„ tout ce que je puis faire pour lui. Cepen-
„ dant fi fous la priere que vous me faites,

Mente dares, atque hæc Turno rata vita maneret?
Nunc manet insontem gravis exitus: aut ego veri
Vana feror: quod ut ô potiùs formidine falsâ
Ludar, & in melius tua, qui potes, orsa reflectas!

Hæc ubi dicta dedit, cœlo se protinus alto
Misit, agens hyemem nymbo succincta per auras:
Iliacamque aciem, & Laurentia castra petivit.
Tum Dea nube cavâ tenuem sine viribus umbram,
In faciem Æneæ (visu mirabile monstrum!)
Dardaniis ornat telis, clypeumque, jubasque
Divini assimilat capitis: dat inania verba;
Dat sine mente sonum, gressusque effingit euntis.
Morte obitâ quales fama est volitare figuras,
Aut quæ sopitos deludunt somnia sensus.
At primas læta ante acies exsultat imago,
Irritatque virum telis, & voce lacessit.
Instat cui Turnus, stridentemque eminus hastam
Conjicit: illa dato vertit vestigia tergo.
Tùm verò Ænean aversum ut cedere Turnus
Credidit, atque animo spem turbidus hausit inanem:
Quò fugis, Ænea? thalamosne desere pactos:
Hac dabitur dextrâ tellus quæsita per undas.
Talia vociferans sequitur, strictumque coruscat

» vous cachez quelqu'autre prétention ; si vous
» vous imaginez que je changerai, que je bou-
» leverserai tout l'ordre de cette guerre, vous
» vous flattez d'une vaine espérance. Mon
» cher époux, repliqua Junon les larmes aux
» yeux, ce que vous ne voulez pas m'accor-
» der ouvertement, ne pourriez-vous me l'ac-
» corder tacitement, & prolonger la vie de
» Turnus ? Je vois, ou je m'abuse, que sans
» l'avoir mérité il aura un triste sort. Ah ! puis-
» sé-je n'avoir qu'une fausse alarme ! Puissiez-vous
» (ce qui vous est facile) changer vos divins
» décrets ! «

Junon s'enveloppe alors dans un de ces gros
nuages qui annoncent la tempête, & traversant les airs, elle descend dans la plaine, théatre du combat des Troyens & des Latins. Là,
d'une épaisse nuée elle forme une vaine & légere image du Prince Troyen. O prodige ! elle
donne à ce fantôme de pareilles armes, un
bouclier, un casque & une aigrette semblables ; elle lui donne une fausse voix, & lui
donne des paroles sans pensée, & une démarche conforme à celle du Héros. Ainsi
voltigent, dit-on, sur la terre les vaines
ombres des Morts ; ainsi dans les bras de
Morphée mille songes se jouent de nos sens
assoupis. Le spectre se montre hardiment à la
tête de l'armée Troyenne. Il lance des traits
contre Turnus, & le défie au combat. Turnus marche à lui, & fait siffler un trait que
sa main lui lance de loin. Le spectre effrayé
tourne le dos, & prend la fuite. Turnus croit
qu'Enée fuit, & déja dans son transport il
se repaît d'une vaine espérance. » Où fuis-
» tu, Enée, s'écrie-t-il ? N'abandonne pas
» l'épouse qui t'est promise. Ma main va te
» céder un pays que tu as cherché à tra-

Tome II.   H h

Mucronem ; nec ferre videt sua gaudia ventos.

Fortè ratis celsi conjuncta crepidine saxi
Expositis stabat scalis, & ponte parato,
Quà rex Clusinis advectus Osinius oris.
Huc sese trepida Æneæ fugientis imago
Conjicit in latebras: nec Turnus segnior instat;
Exsuperatque moras, & pontes transilit altos.
Vix proram attigerat ; rumpit Saturnia funem,
Avulsamque rapit revoluta per æquora navem.
Illum autem Æneas absentem in prælia poscit :
Obvia multa virûm demittit corpora morti.

Tùm levis haud ultrà latebras jam quærit imago
Sed sublime volans nubi se immiscuit atræ ;
Cùm Turnum medio intereà fert æquore turbo.
Respicit ignarus rerum, ingratusque salutis,
Et duplices cum voce manus ad sidera tendit :
Omnipotens Genitor, tanton' me crimine dignum
Duxisti, & tales voluisti expendere pœnas ?
Quò feror ? unde abii ? quæ me fuga ? quemve reducet ?
Laurentesne iterum muros, aut castra videbo ?
Quid manus illa virûm, qui me, meaque arma secuti,
Quosque (nefas) omnes infandâ in morte reliqui?
Et nunc palantes video, gemitumque cadentum
Accipio. Quid ago ? aut quæ jam satis ima dehiscat
Terra mihi ? Vos ô potiùs miserescite, venti.
In rupes, in saxa (volens vos Turnus adoro)
Ferte ratem, sævisque vadis immittite Syrtes;

„ vers tant de mers ". En parlant ainſi il pour‑
ſuit l'épée à la main un rival imaginaire. Il
ne voit pas que les vents emportent ſa fauſſe
joie.

Non loin de là étoit par hazard le grand vaiſ‑
ſeau d'Oſinius, Roi de Cluſium, amarré à un
rocher eſcarpé. Les échelles & les planches
dont on s'étoit ſervi pour mettre pied à terre,
étoient encore dans le même état. L'ombre fu‑
gitive d'Enée va ſe cacher dans ce navire. Turnus
vole après elle, franchit les planches, & ſaute
dans le vaiſſeau. Mais à peine a-t-il mis ſon pied
ſur la proue, que Junon coupe le cable, arrache
le vaiſſeau du rivage, le pouſſe en mer & le fait
voguer. Pendant ce temps-là le véritable Enée
cherche Turnus ſur le champ de bataille, &
dévoue à la mort une foule de guerriers qui s'of‑
frent à ſes coups.

Alors le léger fantôme ceſſe de ſe tenir
caché: il reparoît, il s'éleve dans les airs, & ſe
perd dans les nues, tandis que les flots entraî‑
nent Turnus voguant en pleine mer. Il voit
enfin ſon erreur, mais il ignore que c'eſt l'ou‑
vrage de Junon, & il méconnoît la main qui le
ſauve. „ Grand Dieu, s'écrie-t-il, quel eſt
„ donc mon crime, pour mériter ce rigoureux
„ traitement? Où vais-je? D'où ſuis-je parti?
„ Où me refugier? Comment rejoindre mon
„ armée? Reverrai-je les murs de Laurente,
„ reverrai-je mon camp? Que penſent de moi
„ tous ces guerriers, qui marchoient à ma ſuite,
„ & que j'ai honteuſement abandonnés au mi‑
„ lieu du péril? Je les vois fuir de tous côtés:
„ j'entends les cris des mourants. Que ferai-je?
„ Quel abyme aſſez profond m'engloutira?
„ Vents, prenez pitié de moi: Turnus vous
„ rend hommage, & implore votre ſecours.
„ Briſez ce vaiſſeau contre des rochers, ou

Quò neque me Rutuli, neque confcia fama fequa-
    tur.
  Hæc memorans, animo nunc huc nunc fluctuat
    illuc;
An fefe mucrone ob tantum dedecus amens
Induat, & crudum per coftas exigat enfem;
Fluctibus an jaciat mediis, & littora nando
Curva petat, Teucrûmque iterùm fe reddat in ar-
    ma.
Ter conatus utramque viam : ter maxima Juno
Continuit, juvenemque animi miferata repreffit.
Labitur alta fecans fluctuque æftuque fecundo,
Et patris antiquam Dauni defertur ad urbem.
  At Jovis intereà monitis Mezentius ardens
Succedit pugnæ, Teucrofque invadit ovantes.
Concurrunt Thyrrhenæ acies, atque omnibus uni,
Uni odiifque viro, telifque frequentibus inftant.
Ille, velut rupes, vaftum quæ prodit in æquor,
Obvia ventorum furiis, expoftaque ponto,
Vim cunctam, atque minas perfert cœlique marif-
    que,
Ipfa immota manens. Prolem Dolicaonis Hebrum
Sternit humi; cum quo Latagum, Palmumque fu-
    gacem :
Sed Latagum faxo, atque ingenti fragmine montis
Occupat os, faciemque adverfam : poplite Palmum
Succifo volvi fegnem finit, armaque Laufo
Donat habere humeris, & vertice figere criftas.
Nec non Evantem Phrygium, Paridiíque Mimanta
Æqualem, comitemque, unâ quem nocte Theano
In lucem genitori Amyco dedit, & face prægnans

„ pouſſez-le juſqu'aux Syrtes. Que j'échoue ſur un
„ rivage, où mon peuple ne puiſſe me chercher,
„ ni ma honte me ſuivre ! «

Turnus, livré à ſes penſées, ne ſait à quoi ſe
réſoudre. Il délibere, s'il ſe percera le cœur de
ſon épée, & s'il lavera cet affront dans ſon ſang.
Tantôt il veut ſe précipiter dans le ſein des flots,
& gagner la côte à la nage, pour retourner au
combat contre les Troyens. Trois fois il eſt ſur le
point de faire l'un ou l'autre : trois fois la puiſſante Junon le retient, & la pitié de la Déeſſe ré-
prime ſa bouillante ardeur. Le navire enfin fendant les ondes, pouſſé par les flots, entraîné par
le flux, & porté vers le rivage, aborde près de
l'antique Ardée, & rend Turnus à ſa patrie & à
ſon pere.

Cependant le fougueux Mézence, inſpiré
par Jupiter, prend la place de Turnus, & attaque vivement les Troyens vainqueurs. Tous
les Etruſques s'oppoſent à ſes efforts, & tournent contre lui ſeul leur haine & leurs armes.
En bute à tant d'ennemis, il n'eſt point ému
du danger. Tel un rocher élevé ſur la vaſte
ſurface des ondes, expoſé à la furie des vents
& des vagues, brave toutes les fureurs du
ciel & de la mer, & ne peut être ébranlé.
Ce Prince étend à ſes pieds Hébrus, fils de
Dolicaon, ainſi que Palmus & Latage. Celui-ci
ſuccombe ſous le coup d'une pierre énorme,
dont il eſt atteint au viſage. Mézence coupe
le jarret au lâche Palmus, qui fuyoit ; il le
laiſſe ſe rouler par terre, & lui enleve ſes armes avec ſon ſuperbe panache, dont auſſi-tôt
il fait préſent à ſon fils Lauſus. Il maſſacre enſuite le Phrygien Evas, avec Mimas, fils d'A-
mycus & de Théano, qui accoucha de lui la
même nuit que la fille de Ciſſée, Reine de
Troie, accoucha du flambeau de la guerre.

Cisseis regina Parin creat : urbe paternâ
Occubat ; ignarum Laurens habet ora Mimanta.
  Ac velut ille canum morsu de montibus altis
Actus aper (multos Vesulus quem pinifer annos
Defendit, multosque palus Laurentia) sylvâ
Pastus arundineâ; postquam inter retia ventum est,
Substitit, infremuitque ferox, & inhorruit armos:
Nec cuiquam irasci, propiùsve accedere virtus;
Sed jaculis, tutisque procul clamoribus instant.
Haud aliter, justæ quibus est Mezentius iræ,
Non ulli est animus stricto concurrere ferro :
Missilibus longè, & vasto clamore lacessunt,
Ille autem impavidus partes cunctatur in omnes,
Dentibus infrendens, & tergo decutit hastas.
  Venerat antiquis Corythi de finibus Acron,
Grajus homo, infectos linquens profugus hyme-
    næos :
Hunc ubi miscentem longè media agmina vidit,
Purpureum pennis, & pactæ conjugis ostro :
Impastus stabula alta leo ceu sæpe peragrans
(Suadet enim vesana fames) si fortè fugacem
Conspexit capream, aut surgentem in cornua cer-
    vum,
Gaudet hians immane, comasque arrexit, & hæret
Visceribus super incumbens : lavit improbat teter
Ora cruor.
Sic ruit in densos alacer Mezentius hostes.
Sternitur infelix Acron, & calcibus atram
Tundit humum expirans; infractaque tela cruentat.
Atque idem fugientem haud est dignatus Oroden

Pâris & Mimas furent liés d'une étroite amitié, mais leur destinée ne fut pas égale. Pâris mourut dans le sein de sa patrie : Mimas périt sans gloire dans les champs de Laurente.

Tel qu'un vieux sanglier, féroce habitant des bois du mont Vésule, ou des roseaux du marais de Laurente, lancé par les chiens, & arrêté par les toiles, frémit, s'agite, dresse ses soies : le chasseur n'ose l'assaillir, ni avancer : il lui lance des traits de loin, & tâche de l'effrayer par ses cris. L'intrépide animal se tourne de tous côtés : il présente ses défenses & secoue son dos hérissé de vingt traits. De tant d'ennemis qu'un juste ressentiment réunit contre Mézence, aucun n'ose, le fer à la main, le combattre de près. On se contente de lui lancer de loin des dards impuissants, & de l'étourdir de vaines clameurs.

Acron, Grec d'origine, parti de l'ancienne Ville de Corythe, sur le point de s'engager dans les nœuds de l'hymen, avoit quitté son amante pour se rendre à l'armée des Troyens. Dès que Mézence eut apperçu de loin au milieu des rangs ennemis son panache brillant & son écharpe de pourpre, présents de son épouse promise : comme un lion pressé de la faim, qui parcourt toutes les grandes bergeries de la contrée, s'il voit paroître une chevre ou un jeune cerf, il tressaille, il ouvre une large & effrayante gueule, il hérisse sa criniere, se jette sur sa proie, y demeure attaché, & s'abreuve de son sang. Avec la même fureur Mézence fond sur les ennemis, & renverse d'un coup mortel le malheureux Acron. Ce guerrier expirant frappe la terre de ses pieds, & le sang qu'il verse inonde ses armes brisées. A cette vue, Orode se met à fuir. Le fier Mézence dédaigne de le percer

Sternere, nec jactâ cæcum dare cuspide vulnus.
Obvius, adversoque occurrit, seque viro vir
Contulit, haud furto melior, sed fortibus armis,
Tùm super abjectum posito pede, nixus & hastâ :
Pars belli haud temnenda, viri, jacet altus Orodes.
Conclamant socii, lætum Pæana secuti.
Ille autem expirans : non me, quicumque es, inulto,
Victor, nec longum lætabere : te quoque fata
Prospectant paria, atque eadem mox arva tenebis.
Ad quem subridens missâ Mezentius irâ :
Nunc morere ; ast de me Divûm pater atque ho-
  minum rex
Viderit. Hoc dicens, eduxit corpore telum.
Olli dura quies oculos & ferreus urget
Somnus ; in æternam clauduntur lumina noctem.
 Cædicus Alcathoum obtrunca, Sacrator Hy-
  daspen,
Partheniumque Rapo, & prædurum viribus Orsen :
Messapus Cloniumque, Lycaoniumque Ericeten :
Illum infrænis equi lapsu tellure jacentem ;
Hunc peditem pedes. Et Lycius procesferat Agis :
Quem tamen haud expers Valerus virtutis avitæ
Dejicit ; Authronium Salius, Saliumque Nealces
Insignis jaculo & longè fallente sagittâ.
 Jam gravis æquabat luctus & mutua Mavors
Funera : cedebant pariter, pariterque ruebant
Victores victique, neque his fuga nota, nec illis.
Di Jovis in tectis iram miserantur inanem

dans sa fuite, & de lancer un dard que l'œil de son ennemi ne puisse voir partir. Il court après lui, l'atteint, l'arrête, l'attaque de front l'un est plus rusé, l'autre plus brave. Il le terrasse ; puis lui mettant un pied sur la gorge, & s'appuyant sur la lance dont il l'a percé : ″ Compagnons, s'écrie-t-il, voici un grand ″ avantage que nous remportons : le grand ″ Orode est vaincu ″. Ses soldats lui répondent par des applaudissements & des cris de joie. Orode levant les yeux, lui dit d'une voix mourante : ″ Qui que tu sois, tu ne ″ te glorifieras pas long-temps de ta victoire : ″ je vais être vengé. Un destin pareil t'at-″tend, & tu seras bientôt étendu sur ce mê-″me champ de bataille ″. Mézence, le regardant avec un souris mêlé de colere, lui répond : ″ En attendant, meurs : Jupiter me traitera à ″ son gré ″. A ces mots il retire sa lance du corps d'Orode, dont les yeux, plongés dans un sommeil de fer, se ferment pour jamais à la lumiere.

Cependant Cédicus coupe la tête à Alcathoüs : Sacrator perce Hydaspe : Rapon terrasse Parthénius & le robuste Orsès. Clonius combat contre Messape, & est renversé par son cheval indomté. Le même Messape combat contre Ericete de Lycaonie, à pied l'un & l'autre : Messape est le vainqueur de tous les deux. Valere, digne héritier de la valeur de ses ancêtres, triomphe d'Agis de Lycie, qui l'a attaqué. Salius, après avoir tué Authronius, est tué lui-même par Néalce, adroit à lancer le javelot & à tirer de l'arc.

Jusqu'alors Mars avoit également semé la mort & les regrets dans l'une & l'autre armée ; des deux côtés il y avoit autant de vaincus que de vainqueurs, & aucun des deux partis n'avoit

Amborum, & tantos mortalibus effe labores.
Hinc Venus, hinc contrà fpectat Saturnia Juno :
Pallida Tifiphone media inter millia fævit.

 At verò ingentem quatiens Mezentius haftam
Turbidus ingreditur campo : quàm magnus Orion,
Cum pedes incedit medii per maxima Nerei
Stagna, viam fcindens, humero fupereminet undas ;
Aut fummis referens annofam montibus ornum ;
Ingrediturque folo, & caput inter nubila condit.
Talis fe vaftis infert Mezentius armis.
Huic contra Æneas, fpeculatus in agmine longo,
Obvius ire parat : manet imperterritus ille,
Hoftem magnanimum opperiens, & mole fuâ ftat :
Atque oculis fpatium emenfus, quantum fatis haftæ:
Dextra mihi Deus, & telum quod miffile libro,
Nunc adfint : voveo prædonis corpore raptis
Indutum fpoliis, ipfum te, Laufe, trophæum
Æneæ. Dixit ftridentemque eminus haftam
Jecit : at illa volans clypeo eft excuffa, proculque
Egregium Anthorem latus inter & ilia figit ;
Herculis Anthorem comitem, qui miffus ab Argis
Hæferat Evandro, atque Italâ confederat urbe.
Sternitur infelix alieno vulnere, cœlumque
Afpicit, & dulces moriens reminifcitur Argos.
Tùm pius Æneas haftam jacit : illa per orbem

Livre X.

reculé. Les Dieux affemblés dans le Palais de Jupiter, regardent avec compaffion la vaine fureur des Combattants, & plaignent les Mortels occupés à ces malheureux travaux. Ici Junon, là Vénus, font attentives à tous les événements du combat, tandis que la pâle Tifiphone, au milieu des bataillons, échauffe le carnage.

Cependant le fougueux Mézence reparoît tout à coup fur le champ de bataille, armé d'une énorme javeline qu'il branle d'un air menaçant. Ainfi marche à travers les vaftes étangs de Nérée le grand Orion fe frayant une route au milieu des ondes, au-deffus defquelles fes épaules s'élevent. Ainfi l'on voit ce même Géant defcendre des hautes montagnes, appuyé fur le tronc d'un orme antique : tandis que fes pieds touchent la terre, fa tête eft cachée dans les nues. Tel fe montre le Roi Mézence, avec fes armes d'une grandeur énorme. Enée l'ayant apperçu du milieu de fes rangs, fe prépare à marcher contre lui. Mézence attend ce fier ennemi fans le craindre, & demeure immobile. Dès qu'il le voit à la portée du trait : « Mon bras, dit-il, eft mon Dieu : » je l'implore, ainfi que ce dard que je vais » lancer. Laufus mon fils, fi j'immole ce brigand, je fais vœu de te confacrer fa dépouille, » & de t'en revêtir «. Il dit, & à l'inftant il lance de loin un bruyant javelot. Le trait fend les airs, gliffe fur le bouclier d'Enée, va percer le flanc du brave Anthor, autrefois compagnon d'Hercule, &, qui, forti d'Argos pour s'attacher à Evandre, s'étoit établi dans fon Royaume. Anthor, percé d'un trait mortel qui ne lui étoit pas deftiné, leve les yeux au ciel, & près d'expirer, il fe rappelle fa chere patrie. A l'inftant, Enée lance d'un bras vigoureux

Ære cavum triplici, per linea terga, tribufque
Tranfiit intextum tauris opus, imaque fedit
Inguine: fed vires haud pertulit. Ociùs enfem
Æneas, vifo Thyrreni fanguine, lætus
Eripit à femore, & trepidanti fervidus inftat.
Ingemuit cari graviter genitoris amore,
Ut vidit, Laufus, lacrymæque per ora volutæ.
Hîc mortis duræ cafum, tuaque optima facta,
(Si qua fidem tanto eft operi latura vetuftas)
Non equidem, nec te, juvenis memorande, filebo.
   Ille pedem referens, & inutilis, inque ligatus
Cedebat, clypeoque inimicum haftile trahebat.
Proripuit juvenis, fefeque immifcuit armis:
Jamque affurgentis dextræ, plagamque ferentis
Æneæ fubiit mucronem, ipfumque morando
Suftinuit: focii magno clamore fequuntur,
Dum genitor nati parmâ protectus abiret.
Telaque conjiciunt, proturbantque eminus hoftem
Miffilibus: furit Æneas, tectufque tenet fe.
Ac velut, effusâ fi quando grandine nimbi
Præcipitant; omnis campis diffugit arator,
Omnis & agricola, & tutâ latet arce viator,
Aut amnis ripis, aut alti fornice faxi,
Dum pluit in terris: ut poffint, fole reducto,
Exercere diem: fic obrutus undique telis
Æneas nubem belli, dum detonet, omnem
Suftinet, & Laufum increpitat, Laufoque minatur:
Quò moriture ruis, majoraque viribus audes?
Fallit te incautum pietas tua. Nec minus ille
Exfultat demens. Sævæ jamque altiùs iræ
Dardanio furgunt ductori, extremaque Laufo
Parcæ fila legunt. Validum namque exigit enfem

un dard, qui perce le bouclier de Mézence, formé de trois cuirs, & couvert d'une toile & de trois lames d'airain, & il l'attèint au bas-ventre. Le coup affoibli par le bouclier ne fit qu'une légere impreſſion : on vit néanmoins couler le ſang. Auſſi-tôt Enée met l'épée à la main, & fond ſur ſon ennemi étonné. Lauſus, épris d'un tendre amour pour ſon pere, gémit de ſon ſort, & ne peut s'empêcher de verſer des larmes. Jeune Prince, digne d'une éternelle mémoire, je célébrerai ici tes hauts faits & ta fin déplorable, ſi des temps ſi reculés permettent de les croire.

Mézence bleſſé, hors d'état de combattre & perdant ſon ſang, ſe retiroit du champ de bataille, traînant avec ſon bouclier le dard ennemi qui l'avoit percé. Enée qui le ſuit, leve ſon bras pour lui porter un coup d'épée : mais dans le même temps Lauſus ſe jette entre les deux rivaux, pare le coup, & donne à Mézence, qu'il avoit couvert de ſon bouclier, le temps de ſe mettre en ſûreté. Les Latins pouſſent de grands cris, & commencent alors à lancer de loin mille traits contre Enée. Tout furieux qu'il eſt, il ſe couvre de ſes armes, & demeure immobile. Ainſi quand une grêle impétueuſe ſe précipite des nuages ſur la terre, quand les laboureurs & tous ceux qui cultivent les campagnes, fuient de toutes parts, le voyageur ſe refugie comme dans un ſûr aſyle, ſoit dans le creux d'un rocher eſcarpé, ſoit dans un antre au bord d'un fleuve : là il atttend la fin de l'orage, & que le retour du beau temps lui permette de profiter du reſte du jour. Enée aſſailli de tous côtés & en bute à une nuée de fleches, attend, ſans être ému, que tous ces traits aient ceſſé de pleuvoir ſur lui. Alors il ſe retourne vers Lauſus, & lui re-

Per medium Æneas juvenem, totumque recondit.
Tranfiit & parmam mucro, levia arma minacis,
Et tunicam, molli mater quam neverat auro;
Implevitque finum fanguis : tùm vita per auras
Conceffit moefta ad manes, corpufque reliquit.
  At verò, ut vultum vidit morientis, & ora,
Ora modis Anchifiades pallentia miris,
Ingemuit, miferans graviter, dextramque tetendit;
Et mentem patriæ fubiit pietatis imago.
Quid tibi nunc, miferande puer, pro laudibus iftis,
Quid pius Æneas tantâ dabit indole dignum?
Arma, quibus lætatus, habe tua; teque parentum
Manibus, & cineri (fi qua eft ea cura) remitto.
Hoc tamen infelix miferam folabere mortem :
Æneæ magni dextrâ cadis. Increpat ultrò
Cunctantes focios, & terrâ fublevat ipfum
Sanguine turpantem comptos de more capillos.
  Intereà genitor, Tiberini ad fluminis undam,
Vulnera ficcabat lymphis, corpufque levabat
Arboris acclivis trunco : procul ærea ramis
Dependet galea, & prato gravia arma quiefcunt.

préſente d'un air menaçant le péril où il s'expoſe : „ Pourquoi cherches-tu la mort, lui dit-
„ il ? Pourquoi ton audace eſt-elle au-deſſus
„ de tes forces ? Jeune homme, ton impru-
„ dent amour pour ton pere t'aveugle «. L'inſenſé Lauſus ne rabat rien de ſa préſomptueuſe confiance. Mais déja le feu du Prince Troyen ſe rallume, & les Parques commencent à filer les derniers momens du malheureux Lauſus. Enée d'un bras vigoureux perce ſon bouclier, & ſa tunique, que ſa mere avoit tiſſue de fils d'or, & il lui plonge dans le corps ſon épée juſqu'à la garde. Tout ſon ſein eſt inondé de ſang, & ſon ame fugitive s'envole triſtement dans le ſéjour des ombres.

A la vue de Lauſus expirant, & de la pâleur de ſon viſage défiguré tout à coup par les traits de la mort, Enée ſe ſent vivement touché. Il ſe repréſente l'amour de ce Prince, pour ſon pere, & lui tend la main : „ Jeune
„ guerrier, lui dit-il, dont le ſort eſt déplora-
„ ble, que peut faire maintenant Enée pour
„ honorer tant de vertus ? Je te laiſſe tes ar-
„ mes que tu aimois ; & ſi cela eſt capable
„ de te toucher, je te renvoie au tombeau
„ de tes peres, afin que tes cendres ſoient
„ réunies à celles de ta famille. Conſole-toi
„ cependant, Prince malheureux, de ta fu-
„ neſte mort : tu n'as ſuccombé que ſous la
„ main d'Enée «. En même temps il appelle les ſoldats de Lauſus, dont les beaux cheveux dégouttoient de ſang, lui-même il aide à lever ſon corps.

Pendant ce temps-là, Mézence lavoit ſa plaie dans les eaux du Tibre, appuyé contre un arbre, & tâchoit de recouvrer ſes forces. Son caſque étoit ſuſpendu à un arbre loin de lui, & ſes redoutables armes repoſoient dans la

Stant lecti circum juvenes : ipfe æger, anhelans
Colla fovet, fufus propexam in pectore barbam.
Multa fuper Laufo rogitat, multofque remittit
Qui revocent, mœftique ferant mandata parentis.
At Laufum focii exanimum fuper arma ferebant
Flentes ingentem, atque ingenti vulnere victum.
Agnovit longè gemitum præfaga mali mens :
Canitiem immundo deformat pulvere, & ambas
Ad cœlum tendit palmas, & corpore inhæret.
Tantane me tenuit vivendi, nate, voluptas,
Ut pro me hoftili paterer fuccedere dextræ,
Quem genui ? tuâ ne hæc genitor per vulnera fervor,
Morte tuâ vivens ? heu ! nunc mifero mihi demum
Exilium infelix ; nunc a tè vulnus adactum.
Idem ego, nate, tuum maculavi crimine nōmen,
Pulfus ob invidiam folio, fceptrifque paternis.
Debueram patriæ pœnas, odiifque meorum :
Omnes per mortes animam fontem ipfe dediffem.
Nunc vivo ! neque adhuc homines lucemque relin-
  quo !
Sed linquam. Simul hæc dicens, attollit in ægrum
Se femur ; & quanquam vis alto vulnere tardat,
Haud dejectus equum duci jubet : hoc decus illi,
Hoc folamen erat : bellis hoc victor abibat

prairie.

prairie. Un petit nombre choisi de ses guerriers étoit autour de lui. Foible, abattu, il respire à peine. Sa tête est penchée sur sa poitrine ombragée d'une longue barbe. Inquiet sur le sort de son fils, il ne cesse de demander de ses nouvelles, & lui envoie plusieurs exprès pour le rappeller auprès de lui, & lui annoncer les ordres d'un pere alarmé. Mais bientôt ses soldats remplissant l'air de leurs gémissements & de leurs cris, lui apportent le corps de son fils étendu sur ses propres armes, & percé d'une large & mortelle blessure. Mézence avoit entendu de loin ces gémissements, & par un triste pressentiment de son malheur, il en avoit deviné la funeste cause. Il se laisse tomber, & la poussiere souille ses cheveux blancs. Il leve ses deux mains vers le ciel; puis embrassant le corps de son fils: « Est-il possi-
» ble, s'écrie-t-il, que le desir de vivre m'ait
» engagé à te permettre, mon cher fils, d'ex-
» poser ta vie pour garantir la mienne? Quoi!
» je vis parce que tu meurs, & tes fatales bles-
» sures conservent mes jours! C'est maintenant
» que je sens le malheur de mon exil, & que
» mon cœur reçoit une blessure profonde. O mon
» fils, mes crimes t'ont déshonoré! ils ont ré-
» volté mes sujets contre moi, & m'ont chassé
» du trône de mes peres. Que n'ai-je succombé
» sous leur haine? que n'ai-je été immolé à la pa-
» trie? J'eusse accepté tous les genres de mort,
» pour finir ma coupable vie. Je respire, je puis
» demeurer parmi les hommes! je puis jouir
» encore de la lumiere! Mais non, je vais la
» perdre ».

Mézence, malgré la blessure de sa cuisse, se leve, & sans se laisser vaincre par la douleur, il ordonne qu'on lui amene son cheval. Ce superbe coursier, sa gloire & sa consolation, l'a

Omnibus alloquitur mœrentem, & talibus infit:
Rhœbe, diu (res si qua diu mortalibus ulla est)
Viximus. aut hodiè victor spolia illa cruenta,
Et caput Æneæ referes, Laususque dolorum
Ultor eris mecum, aut, aperit si nulla viam vis,
Occumbes pariter: neque enim, fortissime, credo,
Jussa aliena pati & dominos dignabere Teucros.

Dixit: & exceptus tergo consueta locavit
Membra, manusque ambas jaculis oneravit acutis,
Ære caput fulgens, cristâque hirsutus equinâ.
Sic cursum in medios rapidus dedit: æstuat ingens
Imo in corde pudor, mistoque insania luctu,
Et furiis agitatus amor, & conscia virtus:
Atque hîc Æneam magnâ ter voce vocavit.
Æneas agnovit eum, lætusque precatur:
Sic pater ille Deûm faciat, sic altus Apollo,
Incipias conferre manum.

Tantùm effatus, & infestâ subit obvius hastâ.
Ille autem: Quid me erepto, sævissime, nato
Terres? hæc via sola fuit, quâ perdere posses.
Nec mortem horremus, nec Divûm parcimus ulli.
Desine, jam venio moriturus, & hæc tibi porto
Dona priùs. Dixit, telumque intorsit in hostem.
Indè aliud super atque aliud figitque, volatque
Ingenti gyro: sed sustinet aureus umbo.
Ter circum astantem lævos equitavit in orbes,
Tela manu jaciens: ter secum Troïus heros

vu cent fois triompher dans les combats. A la vue de son Maître, il semble prendre part à sa douleur. » Rhebe, lui dit Mézence, ma vie a été
» assez longue, si on peut dire que les hommes
» vivent long-temps. Ou nous vengerons aujour-
» d'hui la mort de Lausus, & tu rapporteras les
» dépouilles sanglantes & la tête d'Enée ; ou si
» je succombe, nous périrons ensemble : car
» je ne crois pas que tu veuilles jamais obéir à
» un autre qu'à moi, ni te soumettre à un
» Troyen.

Il dit, & se fit mettre aussi-tôt sur son cheval. Il prend plusieurs javelots, couvre sa tête d'un casque orné d'une queue de cheval flottante, & bientôt sa rapide course fend les bataillons. La honte, la douleur de la perte de son fils, le désespoir, l'amour paternel, la fureur, la confiance en son propre courage, agitent son ame & l'excitent à la vengeance. Trois fois il appelle Enée à haute voix. Enée l'entend ; & le reconnoît. Transporté de joie, il s'écrie : » Que
» le pere des Dieux, & que le grand Apollon ins-
» pirent à Mézence l'envie de combattre encore con-
» tre moi ! «

A ces mots, Enée s'avance la lance à la main.
» Cruel meurtrier de mon fils, lui dit le Roi
» des Etrusques, crois-tu m'intimider ? Tu as
» trouvé le seul moyen de me faire périr. Je
» ne redoute point la mort, & je brave tous
» les Dieux. Cesse de me menacer : je viens
» mourir. Mais avant d'expirer, je t'envoie
» ces présents «. Il dit, & soudain il lance avec fureur un javelot contre son ennemi, il redouble, il tourne autour de lui ; & formant un grand cercle, il lui lance encore plusieurs dards, qu'Enée sait parer. Trois fois il tourne ainsi autour du Prince Troyen, ne cessant de lui lancer des dards. Enée lui présente autant de fois son

Immanem erato circumfert tegmine sylvam.
Inde ubi tot traxisse moras, tot spicula tædet
Vellere, & urgetur pugnâ congressus iniquâ,
Multa movens animo; jam tandem erumpit & inter
Bellatoris equi cava tempora conjicit hastam.
Tollit se arrectum quadrupes, & calcibus auras
Verberat, effusumque equitem super ipse secutus
Implicat, ejectoque incumbit cernuus armo.

Clamore incendunt cœlum Troësque Latinique.
Advolat Æneas, vaginâque eripit ensem,
Et super hæc: Ubi nunc Mezentius acer, & illa
Effera vis animi? contra Tyrrhenus, ut auras
Suspiciens hausit cœlum, mentemque recepit:
Hostis amare, quid increpitas, mortemque minaris?
Nullum in cæde nefas: nec sic ad prælia veni:
Nec tecum meus hæc pepigit mihi fœdera Lausus.
Unum hoc, per, si qua est victis venia hostibus,
  oro,
Corpus humo patiare tegi: scio acerba meorum
Circumstare odia: hunc, oro, defende furorem;
Et me consortem nati concede sepulchro
Hæc loquitur: juguloque haud inscius accipit ensem,
Undantique animam diffundit in arma cruore.

Livre X.

bouclier d'airain, qui reçoit tous ces traits. Fatigué d'un long combat, où il est si vivement assailli, & las d'arracher tant de dards dont son bouclier est hérissé, il délibère sur la manière dont il combattra. Il prend enfin son parti : il s'avance, & lance contre le cheval de Mézence un javelot qui lui perce les tempes. Le cheval se cabre, frappe les airs de ses pieds, renverse le cavalier, & s'abat sur lui.

A cette vue, les Troyens & les Latins poussent de grands cris. Enée accourt, & tirant son épée : » Où est à présent Mézence, dit-il, & sa » féroce intrépidité ? « Mézence reprenant ses esprits, & levant les yeux au ciel, lui répond : » Ennemi barbare, pourquoi insultes-tu à mon malheur ? Pourquoi me menaces-tu ? Tu peux sans » crime trancher mes jours. Je ne suis point venu combattre pour que tu me pardonnes. Mon » fils Lausus n'a point fait avec toi un si honteux » traité. Cependant si les vaincus peuvent obtenir » quelque grace, permets seulement que mon corps » soit inhumé. Je sais que mes sujets me détestent. » Sauve-moi de leur fureur, & consens qu'un même » tombeau réunisse Mézence & Lausus «. En achevant ces mots, il reçoit à la gorge le coup, auquel il s'attendoit, & il répand son ame sur ses armes, avec les flots de son sang.

PUBLII VIRGILII MARONIS ÆNEIDOS.
LIBER UNDECIMUS.

OCEANUM intereà surgens Aurora reliquit:
Æneas (quanquam & sociis dare tempus humandis
Præcipitant curæ, turbataque funere mens est)
Vota Deûm primo victor solvebat Eoo.
Ingentem quercum decisis undique ramis
Constituit tumulo, fulgentiaque induit arma,
Mezenti ducis exuvias, tibi, magne, tropæum,
Bellipotens aptat rotantes sanguine cristas,
Telaque trunca viri, & bis sex thoraca petitum
Perfossumque locis, clypeumque ex ære sinistræ
Subligat, atque ensem collo suspendit eburnum.
Tùm socios (namque omnis eum stipata tegebat
Turba ducum) sic incipiens hortatur ovantes:
Maxima res effecta, viri: timor omnis abesto.
Quod superest: hæc sunt spolia, & de rege superbo
Primitiæ; manibusque meis Mezentius hic est.
Nunc iter ad regem nobis, murosque Latinos,

L'ÉNÉIDE
DE
VIRGILE.
LIVRE ONZIEME.

Déja l'Aurore étoit sortie du sein de l'Océan. Malgré l'empressement d'Enée à faire inhumer ses compagnons tués dans le combat, malgré le trouble que lui cause la mort du fils d'Evandre, il commence, avant le lever du Soleil, par rendre graces aux Dieux de sa victoire. Après avoir fait planter sur une hauteur un tronc de chêne dépouillé de toutes ses branches, il le fait revêtir des brillantes armes enlevées à Mézence, & c'est à toi, puissant Dieu de la guerre, qu'il consacre ce trophée. Il y suspend son casque & ses aigrettes encore dégouttantes de sang, ses javelots brisés, avec sa cuirasse percée de douze coups. Il attache à sa main gauche son bouclier d'airain, & à son cou, son baudrier, qui soutient son épée. Ensuite environné de tous ses Capitaines, il parle ainsi à ses troupes victorieuses: »Mes compa- »gnons, voilà un grand événement: bannissons les »alarmes: Vous voyez les prémices de la guerre; vous »voyez les dépouilles d'un superbe Roi, de Mézence, »que mon bras a vaincu. Le chemin est à présent

Arma parate animis, & spe præsumite bellum :
Ne qua mora ignaros (ubi primum vellere signa
Annuerint superi, pubemque educere castris).
Impediat, segnesque metu sententia tardet.
Intereà socios inhumataque corpora terræ
Mandemus; qui solus honos Acheronte sub imo est.
Ite, ait, egregias animas, quæ sanguine nobis
Hanc patriam peperere suo, decorate supremis
Muneribus : mœstamque Evandri primus ad urbem
Mittatur Pallas, quem non virtutis egentem
Abstulit atra dies, & funere mersit acerbo.
  Sic ait illacrymans, recipitque ad limina gressum,
Corpus ubi exanimi positum Pallantis Acetes
Servabat senior, qui Parrhasio Evandro
Armiger ante fuit : sed non felicibus æquè
Tùm comes auspiciis caro datus ibat alumno.
Circum omnes famulûmque manus, Trojanaque
    turba,
Et mœstæ Iliades, crinem de more solutæ.
Ut verò Æneas foribus sese intulit altis,
Ingentem gemitum tunsis ad sidera tollunt
Pectoribus, mœstoque immugit regia luctu.
Ipse caput nivei fultum Pallantis & ora
Ut vidit, levique patens in pectore vulnus
Cuspidis Ausoniæ, lacrymis ita fatur obortis :
Tene, inquit, miserande puer, cùm læta veniret,

ir ouvert

Livre XI.

„ ouvert pour aller attaquer le Roi des La-
„ tins dans ses murs. Cependant attendez-vous
„ à de nouveaux combats, & ne croyez pas
„ que la guerre soit finie. Je vous en avertis,
„ afin que lorsque les Dieux nous permettront
„ de lever les enseignes, & de nous mettre
„ en campagne, vous soyez prêts à marcher,
„ sans que l'ordre vous étonne, sans que la
„ crainte vous arrête. Mais songeons mainte-
„ nant à la sépulture de nos compagnons : il
„ ne reste plus que cet honneur sur les bords
„ de l'Achéron. Allez : rendez les derniers de-
„ voirs à ces braves Guerriers, dont le sang
„ versé nous donne une nouvelle patrie. Ce-
„ pendant faisons conduire d'abord à la triste
„ Ville de Pallantée le corps du fils d'Evandre,
„ de ce jeune Prince, à qui la valeur n'a point
„ manqué, mais que sa funeste Destinée nous
„ a ravi, & a plongé dans la cruelle nuit du
„ trépas „.

En prononçant ces mots, ses yeux parurent mouillés de larmes. En même temps il s'avance vers le lieu où le corps de Pallas étoit gardé par le vieux Acétès, autrefois le fidele Ecuyer du Roi Evandre, & devenu, sous des auspices moins heureux, le gouverneur de son fils. On voyoit autour de lui tous ses esclaves, une troupe de jeunes Troyens & de Troyennes éplorées, les cheveux épars selon la coutume. Lorsqu'Enée fut entré dans le vestibule où le corps du Prince étoit exposé, les cris redouble-rent, les femmes se frapperent le sein, & toute la maison retentit de gémissements. A la vue de ce beau Prince, dont la tête étoit appuyée sur un coussin, offrant aux yeux sa poitrine percée d'un coup mortel, Enée attendri, s'écria :
„ Jeune Guerrier, dont le sort est déplorable,
„ faut-il que la Fortune favorable à mes armes

Invidit fortuna mihi, ne regna videres
Noſtra, neque ad ſedes victor veherere paternas?
Non hæc Evandro de te promiſſa parenti
Diſcedens dederam, cùm me complexus euntem
Mitteret in magnum imperium, metuenſque mo-
    neret
Acres eſſe viros, cum durâ prælia gente.
Et nunc ille quidem, ſpe multum captus inani,
Fors & vota facit, cumulatque altaria donis.
Nos juvenem exanimum, & nil jam cœleſtibus
    ullis
Debentem, vano mœſti comitamur honore.
Infelix, nati funus crudele videbis.
Hi noſtri reditus, exſpectatique triumphi:
Hæc mea magna fides. At non, Evandre, pudendis
Vulneribus pulſum aſpicies; nec ſoſpite dirum
Optabis nato funus pater. Hei mihi, quantum
Præſidium Auſonia, & quantum tu perdis, Iüle!
  Hæc ubi deflevit, tolli miſerabile corpus
Imperat, & toto lectos ex agmine mittit
Mille viros, qui ſupremum comitentur honorem,
Interſintque patris lacrymis: ſolatia luctûs
Exigua ingentis, miſero ſed debita patri.
Haud ſegnes alii crates & molle pheretrum
Arbuteis texunt virgis & vimine querno,
Exſtructoſque toros obtentu frondis inumbrant.
Hic juvenem agreſti ſublimem in ſtramine ponunt:
Qualem virgineo demeſſum pollice florem,
Seu mollis violæ, ſeu languentis hyacinthi,
Cui neque fulgor adhuc, nec dum ſua forma
    receſſit;

„ n'ait pas voulu que tu me viſſes régner dans
„ l'Auſonie , ni que tu fuſſes reconduit en
„ triomphe à la Cour de ton pere? Ce n'eſt
„ pas dans cet état que j'avois promis de te
„ rendre à lui, lorſqu'après m'avoir embraſſé,
„ il me fit partir pour aller commander une
„ grande armée, m'annonçant avec quelque
„ ſentiment de crainte, que j'aurois à com-
„ battre une nation courageuſe & aguerrie.
„ Peut-être que flatté d'une frivole eſpérance,
„ il fait à préſent des vœux & charge d'offran-
„ des les Autels pour obtenir le retour de ſon
„ fils, tandis que ſon ſort ne dépend plus des
„ Dieux de l'Olympe, & que nous nous pré-
„ parons à le lui remettre triſtement avec de
„ vains honneurs. Malheureux pere, tu verras
„ les cruelles funérailles de ton fils. Voilà ce
„ retour heureux, & ce glorieux triomphe que
„ tu attendois. Voilà le fruit de la confiance
„ entiere que tu as eue en moi. Evandre, au
„ moins tu ne verras point Pallas percé de
„ coups qui te faſſent rougir, & l'indigne ſalut
„ d'un fils ne fera point deſirer la mort à ſon pere.
„ O Italie, ô Aſcagne, hélas! quel appui vous
„ perdez! „

A ces mots il donne ordre de lever le corps,
& commande un détachement de mille hommes
pour accompagner la pompe funebre, & mêler
leurs larmes à celles d'Evandre: foible conſolation pour une ſi grande douleur, mais due à
un ſi malheureux pere. Auſſi-tôt on prépare un
brancard d'oſier & un cercueil, & on le garnit
de feuillages, ſur leſquels, comme ſur un lit,
on étend le corps de Pallas, couvert de rameaux
entrelacés en forme de berceau. Le viſage du
Prince eſt ſemblable à une violette ou a une
hyacinthe, que la main d'une jeune fille a nouvellement cueillies: la fleur n'a pas encore

Non jam mater alit tellus, viresque miniſtrat.
Tùm geminas veſtes, oſtroque auroque rigentes,
Extulit Æneas, quas illi læta laborum
Ipſa ſuis quondam manibus Sidonia Dido
Fecerat, & tenui telas diſcreverat auro.
Harum unam juveni ſupremum mœſtus honorem
Induit, arſuraſque comas obnubit amictu.
Multaque prætereà Laurentis præmia pugnæ
Aggerat, & longo prædam jubet ordine duci :
Addit equos, & tela, quibus ſpoliaverat hoſtem.
Vinxerat & poſt terga manus, quos mitteret um-
 bris
Inferias, cæſo ſparſuros ſanguine flammas :
Indutoſque jubet truncos hoſtilibus armis
Ipſos ferre duces, inimicaque nomina figi.
Ducitur infelix ævo confectus Acetes,
Pectora nunc fœdans pugnis, nunc unguibus ora,
Sternitur & toto projectus corpore terræ.
Ducunt & Rutulo perfuſos ſanguine currus.
Poſt bellator equus, poſitis inſignibus, Æthon
It lacrymans, guttiſque humectat grandibus ora.
Haſtam alii galeamque ferunt; nam cetera Turnus
Victor habet : tùm mœſta phalanx, Teucrique ſe-
 quuntur,
Thyrrhenique duces, & verſis Arcades armis.
Poſtquam omnis longè comitum proceſſerat ordo,
Subſtitit Æneas, gemituque hæc addidit alto.
Nos alias hinc ad lacrymas eadem horrida belli
Fata vocant : ſalve æternum mihi, maxime Palla,
Æternumque vale. Nec plura effatus, ad altos
Tendebat muros, greſſumque in caſtra ferebat.

perdu son éclat & sa beauté, mais la Terre sa mere ne la nourrit ni ne la soutient plus. Enée fait apporter deux magnifiques habits, de pourpre, tissus d'or, que la Reine de Carthage avoit autrefois pris plaisir à travailler pour lui. Il en choisit un, & en revêt tristement le jeune Pallas, à qui il rend ce dernier honneur : puis il couvre d'un voile ses beaux cheveux, qui vont être bientôt la proie des flammes. Il veut qu'on porte devant son cercueil une grande partie du butin fait dans le combat de Laurente, & il y joint les armes & les chevaux enlevés aux ennemis. Par son ordre marchent à la suite, les mains liées derriere le dos, les captifs dévoués aux Manes du Prince malheureux, dont le sang versé doit arroser ses cendres. Il ordonne que les Capitaines portent des trophées d'armes, & que sur chacun soit inscrit le nom de l'ennemi vaincu & dépouillé. Le vieux Acétès paroît au milieu du convoi, tantôt se meurtrissant la poitrine & se déchirant le visage, tantôt se laissant tomber de foiblesse & de douleur. Viennent ensuite les chars du Prince, teints du sang Rutule. Ethon, son cheval de bataille, marche après, nud & sans harnois, & on voit de grosses larmes couler de ses yeux. On ne porte que la lance & le casque du Prince, ses autres armes étant au pouvoir de Turnus. La marche est fermée par un triste bataillon, composé de Capitaines Troyens, Etrusques, & Arcadiens, qui tous tiennent leurs lances renversées. Lorsque le convoi eut marché quelque temps, Enée qui l'accompagnoit s'arrêta, & poussant un profond soupir : "Nous aurons, "dit-il, d'autres larmes à verser encore dans cette "funeste guerre. Je te salue, illustre Pallas : adieu "pour jamais". Après ces paroles il retourna au camp.

Jamque oratores aderant ex urbe Latinâ,
Velati ramis oleæ, veniamque rogantes :
Corpora, per campos ferro quæ fusa jacebant,
Redderet, ac tumulo sineret succedere terræ :
Nullum cum victis certamen, & æthere cassis :
Parceret hospitibus quondam, socerisque vocatis.
Quos bonus Æneas, haud aspernanda precantes
Prosequitur veniâ, & verbis hæc insuper addit.
Quænam vos tanto fortuna indigna, Latini,
Implicuit bello, qui nos fugiatis amicos ?
Pacem me exanimis & Martis sorte peremptis
Oratis ? equidem & vivis concedere vellem.
Nec veni, nisi fata locum sedemque dedissent.
Nec bellum cum gente gero. Rex nostra reliquit
Hospitia, & Turni potiùs se credidit armis :
Æquius huic Turnum fuerat se opponere morti.
Si bellum finire manu, si pellere Teucros
Apparat, his decuit mecum concurrere telis :
Vivet, cui vitam Deus, aut sua dextra dedisset.
Nunc ite, & miseris supponite civibus ignem.

 Dixerat Æneas : olli obstupuere silentes,
Conversique oculos inter se, atque ora tenebant.
Tùm senior, semperque odiis, & crimine Drances
Infestus juveni Turno, sic ore vicissim
Orsa refert. O famâ ingens, ingentior armis,

Livre XI.

Déja il étoit arrivé des Ambassadeurs de la part du Roi des Latins, tenant à la main des rameaux d'Olivier, & demandant à Enée la permission d'enlever leurs morts couchés sur le champ de bataille, afin de les inhumer. Ils lui représenterent que des vaincus privés du jour n'étoient plus des ennemis; ils le supplierent d'avoir égard à la réception favorable faite autrefois à ses Ambassadeurs, & au nom de beaupere qu'il avoit donné au Roi leur Maître. Enée, Prince humain, ne dédaigna point leur priere, & leur répondit : ″ Par quelle fatalité, La-
″ tins, vous êtes-vous embarqués dans cette
″ guerre, & pourquoi avez-vous refusé notre
″ alliance? Vous demandez la paix à l'égard
″ des Morts : je voudrois même l'accorder aux
″ Vivants. Je ne serois point venu en ces lieux,
″ si les Destins ne m'y avoient appellé pour
″ m'y établir. Ce n'est pas à la nation des La-
″ tins que je fais la guerre. Votre Roi s'est
″ séparé de nous, & à mieux aimé se fier aux
″ armes de Turnus. N'auroit-il pas été plus
″ juste que le Roi des Rutules eût combattu
″ seul contre moi? C'est le parti qu'il devoit
″ prendre, s'il vouloit terminer promptement
″ la guerre, & chasser les Troyens d'Italie.
″ Celui de nous deux à qui le Ciel ou son cou-
″ rage eût donné la victoire, vivroit aujourd'hui
″ sans rival. Cependant allez, enlevez vos morts,
″ & rendez à ces malheureux Citoyens les hon-
″ neurs du bûcher ″.

Ce discours d'Enée frappa d'étonnement les Ambassadeurs. Ils se regardoient l'un l'autre sans parler. Enfin le vieillard Drancès, toujours ennemi de Turnus & de ses projets, rompit le silence : ″ Illustre Prince des Troyens, dit-il,
″ dont les exploits sont encore au-dessus de la
″ Renommée, quels éloges peuvent dignement

Vir Trojane, quibus cœlo te laudibus æquem ?
Justitiæne priùs mirer, belline laborum ?
Nos verò hæc patriam grati referemus ad urbem :
Et te, si qua viam dederit fortuna, Latino
Jungemus regi : quærat sibi fœdera Turnus.
Quin & fatales murorum attollere moles,
Saxaque subvectare humeris Trojana juvabit.
Dixerat hæc : unoque omnes eadem ore fremebant.
Bis senos pepigere dies, & pace sequestrâ,
Per sylvas Teucri mistique impunè Latini
Erravere jugis : ferro sonat acta bipenni
Fraxinus : evertunt actas ad sidera pinus :
Robora nec cuneis, & olentem scindere cedrum,
Nec plaustris cessant vectare gementibus ornos.

 Et jam fama volans, tanti prænuncia luctûs,
Evandrum, Evandrique domos & mœnia com-
  plet,
Quæ modo victorem Latio Pallanta ferebat.
Arcades ad portas ruere, & de more vetusto
Funereas rapuere faces lucet via longo
Ordine flammarum, & latè discriminat agros.
Contrà turba Phrygum veniens plangentia jungunt
Agmina : quæ postquam matres succedere tectis
Viderunt, mœstam incendunt clamoribus urbem.
At non Evandrum potis est vis ulla tenere ;
Sed venit in medios : pheretro Pallanta reposto
Procumbit super, atque hæret lacrymansque ge-
  mensque ;

„ vous célébrer ? Que dois-je plus admirer en
„ vous, ou vos travaux guerriers, ou votre
„ équité pacifique ? Nous allons, pleins de re-
„ connoiſſance, rapporter dans notre patrie ce
„ que vous venez de nous dire ; & s'il eſt
„ poſſible, nous ménagerons une alliance en-
„ tre vous & le Roi notre Maître. Que Turnus
„ cherche d'autres alliés. Les Latins ſe feront un
„ plaiſir de ſeconder les Deſtins, de vous aider
„ à bâtir les murs de la nouvelle Troie, & de
„ porter eux-mêmes ſur leurs épaules des pier-
„ res pour la conſtruire «. Ainſi parla Drancès.
Les autres Ambaſſadeurs approuverent unanime-
ment ſon diſcours, & l'on convint d'un ar-
miſtice de douze jours, durant leſquels les
Troyens & les Latins, confondus enſemble,
errerent librement ſur les montagnes & dans les
bois. Le frêne retentit ſous la coignée : ils abat-
tent des pins dont la cime touche les nues : on
fend le chêne & le cedre odoriférent, & on ne
ceſſe de conduire des chariots, dont la charge
fait gémir les eſſieux.

Cependant la prompte Renommée, qui avoit
d'abord publié les exploits de Pallas dans la
Ville de Pallantée, y ſeme la triſte nouvelle de
ſa mort & de ſon convoi. Les Arcadiens ſor-
tent de la Ville, tenant, ſelon l'ancien uſage,
des torches funéraires à la main. Cette longue
file de flambeaux brille au loin, & répand ſes
clartés ſur toute la campagne. Bientôt les
Troyens ſe joignent à eux. La pompe funebre
entre enfin dans la Ville, & ce ſpectacle lugubre fait pouſſer des cris lamentables à toutes les Dames Arcadiennes. On ne peut retenir le Roi Evandre ; il ſort de ſon Palais, &
s'avance juſqu'au lieu où l'on avoit dépoſé le
cercueil de ſon fils. Il ſe jette ſur ſon corps, le
ſerre entre ſes bras, l'arroſe de ſes larmes, &

Et via vix tandem voci laxata dolore eſt :
Non hæc, ô Palla, dederas promiſſa parenti,
Cautiùs ut ſævo velles te credere Marti.
Haud ignarus eram, quantum nova gloria in armis
Et prædulce decus primo certamine poſſet.
Primitiæ juvenis miſeræ, bellique propinqui
Dura rudimenta, & nulli exaudita Deorum
Vota precesque meæ ! tuque, ô ſanctiſſima conjux,
Felix morte tuâ, neque in hunc ſervata dolorem.
Contrà ego vivendo vici mea fata ſuperſtes,
Reſtarem ut genitor : Troum ſocia arma ſecutum
Obruerent Rutuli telis, animam ipſe dediſſem :
Atque hæc pompa domum me, non Pallanta, re-
  ferret.
Nec vos arguerim, Teucri, nec fœdera, nec quas
Junximus hoſpitio dextras : ſors iſta ſenectæ
Debitat erat noſtræ. Quòd ſi immatura manebat
Mors natum, cæſis Volſcorum millibus ante,
Ducentem in Latium Teucros cecidiſſe juvabit.
Quin ego non alio digner te funere, Palla,
Quàm pius Æneas, & quàm magni Phryges, &
  quàm
Tyrrhenique duces, Tyrrhenûm exercitus omnis :
Magna trophæa ferunt, quos dat tua dextera leto.
Tu quoque nunc ſtares immanis truncus in armis,
Eſſet par ætas, & idem ſi robur ab annis,
Turne. Sed infelix Teucros, quid demoror armis ?
Vadite, & hæc memores regi mandata referte :

sa vive douleur permet à peine à sa voix gémissante de prononcer ces tristes mots : ,, Ah,
,, mon fils, tu m'avois promis de ne t'exposer
,, qu'avec prudence aux dangers de la guerre.
,, Est-ce ainsi que tu as tenu ta promesse ? Je
,, savois combien la passion naissante de la
,, gloire anime un jeune homme, & jusqu'où
,, l'emporte le doux plaisir de se signaler dans
,, un premier combat. Déplorable essai, fu-
,, neste apprentissage du métier des armes !
,, Hélas ! tous les Dieux ont été sourds à mes
,, vœux. Chere & respectable épouse, ta mort
,, est un bonheur pour toi : tu n'as point été
,, réservée pour ce jour douloureux. Et moi,
,, malheureux pere, je vis plus que je ne de-
,, vois vivre : j'ai forcé mes destinées, je sur-
,, vis à mon fils. Ah ! si au lieu de l'envoyer
,, à l'armée des Troyens, j'eusse marché moi-
,, même contre les Rutules, j'aurois péri glo-
,, rieusement les armes à la main, & cette
,, pompe funebre seroit pour moi, & non pour
,, lui. Troyens, je ne vous impute point mon
,, malheur ; je ne vous reproche point la triste
,, alliance que j'ai faite avec vous : tel devoit
,, être le sort de ma vieillesse. Cependant, puis-
,, que mon fils étoit destiné à mourir à la fleur
,, de ses années, c'est une consolation pour moi
,, qu'il ait taillé en pieces les Volsques vos en-
,, nemis, & que ses exploits & sa mort vous
,, aient ouvert l'entrée du Latium. O Pallas,
,, je ne puis te rendre de plus grands honneurs
,, que ceux que le pieux Enée, les illustres
,, Phrygiens, toute l'armée des Etrusques te
,, rendent aujourd'hui, en élevant à ta gloire
,, un trophée d'armes, qui représente les en-
,, nemis que ton bras a vaincus. Ta dépouille,
,, ô Turnus, seroit bientôt la matiere d'un pa-
,, reil trophée, si j'avois ta jeunesse & ta

Quòd vitam moror invisam, Pallante perempto:
Dextera causa tua est, Turnum gnatoque patrique
Quam debere vides: meritis vacat hic tibi solus
Fortunæque locus. Non vitæ gaudia quæro,
Nec fas : sed gnato manes perferre sub imos.
  Aurora intereà miseris mortalibus almam
Extulerat lucem, referens opera atque labores.
Jam pater Æneas, jam curvo in littore Tarchon
Constituere pyras : huc corpora quisque suorum
More tulere patrum ; subjectisque ignibus atris
Conditur in tenebras altum caligine cœlum.
Ter circum accensos cincti fulgentibus armis
Decurrere rogos : ter mœstum funeris ignem
Lustravere in equis, ululatusque ore dedere.
Spargitur & tellus lacrymis, sparguntur & arma:
It cœlo clamorque virûm, clangorque tubarum.
Hinc alii spolia occisis direpta Latinis
Conjiciunt igni, galeas, ensesque decoros,
Frænaque, ferventesque rotas : pars munera nota,
Ipsorum clypeos, & non felicia tela.
Multa boum circa mactantur corpora morti :
Setigerosque sues, raptasque ex omnibus agris
In flammam jugulant pecudes : tùm littore toto
Ardentes spectant socios, semiustaque servant
Busta : neque avelli possunt, nox humida donec

» vigueur. Mais je vous arrête en vain, braves
» Troyens: allez, & dites à votre Roi, qu'a-
» près avoir perdu mon fils, la vie m'est odieuse.
» Dites-lui que la mort de Turnus est due au pere
» & au fils, & qu'il n'a que ce seul moyen de m'o-
» bliger & d'adoucir mon sort: que je renonce
» aux douceurs de la vie, qui ne font plus pour
» moi, & que je n'aspire qu'à pouvoir porter à
» mon fils dans l'empire des Ombres, la nouvelle
» de sa mort vengée «.

Le lendemain de cette lugubre cérémonie, quand l'Aurore ramenant les travaux & les peines, eut rendu la lumiere aux misérables Mortels, Enée d'un côté & Tarchon de l'autre, firent élever des bûchers sur le rivage. Chacun, suivant l'usage de ses peres, s'empresse d'y porter le corps de son parent ou de son ami. Les bûchers s'allument, les flammes s'élevent; une épaisse fumée enveloppe les airs & couvre le ciel de ténebres. Trois fois l'infanterie sous les armes, & trois fois la cavalerie poussant d'horribles hurlemens, font le tour des bûchers: les pleurs qu'ils répandent arrosent leurs armes & baignent la terre, & leurs cris perçans se mêlent au son des trompettes. Les uns livrent aux flammes les dépouilles des Latins; des casques, des épées, des harnois, des roues de chars: d'autres y jettent les propres armes de ceux dont ils célebrent les obseques, leurs boucliers, leurs javelots, foibles armes, qui ont mal servi leur courage. En même temps on immole des taureaux, des porcs & divers autres animaux, dont on a dépeuplé la campagne, & qui sont ensuite la proie des feux. Tout le rivage est couvert de spectateurs, attentifs à recueillir les os à demi-brûlés de leurs infortunés compagnons. La nuit seule, rame-

Invertit cœlum stellis fulgentibus aptum.

Nec minùs & miseri diversâ in parte Latini
Innumeras struxere pyras, & corpora partim
Multa virum terræ infodiunt, avectaque partim
Finitimos tollunt in agros, urbique remittunt.
Cætera, confusæque ingentem cædis acervum,
Nec numero, nec honore cremant. Tunc undique vasti
Certatim crebris collucent ignibus agri.
Tertia lux gelidam cœlo dimoverat umbram:
Mœrentes altum cinerem & confusa ruebant
Ossa focis, tepidoque onerabant aggere terræ.

Jam verò in tectis prædivitis urbe Latini
Præcipuus fragor, & longi pars maxima luctûs.
Hîc matres, miseræque nurus, hîc chara sororum
Pectora mœrentum, puerique parentibus orbi
Dirum execrantur bellum, Turnique hymenæos:
Ipsum armis, ipsumque jubent decernere ferro ;
Qui regnum Italiæ, & primos sibi poscat honores.
Ingravat hæc sævus Drances, solumque vocari
Testatur, solum posci in certamina Turnum.
Multa simul contrà variis sententia dictis
Pro Turno, & magnum reginæ nomen obumbrat:
Multa virum meritis sustentat fama trophæis.

Hos inter motus, medio in flagrante tumultu,
Ecce, super mœsti magnâ Diomedis ab urbe
Legati responsa ferunt, nihil omnibus actum
Tantorum impensis operum ; nil dona, neque aurum,
Nec magnas valuisse preces : alia arma Latinis
Quærenda, aut pacem Trojano ab rege petendum.
Deficit ingenti luctu rex ipse Latinus.

nant les étoiles au Firmament les arrache à ces pieux devoirs.

Les Latins de leur côté dressent aussi d'innombrables bûchers pour leurs morts ; une partie néanmoins est enterrée ou transportée dans les villes & dans les villages d'alentour. Les autres sont confusément jettés dans les flammes sans aucune cérémonie. C'est ainsi que durant deux jours on ne voit que feux allumés dans les champs Latins. Le troisieme jour on tire du milieu des cendres les os que la flamme a épargnés, & on les inhume.

Cependant une tristesse bien plus grande encore régnoit dans le Palais du puissant Roi Latinus, où l'on n'entendoit que cris & gémissements. Là des meres désolées, de malheureuses épouses, de tendres sœurs, des orphelins plongés dans la douleur, détestent une guerre fatale, & maudissent les ambitieux desseins de Turnus. Ils veulent qu'il coure seul les dangers de la guerre, puisqu'il ambitionne l'Empire d'Italie, & qu'il aspire à la plus haute puissance. Le dur Drancès appuie ce discours des Laurentins, en assurant qu'Enée ne demande & n'appelle que Turnus au combat. Mais ce Prince a aussi ses partisans. L'auguste nom de la Reine sa tante, & ses mémorables exploits, parlent en sa faveur, & lui donnent un grand crédit.

Au milieu de ces mouvements & de ces alarmes, les Ambassadeurs envoyés à Diomede reviennent, avec la triste réponse que leur voyage a été infructueux : que ni leurs présents, ni leurs offres, ni leurs prieres n'ont pu ébranler ce Prince : qu'il faut chercher ailleurs des secours, ou demander la paix au Roi des Troyens. Cette nouvelle jette dans la consternation le Roi Latinus. Il se persuade que les

Fatalem Æneam manifesto numine ferri
Admonet ira Deûm, tumulique ante ora recentes.
Ergo concilium magnum, primosque suorum
Imperio accitos, alta intra limina cogit.
Olli convenere, fluuntque ad regia plenis
Tecta viis : sedet in mediis & maximus ævo
Et primus sceptris, haud lætâ fronte Latinus :
Atque hîc legatos Ætolâ ex urbe remissos,
Quæ referant, fari jubet, & responsa reposcit
Ordine cuncta suo. Tunc facta silentia linguis ;
Et Venulus dicto parens ita farier infit.

Vidimus, ô cives, Diomedem, Argivaque castra,
Atque iter emensi casus superavimus omnes ;
Contigimusque manum, quâ concidit Ilia tellus.
Ille urbem Argyripam, patriæ cognomine gentis,
Victor Gargani condebat Iapygis agris.
Postquam introgressi, & coram data copia fandi ;
Munera præferimus, nomen patriamque docemus,
Qui bellum intulerint, quæ causa attraxerit Arpos.
Auditis, ille hæc placido sic reddidit ore :
O fortunatæ gentes, Saturnia regna,
Antiqui Ausonii, quæ vos fortuna quietos
Sollicitat, suadetque ignota lacessere bella ?
Quicumque Iliacos ferro violavimus agros,

Dieux

Livre XI.

Dieux font irrités, & que les pertes qu'on vient d'essuyer annoncent manifestement qu'Enée est favorisé du Ciel. Il convoque donc les Grands de son Royaume, & leur indique une assemblée générale dans son Palais. Tous s'empressent de s'y rendre, & l'on ne voit sur toutes le routes que des Seigneurs Laurentins. Lorsqu'ils furent tous rassemblés, le vieux Monarque d'un air triste entre dans la salle du Conseil, & s'assied au milieu d'eux, à la place due à son sceptre. Alors on fait entrer les Ambassadeurs nouvellement revenus de la Cour Etolienne, & le Roi leur ordonne de rendre un compte exact de leur négociation, en présence de toute l'assemblée. Il se fit un grand silence, & Vénulus, chef de l'ambassade, parla ainsi, pour obéir au Roi.

„ Citoyens, après avoir vaincu tous les
„ dangers d'un pénible voyage, nous arrivâ-
„ mes à la Cour de Diomede. Nous avons vu
„ ce Capitaine renommé avec ses troupes Ar-
„ giennes, & nous avons touché cette main,
„ qui a réduit Ilium en cendres. Il étoit alors
„ dans la vallée du mont Gargan en Iapygie,
„ occupé à bâtir la Ville d'Argyripe, qu'il a
„ ainsi appellée du nom de son ancienne pa-
„ trie. Lorsque nous eûmes été admis à son
„ audience, nous lui offrîmes nos présents,
„ nous lui dîmes qui nous étions, quel étoit
„ notre pays, la guerre que nous avions à
„ soutenir, & quel motif nous avoit conduits
„ à sa Cour. Après nous avoir écoutés, il
„ nous répondit : illustres Ausoniens, peuple
„ antique & heureux, sur qui Saturne a autre-
„ fois régné, quel sort fâcheux trouble aujour-
„ d'hui votre repos, & vous met les armes à
„ la main contre un peuple qui ne vous est pas
„ connu ? Tous tant que nous sommes, qui

Tome II. L l

(Mitto ea, quæ muris bellando exhausta sub altis,
Quos Simoïs premat ille viros) infanda per orbem
Supplicia, & scelerum pœnas expendimus omnes,
Vel Priamo miseranda manus. Scit triste Minervæ
Sidus, & Euboïcæ cautes, ultorque Caphareus.
Militiâ ex illâ diversum ad littus adacti :
Atrides Protei Menelaüs ad usque columnas
Exulat, Ætnæos vidit Cyclopas Ulysses.
Regna Neoptolemi referam, versosque Penates
Idomenei? Libycone habitantes littore Locros ?
Ipse Mycenæus magnorum ductor Achivûm
Conjugis infandæ prima inter limina dextrâ
Oppetiit : devictam Asiam subsedit adulter.
Invidisse Deos, patriis ut redditus oris,
Conjugium optatum, & pulchram Calydona vide-
    rem ?
Nunc etiam horribili visu portenta sequuntur :
Et socii amissi petierunt æthera pennis,
Fluminibusque vagantur aves (heu dira meorum
Supplicia !) & scopulos lacrymosis vocibus im-
    plent.
Hæc adeò ex illo mihi jam speranda fuerunt
Tempore, cùm ferro cœlestia corpora demens
Appetii, & Veneris violavi vulnere dextram.
Ne verò, ne me ad tales impellite pugnas.
Nec mihi, cum Teucris ullum post eruta bellum
Pergama; nec veterum memini, lætorve malorum,
Munera, quæ patriis ad me portatis ab oris.

„ avons ravagé les champs de Troie, (fans
„ parler des fatigues d'un long fiege, ni de
„ tant de guerriers précipités en foule dans
„ les flots du Simoïs,) nous avions expié nos
„ crimes par des châtiments connus de tout
„ l'Univers. Priam lui-même, s'il vivoit en-
„ core, feroit touché de nos malheurs. La
„ foudre de Minerve, le flambeau de Capha-
„ rée, & les rochers d'Eubée en font les trif-
„ tes témoins. Depuis cette funefte guerre
„ nous avons erré de rivage en rivage. Méné-
„ las a été pouffé par les vents jufqu'aux co-
„ lonnes de Protée : Ulyffe s'eft vu au mi-
„ lieu des Cyclopes de l'Etna. Vous parlerai-je
„ de Néoptoleme, & du peu de temps qu'il
„ a régné depuis fon retour ; d'Idomenée chaffé
„ de fes Etats, & des Locriens échoués fur
„ les côtes de Libie ? Agamemnon lui-mê-
„ me, Chef de tant de Rois, a péri en arri-
„ vant dans fon Palais, par la perfidie de fon
„ époufe, & un infâme adultere eft aujour-
„ d'hui affis fur le trône du vainqueur de l'A-
„ fie. Les Dieux m'ayant envié le bonheur
„ de revoir ma patrie, ma chere époufe &
„ ma ville de Calydon, ont exercé fur moi
„ leur vengeance de la maniere la plus inouïe.
„ J'ai vu mes compagnons, par un cruel châ-
„ timent, transformés en oifeaux, prendre
„ leur vol dans les airs. Ils volent le long
„ des rivages, & font retentir les rochers de
„ leurs lamentables cris. Je devois bien m'at-
„ tendre à ces rigueurs du Ciel, moi qui ai
„ eu la témérité de combattre contre les
„ Dieux mêmes au fiege de Troie, & de
„ percer la main de Vénus. Ne m'invitez
„ donc point à me liguer avec vous contre
„ les Troyens. Depuis la ruine de leur ville,
„ je ne veux plus de guerre avec cette na-

Vertite ad Æneam. Stetimus tela aspera contra
Contulimusque manus : experto credite, quantus
In clypeum assurgat, quo turbine torqueat hastam,
Si duo præterea tales Idæa tulisset
Terra viros, ultrò Inachias venisset ad urbes
Dardanus, & versis lugeret Græcia fatis.
Quicquid apud duræ cessatum est mœnia Trojæ,
Hectoris Æneæque manu victoria Grajûm
Hæsit, & in decimum vestigia rettulit annum.
Ambo animis, ambo insignes præstantibus armis:
Hic pietate prior. Coëant in fœdera dextræ,
Quà datur : ast, armis concurrant arma, cavete.
Et responsa simul quæ sint, rex optime regum,
Audisti, & quæ sit magno sententia bello.
　　Vix ea legati : variusque per ora cucurrit
Ausonidum turbata fremor : ceu saxa morantur
Cùm rapidos amnes, clauso sit gurgite murmur,
Vicinæque fremunt ripæ crepitantibus undis.
　　Ut primùm placati animi, & trepida ora quiê-
　　runt,
Præfatus Divos, solio rex infit ab alto :
Ante equidem summâ de re statuisse, Latini,
Et vellem, & fuerat melius, nec tempore tali.

Livre XI.

„ tation, & je ne me rappelle qu'à regret le
„ souvenir des maux que je lui ai causés.
„ Portez à Enée ces présents que vous m'of-
„ frez. J'ai éprouvé la valeur de ce guerrier;
„ nous nous sommes vus de près les armes
„ à la main. Je sais avec quelle fureur il
„ manie l'épée, & avec quelle impétuosité il
„ lance le javelot. Croyez-en mon expérien-
„ ce. Si la Phrygie avoit eu encore deux hom-
„ mes tels que lui, le Troyen, loin d'être
„ vaincu, seroit venu attaquer nos villes,
„ & la Grece désolée gémiroit des revers du
„ sort. C'est Hector, c'est Enée, qui seuls
„ ont retardé la prise de Troie, & qui nous
„ ont fait languir dix années devant ses murs.
„ Ces deux guerriers étoient égaux pour le
„ courage & les hauts faits; mais Enée étoit
„ un Prince plus religieux. Je vous conseille
„ donc de faire la paix avec lui, à quelque
„ prix que ce soit, & de ne point éprouver
„ vos armes contre les siennes. Grand Roi,
„ le meilleur de tous les Rois, (ajouta Ve-
„ nulus) vous avez entendu la réponse de Dio-
„ mède, & ce qu'il pense de cette guerre impor-
„ tante „.

A peine le Chef des Ambassadeurs eut cessé
de parler, qu'un bruit confus de diverses voix
se fit entendre de toutes parts dans la turbu-
lente assemblée. Ainsi les deux rives d'un torrent impétueux, retentissent du bruit de ses
flots resserrés, dont les pierres retardent le rapide cours.

Dès que le calme eut commencé à régner
dans les esprits & le silence dans l'assemblée,
le Roi, après avoir invoqué les Dieux, parla
ainsi du haut de son auguste Trône: „ La-
„ tins, j'aurois voulu, & il auroit été à pro-
„ pos, qu'on eût délibéré sur cette guerre

Cogere concilium, cùm muros adsidet hostis.
Bellum importunum, cives, cum gente Deorum,
Invictisque viris gerimus; quos nulla fatigant
Prælia, nec victi possunt absistere ferro.
Spem, si quam accitis Ætolûm habuistis in armis,
Ponite: spes sibi quisque; sed, hæc quam angusta,
  videtis.
Cætera quâ rerum jaceant perculsa ruinâ,
Ante oculos, interque manus sunt omnia vestras.
Nec quemquam incuso : potuit quæ plurima virtus
Esse, fuit: toto certatum est corpore regni.
Nunc adeo, quæ sit dubiæ sententia menti,
Expediam, & paucis (animos adhibete) docebo.
Est antiquus ager, Tusco mihi proximus amni,
Longus in occasum, fines super usque Sicanos :
Aurunci, Rutulique ferunt, & vomere duros
Exercent colles, atque horum asperrima pascunt.
Hæc omnis regio, & celsi plaga pinea montis
Cedat amicitiæ Teucrorum, & fœderis æquas
Dicamus leges, sociosque in regna vocemus.
Confidant, si tantus amor, & mœnia condant.
Sin alios fines, aliamque capessere gentem
Est animus, possuntque solo decedere nostro:
Bis denas Italo texamus robore naves,
Seu plures complere valent: jacet omnis ad un-
  dam
Materies : ipsi numerumque modumque carinis

Livre XI.

» avant de l'entreprendre, plutôt que de te-
» nir conseil aujourd'hui, lorsque l'ennemi
» est sous nos murs. Nous faisons une guerre
» imprudente à une nation issue du sang des
» Dieux, à des hommes indomtables, que
» les combats ne lassent point, & qui, mê-
» me vaincus, ne peuvent mettre bas les ar-
» mes. Si vous avez attendu quelque secours
» des Etoliens, renoncez à cette espérance ;
» nous ne devons plus compter que sur nous-
» mêmes. Mais quelle ressource ! La déplo-
» rable situation de nos affaires est devant
» vos yeux : vous la voyez, vous la touchez.
» Je n'accuse personne. On a combattu avec
» toute la valeur possible, & avec toutes les
» forces de l'Etat. Enfin, dans l'embarras où
» nous sommes, voici l'expédient qu'imagi-
» ne mon esprit incertain, & que je vais
» vous proposer en peu de mots : écoutez-
» moi avec attention. Je possède un terri-
» toire qui s'étend le long de la rive occi-
» dentale du Tibre, jusqu'au-delà des limites
» du pays autrefois habité par les Sicaniens.
» Ce sont des terres ingrates, coupées par
» des montagnes, que cultivent aujourd'hui
» les Aurunces & les Rutules, & où ils font
» paître leurs troupeaux. Cédons aux Troyens
» tout ce terrain, avec la montagne cou-
» verte de pins qui le borne d'un côté :
» que cette cession soit le prix de la paix &
» de l'alliance que nous conclurons avec eux
» sous des conditions raisonnables. Si l'Italie
» a pour eux tant de charmes, qu'ils s'y éta-
» blissent, & qu'ils y bâtissent une ville. Mais
» s'ils cherchent d'autres contrées, & s'ils
» peuvent sortir de nos terres, construisons-
» leur vingt vaisseaux, & même plus, s'ils
» en ont besoin. Nous avons sur les bords du

Præcipiant: nos æra, manus, navalia demus.
Præterea, qui dicta ferant, & fœdera firment,
Centum oratores primâ de gente Latinos
Ire placet, pacifque manu prætendere ramos :
Munera portantes, aurique eborifque talenta,
Et fellam, regni trabeamque infignia noftri.
Confulite in medium, & rebus fuccurrite feffis.

  Tùm Drances idem infenfus, quem gloria Turni
Obliquâ invidiâ ftimulifque agitabat amaris,
Largus opum, & linguâ melior, fed frigida bello
Dextera, confiliis habitus non futilis auctor,
Seditione potens (genus huic materna fuperbum
Nobilitas dabat, incertum de patre ferebat)
Surgit, & his onerat dictis, atque aggerat iras.

  Rem nulli obfcuram, noftræ nec vocis egentem
Confulis, ô bone rex, cuncti fe fcire fatentur,
Quid fortuna ferat populi, fed dicere muffant.
Det libertatem fandi, flatufque remittat,
Cujus ob aufpicium infauftum, morefque finiftros
(Dicam equidem, licet arma mihi mortemque mi-
  netur)
Lumina tot cecidiffe ducum, totamque videmus
Confediffe urbem luctu : dum Troïa tentat

LIVRE XI. 409

» Tibre du bois abattu. Qu'ils prescrivent eux-
» mêmes le nombre & la forme des navires :
» nous leur fournirons les ouvriers, le fer, &
» l'airain nécessaires ; les cordages, & les voi-
» les. Députons cent des principaux de la na-
» tion, qui aillent, le rameau d'olivier à la main,
» trouver le Roi des Troyens, pour lui faire
» les propositions que je viens de dire. Ils lui
» offriront en présent de l'ivoire & de l'or,
» avec la chaise Curule & la Trabée, qui sont
» chez nous les marques de la Royauté. Voilà
» mon avis : dites-moi librement le vôtre, &
» tâchez de remédier au triste état de nos af-
» faires «.

Alors Drancès, ennemi déclaré de Turnus,
dont la gloire blessoit ses yeux jaloux & agi-
toit violemment ses esprits, se leva pour parler. Il étoit d'une naissance illustre du côté de sa
mere, mais son pere étoit peu connu. Riche, plus
éloquent que brave, & habile politique, il avoit
un grand crédit sur les esprits, & les soulevoit à
son gré. Il parla donc ainsi pour animer l'assemblée contre Turnus.

» Grand Roi, ce que vous venez d'exposer
» sur notre triste situation, est connu de tout
» le monde, & n'a pas besoin d'être appuyé
» par ma voix. Tous ceux qui sont ici savent
» quel est l'intérêt de l'Etat, mais ils n'osent
» dirent hautement ce qu'ils pensent. Que celui,
» sous les auspices duquel nos armes ont été
» si malheureuses, dont les sinistres projets
» ont fait périr tant d'illustres guerriers de
» notre nation, & ont mis en deuil toute la
» Ville de Laurente, cesse de s'enfler d'un vain
» orgueil, & nous laisse la liberté de parler.
» Pour moi, malgré la mort dont il me menace,
» je vais déclarer hautement ma pensée. C'est
» lui qui nous a causé tous ces désastres, par

Tome II.   M m

Castra, fugæ fidens, & cœlum territat armis.
Unum etiam donis istis, quæ plurima mitti
Dardanidis dicique jubes, unum, optime regum,
Adjicias; nec te ullius violentia vincat,
Quin natam egregio genero dignisque hymenæis
Des pater, & pacem hanc æterno fœdere jungas.
Quòd si tantus habet mentes & pectora terror,
Ipsum obtestemur, veniamque oremus ab ipso :
Cedat jus proprium regi, patriæque remittat.
Quid miseros toties in aperta pericula cives
Projicis, ô Latio caput horum & causa malorum?
Nulla salus bello : pacem te poscimus omnes,
Turne, simul pacis solum inviolabile pignus.
Primus ego, invisum quem tu tibi fingis (& esse
Nil moror) en supplex venio : miserere tuorum ;
Pone animos, & pulsus abi : sat funera fusi
Vidimus, ingentes & desolavimus agros.
Aut, si fama movet, si tantum pectore robur
Concipis, & si adeò dotalis regia cordi est,
Aude, atque adversum fidens fer pectus in hostem.
Scilicet, ut Turno contingat regia conjux,
Nos, animæ viles, inhumata infletaque turba,

Livre XI. 411

„ l'attaque du camp des Troyens ; entreprise
„ téméraire, où il sembloit vouloir escalader
„ le Ciel, & dont il ne s'est tiré que par une
„ lâche fuite. O le meilleur des Rois, vous
„ qui destinez des présents pour le Roi des
„ Troyens, ajoutez-en un autre : c'est la Prin-
„ cesse votre fille, qui par un digne hyménée
„ cimentera entre vous & lui une éternelle al-
„ liance. Ne craignez la violence de qui que
„ ce soit. Cependant si Turnus est si redou-
„ table, tâchons de le fléchir. Conjurons-le de
„ permettre que le Roi use de son droit sur sa
„ fille, & de renoncer au sien, pour l'amour
„ de la patrie. Oui, c'est vous, Turnus, qui
„ êtes la cause de tous les malheurs du Latium :
„ pourquoi voulez-vous prodiguer la vie de
„ tant d'infortunés citoyens ? Il n'y a plus de
„ salut pour nous dans la guerre : nous vous
„ demandons tous la paix, & nous vous con-
„ jurons de céder le seul gage qui peut l'éta-
„ blir sûrement. Moi-même, qui consens à
„ être regardé par vous comme votre ennemi,
„ je suis le premier à me jetter à vos genoux.
„ Ayez pitié de vos malheureux concitoyens :
„ renoncez à vos ambitieux projets, & puis-
„ que vous êtes vaincu, retirez-vous. N'a-
„ vons-nous pas fait jusqu'ici d'assez grandes
„ pertes, & la désolation ne regne-t-elle pas
„ assez dans nos contrées ? Mais si vous êtes si
„ passionné pour la gloire, si vous avez tant
„ de confiance en vos forces, & si vous de-
„ sirez avec tant d'ardeur d'obtenir une cou-
„ ronne en dot, osez vous offrir seul au com-
„ bat contre votre ennemi. Pour assurer à Tur-
„ nus la main de la Princesse, faut-il que nous,
„ ames viles, troupe peu regrettée, & digne
„ à peine de la sépulture, nous soyons sacri-
„ fiés sur un champ de bataille ? Mais si vous

Sternamur campis : Et jam tu , si qua tibi vis,
Si patrii quid Martis habes , illum aspice contrà,
Qui vocat.

  Talibus exarsit dictis violentia Turni :
Dat gemitum , rumpitque has imo pectore voces :
Larga quidem , Drance , semper tibi copia fandi,
Tùm cùm bella manus poscunt ; patribusque vocatis
Primus ades : sed non replenda est curia verbis ,
Quæ tuto tibi magna volant, dum distinet hostem
Agger murorum , nec inundant sanguine fossæ.
Proinde tona eloquio , solitum tibi : meque timoris
Argue tu , Drance : quando tot stragis acervos
Teucrorum tua dextra dedit , passimque trophæis
Insignis agros. Possit quid vivida virtus ,
Experiare licet : nec longè scilicet hostes
Quærendi nobis : circumstant undique muros.
Imus in adversos ? quid cessas ? an tibi Mavors
Ventosa in linguâ, pedibusque fugacibus istis
Semper erit ?
Pulsus ego ? aut quisquam merito , fœdissime ,
    pulsum
Arguet, Iliaco tumidum qui crescere Tibrim
Sanguine, & Evandri totam cum stirpe videbit
Procubuisse domum, atque exutos Arcadas armis ?
Haud ita me experti Bitias & Pandarus ingens ,
Et quos mille die victor sub Tartara misi,
Inclusus muris , hostilique aggere septus.
Nulla salus bello. Capiti cane talia demens
Dardanio, rebusque tuis : proinde omnia magno

» avez de la valeur, ſi vos ancêtres vous ont tranſ-
» mis quelques étincelles de leur courage, regardez
» votre rival qui vous appelle «.

Ce diſcours mit en fureur le bouillant Turnus.
Il gémit de l'affront qu'il eſſuie, & ſa vive
douleur s'exhale en ces mots : » Ta bouche,
» Drancès, eſt toujours éloquente lorſque la
» guerre demande des bras ; & quand on con-
» voque les Chefs de la Nation, tu te rends
» toujours le premier à l'aſſemblée. Cependant
» il ne s'agit pas de nous étourdir de ces grands
» mots que tu prodigues ſans danger, lorſ-
» qu'entre l'ennemi & toi il y a un rempart,
» & que le ſang ne coule point à tes yeux.
» Tonne ici avec ton éloquence ordinaire,
» & traite-moi de lâche, toi dont le bras
» vainqueur a immolé tant de Troyens, & a
» juſqu'ici décoré nos campagnes de tant de
» glorieux trophées. Mais l'ennemi n'eſt pas
» loin ; il environne nos murs : allons le cher-
» cher l'un & l'autre, & éprouvons qui de
» nous deux a plus de valeur : Marchons. Qui
» t'arrête ? Ton courage martial ne ſera-t-il
» jamais que dans tes diſcours pleins de vent,
» & n'as-tu d'ardeur que pour fuir ? J'ai été
» mis hors de combat ! indigne calomniateur !
» Quelqu'un peut-il me faire ce reproche,
» à moi qui ait fait enfler le Tibre du ſang
» Troyen, à moi qui ai fait tomber la mai-
» ſon d'Evandre & éteint ſa race, & qui ai
» mis en fuite tous les Arcadiens ? Ai-je été
» lâche aux yeux de Bitias & de Pandare, en
» cette journée, où enfermé dans le camp des
» Troyens, j'en ai plongé dans le Tartare une
» ſi grande foule ? Tu prétends qu'il n'y a plus
» de ſalut pour nous dans la guerre. Va tenir
» ce langage inſenſé au Chef des Troyens, &
» à ton parti. Continue de ſemer l'alarme en

Nec cessa turbare metu, atque extollere vires
Gentis bis victæ ; contra premere arma Latini.
Nunc & Myrmidonum proceres Phrygia arma
   tremiscunt,
Nunc & Tydides, & Larissæus Achilles ;
Amnis & Hadriacas retrò fugit Aufidus undas.
Vel cùm se pavidum contra mea jurgia fingit,
Artificis scelus, & formidine crimen acerbat.
Nunquam animam talem dextrâ hac (absiste mo-
   veri)
Amittes : habitet tecum, & sit pectore in isto.
   Nunc ad te, & tua magna, Pater, consulta re-
   vertor.
Si nullam nostris ultrà spem ponis in armis,
Si tam deserti sumus, &, semel agmine verso,
Funditùs occidimus, neque habet fortuna regres-
   sum ;
Oremus pacem, & dextras tendamus inertes.
Quanquàm, ô ! si solitæ quidquam virtutis adeſ-
   set......
Ille mihi ante alios forrunatusque laborum,
Egregiusque animi, qui, ne quid tale videret,
Procubuit moriens, & humum semel ore momordit.
Sin & opes nobis, & adhuc intacta juventus,
Auxilioque urbes Italæ populique supersunt ;
Sin & Trojanis cum multo gloria venit
Sanguine ; sunt illis sua funera, parque per omnes
Tempestas : cur indecores in limine primo
Deficimus ? cur ante tubam tremor occupat artus ?
Multa dies variique labor mutabilis ævi
Rettulit in melius : multos alterna revisens
Lusit, & in solido rursùs Fortuna locavit.

„ ces lieux, de vanter les forces d'une nation
„ deux fois vaincue, & de rabaisser celle des
„ Latins : soutiens qu'Achille, que Diomède,
„ & tous les Capitaines Grecs ont redouté
„ les armes Troyennes : dis aussi qu'à son arri-
„ vée dans ces lieux, l'Aufide épouvanté sus-
„ pendit le cours de ses ondes. L'imposteur feint
„ de me craindre ; mais sa crainte simulée n'est
„ que pour me rendre odieux. Cesse de trem-
„ bler, Drancès : jamais cette main ne sera
„ souillée de ton sang. Que ton ame vile reste
„ dans ton corps ; elle est digne d'un pareil
„ séjour.

„ Je viens maintenant, grand Roi, à la
„ matiere qui fait le sujet de la délibération.
„ Si vous n'avez plus de confiance en nos ar-
„ mes, si nous sommes sans ressource, si une
„ seule défaite nous a entiérement abattus, &
„ si nous ne pouvons plus espérer aucune fa-
„ veur de la Fortune, demandons la paix,
„ & tendons au Troyen des mains désarmées
„ & suppliantes. Ah ! que dis-je ? S'il nous
„ restoit quelque vestige de notre ancien cou-
„ rage, pourrions-nous prendre ce honteux
„ parti ? Heureux ceux qui auroient péri dans
„ le combat pour n'être pas les témoins d'une
„ si indigne lâcheté ! Mais si nous avons en-
„ core des moyens de continuer la guerre : si
„ nous pouvons lever de nouvelles troupes
„ dans le Latium ; si des villes & des peuples
„ d'Italie nous promettent leur secours ; si la
„ victoire des Troyens les a affoiblis ; si le
„ champ de bataille a été couvert de leurs
„ morts, & si leur perte a égalé la nôtre,
„ pourquoi nous décourager dès le commen-
„ cement de cette guerre ? Pourquoi trembler
„ avant le son de la trompette ? Le temps &
„ les diverses conjonctures changent heureuse-

Non erit auxilio nobis Ætolus, & Arpi,
At Meſſapus erit, felixque Tolumnius, & quos
Tot populi miſere duces : nec tarda ſequetur
Gloria delectos Latio & Laurentibus agris.
Eſt & Volſcorum egregiâ de gente Camilla,
Agmen agens equitum, & florentes ære catervas.
Quod ſi me ſolum Teucri in certamina poſcunt,
Idque placet, tantùmque bonis communibus obſto :
Non adeò has exoſa manus victoria fugit,
Ut tantâ quidquam pro ſpe tentare recuſem.
Ibo animis contra : vel magnum præſtet Achillem,
Factaque Vulcani manibus paria induat arma
Ille licet. Vobis animam hanc, ſoceroque Latino
Turnus ego, haud ulli veterum virtute ſecundus,
Devovi : ſolum Æneas vocat ; & vocet, oro.
Nec Drances potiùs, ſive eſt hæc ira Deorum,
Morte luat : ſive eſt virtus & gloria, tollat.

Illi hæc inter ſe dubiis de rebus agebant
Certantes : caſtra Æneas aciémque movebat.
Nuntius ingenti per regia tecta tumultu
Ecce ruit, magniſque urbem terroribus implet :
Inſtructos acie Tiberino à flumine Teucros,
Tyrrhenamque manum totis deſcendere campis.
Extemplò turbati animi, concuſſáque vulgi

„ ment la face des affaires : la Fortune se fait
„ un jeu de voler d'un parti à un autre, &
„ elle a souvent relevé ceux qu'elle avoit
„ abaissés. Le Roi des Etoliens nous refuse son
„ appui. Eh ! n'avons-nous pas dans nos inté-
„ rêts Messape, l'heureux Tolumnius ; & tant
„ d'autres grands Capitaines d'Italie ? Ce sera
„ une gloire pour nous, de nous être soute-
„ nus avec nos seules forces. Mais la Reine
„ des Volsques, la célebre Camille, ne vient-
„ elle pas à notre secours, & ne nous ame-
„ ne-t-elle pas une brillante cavalerie ? Cepen-
„ dant si je suis le seul obstacle à la paix, si
„ les Troyens demandent un combat singulier
„ entre leur Roi & moi, & si ce parti vous
„ plaît, je ne suis pas encore assez haï de la
„ Victoire, pour abandonner de si grandes es-
„ pérances par le refus d'un combat. Je mar-
„ cherai avec confiance contre ce Rival, fût-
„ il un autre Achille, & dût-il combattre avec
„ des armes forgées par Vulcain. Turnus pré-
„ tend ne le céder à aucun des plus célebres
„ Guerriers. Il se dévoue aujourd'hui pour
„ vous & pour le Roi son beau-pere. Enée
„ m'appelle seul au combat ; c'est ce que j'am-
„ bitionne. Si les Dieux sont contre nous, il ne
„ faut pas que le brave Drancès périsse : s'il y
„ a de la gloire à acquérir elle ne doit pas être
„ pour lui.

Tandis que le triste état des affaires occupoit
ainsi le Conseil de la Nation, Enée étoit en
marche avec ses troupes, & s'avançoit vers
Laurente. Un courier vient à la hâte en apporter la nouvelle au Roi, & met en alarmes
toute la Ville. Il annonce que l'armée des
Troyens & des Etrusques a quitté les bords du
Tibre, & qu'elle inonde les campagnes de toutes parts. Bientôt tout est en mouvement dans

Pectora, & arrectæ stimulis haud mollibus iræ.
Arma manu trepidi poscunt: fremit arma juventus.
Flent mœsti, mussantque patres: hîc undique clamor
Dissensu vario magnus se tollit in auras:
Haud secùs, atque alto in luco cùm forte catervæ
Confedere avium, piscosove amne Padusæ
Dant sonitum rauci per stagna loquacia cycni.
Immò, ait, ô cives, arrepto tempore, Turnus,
Cogite concilium, & pacem laudate sedentes:
Illi armis in regna ruant. Nec plura locutus
Corripuit sese, & tectis citus extulit altis.
Tu, Voluse, armari Volscorum edice maniplis:
Duc, ait, & Rutulos: equitem Messapus in armis,
Et cum fratre Coras latis diffundite campis.
Pars aditus urbis firment, turresque capessant:
Cætera, quà jusso, mecum manus inferat arma.
   Ilicet in muros totâ discurritur urbe.
Concilium ipse pater & magna incepta Latinus
Deserit, ac tristi turbatus tempore differt:
Multaque se incusat, qui non acceperit ultrò
Dardanium Æneam, generumque adsciverit urbi.
Præfodiunt alii portas, aut saxa, sudesque
Subvectant: bello dat signum rauca cruentum
Buccina. Tum muros variâ cinxere coronâ

la Ville : le peuple se réveille, & la fureur s'empare des esprits. Tandis que la jeunesse animée court aux armes & ne respire que la guerre, les vieillards tristes & gémissants déplorent entr'eux la situation de l'Etat. Cependant les sentiments sont partagés parmi le peuple, & l'on n'entend de tous côtés que des disputes & des clameurs. Tel est le bruit d'une nombreuse troupe d'oiseaux rassemblés au fond d'un bois: ainsi les Cygnes importuns font retentir les marais bruyants du Pô. Turnus profite de ces circonstances. » Citoyens, dit-il au Conseil, » continuez de délibérer sur l'état des affaires ; » discourez tranquillement sur les avantages » de la paix, & que pendant ce temps-là » l'ennemi porte le ravage au sein du Royau- » me «. A ces mots, il quitte l'assemblée, & sort brusquement du Palais. » Allez, dit-il » à Voluse, commander de ma part aux ba- » taillons Volsques de se mettre sous les ar- » mes, & amenez-moi les Rutules. Que Mes- » sape, Coras, & Catille son frere, étendent » leur cavalerie dans la plaine ; qu'on poste » des troupes dans les défilés qui sont sur le » chemin de Laurente ; qu'on garnisse de sol- » dats les tours de la Ville, & que le reste de » mon armée s'apprête à marcher sous mes » ordres «.

Cependant on accourt de toute la Ville sur les remparts. Le Roi lui-même remettant la délibération à un autre temps, quitte le Conseil pénétré de douleur. Il se reproche de n'avoir pas d'abord accordé sa fille à Enée, ni associé cet illustre gendre à son trône. Les uns creusent de larges fossés devant les portes, les autres forment des retranchements avec des pierres & des pieces de bois. Au son de la trompette, les femmes mêmes & les enfants

Matronæ, puerique : vocat labor ultimus omnes.
Nec non ad templum, summasque ad Palladis arces
Subvehitur magnâ matrum Regina catervâ,
Dona ferens ; juxtàque comes Lavinia virgo,
Causa mali tanti, atque oculos dejecta decoros.
Succedunt matres, & templum thure vaporant;
Et mœstas alto fundunt de limine voces.
Armipotens, præses belli, Tritonia virgo,
Frange manu telum Phrygii prædonis, & ipsum
Pronum sterne solo, portisque effunde sub altis.

 Cingitur ipse furens certatim in prælia Turnus :
Jamque adeò Rutulum thoraca indutus ahenis
Horrebat squammis, surasque incluserat auro,
Tempora nudus adhuc ; laterique accinxerat ensem,
Fulgebatque altâ decurrens aureus arce :
Exultatque animis, & spe jam præcipit hostem.
Qualis, ubi abruptis fugit præsepia vinclis
Tandem liber equus, campoque potitus aperto ;
Aut ille in pastus armentaque tendit equarum,
Aut assuetus aquæ perfundi flumine noto
Emicat, arrectisque fremit cervicibus altè
Luxurians ; luduntque jubæ, per colla, per armos.

 Obvia cui, Volscorum acie comitante, Camilla
Occurrit, portisque ab equo regina sub ipsis
Desiluit : quam tota cohors imitata, relictis
Ad terram defluxit equis ; tùm talia fatur :
Turne, sui merito si qua est fiducia forti,
Audeo, & Æneadum promitto occurrere turmæ,
Sólaque Tyrrhenos equites ire obvia contra.
Me sine prima manu tentare pericula belli :
Tu pedes ad muros subsiste, & mœnia serva.

Livre XI.

accourent sur les murs. Le péril pressant les appelle tous au travail. La Reine, accompagnée d'un grand nombre de Dames de sa Cour, se fait porter au Temple de Pallas pour y faire son offrande. Lavinie, cause de tous ces malheurs, triste, & tenant ses beaux yeux baissés, est à côté d'elle. Elles entrent dans le Temple qu'elles parfument d'encens, & à l'entrée du Sanctuaire elles adressent cette triste priere à la Déesse: "Puissante Pallas, qui réglez le sort des armes, " brisez de vos mains celles d'un usurpateur. Eten- " dez-le sur la poussiere, & qu'il périsse sous nos " murailles ".

Déja Turnus avoit endossé sa cuirasse couverte d'écailles d'airain, à la maniere des Rutules: il avoit mis ses cuissarts dorés, & ceint son épée. Ce Guerrier, la tête nue, tout brillant d'or & d'acier, descend du haut de la Citadelle: la joie remplit son ame, & il goûte d'avance le plaisir de la victoire. Tel un coursier qui a brisé son lien, s'échappe des écuries, jouit en liberté de la campagne, court aux pâturages vers une troupe de cavales, ou du côté du fleuve dont les eaux lui sont connues, & où il a coutume de se baigner: il bondit, leve sa tête altiere; & ses crins, jouet des vents, voltigent sur son cou & sur ses épaules.

Turnus voit alors venir à sa rencontre la Reine des Volsques à la tête de ses escadrons. Arrivée aux portes de la ville, elle met pied à terre avec toute sa troupe, & parle ainsi à Turnus: "Sei- " gneur, s'il est permis de compter sur son cou- " rage, j'ose dire qu'avec ma cavalerie je ne " craindrai point d'attaquer cel'e des Troyens " & des Etrusques. Laissez-moi tenter les premiers " hazards du combat. Vous, Prince, postez votre " infanterie le long des murs, & empéchez les en- " nemis d'en approcher ".

Turnus ad hæc, oculos horrendâ in virgine fixus :
O decus Italiæ, virgo, quas dicere grates,
Quafve referre parem? fed nunc, eft omnia quandò
Ifte animus fupra, mecum partire laborem.
Æneas, ut fama fidem, miffique reportant
Exploratores, equitum levia improbus arma
Præmifit, quaterent campos : ipfe ardua montis
Per deferta jugo fuperans adventat ad urbem.
Furta paro belli, convexo in tramite fylvæ,
Ut bivias armato obfidam milite fauces.
Tu Tyrrhenum equitem collatis excipe fignis :
Tecum acer Meffapus erit, turmæque Latinæ,
Tiburnique manus : ducis & tu concipe curam.
Sic ait, & paribus Meffapum in prælia dictis
Hortatus, fociofque duces, & pergit in hoftem.

Eft curvo anfractu vallis, accommoda fraudi,
Armorumque dolis; quam denfis frondibus atrum
Urget utrimque latus, tenuis quò femita ducit,
Anguftæque ferunt fauces, aditufque maligni.
Hanc fuper, in fpeculis, fummoque in vertice montis,
Planities ignota jacet, tutique receptus :
Seu dextrâ lævâque velis occurrere pugnæ,
Sive inftare jugis, & grandia volvere faxa.
Huc juvenis notâ fertur regione viarum ;
Arripuitque locum, & fylvis infedit iniquis.

Velocem intereà fuperis in fedibus Opim,
Unam ex virginibus fociis, facrâque catervâ,
Compellabat, & has trifti Latonia voces
Ore dabat : Graditur bellum ad crudele Camilla,
O virgo, & noftris nequicquam cingitur armis,

Turnus fixant ses yeux étonnés sur cette respectable fille, lui répond : „ Princesse, l'honneur de l'Italie, peut-on vous témoigner assez de reconnoissance ? Puisque votre courage est si grand, je consens de partager avec vous les travaux de cette journée. On dit, & mes coureurs me l'ont confirmé par leur rapport, qu'Enée a envoyé devant lui une troupe de cavalerie légere, pour battre la campagne ; & qu'à la tête du reste de son armée, il vient par les montagnes pour surprendre la ville. Je vais lui dresser une embuscade dans le chemin creux d'un bois par où il doit passer : je garnirai de soldats les deux gorges. Pour vous, Princesse, vous vous opposerez à la cavalerie Etrusque, avec le brave Messape qui commande la cavalerie Latine, & avec les escadrons de Tiburne. Soyez le Général de cette armée ". Turnus parle ensuite à Messape & aux autres Chefs, & leur donne ses ordres : puis il marche au-devant des ennemis.

Il y avoit une vallée oblique, dont l'entrée étoit un chemin étroit, resserré par deux hautes montagnes couvertes d'arbres touffus ; passage dangereux & favorable pour une surprise. Sur le sommet d'une de ces montagnes étoit une espece de plate-forme, où l'on pouvoit sûrement se poster sans être vu, & de là fondre à droite & à gauche sur l'ennemi engagé dans le défilé, ou faire rouler sur lui des pierres énormes. C'est là que Turnus, qui connoissoit le pays, alla s'embusquer.

Cependant Diane, qui étoit alors dans le Ciel avec Opis, l'une des Nymphes de sa chaste Cour, se tourna vers elle : „ Nymphe, lui dit-elle d'un air triste, voilà Camille, qui va s'exposer dans un combat sanglant, où mon

Cara mihi ante alias : neque enim novus iste Dianæ
Venit amor, subitáque animum dulcedine movit.
Pulsus ob invidiam regno, viresque superbas,
Priverno antiquâ Metabus cùm excederet urbe,
Infantem, fugiens media inter prælia belli,
Sustulit exilio comitem, matrisque vocavit
Nomine Casmillæ, mutatâ parte, Camillam,
Ipse, sinu præ se portans, juga longa petebat
Solorum nemorum : tela undique sæva premebant,
Et circumfuso volitabant milite Volsci.
Ecce, fugæ medio summis Amasenus abundans
Spumabat ripis : tantus se nubibus imber
Ruperat. Ille, innare parans, infantis amore
Tardatur, caroque oneri timet : omnia secum
Versanti subito vix hæc sententia sedit.
Telum immane, manu validâ quod forte gerebat
Bellator, solidum nodis, & robore cocto;
Huic natam, libro & sylvestri subere clausam,
Implicat, atque habilem mediæ circumligat hastæ.
Quam dextrâ ingenti librans, ita ad æthera fatur :
Alma, tibi hanc, nemorum cultrix Latonia virgo,
Ipse pater famulam voveo : tua prima per auras
Tela tenens supplex hostem fugit : accipe, testor,
Diva, tuam, quæ nunc dubiis committitur auris.
Dixit, & adducto contortum hastile lacerto
Immittit. Sonuere undæ : rapidum super amnem

„ arc & mes fleches ne feront pour elle que
„ de vaines armes. Cette belliqueufe fille m'eſt
„ chere depuis long-temps ; & ce que je fens
„ pour elle n'eſt ni un penchant nouveau, ni
„ un mouvement fubit. Metabe fon pere, haï
„ des Volfques fes fujets, à caufe de fa tyran-
„ nie, & chaffé de Priverne, Capitale de fon
„ Royaume, s'échappa des mains de fon peu-
„ ple révolté, & s'enfuit avec fa fille encore
„ au berceau, à laquelle il avoit donné le nom
„ de Camille, en retranchant une lettre du
„ nom de Cafmille fa mere. Le malheureux
„ Prince tenant fa fille entre fes bras, tra-
„ verfoit les montagnes & les forêts, pour-
„ fuivi par les Volfques armés, qui vouloient
„ lui ôter la vie. Il arrive fur les bords du
„ fleuve Amafene, alors enflé par les pluies,
„ qui avoient fait déborder fes eaux. Preffé
„ de toutes parts, il eût traverfé le fleuve à
„ la nage, fans fon précieux fardeau, l'objet
„ de fa crainte. Après avoir délibéré, voici
„ l'expédient qu'il choifit avec peine. Le bras
„ vigoureux de ce Guerrier étoit armé d'une
„ longue javeline, formée d'un bois noueux,
„ durci au feu. Il fait un berceau de liege,
„ où il met fa fille, & avec des écorces d'ar-
„ bres il attache ce berceau au milieu de fa ja-
„ veline. Déeffe des forêts, s'écrie-t-il alors,
„ je te confacre ma fille, qui déja tient tes ar-
„ mes, & qui t'implore, en fuyant la pour-
„ fuite de l'ennemi. Accepte, ô Déeffe, le don
„ qu'un pere te fait de fa fille, qu'il confie au
„ périlleux efpace des airs. A ces mots, après
„ avoir balancé fa javeline, il la lance avec une
„ force qui fait retentir l'onde du bruit de fon
„ vol, & qui dans un inftant porte l'infortunée
„ Camille d'une rive à l'autre. Voyant alors
„ l'ennemi approcher, il fe jette à la nage.

Infelix fugit in jaculo stridente Camilla.
At Metabus, magnâ propius jam urgente catervâ,
Dat sese fluvio, atque hastam cum virgine victor
Gramineo, donum Triviæ, de cespite vellit.
Non illum tectis ullæ, non mœnibus urbes
Accepère, neque ipse manus feritate dedisset:
Pastorum & solis exegit montibus ævum.
Hîc natam in dumis, interque horrentia lustra,
Armentalis equæ mammis, & lacte ferino
Nutribat teneris immulgens ubera labris.
Utque pedum primis infans vestigia plantis
Institerat jaculo palmas oneravit acuto,
Spiculaque ex humero parvæ suspendit & arcum:
Pro crinali auro, pro longæ tegmine pallæ,
Tigridis exuviæ per dorsum à vertice pendent:
Tela manu jam tùm tenerâ puerilia torsit,
Et fundam tereti circum caput egit habenâ;
Strymoniamque gruem, aut album dejecit olorem.
Multæ illam frustrà Tyrrhena per oppida matres
Optavère nurum : solâ contenta Dianâ,
Æternum telorum & virginitatis amorem
Intemerata colit : vellem haud correpta fuisset
Militiâ tali, conata lacessere Teucros:
Cara mihi, comitumque foret nunc una mearum.
Verùm age, quando quidem fatis urgetur acerbis,
Labere, Nympha, polo, finesque invise Latinos,
Tristis ubi infausto committitur omine pugna.
Hæc cape, & ultricem pharetrâ deprome sagittam:

» Arrivé à l'autre bord, il arrache la javeline
» de la terre où elle étoit plantée, & sous mes
» auspices il sauve ainsi sa fille. Cependant le
» féroce Métabe ne fut reçu dans aucune ville,
» ni dans aucune maison. Ce Prince farouche
» auroit refusé lui-même l'hospitalité qu'on lui
» eût offerte. Il passa comme un Berger, le
» reste de ses jours sur des montagnes déser-
» tes, ou dans l'affreuse solitude des bois. Là
» il nourrissoit sa fille, en pressant la mamelle
» d'une cavale, dont il faisoit couler le lait
» dans sa bouche. A peine ses pieds formoient
» leurs premiers pas, qu'il lui mit un dard à
» la main, & chargea ses foibles épaules d'un
» arc & d'un carquois. Au lieu d'une tresse
» d'or, au lieu d'une longue robe flottante,
» elle n'avoit pour tout habillement qu'une
» peau de tigre, qui lui couvroit tout le corps.
» Deja elle lançoit, dans cet âge tendre, de
» petits javelots; déja elle savoit se servir de
» la fronde, & la tournant avec adresse au-
» dessus de sa tête, frapper les Cygnes & les
» Grues. Etant devenue plus grande, les Da-
» mes Tyrrhéniennes, qui entendirent parler
» d'elle, souhaiterent qu'elle fût l'épouse de
» leurs fils. Mais Camille, vouée à la virgi-
» nité, aux armes, & à tous mes exercices,
» fut insensible aux douceurs de l'hymen. Hé-
» las ! ajouta la Déesse, je voudrois que sa
» passion pour les combats fût moins vive, &
» qu'elle ne l'eût point entraînée dans la guerre
» contre les Troyens : Camille seroit à ma suite,
» & au nombre de mes cheres compagnes.
» Mais puisqu'elle doit périr en ce jour, Nym-
» phe, descendez d'un vol rapide dans le pays
» des Latins, où il va se livrer une cruelle
» bataille. Prenez ces armes, & tirez une fle-
» che vengeresse de mon carquois. Quel que

Hâc quicumque sacrum violârit vulnere corpus,
Tros, Italusve, mihi pariter dēt sanguine pœnas.
Post ego nube cavâ miserandæ corpus & arma
Inspoliata feram tumulo, patriæque reponam.
Dixit : at illa leves cœli demissa per auras
Insonuit, nigro circumdata turbine corpus.

 At manus intereà muris Trojana propinquat,
Etruscique duces, equitumque exercitus omnis,
Compositi numero in turmas : fremit æquore toto
Insultans sonipes, & pressis pugnat habenis.
Huc obversus & huc : tum latè ferreus hastis
Horret ager, campique armis sublimibus ardent.
Nec non Messapus contrà, celeresque Latini,
Et cum fratre Coras, & virginis ala Camillæ,
Adversi campo apparent : hastasque reductis
Protendunt longè dextris, & spicula vibrant;
Adventusque virûm, fremitusque ardescit equo-
  rum.
Jamque intra jactum teli progressus uterque
Substiterat : subito erumpunt clamore, frementesque
Exhortantur equos : fundunt simul undique tela
Crebra, nivis ritu, cœlumque obtexitur umbrâ.
Continuò adversis Tyrrhenus, & acer Aconteus,
Connixi incurrunt hastis, primique ruinam
Dant sonitu ingenti, perfractaque quadrupedantum
Pectora pectoribus rumpunt : excussus Aconteus
Fulminis in morem, aut tormento ponderis acti,
Præcipitat longè, & vitam dispergit in auras.
Extemplò turbatæ acies, versique Latini
Rejiciunt parmas, & equos ad mœnia vertunt.

» soit l'ennemi qui percera son chaste corps,
» Ausonien ou Troyen, il faut qu'il perde la
» vie. Je descendrai moi-même dans un nuage,
» afin d'enlever le corps de cette Guerrière
» infortunée, & de le renvoyer dans sa patrie
» pour y être inhumé. Je ne permettrai point
» qu'on la dépouille de ses armes «. Ainsi parla
Diane. La Nymphe aussi-tôt fend les airs &
descend à grand bruit, enveloppée d'une nuée
orageuse.

Cependant la cavalerie Troyenne & Etrusque, partagée en escadrons, s'avance vers la ville. Les fiers coursiers caracolant à droite & à gauche frappent la terre d'un pied superbe, & obéissent à regret à la bride qui les retient. Toute la campagne est couverte de fer, & hérissée d'armes étincelantes. Messape, accompagné de son frere Coras, à la tête des Latins, marche au-devant d'eux, avec le corps de cavalerie commandé par la belliqueuse Camille. Bientôt les ennemis sont en présence. Déja on met les lances en arrêt, déja on décoche des fleches. Cavaliers & chevaux, tout s'apprête, tout s'anime au combat. Les deux armées étant enfin à la portée du trait, s'arrêtent de part & d'autre. Les combattants jettent des cris perçants, qui allument l'ardeur des coursiers. Bientôt une nuée de traits part des deux côtés, & obscurcit l'air. Tyrrhénus & Acontée se détachent les premiers de leur escadron. Ils courent l'un sur l'autre avec tant de furie, & leurs chevaux se heurtent si violemment, qu'Acontée est renversé du choc, & jetté sans vie loin de son cheval, avec la rapidité de la foudre ou d'une pierre lancée par la Baliste. Déja les escadrons Latins, saisis d'épouvante, jettent leurs boucliers sur leurs épaules, & tournent la bride de leurs chevaux du côté de la ville.

Troës agunt : princeps turmas inducit Afylas.
Jamque propinquabant portis, rurfufque Latini
Clamorem tollunt, & mollia colla reflectunt :
Hi fugiunt, penitufque datis referuntur habenis.
Qualis ubi alterno procurrens gurgite pontus
Nunc ruit ad terras, fcopulofque fuperjacit undam
Spumeus, extremamque finu perfundit arenam :
Nunc rapidus retrò, atque æftu revoluta reforbens
Saxa, fugit, littufque vado labente relinquit.
Bis Tufci Rutulos egere ad mœnia verfos :
Bis rejecti armis refpectant terga tegentes.
Tertia fed poftquàm congreffi in prælia, totas
Implicuere inter fe acies, legitque virum vir ;
Tum verò & gemitus morientum, & fanguine in
  alto
Armaque, corporaque, & permifti cæde virorum
Semianimes volvuntur equi : pugna afpera furgit.
 Orfilochus Remuli (quando ipfum horrebat adi-
  re)
Haftam intorfit equo, ferrumque fub aure reliquit :
Quo fonipes ictu furit arduus altaque jactat,
Vulneris impatiens, arrecto pectore, crura.
Volvitur ille excuffus humi. Catillus Iolan,
Ingentemque animis, ingentem corpore & armis
Dejicit Herminium ; nudo cui vertice fulva
Cæfaries, nudique humeri : nec vulnera terrent :
Tantus in arma patet! Latos huic hafta per armos
Acta tremit, duplicatque, virum transfixa, dolorem.
Funditur ater ubique cruor : dant funera ferro
Certantes, pulchramque petunt per vulnera mor-
  tem.
 At medias inter cædes exultat Amazon,
Unum exerta latus pugnæ, pharetrata Camilla.

Alors un escadron de Troyens, commandé par Asylas, se met à les poursuivre. Mais à peine les Latins sont sous leurs remparts, qu'ils se rallient, font volteface, & repoussent les Troyens, qui s'enfuient à leur tour vers le corps de leur armée. Ainsi la mer, alternativement agitée, tantôt se répand sur ses rivages, & ensevelit les sables & les rochers sous ses flots écumants : tantôt elle fuit avec la même impétuosité, laisse à sec ses bords qu'elle abandonne, & ramene dans son sein les pierres qu'elle avoit entraînées dans son flux. Deux fois les Etrusques font reculer les Rutules, & deux fois les Rutules font plier les Etrusques. Enfin on se mêle, on combat homme contre homme, & chacun choisit son ennemi. On n'entend que cris de blessés & de mourants; les armes, les cavaliers, les chevaux, de tous côtés étendus pêle-mêle, nagent dans le sang dont la plaine est inondée. Jamais combat ne fut plus affreux.

Orsiloque voyant que Remulus l'évitoit, perce de son dard le cheval de cet ennemi, au-dessous de l'oreille. L'animal blessé se cabre, devient furieux, & renverse le cavalier. Le blond Herminius, redoutable par sa valeur & par sa taille énorme, combattoit sans casque & sans cuirasse, s'offrant à tous les traits, & ne craignant aucune blessure. Le javelot de Catille, qui venoit de tuer Iolas, perce de part en part les larges épaules de ce Guerrier, & sa double plaie lui cause un double mal. Des flots de sang coulent de part & d'autre, & le fer arrache la vie à une foule de combattants qui la sacrifient à la gloire.

Au milieu de tant de morts & de blessés, l'Amazone Camille, ayant une mamelle nue, tantôt lance coup sur coup avec la main des javelots pliants, tantôt prend sa hache, & sans

Et nunc lenta manu spargens hastilia densat,
Nunc validam dextrâ rapit indefessa bipennem.
Aureus ex humero sonat arcus, & arma Dianæ.
Illa etiam, si quandò in tergum pulsa recessit,
Spicula converso fugientia dirigit arcu.
At circùm lectæ comites, Larinaque virgo,
Tullaque, & æratam quatiens Tarpeja securim,
Italides; quas ipsa decus sibi dia Camilla
Delegit, pacisque bonas bellique ministras.
Quales Treïciæ cùm flumina Thermodontis
Pulsant, & pictis bellantur Amazones armis:
Seu circum Hippolyten, seu cùm se Martia curru
Penthesilea refert: magnoque ululante tumultu,
Fœminea exultant lunatis agmina peltis.

 Quem telo primum, quem postremum aspera virgo
Dejicis? aut quot humi morientia corpora fundis?
Eunæum Clytio primum patre; cujus apertum
Adversi longâ transverberat abiete pectus.
Sanguinis ille vomens rivos cadit, atque cruentam
Mandit humum, moriensque suo se in vulnere versat.
Tum Lirim, Pagasumque super: quorum alter habenas
Suffosso revolutus equo dum colligit, alter
Dum subit, ac dextram labenti tendit inertem,

se lasser la manie avec fureur : ses épaules agitées font retentir l'air du bruit de son arc & de son carquois. Si quelquefois elle est obligée de fuir, elle combat en fuyant, & décoche ses fleches meurtrieres sur ceux qui la poursuivent. Trois jeunes Italiennes sont à ses côtés, Larina, Tulla, & Tarpeia, dont la derniere est armée d'une hache d'airain. La Reine Camille en avoit fait ses favorites & ses compagnes ; elles étoient l'ornement de sa Cour, ses Ministres d'Etat, & les Chefs de ses troupes. On les eût prises pour ces célebres Amazones de la Thrace, habitantes des bords du Thermodon ; qu'elles faisoient autrefois retentir du bruit de leurs armes, sous les ordres de leur Reine Hippolyte ou de la belliqueuse Penthésilée, qui montées sur des chars, conduisoient au milieu des hurlements leurs bataillons de femmes, armées de boucliers en forme de croissant.

Qui pourroit compter tous ceux qui expirerent sous tes coups, formidable Camille ? Le premier qu'elle immole est Euné, fils de Clytius : sa lance perce la poitrine de ce Guerrier, & lui fait vomir des flots de sang. Il expire en se roulant sur sa plaie, & mordant la terre ensanglantée. Elle marche ensuite contre Liris & Pagase. Tandis que l'un pique son cheval abattu, & tire sa bride pour le relever, prêt à tomber lui-même, l'autre vient à son secours, & tâche de le soutenir. Dans ce moment, Camille fond sur l'un & l'autre, les renverse & les immole ensemble. Amastre, fils d'Hippotas, Térée, Harpalice, Démophoon, Chromis ont le même sort. Elle abat autant de Phrygiens qu'elle lance de traits. Ornithe, célebre chasseur, monté sur un cheval Apulien, se distinguoit par une singuliere armure : une peau de bœuf lui servoit de cuirasse & couvroit ses

Præcipites, pariterque ruunt : his addit Amaſtrum,
Hippotaden ; ſequiturque incumbens eminus haſtâ
Tereaque, Harpalycùmque, & Demophoonta,
  Chromimque,
Quotque emiſſa manu contorſit ſpicula virgo,
Tot Phrygii cecidere viri. Procul Ornithus armis
Ignotis, & equo venator Iapyge fertur :
Cui pellis latos humeros erepta juvenco
Pugnatori operit : caput ingens, oris hiatus,
Et malæ texere lupi, cùm dentibus albis :
Agreſtiſque manus armat ſparus : ipſe catervis
Vertitur in mediis, & toto vertice ſuprà eſt.
Hunc illa exceptum (neque enim labor agmine
  verſo.)
Trajicit, & ſuper hæc inimico pectore fatur.
Sylvis te, Tyrrhene, feras agitare putaſti ?
Advenit qui veſtra dies mulieribus armis
Verba redargueret : nomen tamen haud leve patrum
Manibus hoc referes, telo cecidiſſe Camillæ.
Protinùs Orſilochum & Buten, duo maxima
  Teucrûm
Corpora : ſed Buten adverſum cuſpide fixit,
Loricam galeamque inter, quà colla ſedentis
Lucent, & lævo dependet parma lacerto.
Orſilochum fugiens, magnumque agitata per or-
  bem,
Eludit gyro interior, ſequiturque ſequentem.
Tùm validam perque arma viro perque oſſa ſecu-
  rim,
Altior exſurgens, oranti & multa præcanti
Congeminat : vulnus calido rigat ora cerebro.
 Incidit huic, ſubitoque aſpectu territus hæſit
Apenninicolæ bellator filius Auni,
Haud Ligurum extremus, dum fallere fata ſinebant.

larges épaules : la tête d'un loup, avec sa gueule ouverte & ses dents, lui tenoit lieu de casque : sa lance étoit un épieu. Ce Guerrier, qui de la tête surpassoit tous ceux de sa troupe, se distinguoit encore par son air menaçant. Camille l'ayant apperçu, court sur lui, l'atteint aisément, son bataillon étant rompu, & le perce de son dard. » Téméraire Tyrrhénien (lui dit-
» elle, en le voyant abattu à ses pieds) t'es-tu
» imaginé être ici dans les forêts, à la pour-
» suite des bêtes farouches ? Le jour est venu,
» où le bras d'une femme confond tes menaces.
» Cependant tu pourras raconter aux Mânes
» de tes ancêtres la mort que Camille te donne,
» & t'en glorifier «. Elle attaque en même temps Orsiloque & Butès, deux guerriers, dont la taille énorme effaçoit celle de tous les autres Troyens. Elle perce Butès entre sa cuirasse & son casque, en rasant son bouclier, & lui enfonce son dard dans la gorge. Pour Orsiloque, elle l'attaque autrement. Elle paroît fuir en tournant autour de lui : l'un & l'autre forment un cercle : elle semble poursuivie par celui même qu'elle poursuit. Mais bientôt elle atteint son ennemi. En vain il lui demande la vie ; Camille leve le bras, décharge un coup de sa redoutable hache, brise ses armes & ses membres, lui fend la tête, & couvre son visage de sa cervelle fumante.

Le fils d'Aunus, habitant de l'Apennin, se trouve sur son passage, & à son aspect il est saisi d'une soudaine frayeur. Tant que les Destins lui permirent d'inventer des stratagêmes, il ne le céda dans cet art à aucun Ligurien. Voyant donc qu'il ne peut éviter le combat, ni se dérober à la poursuite de la terrible Reine, il a recours à la ruse. » Guerriere, dit-il, est-il
» étonnant qu'une femme, secondée d'un cour-

Isque ubi se nullo jam cursu evadere pugnâ
Posse, neque instantem reginam avertere cernit;
Consilio versare dolos ingressus, & astu,
Incipit hæc : quid tam egregium, si fœmina forti
Fidis equo ? dimitte fugam, & te comminùs æquo
Mecum crede solo, pugnæque accinge pedestri :
Jam nosces, ventosa ferat cui gloria fraudem.
Dixit : at illa furens, acrique incensa dolore,
Tradit equum comiti, paribusque resistit in armis,
Ense pedes nudo, puráque interrita parmâ.
At juvenis vicisse dolo ratus, avolat ipse,
Haud mora, conversisque fugax aufertur habenis.
Quadrupedemque citum ferratâ calce fatigat
Vane Ligur, frustràque animis elate superbis,
Nequicquam patrias tentasti lubricus artes :
Nec fraus te incolumem fallaci perferet Auno.
Hæc fatur virgo, & pernicibus ignea plantis,
Transit equum cursu : frenisque adversa prehensis
Congreditur, pœnasque inimico ex sanguine sumit.
Quàm facile accipiter saxo sacer ales ab alto
Consequitur pennis sublimem in nube columbam,
Comprensamque tenet, pedibusque eviscerat uncis.
Tùm cruor & vulsæ labuntur ab æthere plumæ.

 At non hæc nullis hominum sator atque Deorum
Observans oculis, summo sedet altus Olympo :
Tyrrhenum Genitor Tarchontem in prælia sæva
Suscitat, & stimulis haud mollibus injicit iras.
Ergo inter cædes cedentiaque agmina Tarchon
Fertur equo, variisque instigat vocibus alas,
Nomine quemque vocans, reficitque in prælia
  pulsos.
Quis metus, ô numquam dolituri, ô semper inertes

„ fier vigoureux, ait tant d'audace ? Cessez
„ de faire usage de sa vîtesse ; osez descendre
„ & combattre contre moi de près & à pied.
„ Vous connoîtrez bientôt qui de nous deux
„ n'a acquis qu'une fausse gloire ". Camille,
blessée de ce discours & transportée de colere,
met pied à terre, confie son cheval à une de ses
compagnes, & pour combattre à armes égales,
tire son épée, & d'un air intrépide ne se couvre
que d'un léger bouclier. Mais le jeune Guerrier s'applaudissant de sa ruse, tourne aussi-tôt
la bride de son cheval, pique ses flancs, &
prend la fuite. „ Fourbe & insolent Ligurien,
„ s'écrie Camille, c'est en vain que tu em-
„ ploies ici les finesses de ton pays. Malgré
„ ta supercherie, ton pere, rusé comme toi, ne
„ te reverra plus ". A ces mots, aussi ardente
que légere, elle se met à courir après le Cavalier : elle l'atteint en un moment, saisit la
bride de son cheval, l'attaque de front, & punit
sa perfide audace. Ainsi l'épervier appercevant du
haut d'un rocher une colombe fugitive qui s'é-
leve jusqu'aux nues, s'élance à l'instant, la poursuit d'un vol rapide, fond sur elle, & la déchire
au milieu des airs : on voit tomber du ciel son
sang & ses plumes.

Cependant le Pere des Dieux & des hommes, assis sur son trône, jettoit quelques regards du haut de l'Olympe sur ces sanglants
exploits. Il lui plait alors d'inspirer à Tarchon,
Général des Etrusques, l'ardeur de signaler
son bras ; il allume la fureur dans son ame.
Tarchon pousse son coursier vers le lieu où
le carnage étoit plus grand, & où ses escadrons plioient. Il tâche de rappeller leur courage par ses reproches, & de les rallier en
les appellant chacun par leur nom. „ Tyrrhé-
„ niens, s'écrie-t-il, quelle honteuse crainte

Tyrrheni, quæ tanta animis ignavia venit?
Fœmina palantes agit, atque hæc agmina vertit!
Quò ferrum? quidve hæc gerimus tela irrita dex-
  tris?
At non in Venerem segnes, nocturnaque bella,
Aut ubi curva choros indixit tibia Bacchi,
Exspectare dapes, & plenæ pocula mensæ.
Hic amor, hoc studium; dum sacra secundus ha-
  ruspex
Nunciet, ac lucos vocet hostia pinguis in altos.
  Hæc effatus, equum in medios, moriturus & ipse,
Concitat, & Venulo adversum se turbidus infert:
Dereptumque ab equo dextrâ complectitur hostem,
Et gremium ante suum multâ vi concitus aufert.
Tollitur in cœlum clamor, cunctique Latini
Convertere oculos: volat igneus æquore Tarchon,
Arma virumque ferens: tum summâ ipsius ab hastâ
Defringit ferrum, & partes rimatur apertas,
Quà vulnus letale ferat: contrà ille repugnans
Sustinet à jugulo dextram, & vim viribus exit.
Utque volans altè raptum cùm fulva draconem
Fert aquila, implicuitque pedes, atque unguibus
  hæsit:
Saucius at serpens sinuosa volumina versat,
Arrectisque horret squamis, & sibilat ore,

„ s'est emparé de vos ames ? Serez - vous tou-
„ jours sans courage & sans honneur ? Une
„ femme vous met en déroute & vous fait tous
„ fuir ! Pourquoi portons-nous ce fer inutile ?
„ Que nous servent ces vains dards, dont nos
„ mains sont armées? Vous n'avez pas cette hon-
„ teuse indolence pour les nocturnes combats de
„ la Déesse de Cythere, ou pour les fêtes de
„ Bacchus, lorsque le son de la flûte vous invite
„ aux danses & aux festins. Voilà votre passion :
„ votre ardeur se signale, lorsqu'un Aruspice
„ favorable annonce un banquet sacré, & que
„ la victime immolée vous appelle au fond des
„ bois ".

A ces mots, il pique son cheval, & se dévouant à la mort, il se précipite dans la mêlée. Dans son transport, Vénulus est le premier qui s'offre à ses coups. Il le saisit, l'embrasse, le serre de toutes ses forces, & l'enleve de dessus son cheval : ce prodige de force & de valeur fait pousser de grands cris, & attire les regards de tous les Latins. Le furieux Tarchon fait voler son coursier dans la plaine, tenant entre ses bras son ennemi tout armé, dont il saisit le dard. Il en arrache le fer, & cherche les défauts de son armure, pour le lui plonger dans le corps. Vénulus se défend entre ses bras, & opposant la force à la force, il tâche d'éloigner de sa gorge la main qui le veut percer. Tel un aigle enleve jusqu'aux nues un serpent qu'il tient dans ses serres. Percé des griffes de son ravisseur, le serpent en fureur s'agite, plie son corps tortueux, hérisse ses écailles, dresse sa tête, & pousse d'horribles sifflements : malgré tous ses efforts, l'oiseau de Jupiter continue de fendre les airs, chargé de sa proie que son redoutable bec déchire. Tel le fier Tarchon emportoit celle qu'il avoit enlevée de l'esca-

Arduus insurgens : illa haud minùs urget obunco
Luctantem rostro, simul æthera verberat alis.
Haud aliter prædam Tiburtum ex agmine Tarchon
Portat ovans. Ducis exemplum eventumque secuti
Mæonidæ incurrunt. Tum fatis debitus Aruns
Velocem jaculo & multâ prior arte Camillam
Circuit, &, quæ sit fortuna facillima, tentat.
Quà se cumque furens medio tulit agmine virgo,
Hâc Aruns subit, & tacitus vestigia lustrat :
Quà victrix redit illa, pedemque ex hoste reportat,
Hâc juvenis furtim celeres detorquet habenas.
Hos aditus, jamque hos aditus, omnemque pererrat
Undique circuitum, & certam quatit improbus
   hastam.
Fortè sacer Cybelæ Chloreus, olimque sacerdos,
Insignis longè Phrygiis fulgebat in armis,
Spumantemque agitabat equum, quem pellis ahenis
In plumam squamis auro conserta tegebat.
Ipse peregrinâ ferrugine clarus & ostro,
Spicula torquebat Lycio Gortinia cornu :
Aureus ex humeris sonat arcus, & aurea vati
Cassida : tum croceam chlamydemque, sinusque
   crepantes
Carbaseos fulvo in nodum collegerat auro,
Pictus acu tunicas, & barbara tegmina crurum.
Hunc virgo, sive ut templis præfigeret arma
Troïa, captivo sive ut se ferret in auro,
Venatrix, unum ex omni certamine pugnæ
Cæca sequebatur, totumque incauta per agmen
Fœmineo prædæ & spoliorum ardebat amore.
Telum ex insidiis cùm tandem, tempore capto

dron des Tiburtins. Les Etrufques, excités par ce glorieux exploit de leur Général, accourent de toutes parts pour charger les Latins.

Cependant Aruns, condamné à périr dans cette journée, voltigeoit le dard à la main autour de la légere Camille, & plus rufé qu'elle, il épioit l'occafion de la furprendre. Il la fuit par-tout, fans paroître la vouloir attaquer, foit qu'à la tête de fa cavalerie, elle donne fur celle des ennemis, foit qu'elle fe retire après avoir défait ceux qu'elle a chargés. Aruns ne la perd point de vue; il s'attache à fes pas, & tient fon javelot tout prêt, étudiant le moment favorable de le lancer à coup fûr. Chlorée, confacré à Cybele, & autrefois Prêtre de fon Temple, s'offre par hazard aux yeux de Camille, avec des armes éclatantes, monté fur un courfier écumant, dont la houffe étoit une peau garnie d'or & couverte d'écailles de bronze, en forme de plumes. Ses habits étoient d'une teinture étrangere, couleur de pourpre. Une agrafe d'or retrouffoit fon manteau militaire de lin jaune. Son arc de corne étoit de Lycie, & fes fleches de Gortine. Ses tuniques & fes brodequins, à la maniere des Barbares, étoient bordés. L'or éclatoit fur le cafque de ce Prêtre, fur fon carquois, & fur fon arc. Camille, foit pour avoir la gloire de fufpendre des armes Troyennes à la porte d'un Temple, foit pour fe parer elle-même de ces fuperbes armes dans les forêts, ne cherchoit qu'à combattre contre le Phrygien, dont la brillante dépouille, excitant la cupidité de fon fexe, étoit l'objet de fes aveugles defirs. Tandis que fans précaution elle s'avance pour l'atteindre, Aruns fe difpofe à lui lancer fon dard à propos. » Apollon, dit-il, Dieu puiffant,
» & qui protege le mont Soracte, & à qui nous

Concitat, & superos Aruns sic voce precatur:
Summe Deûm, sancti custos Soractis Apollo,
Quem primi colimus, cui pineus ardor acervo
Pascitur, & medium freti pietate per ignem
Cultores multâ premimus vestigia prunâ :
Da, pater, hoc nostris aboleri dedecus armis,
Omnipotens : non exuvias, pulsæve tropæum
Virginis, aut spolia ulla peto : mihi cætera laudem
Facta ferent : hæc dira meo dum vulnere pestis
Pulsa cadat, patrias remeabo inglorius urbes.
Audiit & voti Phœbus succedere partem
Mente dedit : partem volucres dispersit in auras.
Sterneret ut subitâ turbatam morte Camillam,
Annuit oranti : reducem ut patria alta videret,
Non dedit ; inque notos vocem vertere procellæ.
 Ergo, ut missa manu sonitum dedit hasta per auras,
Convertere animos acres, oculosque tulere
Cuncti ad reginam Volsci. Nihil ipsa neque auræ
Nec sonitûs memor, aut venientis ab æthere teli ;
Hasta sub exertam donec perlata papillam
Hæsit, virgineumque altè bibit acta cruorem.
Concurrunt trepidæ comites, dominamque ruentem
Suscipiunt. Fugit ante omnes exterritus Aruns,
Lætitiâ mistoque metu : nec jam amplius hastæ
Credere, nec telis occurrere virginis audet.
Ac velut ille, priùs quàm tela inimica sequantur,
Continuò in montes sese avius abdidit altos
Occiso pastore lupus, magnove juvenco,
Conscius audacis facti caudamque remulcens
Subjecit pavitantem utero, sylvasque petivit :
Haud secus ex oculis se turbidus abstulit Aruns,

» rendons plus de culte que tous les autres
» Mortels; toi en l'honneur de qui nous allu-
» mons des feux de bois de pin, & qui fais que
» nos Prêtres marchent sans crainte sur des char-
» bons ardents: permets, grand Dieu, que je
» répare l'affront fait à nos armes. Je ne demande
» point à me revêtir de la dépouille de cette
» Guerriere: d'autres exploits pourront dans la
» suite illustrer mon nom. Pourvu que je délivre
» aujourd'hui ma patrie de ce terrible fléau, je
» consens d'y retourner sans gloire «. Apollon
entendit sa priere; mais il n'en exauça qu'une
partie. Il lui accorda la mort de Camille, &
lui refusa le retour dans son pays. Les vents dissi-
perent dans les airs les paroles d'Aruns, qui
imploroit cette faveur.

Il lance enfin son javelot bruyant. Les bataillons le voient, & on l'entend siffler dans les
airs. Tous les yeux auffi-tôt se tournent du
côté de la Reine des Volsques, qui sans avoir
apperçu le vol, ni entendu le bruit du javelot,
se sent tout à coup blessée au-dessous de sa
mamelle nue. Le dard pénetre son sein, & la
couvre de son sang. Les femmes de sa suite
accourent éplorées, & reçoivent dans leurs
bras tremblants leur Maîtresse expirante. Aruns
effrayé lui-même du coup funeste qu'il a porté,
se retire avec une joie mêlée de crainte: il ne
songe plus à combattre; il n'ose approcher de
Camille, & craint encore ses armes. Tel un
loup qui a étranglé un Berger ou un jeune
taureau, épouvanté lui-même de sa périlleuse
audace, s'enfuit dans les montagnes, de peur
d'être poursuivi: honteux & timide, il court
s'ensevelir dans le bois. Aruns troublé se dérobe
ainsi à tous les yeux. Content de se mettre en sûreté, il fuit, & va se confondre au milieu des escadrons Latins.

Contentufque fugâ mediis se immiscuit armis.
 Illa manu moriens telum trahit : ossa sed inter
Ferreus ad costas alto stat vulnere mucro.
Labitur exanguis : labuntur frigida leto
Lumina : purpureus quondam color ora reliquit.
Tum sic exspirans Accam ex æqualibus unam
Alloquitur, fida ante alias quæ sola Camillæ,
Quicum partiri curas, atque hæc ita fatur.
Hactenus, Acca soror, potui : nunc vulnus acerbum
Conficit, & tenebris nigrescunt omnia circum.
Effuge, & hæc Turno mandata novissima perfer :
Succedat pugnæ, Trojanosque arceat urbe :
Jamque vale. Simul his dictis linquebat habenas,
Ad terram non sponte fluens. Tum frigida toto
Paulatim exsolvit se corpore ; lentaque colla
Et capti leto posuit caput, arma relinquens :
Vitaque cum gemitu fugit indignata sub umbras.
Tum verò immensus surgens ferit aurea clamor
Sidera : dejectâ crudescit pugnâ Camillâ :
Incurrunt densi simul omnis copia Teucrûm,
Tyrrhenûmque duces, Evandrique Arcades alæ.
 At Triviæ custos jamdudùm in montibus Opis
Alta sedet summis, spectatque interrita pugnas.
Utque procul medio juvenum in clamore furentum
Prospexit tristi multatam morte Camillam,
Ingemuitque, deditque has imo pectore voces.
Heu nimiùm, virgo, nimiùm crudele luisti
Supplicium, Teucros conata lacessere bello :
Nec tibi desertæ in dumis coluisse Dianam

Livre XI.

Camille mourante essaie vainement d'arracher le trait dont elle est blessée: il est retenu par le fer qui a pénétré entre les côtes. Elle tombe en foiblesse; le feu de ses yeux s'éteint dans les glaces de la mort, & son teint vermeil se change en une pâleur funeste. Cependant près d'expirer elle adresse ces mots à la triste Acca, celle de ses compagnes qu'elle chérissoit le plus, & en qui elle avoit plus de confiance. » Ma sœur, lui-dit-elle, j'ai eu jusqu'ici
» du courage & des forces; elles m'abandon-
» nent: ma blessure mortelle étend un sombre
» voile sur tout ce qui m'environne. Allez
» promptement porter à Turnus ces dernieres
» paroles de Camille. Dites-lui, qu'il se hâte
» de venir prendre ici ma place, & qu'il éloi-
» gne les Troyens des murs de Laurente.
» Adieu «. A ces mots les renes de son coursier qu'elle tenoit encore, & ses armes lui échappent des mains; elle tombe de dessus son cheval: les frissons de la mort se répandent dans tout son corps: elle penche sur son sein sa tête languissante: elle pousse un profond soupir, & son ame en courroux s'envole dans l'empire des ombres. Alors il s'éleve de grands cris, & le combat devient plus sanglant. Les Troyens, les Etrusques, les escadrons Arcadiens, n'ayant plus à redouter les armes de Camille, fondent de toutes parts sur l'ennemi.

Cependant la Nymphe Opis, docile aux ordres de Diane, observoit du haut d'une montagne ce qui se passoit dans la plaine, & considéroit tranquillement le carnage. Voyant de loin Camille expirante au milieu des cris de ses soldats, que sa mort plongeoit dans le désespoir, elle gémit de sa destinée: » Illustre fille,
» dit-elle, hélas, que tu es cruellement punie
» d'avoir combattu contre les Troyens ! En

Profuit, aut noſtras humero geſſiſſe pharetras :
Non tamen indecorem tua te regina reliquit
Extremâ jam in morte : neque hoc ſine nomine letum
Per gentes erit, aut famam patieris inultæ.
Nam quicumque tuum violavit vulnere corpus,
Morte luet meritâ. Fuit ingens monte ſub alto
Regis Dercenni terreno ex aggere buſtum
Antiqui Laurentis, opacâque ilice tectum.
Hîc Dea ſe primùm rapido pulcherrima niſu
Siſtit, & Aruntem tumulo ſpeculatur ab alto
Ut vidit fulgentem armis, ac vana tumentem ;
Cur, inquit, diverſus abis ? huc dirige greſſum.
Huc, periture, veni, capias ut digna Camillæ
Præmia : tunc etiam telis moriere Dianæ ?
Dixit, & auratâ volucrem Threïſſa ſagittam
Depromſit pharetrâ, cornuque infenſa tetendit,
Et duxit longè, donec curvata coïrent
Inter ſe capita, & manibus jam tangeret æquis,
Lævâ aciem ferri, dextrâ nervoque papillam.
Extemplò teli ſtridorem auraſque ſonantes
Audiit unà Aruns, hæſitque in corpore ferrum.
Illum expirantem ſocii atque extrema gementem
Obliti, ignoto camporum in pulvere linquunt.
Opis ad ætherium pennis aufertur Olympum.

Prima fugit, dominâ amiſſâ, levis ala Camillæ:
Turbati fugiunt Rutuli, fugit acer Atinas,
Disjectique duces, deſolatique manipli
Tuta petunt, & equis averſi ad mœnia tendunt.
Nec quiſquam inſtantes Teucros, letumque ferentes

» vain tu as passé ta jeunesse solitaire dans les
» forêts à la suite de Diane ; en vain tu as
» porté notre carquois sur tes épaules. Cepen-
» dant ta Reine ne t'abandonne pas dans ce
» moment fatal : elle veut que ta mort, célébrée
» chez toutes les nations, soit vengée avec éclat.
» Ton meurtrier, quel qu'il soit, va t'être im-
» molé «.

Sur une montagne voisine, le tombeau de Dercennus, ancien Roi de Laurente, formoit une élévation de terre couronnée d'arbres. La belle Nymphe d'un vol rapide traverse les airs, & va se poster sur cette hauteur. Découvrant de là toute l'armée Latine, elle apperçoit le lâche Aruns, couvert d'armes éclatantes, qui s'applaudissoit de sa victoire. » Où fuis-tu, Aruns, » lui cria-t-elle ? Approche, vien recevoir la di- » gne récompense de ton glorieux exploit : vien » perdre la vie. Mais faut-il que tu aies la gloi- » re de périr par les armes de Diane ? « A l'instant elle tire une fleche de son carquois, & la pousse sur son arc, qu'elle bande avec force : elle tient d'une main la pointe de la fleche, & de l'autre courbant son arc, dont elle joint les deux extrêmités, elle amene la corde jusqu'à son sein. Aruns entend le trait siffler dans les airs, & dans le même instant il se sent percé. Tandis qu'abandonné de ses compagnons, & privé de tout secours, il expire sans honneur, étendu confusément sur la poussiere, Opis s'envole vers l'Olympe.

La cavalerie des Volsques ayant perdu son illustre Commandante, ne fait plus de résistance : elle se débande, & les Rutules consternés suivent leur exemple. Le brave Atinas est entraîné dans la fuite générale, ainsi que les autres Chefs. Tous les escadrons se retirent en désordre du côté de la ville. Vivement pour-

Suſtentare valet telis, aut ſiſtere contrà :
Sed laxos referunt humeris languentibus arcus ;
Quadrupedumque putrem curſu quatit ungula
   campum.
Volvitur ad muros caligine turbidus atrâ
Pulvis, & è ſpeculis, percuſſæ pectora matres
Fœmineum clamorem ad cœli ſidera tollunt.
Qui curſu portas primi irrupere patentes,
Hos inimica ſuper miſto premit agmine turba :
Nec miſeram effugiunt mortem ; ſed limine in ipſo,
Mœnibus in patriis atque inter tuta domorum
Confixi, exſpirant animas : pars claudere portas,
Nec ſociis aperire viam, nec mœnibus audent
Accipere orantes : oriturque miſerrima cædes
Defendentum armis aditus, inque arma ruentum.
Excluſi ante oculos lacrymantumque ora parentum,
Pars in præcipites foſſas, urgente ruinâ,
Volvitur : immiſſis pars cæca & concita frenis
Arietat in portas, & duros objice poſtes.
Ipſæ de muris ſummo certamine matres
(Monſtrat amor verus patriæ) ut videre Camil-
   lam,
Tela manu trepidæ jaciunt ; ac robore duro
Stipitibus ferrum ſudibuſque imitantur obuſtis
Præcipites, primæque mori pro mœnibus ardent.
  Intereà Turnum in ſylvis ſæviſſimus implet
Nuncius, & juveni ingentem fert Acca tumultum :
Deletas Volſcorum acies, cecidiſſe Camillam :

ſuivis

suivis par les Troyens, ils n'ofent faire volte-face ; ils fuient, portant leurs arcs détendus fur leurs timides épaules : la bruyante rapidité de leurs courfiers fugitifs fait retentir toute la campagne, & éleve de poudreux nuages, que les vents portent jufqu'aux remparts de Laurente. Les Dames fur les plates-formes de leurs maifons, fe frappent la poitrine & pouffent des cris lamentables. Les fuyards arrivent ; mais lorfqu'ils font fur le point de fe refugier dans leur Ville, qui leur ouvre fes portes, l'ennemi les atteint, la mort les pourfuit, & à la vue de leurs murailles & de leurs maifons, ils font impitoyablement maffacrés. Les uns entrent dans la Ville ; mais de crainte que l'ennemi n'y entre à la fuite, ils en ferment les portes à leurs compagnons, & font fourds à leurs prieres. Là il fe fait un horrible carnage de ceux qui défendent l'entrée, & de ceux qui veulent pénétrer. Ceux-ci ont pour témoins de leur combat leurs triftes parents. Les uns font précipités dans les foffés de la place, ne pouvant reculer : d'autres guidés par le défefpoir, pouffent leurs chevaux avec fureur, & s'efforcent de renverfer les portes, & tout ce qui s'oppofe à leur entrée. Pendant ce temps-là les femmes de Laurente, animées par l'exemple de l'illuftre Camille, & excitées par un véritable amour de la patrie, s'arment de dards, & de bâtons durcis au feu, afin de recevoir l'ennemi, & de repouffer fes affauts. Elles ont toutes le courage de vouloir mourir les premieres pour la défenfe de leurs murs.

Cependant Acca vient apporter dans le bois où Turnus étoit embufqué, la funefte nouvelle de la défaite de fon armée, & caufe à ce Prince la plus vive inquiétude : elle lui dit que les Volfques ont été taillés en pieces, & que

Ingruere infensos hostes, & Marte secundo.
Omnia corripuisse : metum jam ad mœnia ferri.
Ille furens (& sæva Jovis sic numina poscunt)
Deserit obsessos colles, nemora aspera linquit.
Vix è conspectu exierat, campumque tenebat,
Cùm pater Æneas, saltus ingressus apertos,
Exsuperatque jugum, sylvâque evadit opacâ.
Sic ambo ad muros rapidi, totoque feruntur
Agmine ; nec longis inter se passibus absunt.
Ac simul Æneas fumantes pulvere campos
Prospexit longè, Laurentiaque agmina vidit ;
Et sævum Ænean agnovit Turnus in armis,
Adventumque pedum, flatusque audivit equorum
Continuòque ineant pugnas, & prælia tentent,
Ni roseus fessos jam gurgite Phœbus Ibero
Tingat equos, noctemque die labente reducat.
Considunt castris ante urbem, & mœnia vallant.

Camille a perdu la vie ; que l'ennemi est maître de la campagne, & que la ville de Laurente est dans la plus affreuse consternation. A ces mots, Turnus furieux, & guidé par les cruelles inspirations de Jupiter, abandonne les gorges de la montagne, & les chemins difficiles de la forêt. A peine commençoit-il à s'étendre dans la campagne, qu'Enée entre avec son armée dans le défilé : il le traverse sans obstacle, & ayant franchi la montagne & le sombre bois, il paroît dans la plaine. Les deux armées, peu éloignées l'une de l'autre, marchent avec une égale diligence du côté de la Ville. Enée apperçoit de loin des tourbillons de poussiere, & reconnoît les bataillons ennemis. Turnus reconnoît aussi le redoutable Enée sous ses armes: il entend la marche de son infanterie, & la bruyante haleine de ses chevaux. On auroit vu ce jour-là même un autre combat, si Phébus au teint de rose n'eût été prêt à plonger ses chevaux fatigués dans la mer d'Ibérie, & à faire succéder les ténebres à la lumiere. Les deux armées s'arrêtent devant les murs de la ville, & se retranchent chacune dans leur camp.

PUBLII VIRGILII MARONIS ÆNEIDOS.
LIBER DUODECIMUS.

TUrnus ut infractos adverso Marte Latinos
Defecisse videt, sua nunc promissa reposci,
Se signari oculis; ultrò implacabilis ardet,
Attollitque animos. Pœnorum qualis in arvis,
Saucius ille gravi venantum vulnere pectus,
Tùm demùm movet arma leo, gaudetque comantes
Excutiens cervice toros, fixumque latronis
Impavidus frangit telum, & fremit ore cruento.
Haud secùs accenso gliscit violentia Turno.
Tùm sic affatur regem, atque ita turpidus infit:
Nulla mora in Turno: nihil est quod dicta retractent
Ignavi Æneadæ; nec, quæ pepigere, recusent.
Congredior: fer sacra, Pater, & concipe fœdus.
Aut hâc Dardanium dextrâ sub tartara mittam,
Desertorem Asiæ (sedeant spectentque Latini)
Et solus ferro crimen commune refellam;
Aut habeat victos, cedat Lavinia conjux.
   Olli sedato respondit corde Latinus:

L'ÉNÉIDE
DE
VIRGILE.
LIVRE DOUZIEME.

Turnus voyant que les Latins, abattus par leurs défaites demandent hautement l'exécution de sa parole, & que chacun fixe les yeux sur lui, n'en devient que plus altier & plus intraitable. Tel un lion blessé par des chasseurs dans les champs d'Afrique, agite sa redoutable queue, hérisse sa longue criniere, brise dans sa fureur le trait qui l'a percé, & ouvre en rugissant sa gueule ensanglantée. L'ardent Turnus, agité d'aussi violents transports, se présente devant le Roi Latinus, & d'un air fougueux lui parle ainsi :
« Turnus est prêt à combattre. Les lâches Troyens
» n'auront aucun prétexte pour retirer leur parole.
» Je me rends sur le champ de bataille: Seigneur,
» faites préparer l'autel, & dressez les articles du
» traité. Que les Latins soient les tranquilles specta-
» teurs de notre combat. Ou cette main précipitera
» dans le Tartare le Troyen déserteur de l'Asie, &
» ma seule épée vengera la querelle commune, ou il
» sera mon vainqueur & Lavinie son épouse «.

» Prince courageux, lui répond le Roi d'un

O præstans animi juvenis, quantùm ipse feroci
Virtute exsuperas, tanto me impensiùs æquum est
Consulere, atque omnes metuentem expendere
  casus.
Sunt tibi regna patris Dauni, sunt oppida capta
Multa manu : nec non aurumque animusque Lati-
  no est.
Sunt aliæ innuptæ Latio, & Laurentibus agris,
Nec genus indecores : sine me hæc haud mollia fatu
Sublatis aperire dolis ; simul hoc animo hauri.
Me natam nulli veterum sociare procorum
Fas erat ; idque omnes Divique hominésque cane-
  bant :
Victus amore tui, cognato sanguine victus,
Conjugis & moestæ lacrymis, vincla omnia rupi :
Promissam eripui genero ; arma impia sumpsi.
Ex illo qui me casus, quæ, Turne, sequantur
Bella vides ; quantos primus patiare labores.
Bis magnâ victi pugnâ vix urbe tuemur
Spes Italas : recalent nostro Tiberina fluenta
Sanguine adhuc, campique ingentes ossibus albent.
Quò referor toties ? quæ mentem insania mutat ?
Si, Turno extincto, socios sum adscire paratus,
Cur non incolumi potiùs certamina tollo ?
Quid consanguinei Rutuli, quid cætera dicet
Italia, ad mortem si te (fors dicta refutet)

„ air tranquille, autant que vous montrez d'ar-
„ deur & d'intrépidité, autant je dois avoir de
„ modération & de prudence, & réfléchir
„ avec crainte sur tous les dangers du parti que
„ vous prenez. Vous êtes le seul héritier du
„ Royaume de Daunus votre pere, que vous
„ avez étendu par la prise de plusieurs Villes.
„ Latinus vous aime, & vous garde des tré-
„ sors. Mais il y a dans le Latium, & dans le
„ pays même de Laurente, d'autres jeunes
„ Princesses que Lavinie. Souffrez que je vous
„ parle sincérement & sans vous flatter, &
„ écoutez-moi avec attention. Les Oracles des
„ Dieux, & tous leurs sacrés interpretes, m'a-
„ voient défendu d'unir ma fille avec aucun des
„ Princes d'Italie qui briguoient son hymen.
„ Cependant, vaincu par l'amitié que j'ai pour
„ vous, par les liens du sang, & par les lar-
„ mes d'une épouse désolée, j'ai rompu mes
„ engagements, & violé ma parole. J'ai en-
„ levé à Enée ma fille que je lui avois pro-
„ mise, & je lui ai déclaré une guerre impie.
„ Vous en voyez les tristes suites, & vous
„ savez combien de travaux elle vous coûte
„ à vous-même. Nous avons perdu deux gran-
„ des batailles. A peine cette Ville qui nous
„ reste, peut-elle soutenir les foibles espéran-
„ ces de l'Italie. Le Tibre fume encore du sang
„ de nos Guerriers, & nos vastes campagnes
„ sont jonchées de leurs ossements. Faut-il que
„ mon esprit, jouet d'une folle inconstance,
„ balance toujours ? Si après la mort de Tur-
„ nus je dois donner ma fille au Prince Troyen,
„ que ne l'accepté-je aujourd'hui pour gendre,
„ sans qu'il vous en coûte la vie? Quels re-
„ proches me feront les Rutules mes alliés, &
„ tous les peuples d'Italie, si (ce qu'aux Dieux
„ ne plaise) le desir d'épouser ma fille est la cause

Prodiderim, natam & connubia noſtra petentem?
Reſpice res bello varias: miſerere parentis
Longævi, quem nunc mœſtum patria Ardea longè
Dividit. Haud quaquam dictis violentia Turni
Flectitur: exſuperat magis, ægreſcitque medendo.
Ut primùm fari potuit, ſic inſtitit ore:
Quam pro me curam geris, hanc precor, optime,
    pro me
Deponas, letumque ſinas pro laude paciſci.
Et nos tela, pater, ferrumque haud debile dextrâ
Spargimus, & noſtro ſequitur de vulnere ſanguis.
Longè illi Dea mater erit, quæ nube fugacem
Fœmineâ tegat, & vanis ſeſe occulat umbris.
  At regina novâ pugnæ conterrita ſorte
Flebat, & ardentem generum moritura tenebat:
Turne, per has ego te lacrymas, per, ſi quis
    Amatæ
Tangit honos animum: ſpes tu nunc una ſenectæ,
Tu requies miſeræ; decus, imperiumque Latini
Te penes; in te omnis domus inclinata recumbit.
Unum oro: deſiſte manum committere Teucris.
Qui te cumque manent iſto certamine caſus,
Et me, Turne, manent: ſimul hæc inviſa relin-
    quam
Lumina, nec generum Ænean captiva videbo.
  Accepit vocem lacrymis Lavinia matris,
Flagrantes perfuſa genas: cui plurimus ignem
Subjecit rubor, & calefacta per ora cucurrit.

LIVRE XII.

„ de votre mort ! Confidérez que le fort des
„ armes eft incertain, & foyez touché de ce-
„ lui du vieux Daunus votre pere, qui dans
„ Ardée gémit de votre abfence ". Ce difcours,
loin de calmer l'ame de Turnus, ne fervit qu'à
l'enflammer, qu'à aigrir fa haine & fon courroux. Dès qu'il pût parler, il fit cette réponfe
au Roi : „ Seigneur, c'eft trop vous intéreffer
„ en ma faveur. Laiffez-moi préférer ma gloire
„ à ma vie. Nous favons manier le fer & lan-
„ cer des traits, & ce bras vigoureux fait ti-
„ rer le fang de l'ennemi qu'il frappe. Celui que
„ j'ai à combattre, n'aura pas toujours auprès
„ de lui une Déeffe qui l'enveloppe d'un hon-
„ teux nuage, & qui cachée dans les ténebres fa-
„ vorife fa fuite ".

Cependant la Reine Amate effrayée du nouveau combat qui fe prépare, répand des larmes,
ferre entre fes bras fon Gendre qui brûle de
combattre, & près d'expirer de douleur, elle
lui adreffe ces mots : „ Turnus, je vous con-
„ jure par ces pleurs, & au nom d'Amate,
„ fi vous avez quelques égards pour elle, de
„ ne point effayer vos armes contre celles du
„ Troyen. Vous êtes la feule efpérance de ma
„ vieilleffe, ma confolation dans nos malheurs,
„ la gloire de cet Empire, l'héritier de Latinus,
„ & le feul appui de notre maifon. Le fort de
„ votre combat, quel qu'il foit, fera le mien. Si
„ vous êtes vaincu, je fermerai mes yeux pour
„ jamais à une lumiere importune, & afservie
„ aux loix d'Enée, je ne verrai point ma fille en-
„ tre fes bras ".

Lavinie qui l'accompagnoit, entendant ces
paroles, pleura, & rougit : elle fe fentit toute
émue ; un feu fecret fe gliffa dans fes veines,
& fon vifage enflammé parut tel que l'ivoire
embelli d'une couleur de pourpre, ou tel qu'un

Tome II.   Q q

Indum sanguineo veluti violaverit oſtro
Si quis ebur, aut mixta rubent ubi lilia multâ
Alba rosâ : tales virgo dabat ore colores.
Illum turbat amor, figitque in virgine vultus :
Ardet in arma magis, paucifque affatur Amatam.
Ne quæſo, ne me lacrymis, neve omine tanto
Proſequere in duri certamina Martis euntém,
O Mater ! neque enim Turno mora libera mórtis.
Nuntius hæc, Idmon, Phrygio mea dicta tyranno
Haud placitura refer. Cùm primum craſtina cœlo
Puniceis invecta rotis Aurora rubebit,
Non Teucros agat in Rutulos : Teucrûm arma quieſcant,
Et Rutulûm : noſtro dirimatur ſanguine bellum.
Illo quæratur conjux Lavinia campo.
 Hæc ubi dicta dedit, rapidufque in tecta receſſit,
Poſcit equos, gaudetque tuens ante ora frementes,
Pilumno quos ipſa decus dedit Orithyia,
Qui candore nives anteirent, curſibus auras.
Circumſtant properi aurigæ, manibufque laceſſunt
Pectora plauſa cavis, & colla comantia pectunt,
Ipſe dehinc auro ſqualentem, alboque orichalco
Circumdat loricam humeris : ſimul aptat habendo
Enſemque, clypeumque, & rubræ cornua criſtæ;
Enſem, quem Dauno ignipotens Deus ipſe parenti
Fecerat, & Stygiâ candentem tinxerat undâ.

Livre XII.

bouquet de roses & de lys. Turnus épris de ses charmes, & enivré d'amour, tient ses yeux attachés sur elle, & ne respire que le combat pour mériter sa main. Il répond ainsi en peu de mots à la Reine : " Cessez, ma mere, je
" vous prie, cessez de vouloir m'effrayer par
" vos alarmes, ou de m'attendrir par vos pleurs,
" lorsque je suis résolu de risquer ma vie. Quand
" même Turnus seroit sûr de périr, il ne pour-
" roit différer. Idmon, va de ma part porter au
" Roi des Troyens ces tristes paroles : Dis-lui que
" demain, au lever de l'Aurore, il s'abstienne
" d'attaquer les Rutules ; que nos troupes de
" part & d'autre se reposeront ; que son sang ou
" le mien terminera la guerre, & que la main
" de Lavinie doit être ainsi disputée sur le champ
" de bataille ".

A ces mots, il se retire brusquement dans son Palais, demande son char & ses coursiers, & prend plaisir à voir leur ardeur. Plus légers que le vent, plus blancs que la neige, ils étoient de la race de ceux dont Orithyie fit autrefois présent au Roi Pilumne. Il voit leurs conducteurs les flatter de la main, & peigner leurs crins flottants. Il va ensuite essayer l'armure dont il doit le lendemain se revêtir. Il endosse une cuirasse toute couverte de lames d'or ; il s'arme d'une épée, d'un bouclier, & d'un casque orné de deux aigrettes rouges ; l'épée fut autrefois forgée par le Dieu du feu pour Daunus son pere, & trempée dans les eaux du Styx. Il saisit ensuite d'une main robuste une énorme javeline, attachée à une colonne au milieu de son Palais, & qu'il avoit autrefois enlevée à Actor, du pays des Aurunces : " Redoutable
" javeline, s'écrie-t-il en la balançant, toi
" qui n'as jamais trompé mon courage, c'est

Exin, quæ mediis ingenti adnixa columnæ
Ædibus astabat, validam vi corripit hastam,
Actoris Aurunci spolium, quassatque trementem
Vociferans. Nunc, ô nunquam frustrata vocatus
Hasta meos, nunc tempus adest; te maximus Actor,
Te Turni nunc dextra gerit: da sternere corpus,
Loricamque manu validâ lacerare revulsam
Semiviri Phrygis, & fœdare in pulvere crines
Vibratos calido ferro, myrrhâque madentes.
His agitur furiis, totoque ardentis ab ore
Scintillæ absistunt: oculis micat acribus ignis.
Mugitus veluti cùm prima in prælia taurus
Terrificos ciet, atque irasci in cornua tentat,
Arboris obnixus trunco, ventosque lacessit
Ictibus, & sparsâ ad pugnam præludit arenâ.
Nec minùs intereà maternis sævus in armis
Æneas acuit Martem, & se suscitat irâ,
Oblato gaudens componi fœdere bellum.
Tùm socios, mœstique metum solatur Iüli,
Fata docens; regique jubet responsa Latino
Certa referre viros, & pacis dicere leges.

Postera vix summos spargebat lumine montes
Orta dies, cùm primùm alto se gurgite tollunt
Solis equi, lucemque elatis naribus efflant:
Campum ad certamen magnæ sub mœnibus urbis
Dimensi, Rutulique viri, Teucrique parabant:
In medioque focos, & Dîs communibus aras
Gramineas: alii fontemque ignemque ferebant,
Velati lino, & verbenâ tempora vincti.
Procedit legio Ausonidum, pilataque plenis
Agmina se fundunt portis: hinc Troïus omnis

„ maintenant qu'il faut seconder mon bras.
„ Autrefois portée par le grand Actor, son
„ vainqueur te porte aujourd'hui. Il faut que
„ tu perces la cuirasse de ce lâche Phrygien,
„ que tu l'étendes sur le champ de bataille, &
„ que ses cheveux frisés & parfumés de myr-
„ the soient traînés dans le sang & la poussiere ".
Tels sont les mouvements furieux de Turnus.
Son visage est rouge & enflammé, & le feu qui
embrase son ame sort de ses yeux étincelants.
C'est ainsi qu'un jeune taureau s'excite au combat & essaie son courage : il heurte de son
front le tronc des arbres : il agite sa tête, éprouve
ses cornes menaçantes, & préludant sur l'arêne,
fait voler la poussiere de toutes parts. Enée de
son côté, fier des armes divines qu'il tient de
sa mere, réveille son courage & son audace,
& se prépare avec joie au combat décisif qui doit
terminer la guerre : il rassure ses sujets alarmés,
& sur-tout Ascagne son fils, en lui rappellant
les oracles des Dieux. En même temps il envoie
sa réponse au Roi des Latins avec les conditions
du Traité.

Le lendemain, à peine le jour naissant avoit
commencé à éclairer le sommet des montagnes;
à peine les chevaux du Soleil, sortis du sein de
l'Océan, avoient soufflé la lumiere dans les airs;
que les Troyens & les Rutules de concert mar-
querent le lieu où les deux Princes devoient
combattre, sous les murs de Laurente. Ils
élevent au milieu du champ des Autels de gazon, avec des foyers, en l'honneur des Divinités des deux nations. Des Prêtres, la tête
ceinte d'une toile de lin, & couronnés de ver-
veine, portent le feu & l'eau pour le sacrifice.
Bientôt les portes de la Ville s'ouvrent, & les
légions Latines s'étendent dans la plaine. Les
Troyens & les Etrusques sortent aussi de leur

Tyrrhenusque ruit variis exercitus armis,
Haud secùs instructi ferro, quàm si aspera Martis
Pugna vocet : nec non mediis in millibus ipsi
Ductores auro volitant, ostroque decori,
Et genus Assaraci Mnestheus, & fortis Asylas,
Et Messapus equum domitor, Neptunia proles.
Utque dato signo spatia in sua quisque recessit,
Defigunt tellure hastas, & scuta reclinant.
Tùm studio effusæ matres, & vulgus inermum,
Invalidique senes, turres & tecta domorum
Obsedere : alii portis sublimibus adstant.
　　At Juno è summo, qui nunc Albanus habetur,
(Tùm neque nomen erat, neque honos, aut gloria
　　monti)
Prospiciens tumulo, campum aspectabat, & ambas
Laurentum Troumque acies, urbemque Latini.
Extemplò Turni sic est affata sororem
Diva Deam, stagnis quæ fluminibusque sonoris
Præsidet : hunc illi rex ætheris altus honorem
Jupiter ereptâ pro virginitate sacravit.
Nympha, decus fluviorum, animo gratissima nostro,
Scis, ut te cunctis unam, quæcumque Latinæ
Magnanimi Jovis ingratum ascendere cubile,
Prætulerim, cœlique lubens in parte locârim:
Disce tuum, (ne me incuses) Juturna, dolorem.
Quà visa est Fortuna pati, Parcæque sinebant
Cedere res Latio, Turnum & tua mœnia texi :

camp & se mettent en ordre de bataille. Toutes les troupes, de part & d'autre sous les armes, sont rangées comme si elles alloient combattre. Les Chefs des deux armées, distingués par l'or & la pourpre de leurs habits, parcourent les rangs ; tel que Mnesthée du sang d'Assaracus, le brave Asylas, & Messape, fils de Neptune, savant dans l'art de manier un cheval. Au signal de la trompette, chacun prend son poste ; tous plantent leurs javelines dans la terre, & posent leurs boucliers. Les femmes, excitées par la curiosité, les foibles vieillards, & tout le peuple qui ne porte point les armes, veulent être spectateurs du combat : ils s'emparent des tours & des plates-formes, ou montent sur les portes de la Ville.

Cependant Junon, du haut du mont Albain, qui en ce temps-là n'avoit rien qui le rendît recommandable, consideroit la Ville de Laurente & ses campagnes couvertes de troupes Latines & Troyennes. Alors elle tint ce langage à la Nymphe Juturne, sœur de Turnus, à qui le sublime Roi des Cieux avoit accordé l'empire sur les étangs & sur les rivieres, pour prix des faveurs qu'il en avoit obtenues.
» Nymphe, la gloire des fleuves, lui dit Ju-
» non, vous savez que je vous ai toujours
» distinguée des filles de ce pays, qui sont
» entrées dans le lit de mon ingrat époux.
» Quoique ma rivale, je vous aime tendre-
» ment, & j'ai consenti que vous fussiez mise
» au rang des Déesses. Or apprenez le mal-
» heur qui vous menace, & ne me l'impu-
» tez point. Jusqu'ici j'ai protégé Turnus vo-
» tre frere, par-tout où la Fortune a paru le
» souffrir, & autant que les Parques m'ont
» permis de soutenir les intérêts du Latium.
» Mais je vois aujourd'hui que ce Prince

Nunc juvenem imparibus video concurrere fatis,
Parcarumque dies, & vis inimica propinquat.
Non pugnam aspicere hanc oculis, non fœdera possum.
Tu, pro germano si quid præsentius audes,
Perge, decet: forsan miseros meliora sequentur.
　Vix ea: cùm lacrymas oculis Juturna profudit,
Terque quaterque manu pectus percussit honestum.
Non lacrymis hoc tempus, ait Saturnia Juno:
Accelera, & fratrem, si quis modus, eripe morti:
Aut tu bella cie, conceptumque excute fœdus.
Auctor ego audendi. Sic exhortata reliquit
Incertam, & tristi turbatam vulnere mentis.
　Intereà reges (ingenti mole Latinus
Quadrijugo vehitur curru, cui tempora circum
Aurati bis sex radii fulgentia cingunt,
Solis avi specimen: bigis it Turnus in albis,
Bina manu lato crispans hastilia ferro.
Hinc pater Æneas, Romanæ stirpis origo,
Sidereo flagrans clypeo, & cœlestibus armis,
Et juxtà Ascanius, magnæ spes altera Romæ)
Procedunt castris; puráque in veste sacerdos
Setigeri fœtum suis, intonsamque bidentem
Attulit, admovitque pecus flagrantibus aris.
Illi ad surgentem conversi lumina Solem,
Dant fruges manibus salsas, & tempora ferro
Summa notant pecudum, paterísque altaria libant.

» s'apprête à combattre sous de malheureux
» auspices, que son jour fatal approche, &
» qu'il est près de succomber sous une force
» ennemie. Je ne puis voir sans frémir le Traité
» qu'on va conclure, & le combat dont il sera
» suivi. Si vous pouvez servir votre frere, osez
» l'entreprendre ; c'est votre devoir : peut-être
» que la tentative sera heureuse, & que nos mal-
» heurs cesseront «.

Juturne ne répondit qu'en versant un torrent de larmes, & en frappant son beau sein.
» Il ne s'agit pas de répandre des pleurs, conti-
» nua Junon, mais de sauver un frere, s'il est
» possible : il n'y a point de temps à perdre.
» Rompez ce funeste Traité, & faites ensorte
» que la guerre continue. C'est Junon qui vous
» donne ce conseil «. En achevant ces mots,
elle quitte la Nymphe, & la laisse plongée
dans l'incertitude, dans le trouble & la douleur.

Cependant le Roi des Latins, le front ceint
d'une couronne à douze rayons d'or, qui représentoient ceux du Soleil dont il étoit issu,
se rend en pompe, sur un superbe char traîné
par quatre chevaux, au lieu où le sacrifice
est préparé. Turnus arrive en même temps,
monté sur un char attelé de deux coursiers
blancs, tenant à la main deux javelots garnis
d'un large fer. Le pere des Romains, Énée,
s'avance vers le même lieu, avec sa divine
armure, accompagné de son fils Ascagne,
la seconde espérance de la grandeur de Rome.
Lorsqu'ils furent au milieu des deux camps,
le Grand-Prêtre, en habit sacerdotal, fit avancer les victimes, un jeune porc, & une jeune
brebis, & les approcha des autels, où déja les
feux étoient allumés. Alors les Sacrificateurs,
tournés vers le Soleil levant, firent les céré-

Tùm pius Æneas ftricto sic ense precatur:
Esto nunc Sol testis, & hæc mihi terra vocanti,
Quam propter tantos potui perferre labores:
Et pater omnipotens, & tu Saturnia Juno,
Jam melior, jam, Diva, precor: tuque inclyte Mavors,
Cuncta tuo qui bella, pater, sub numine torques:
Fontesque, fluviosque voco, quæque ætheris alti
Relligio, & quæ cæruleo sunt numina ponto :
Cesserit Ausonio si fors victoria Turno,
Convenit Evandri victos discedere ad urbem,
Cedet Iulus agris: nec post arma ulla rebelles
Æneadæ referent, ferrove hæc regna lacessent.
Sin nostrum annuerit nobis victoria Martem,
(Ut potius reor, & potius Dii numine firment)
Non ego nec Teucris Italos parere jubebo,
Nec mihi regna peto. Paribus se legibus ambæ
Invictæ gentes æterna in fœdera mittant.
Sacra Deosque dabo : socer arma Latinus habeto,
Imperium solemne socer : mihi mœnia Teucri
Constituent, urbique dabit Lavinia nomen.

Sic prior Æneas: sequitur sic deinde Latinus:
Suspiciens cœlum, tenditque ad sidera dextram:
Hæc eadem, Ænea, terram, mare, sidera juro,
Latonæque genus duplex, Janumque bifrontem,
Vimque Deûm infernam, & duri sacraria Ditis.
Audiat hæc genitor, qui fœdera fulmine sancit:
Tango aras, medios ignes & numina testor:

Livre XII.

monies ordinaires. Ils couperent du poil sur la tête des victimes, y appliquerent une pâte, & verserent du vin sur les Autels. Enée tira son épée, & se tournant vers l'Orient : „ So- „ leil, dit-il, & vous, Terre d'Italie, qui me „ coûtez tant de travaux ; Pere des Dieux, „ Fille de Saturne, que je prie de m'être plus „ favorable ; puissant Dieu des combats, Ci- „ toyens de l'Olympe, Dieux des fontaines & „ des fleuves, Divinités de la mer, je vous „ invoque tous, & je vous prends à témoins „ de mon serment. Si Turnus est vainqueur, „ nous nous retirons dans la Ville d'Evandre : „ mon fils Ascagne renonce à l'Empire d'Ita- „ lie, & les Troyens promettent de ne jamais „ faire la guerre aux Latins. Mais si la vic- „ toire se déclare pour moi, comme je l'es- „ pere (puissent les Dieux favoriser cette es- „ pérance) je n'exige point que les peuples „ d'Italie obéissent aux Troyens, & je ne pré- „ tends point régner sur eux. Que ces deux „ braves nations, soumises aux mêmes loix, „ contractent une éternelle alliance : que mon „ Beau-pere, maître des affaires de la guerre, „ continue de gouverner ses peuples avec un „ souverain pouvoir : mais qu'ils reçoivent mes „ Dieux & ma Religion. Les Troyens bâtiront „ une Ville sous mes ordres, & Lavinie lui don- „ nera son nom „.

Tel fut le serment d'Enée. Le Roi des Latins levant ensuite les mains & les yeux au Ciel, prononça ces paroles : „ Je jure, ô Enée, „ par les mêmes Dieux que vous venez de „ prendre à témoins, par la Terre, par la „ Mer, par les Astres, par les deux en- „ fants de Latone, par Janus au double front, „ par Pluton, & par toutes les Divinités des „ Enfers. Puissé-je être entendu du grand

Nulla dies pacem hanc Italis nec fœdera rumpet,
Quò res cunque cadent : nec me vis ulla volentem
Avertet : non si tellurem effundat in undas
Diluvio miscens, cœlumve in Tartara solvat :
Ut sceptrum hoc (dextrâ sceptrum nam fortè gerebat)
Nunquam fronde levi fundet virgulta, neque umbras,
Cùm semel in sylvis imo de stirpe recisum
Matre caret, posuitque comas & brachia ferro ;
Olim arbos, nunc artificis manus ære decoro
Inclusit patribusque dedit gestare Latinis.
Talibus inter se firmabant fœdera dictis,
Conspectu in medio procerum : tum ritè sacratas
In flammam jugulant pecudes, & viscera vivis
Eripiunt, cumulantque oneratis lancibus aras.
 At verò Rutulis impar ea pugna videri
Jamdudùm, & vario misceri pectora motu :
Tum magis, ut propiùs cernunt non viribus æquis.
Adjuvat incessu tacito progressus, & aram
Suppliciter venerans demisso lumine Turnus,
Tabentesque genæ, & juvenili in corpore pallor.
Quem simul ac Juturna soror crebrescere vidit
Sermonem, & vulgi variare labantia corda,
In medias acies, formam adsimilata Camerti,
Cui genus à proavis ingens, clarumque paternæ
Nomen erat virtutis, & ipse acerrimus armis,
In medias dat sese acies, haud nescia rerum,
Rumoresque serit varios, ac talia fatur.
Non pudet, ô Rutuli, pro cunctis talibus unam
Objectare animam ? numerone, an viribus æqui

„ Jupiter, dont la foudre eſt le garant des trai-
„ tés. J'atteſte ces ſaints autels, que je tou-
„ che, ſes feux ſacrés, & tous les Dieux du
„ Ciel. Quelque choſe qui arrive, l'Italie ſera
„ fidele à ce traité de paix, & rien ne me fera
„ jamais changer de réſolution. Quand la mer
„ engloutiroit la terre, quand le ciel tomberoit
„ dans les abymes du Tartare, ma parole ſub-
„ ſiſteroit toujours. Elle eſt auſſi infaillible, qu'il
„ eſt ſûr que ce ſceptre que je tiens, ſymbole du
„ ſouverain pouvoir, depuis que ſéparé de l'ar-
„ bre qui la produit, il a été dépouillé de ſon
„ feuillage, & que la main de l'ouvrier l'a orné
„ d'un brillant métal, ne peut plus ni ſe revêtir
„ de feuilles, ni pouſſer de rameaux, ni fournir
„ d'ombrage ". C'eſt ainſi que l'alliance fut jurée
ſolemnellement entre les deux Rois, en préſence
des Chefs des deux armées. Auſſi-tôt on égorge
les victimes deſtinées à être la proie de la flamme :
on leur arrache les entrailles, & on en couvre les
autels.

Cependant les Rutules ſont agités de divers
mouvements au ſujet du combat. Plus ils obſervent les deux rivaux, moins ils jugent leurs
forces égales : ſur-tout lorſqu'on voit le fier
Turnus s'approcher de l'autel, d'un air pieux,
humble, triſte, les yeux baiſſés, & le viſage
pâle. Juturne voyant que cette idée ſe fortifie,
& que le peuple cancbelant n'a plus la même
confiance, ſe mêle parmi les ſoldats, ſous la
figure de Camerte, guerrier illuſtre par ſa haute naiſſance, par les grands exploits de ſon pere,
& par ſa propre valeur. Après avoir ſemé
dans l'armée des bruits divers : „ Rutules,
„ dit le faux Camerte, ne rougiſſez-vous pas
„ de voir ainſi un ſeul homme expoſer ſa vie
„ pour tous tant que vous êtes ? Notre armée
„ eſt-elle donc plus foible que celle des enne-

Non fumus ? En omnes & Troës, & Arcades hîc
 sunt,
Fatalisque manus, infensa Etruria Turno:
Vix hostem, alterni si congrediamur, habemus.
Ille quidem ad superos, quorum se devovet aris,
Succedet famâ, vivusque per ora feretur:
Nos, patriâ amissâ, dominis parere superbis
Cogemur, qui nunc lenti confedimus arvis.
 Talibus incensa est juvenum sententia dictis
Jam magis atque magis; serpitque per agmina mur-
 mur.
Ipsi Laurentes mutati, ipsique Latini:
Qui sibi jam requiem pugnæ, rebusque salutem
Sperabant, nunc arma volunt, fœdusque precantur
Infectum, & Turni sortem miserantur iniquam.
His aliud majus Juturna adjungit, & alto
Dat signum cœlo; quo non præsentius ullum
Turbavit mentes Italas, monstroque fefellit.
Namque volans rubrâ fulvus Jovis ales in æthra,
Littoreas agitabat aves, turbamque sonantem
Agminis aligeri; subitò cum lapsus ad undas
Cygnum excellentem pedibus rapit improbus uncis.
Arrexere animos Itali, cunctæque volucres
Convertunt clamore fugam, mirabile visu,
Æthéraque obscurant pennis, hostemque per auras
Factâ nube premunt: donec vi victus & ipso
Pondere defecit, prædamque ex unguibus ales
Projecit fluvio, penitusque in nubila fugit.
Tùm verò augurium Rutuli clamore salutant,
Expediuntque manus. Primusque Tolumnius Au-
 gur:

„ mis ? Vous voyez toutes leurs forces. Les
„ Troyens, les Arcadiens, & cette malheu-
„ reufe poignée d'Etrufques armés contre Tur-
„ nus, font ici raſſemblés : à peine ſont-ils
„ un contre deux. L'héroïque généroſité de
„ ce Prince, qui ſe dévoue ainſi pour ſon
„ peuple, le comblera de gloire, & rendra
„ ſon nom immortel. Mais nous, ſpectateurs
„ oiſifs du combat, nous ſerons après la ruine
„ de notre patrie, aſſervis à de ſuperbes Maî-
„ tres «.

Ce diſcours fit une vive impreſſion ſur les troupes. Le trouble augmente, & le murmure ſe gliſſe de rang en rang. Le peuple de Laurente, & tous les Latins, qui, quelques momens auparavant ſe faiſoient une agréable idée de voir bientôt la guerre heureuſement finie, & leur patrie enfin délivrée de tous ſes maux, veulent maintenant combattre, & touchés de l'injuſte ſort de Turnus, demandent la rupture du traité. Juturne fait alors jouer un nouveau reſſort. On voit tout à coup paroître dans les airs un prodige qui acheve de troubler & de ſéduire les eſprits. Un Aigle deſcend de l'ardente région éthérée, & pourſuit le long du rivage une troupe bruyante d'oiſeaux aquatiques. On le voit s'abattre tout à coup, & enlever un Cygne d'une beauté parfaite. Ce ſpectacle ranime le courage des Latins. O prodige ! tous ces oiſeaux que l'Aigle avoit mis en fuite, ſe raſſemblent ; leur troupe forme un nuage épais qui obſcurcit l'air, & ils commencent à pourſuivre à leur tour l'ennemi commun. L'Aigle preſſé de toutes parts, ne peut plus ſoutenir ſa proie : il la laiſſe tomber au milieu du fleuve, & s'envole dans les nues. Les Rutules ſaluent cet heureux préſage par leurs cris, & ſe diſpoſent au combat. L'Au-

Hoc erat, hoc votis, inquit, quod sæpe petivi:
Accipio, agnoscoque Deos: me, me duce, ferrum
Corripite, ô miseri, quos improbus advena bello
Territat, invalidas ut aves, & littora vestra
Vi populat. Petet ille fugam, penitusque profundo
Vela dabit : vos unanimi densate catervas,
Et regem vobis pugnâ defendite raptum.

 Dixit, & adversos telum contorsit in hostes
Procurrens : sonitum dat stridula cornus, & auras
Certa secat. Simul hic, simul ingens clamor, & omnes
Turbati cunei, calefactaque corda tumultu.
Hasta volans, ut fortè novem pulcherrima fratrum
Corpora constiterant contrà, quos fida creârat
Una tot Arcadio coniux Tyrrhena Gylippo :
Horum unum ad medium, teritur quà sutilis alvo
Balteus, & laterum juncturas fibula mordet,
Egregium formâ juvenem & fulgentibus armis,
Transadigit costas, fulvâque effudit arenâ.
At fratres, animosa phalanx, accensaque luctu,
Pars gladios stringunt manibus, pars missile ferrum
Corripiunt, cæcique ruunt : quos agmina contra
Procurrunt Laurentum : hinc densi rursus inundant
Troës, Agyllinique, & pictis Arcades armis.
Sic omnes amor unus habet decernere ferro.
Diripuere aras : it toto turbida cœlo
Tempestas telorum, ac ferreus ingruit imber :
Craterasque, focosque ferunt : fugit ipse Latinus,
Pulsatos referens infecto fœdere Divos.
Infrenant alii currus, aut corpora saltu
Subjiciunt in equos, & strictis ensibus adsunt.

gure

gure Tolumnius s'écrie:» Voilà, Rutules, voilà un
» signe tel que je l'ai souvent demandé. J'accepte
» l'Augure, & je reconnois que ce font les
» Dieux qui nous l'envoient. A mon exemple,
» prenez tous vos armes. Cet odieux Etranger
» qui ravage vos côtes, qui vous a jufqu'ici épou-
» vantés comme de foibles oifeaux, va fuir au-
» delà des mers. Serrez vos rangs, & combattez
» pour fauver votre Prince, qu'on veut vous ra-
» vir. «.

Il dit, & auffi-tôt s'étant avancé, il décoche
une fleche. Le trait, lancé d'une main fûre, fiffle,
fend les airs, & jette l'étonnement & l'épouvante
dans les bataillons ennemis, dont cette hoftilité
foudaine irrite le courroux. La fleche perce un
Arcadien, à côté de fes huit freres d'une haute taille, poftés par hazard vis-à-vis de Tolumnius, & tous fils de Gylippe & d'une Etrufque fa fidelle époufe. Ce jeune guerrier, diftingué
par fa beauté & par l'éclat de fes armes, reçoit
le coup fatal à l'endroit de la hanche, où les deux
extrêmités de fon baudrier étoient jointes par une
agrafe. La fleche lui pénetre le flanc & l'étend
fur l'arene. Ses freres, troupe courageufe, que fa
perte met en fureur, courent à la vengeance. Les
uns prennent leur épée, d'autres leur javeline;
tous fondent en aveugles fur l'ennemi. Les Laurentins s'avancent pour les recevoir. Alors toute
l'armée d'Enée s'ébranle, Troyens, Etrufques,
& Arcadiens. On ne refpire plus que le combat. On renverfe les Autels : un orage de traits
dérobe la vue du Ciel, & une pluie de fer tombe fur les deux armées. On remporte les feux &
les vafes facrés, & le Roi des Latins fe retire,
indigné de la rupture du traité & de l'infulte faite
aux Dieux. Cependant les uns attelent leurs chars,
les autres, l'épée à la main, fautent fur leurs
courfiers.

Meſſapus regem, regiſque inſigne gerentem
Tyrrhenum Auleſten, avidus confundere fœdus,
Adverſo proterret equo: ruit ille recedens,
Et miſer oppoſitis à tergo involvitur aris
In caput, inque humeros. At fervidus advolat haſtâ
Meſſapus, teloque orantem multa trabali
Deſuper altus equo graviter ferit, atque ita fatur:
Hoc habet: hæc melior magnis data victima Divis.
Concurrunt Itali, ſpoliantque calentia membra.

Obvius ambuſtum torrem Corynæus ab arâ
Corripit, & venienti Ebuſo plagamque ferenti
Occupat os flammis: olli ingens barba reluxit,
Nidoremque ambuſta dedit. Super ipſe ſecutus
Cæſariem lævâ turbati corripit hoſtis,
Impreſſoque genu nitens, terræ applicat ipſum:
Sic rigido latus enſe ferit. Podalirius Alſum
Paſtorem, primâque acie per tela ruentem
Enſe ſequens nudo ſuper imminet: ille ſecuri
Adverſi frontem mediam mentumque reductâ
Disjicit, & ſparſo latè rigat arma cruore.
Olli dura quies oculos & ferreus urget
Somnus; in æternam clauduntur lumina noctem.

At pius Æneas dextram tendebat inermem,
Nudato capite, atque ſuos clamore vocabat.
Quò ruitis? quæve iſta repens diſcordia ſurgit?
O cohibete iras! ictum jam fœdus, & omnes
Compoſitæ leges: mihi jus concurrere ſoli.
Me ſinite, atque auferte metus: ego fœdera faxo

Messape, qui brûloit de rompre le traité de paix, pousse son cheval contre Auleste, l'un des Lucumons d'Etrurie, & qui étoit revêtu des marques de la Royauté. Le Lucumon en reculant est malheureusement arrêté par les débris des Autels, & tombe à la renverse. Messape, armé d'une énorme javeline, fond sur lui en ce moment. C'est en vain qu'Auleste demande la vie. Messape le perce de dessus son cheval en s'écriant : ,, Il a reçu le coup : ,, cette victime vaut mieux que toutes celles qu'on ,, a offertes aux Dieux sur ces Autels ". Les Latins accourent aussi-tôt, & le dépouillent de ses armes.

Ebuse étant venu attaquer le Prêtre Corynée, celui-ci prend un tison ardent de dessus les autels & le lui porte au visage. Le feu ayant pris à la barbe d'Ebuse, Corynée profite de son trouble, le presse, le saisit aux cheveux, le renverse par terre, & le perce de son épée. Podalire voyant le berger Alsus, qui, armé d'une hache combattoit à la tête des rangs, vient à lui l'épée à la main. Mais Alsus lui assene sur la tête un coup si violent, qu'il la lui fend jusqu'au menton. Un triste repos s'empare de Podalire ; ses yeux se ferment, & un sommeil de fer le couvre de ténebres éternelles.

Cependant Enée, la tête nue & sans armes, rappelloit du geste & de la voix ses troupes acharnées au combat : ,, Où courez-vous, ,, crioit-il ? Quel sujet vient d'allumer cette ,, nouvelle discorde ? Calmez vos fureurs : la ,, paix est conclue, & les conditions réglées. ,, Ce n'est qu'à moi qu'il est permis de com- ,, battre. Laissez-moi terminer la guerre, & ,, cessez de craindre. Mon bras est prêt à exé-

Firma manu : Turnum jam debent hæc mihi sacra.
Has inter voces, media inter talia verba,
Ecce, viro stridens alis allapsa sagitta est :
Incertum, quâ pulsa manu, quo turbine adacta ;
Quis tantam Rutulis laudem, casusne, Deusne
Attulerit : pressa est insignis gloria facti,
Nec sese Æneæ jactavit vulnere quisquam.

Turnus ut Æneam cedentem ex agmine vidit,
Turbatosque duces, subitâ spe fervidus ardet :
Poscit equos, atque arma simul saltuque superbus
Emicat in currum, & manibus molitur habenas.
Multa virûm volitans dat fortia corpora leto ;
Semineces volvit multos, aut agmina curru
Proterit, aut raptas fugientibus ingerit hastas.
Qualis apud gelidi cùm flumina concitus Hebri
Sanguineus Mavors clypeo increpat, atque furentes
Bella movens immittit equos : illi æquore aperto
Ante Notos Zephyrumque volant : gemit ultima
    pulsu
Thraca pedum : circumque atræ Formidinis ora,
Iræque, Insidiæque, Dei comitatus, aguntur.
Talis equos alacer media inter prælia Turnus
Fumantes sudore quatit, miserabile cæsis
Hostibus insultans : spargit rapida ungula rores
Sanguineos, mistâque cruor calcatur arenâ.

Jamque neci Sthenelumque dedit, Thamyrim-
    que, Pholumque :
Hunc congressus, & hunc, illum eminus : eminus
    ambos
Imbrasidas, Glaucum atque Laden, quos Imbra-
    sus ipse

» cuter le Traité, & ces Autels sont garants
» de la parole de Turnus ". Tandis qu'il parle, une fleche rapide & bruyante traversant les airs, atteint le Héros, sans qu'on ait jamais pu savoir quelle main l'avoit lancée. On ignore si ce fut un effet du hazard, ou si le trait fut conduit par quelque Dieu ennemi. L'auteur de ce coup glorieux est inconnu : personne ne s'en attribua l'honneur.

Turnus voyant ce Prince qu'on emportoit du champ de bataille, & la consternation des chefs de l'armée Troyenne, reprit tout à coup sa présomptueuse audace. Il demande ses armes & ses chevaux, monte d'un air triomphant sur son char, & tenant lui-même les rênes de ses coursiers, il vole à travers les rangs ennemis, renversant tout ce qui s'oppose à sa fureur, foulant les uns sous les pieds de ses chevaux, écrasant les autres sous les roues de son char, & perçant de ses dards tous ceux que la terreur fait fuir. Ainsi sur les bords de l'Hebre, le redoutable Mars couvert de sang frappe sur son bouclier, excite les peuples à la guerre, anime ses coursiers fougueux, & fait voler son rapide char. Toute la Thrace retentit sous leurs pieds, plus légers, plus prompts que les vents. La pâle Frayeur, l'ardente Colere, le dangereux Stratagême suivent son char, & forment son escorte. Turnus pousse avec une ardeur pareille ses coursiers fumants, & baignés de sueur. Il insulte sans pitié ceux que son bras a massacrés, & ses chevaux impétueux foulent la terre inondée du sang ennemi, qu'ils font rejaillir de toutes parts.

Sthénélus, Tamyris, Pholus, furent les principales victimes de sa fureur. Ces deux derniers perdent la vie en combattant de près; l'autre est atteint de loin. Glaucus, & Ladès,

Nutrierat Lyciâ, paribufque ornaverat armis,
Vel conferre manum, vel equo prævertere ventos.
Parte aliâ, media Eumedes in prælia fertur,
Antiqui proles bello præclara Dolonis,
Nomine avum referens, animo manibufque paren-
    tem :
Qui quondam, caftra ut Danaûm fpeculator adiret,
Aufus Pelidæ prætium fibi pofcere currus.
Illum Tydides alio pro talibus aufis
Affecit pretio : nec equis afpirat Achillis.
Hunc procul ut campo Turnus confpexit aperto,
Ante levi jaculo longum per inane fecutus,
Siftit equos bijuges, & curru defilit, atque
Semianimi lapfoque fupervenit, & pede collo
Impreffo, dextræ mucronem extorquet, & alto
Fulgentem tingit jugulo; atque hæc infuper addit:
En agros, & quam bello, Trojane, petifti,
Hefperiam metire jacens : hæc præmia, qui me
Ferro aufi tentare, ferunt : fic mœnia condunt.
Huic comitem Asbuten conjectâ cufpide mittit :
Chloreaque, Sybarimque, Daretaque, Therfilo-
    chumque,
Et fternacis equi lapfum cervice Thymœten.
Ac velut Edoni Boreæ cùm fpiritus alto
Infonat Ægæo, fequiturque ad littora fluctus;
Quà venti incubuere, fugam dant nubila cœlo.
Sic Turno, quàcumque viam fecat, agmina cedunt,

fils d'Imbrafus de Lycie, tombent pareillement fous fes coups. Leur pere les avoit inftruits luimême dans l'art de la guerre; il leur avoit donné des armes pareilles, & leur avoit appris, foit à combattre de près, foit à faire voler un cheval dans la plaine. D'un autre côté Eumede, illuftre fils du fameux Dolon, tâchoit de fe fignaler. Il portoit le nom de fon aïeul, & avoit la courageufe habileté de fon pere, qui s'offrit autrefois à fervir d'efpion aux Troyens dans le camp des Grecs, & qui ofa demander pour récompenfe le char d'Achille. Mais fon audace reçut un autre prix de la main de Diomede, qui lui fit perdre pour jamais le defir de pofféder les chevaux du fils de Pélée. Turnus ayant apperçu Eumede hors des rangs, lui lance de loin un javelot. Eumede tombe bleffé : Turnus court fur lui, l'atteint, arrête fon char, faute à terre, & lui mettant un pied fur la gorge, lui arrache fon épée, & la lui plonge dans le fein : » Troyen, dit-il, » voici les vaftes campagnes d'Hefpérie, que » les armes à la main tu prétendois conqué- » rir. Que ton corps étendu mefure aujour- » d'hui cette terre. Turnus traite ainfi ceux » qui ofent combattre contre lui. C'eft de » cette façon qu'ils s'établiffent en ces lieux. « D'un coup de dard, il unit le deftin d'Asbutès à celui d'Eumede. Chloré, Sybaris, Darès, Therfiloque ont le même fort. Turnus les perce de fa javeline, ainfi que Thymete que fon cheval en tombant venoit de renverfer. Tel Borée s'échappant de la Thrace déploie fes bruyantes fureurs fur la mer Egée : par-tout où il fouffle, les flots font pouffés avec violence vers les rivages, & tous les nuages prennent la fuite. Tout fuit auffi devant le bouillant & impétueux Turnus, dont

Converſæque ruunt acies : fert impetus ipſum,
Et criſtam adverſo curru quatit aura volantem.
  Non tulit inſtantem Phegeus, animiſque frementem :
Objecit ſeſe ad currum, & ſpumantia frenis
Ora citatorum dextrâ detorſit equorum.
Dum trahitur, pendetque jugis, hunc lata retectum
Lancea conſequitur, rumpitque infixa bilicem
Loricam, & ſummum deguſtat vulnere corpus.
Ille tamen clypeo objecto converſus in hoſtem
Ibat, & auxilium ducto mucrone petebat :
Cùm rota præcipitem, & procurſu concitus axis
Impulit, effuditque ſolo : Turnuſque ſecutus,
Imam inter galeam, ſummi thoracis & oras
Abſtulit enſe caput, truncumque reliquit arenæ.
  Atque ea dùm campis victor dat funera Turnus,
Intereà Ænean Mneſtheus, & fidus Achates,
Aſcaniuſque comes caſtris ſtatuere cruentum,
Alternos longâ nitentem cuſpide greſſus.
Sævit, & infractâ luctatur arundine telum
Eripere, auxilioque viam, quæ proxima, poſcit :
Enſe ſecent lato vulnus, telique latebram
Reſcindant penitus, ſeſeque in bella remittant.
Jamque aderat Phœbo ante alios dilectus Iapis
Iaſides, acri quondam cui captus amore
Ipſe ſuas artes, ſua munera lætus Apollo,
Augurium, citharamque dabat, celereſque ſagittas.
Ille, ut depoſiti proferret fata parentis,

le vent secouent les aigrettes flottantes : les bataillons s'ouvrent, tout cede, tout plie à son aspect.

Cependant l'audacieux Phégée ose s'opposer au char de Turnus, saisir les rênes de ses coursiers écumants, & les détourner de leur route. Pendant qu'ils l'entraînent dans leur course rapide, Turnus lui porte un coup de lance dans sa cuirasse à double maille. Phégée, blessé légérement, se couvre de son bouclier, présente la pointe de son épée, & appelle à son secours. Mais bientôt l'impétuosité du char le renverse. Alors Turnus lui décharge un coup de son cimeterre, entre le haut de sa cuirasse & le bas de son casque, lui enleve la tête, & laisse le reste de son corps étendu sur la poussiere.

Tandis que le bras vainqueur de ce Guerrier semoit ainsi le carnage dans les champs de Laurente, Enée couvert de son sang & s'appuyant sur sa javeline, marchoit à pas lents vers sa tente, soutenu par Mnesthée, & par Achate, & accompagné de son fils Ascagne. Frémissant de se voir blessé, il brise le trait, & tâche d'arracher lui-même le fer enfoncé dans sa plaie. Il demande le secours le plus prompt, & veut qu'on élargisse sa blessure avec la pointe d'une épée ; qu'on tire le fer, & qu'on le mette au plutôt en état de combattre. Iapis, fils d'Iasus, arrive. Iapis qui fut l'objet des amours d'Apollon dans sa premiere jeunesse, & à qui ce Dieu offrit tous ses dons, son arc, ses fleches, sa lyre & sa science augurale. Mais dans le desir de prolonger les jours de son pere infirme, Iapis aima mieux qu'Apollon lui dévoilât les vertus salutaires des plantes, & qu'il lui apprît à guérir les hommes : Art qu'il préféra à des arts plus bril-

Scire potestates herbarum, usumque medendi
Maluit, & mutas agitare inglorius artes.
Stabat acerba fremens, ingentem nixus in hastam
Æneas, magno juvenum & mœrentis Iüli
Concursu, lacrymis immobilis. Ille retorto
Pæonium in morem senior succinctus amictu,
Multa manu medicâ, Phœbique potentibus herbis
Nequicquam trepidat : nequicquam spicula dextrâ
Sollicitat, prensatque tenaci forcipe ferrum.
Nulla viam fortuna regit, nihil auctor Apollo
Subvenit : & sævus campis magis ac magis horror
Crebrescit, propiusque malum est. Jam pulvere
 coelum
Stare vident : subeunt equites, & spicula castris
Densa cadunt mediis : it tristis ad æthera clamor
Bellantum juvenum, & duro sub Marte cadentum.
 Hîc Venus indigno nati concussa dolore,
Dictamnum genitrix Cretæâ carpit ab Idâ,
Puberibus caulem foliis & flore comantem
Purpureo : non illa feris incognita capris
Gramina, cùm tergo volucres hæsere sagittæ.
Hoc Venus, obscuro faciem circumdata nimbo,
Detulit : hoc fusum labris splendentibus amnem
Inficit, occultè medicans, spargitque salubris
Ambrosiæ succos, & odoriferam Panaceam.
Fovit eâ vulnus lymphâ longævus Iapis
Ignorans : subitòque omnis de corpore fugit
Quippe dolor ; omnis stetit imo vulnere sanguis.
Jamque secuta manum, nullo cogente, sagitta

Iants. Iapis trouve Enée souffrant les plus vives douleurs, tranquillement appuyé sur sa javeline, au milieu de ses amis gémissants, & à côté de lui son fils Ascagne fondant en larmes. Le vieillard, suivant l'usage des Médecins, ayant retroussé sa robe, essaie en vain de tirer le fer de la plaie, soit avec les doigts, soit avec la pince. Il applique aussi inutilement sur la blessure des simples, dont il connoît la vertu & l'usage. Le succès ne couronne point ses travaux, & la science d'Apollon son maître n'est d'aucun secours. Cependant l'horreur du carnage augmente sur le champ de bataille, & le péril devient plus pressant pour les Troyens. Déja les tourbillons de poussiere obscurcissent l'air, & annoncent leur fuite. La cavalerie Latine paroît près des retranchements, & les traits ennemis tombent au milieu du camp Troyen, d'où l'on entend les cris des combattants, & les voix plaintives des tristes victimes de Mars.

Alors Vénus, touchée des souffrances de son fils, descend du Ciel, enveloppée d'un nuage, & lui apporte du Dictamne, qu'elle a cueilli elle-même sur le mont Ida en Crete. Les feuilles de cette plante couvertes de duvet, ont une tige ornée de quantité de fleurs violettes. Sa vertu salutaire est connue des chevreuils de l'Isle, qui y ont recours lorsque les rapides fleches des chasseurs les ont atteints. Vénus en jetta secrétement dans le vase rempli d'eau, où Iapis avoit infusé les autres simples : elle y mêle un élixir d'Ambrosie, avec de l'odoriférente Panacée. Le Médecin lave la plaie avec l'eau qu'il a préparée, ignorant la vertu ajoutée par Vénus. Aussi-tôt les douleurs cessent, le sang s'arrête; le trait, sans aucun effort, suit la main qui le tire, & en un moment Enée

Excidit, atque novæ rediere in priſtina vires.
Arma citi properate viro : quid ſtatis ? Iapis
Conclamat, primuſque animos accendit in hoſtem.
Non hæc humanis opibus, non arte magiſtrâ
Proveniunt : neque te, Ænea, mea dextera ſervat :
Major agit Deus, atque opera ad majora remittit.
 Ille avidus pugnæ ſuras incluſerat auro
Hinc atque hinc : oditque moras, haſtamque co-
 ruſcat.
Poſtquam habilis lateri clypeus, loricaque tergo eſt,
Aſcanium fuſis circum complectitur armis,
Summaque per galeam delibans oſcula fatur :
Diſce, puer, virtutem ex me, verumque laborem,
Fortunam ex aliis. Nunc te mea dextera bello
Defenſum dabit, & magna inter præmia ducet.
Tu facito, mox cùm matura adoleverit ætas,
Sis memor, & te animo repetentem exempla tuo-
 rum
Et pater Æneas, & avunculus excitet Hector.
 Hæc ubi dicta dedit, portis ſeſe extulit ingens,
Telum immane manu quatiens : ſimul agmine denſo
Antheuſque, Mneſtheuſque ruunt ; omniſque re-
 lictis
Turba fluit caſtris : tum cæco pulvere campus
Miſcetur pulſuque pedum tremit excita tellus.
Vidit ab adverſo venientes aggere Turnus,
Videre Auſonii, geliduſque per ima cucurrit
Oſſa tremor. Prima ante omnes Juturna Latinos

Livre XII.

recouvre toutes ses forces. » Troyens, apportez
» à votre Prince ses armes : que tardez-vous,
» (s'écrie Iapis, qui est le premier à exciter
» le courage du Héros?) Sa guérison n'est ni
» l'effet de mon Art, ni l'ouvrage d'un Mor-
» tel. Non, Enée, ce n'est point ma main qui
» vous sauve ; c'est un secours plus puissant ; c'est
» un Dieu, qui conserve vos jours pour de plus
» grands exploits «.

Déja Enée, impatient de combattre, avoit
repris ses cuissarts d'or, sa cuirasse, son casque,
son bouclier, & sa redoutable javeline. Alors
il embrasse Ascagne, tout armé qu'il est, & à
travers son casque il lui donne les plus tendres
baisers. » Mon fils, lui dit-il, d'autres vous
» apprendront à jouir des faveurs de la For-
» tune : apprenez de moi à soutenir courageu-
» sement ses revers, & à braver les dangers.
» C'est vous que mon bras va défendre : c'est
» vous qui recueillerez le fruit de mes tra-
» vaux. Souvenez-vous, mon fils, lorsque
» vous serez plus âgé, de ce que je fais au-
» jourd'hui pour vous : rappellez-vous sans
» cesse les exploits de vos aïeux. Que les
» exemples d'Enée votre pere, & d'Hector vo-
» tre oncle, soient pour vous un encourage-
» ment dans le chemin de la vertu & de la
» gloire «.

A ces mots il sort de son camp & marche
d'un air de Héros, la main armée de son énorme javeline. Anthée, Mnesthée, & tous ceux
qui étoient avec lui dans le camp l'accompa-
gnent. Leur marche éleve un nuage de poussiere, & la terre émue retentit sous leurs pas.
Turnus, posté sur une hauteur, vit arriver le
Prince Troyen. Tous les Ausoniens le virent
aussi, & en frémirent d'effroi. Juturne fut la
premiere qui entendit de loin sa marche bruyante

Audiit, agnovitque sonum, & tremefacta refugit.
Ille volat, campoque atrum rapit agmen aperto.
Qualis ubi ad terras abrupto sidere nimbus
It mare per medium: miseris heu ! præscia longè
Horrescunt corda agricolis : dabit ille ruinas
Arboribus, stragemque satis ; ruet omnia latè :
Ante volant, sonitumque ferunt ad littora venti.
Talis in adversos ductor Rhœteïus hostes
Agmen agit : densi cuneis se quisque coactis
Agglomerant. Ferit ense gravem Thymbræus Osi-
    rim,
Archetium Mnestheus, Epulonem obtruncat
    Achates,
Usentemque Gyas. Cadit ipse Tolumnius augur,
Primus in adversos telum qui torserat hostes.
Tollitur in cœlum clamor ; versique vicissim
Pulverulenta fugâ Rutuli dant terga per agros.
Ipse neque aversos dignatur sternere morti ;
Nec pede congressos æquo, nec tela ferentes
Insequitur : solum densâ in caligine Turnum
Vestigat lustrans , solum in certamina poscit.
   Hoc concussa metu mentem Juturna virago
Aurigam Turni media inter lora Metiscum
Excutit, & longè lapsum temone relinquit :
Ipsa subit, manibusque undantes flectit habenas,
Cuncta gerens, vocemque & corpus & arma Me-
    tisci.
Nigra velut magnas domini cùm divitis ædes
Pervolat, & pennis alta atria lustrat hirundo,
Pabula parva legens, nidisque loquacibus escas :
Et nunc porticibus vacuis, nunc humida circum
Stagna sonat : similis medios Juturna per hostes

& le reconnut. Epouvantée de son aspect, elle prend aussi-tôt la fuite. Il vole au champ de bataille, suivi d'une nombreuse troupe de Guerriers. Tel un nuage, enfanté par une orageuse Constellation, traverse les mers, & fait pâlir les infortunés Laboureurs, qui prévoient, hélas! les ravages qu'il doit causer. Il déracinera les arbres, ruinera les fruits & les moissons, & désolera toute la campagne. Les vents marchent devant lui, & font retentir les rivages de leurs sifflements. Tel Enée s'avance contre l'ennemi, à la tête de son bataillon. Sa troupe se serre, se forme en colonne, & charge l'épée à la main. Tymbrée tue Osiris, Mnesthée abat à ses pieds Archétius; Achate perce Epulon d'un coup mortel, & Ufens périt de la main de Gyas. L'Augure Tolumnius, qui le premier lança une fleche contre les Troyens, reçoit lui-même la mort. Il s'éleve alors un grand cri. Les Rutules fuyant à leur tour, font de toutes parts voler la poussiere. Enée ne daigne ni attaquer de près ceux qui s'offrent à sa rencontre, ni combattre de loin avec le dard, ni poursuivre ceux que la crainte fait fuir. A travers les poudreux nuages ses yeux ne cherchent que Turnus; c'est contre le seul Turnus qu'il veut combattre.

 La généreuse Juturne, alarmée du péril de son frere, court à son char, renverse sous le timon & au milieu des harnois Métisque son conducteur, prend sa figure, sa voix, ses armes, & saisit les rênes flottantes des coursiers. Semblable à l'hirondelle, qui cherchant un peu de nourriture pour ses petits qui l'appellent dans leur nid, vole tantôt le long des salles d'un superbe Palais, ou sous ses vastes portiques, tantôt sur les bords d'un étang: Telle Juturne conduit son frere au milieu des bataillons enne-

Fertur equis, rapidoque volans obit omnia curru :
Jamque hîc germanum, jamque hîc oftentat ovan-
    tem :
Nec conferre manum patitur : volat avia longè.
Haud minus Æneas tortos legit obvius orbes,
Veftigatque virum, & disjecta per agmina magnâ
Voce vocat. Quoties oculos conjecit in hoftem,
Alipedumque fugam curfu tentavit equorum,
Averfos toties currus Juturna retorfit.
Heu, quid agat ? vario nequicquam fluctuat æftu :
Diverfæque vocant animum in contrariâ curæ.
Huic Meffapus, uti lævâ duo fortè gerebat
Lenta, levis curfu, præfixa haftilia ferro,
Horum unum certo contorquens dirigit ictu.
Subftitit Æneas, & fe collegit in arma,
Poplite fubfidens : apicem tamen incita fummum
Hafta tulit, fummafque excuffit vertice criftas.
Tum verò affurgunt iræ, infidiifque fubactus,
Diverfos ubi fenfit equos currumque referri,
Multa Jovem, & læfi teftatus fœderis aras,
Jam tandem invadit medios, & Marte fecundo
Terribilis, fævam nullo difcrimine cædem
Sufcitat, irarumque omnes effundit habenas.
   Quis mihi nunc tot acerba Deus, quis carmine
       cædes
Diverfas, obitumque ducum, quos æquore toto
Inque vicem nunc Turnus agit, nunc Troïus he-
    ros,
Expediat ? Tanton' placuit concurrere motu,
Jupiter, æternâ gentes in pace futuras ?
Æneas Rutulum Sucronem (ea prima ruentes
Pugna loco ftatuit Teucros) haud multa moratus

mis, & le fait voler de tous côtés, le montrant aux deux armées comme dans un espece de char de triomphe. Elle ne lui permet point de combattre, & l'éloigne sans cesse de la rencontre d'Enée. Ce Prince, de son côté, observe tous les détours de son rival. Au milieu de ses bataillons rompus, il le suit des yeux, & l'appelle à haute voix. Mais toutes les fois que Turnus s'offre aux regards d'Enée, ou que celui-ci par la vîtesse de sa course est près d'atteindre le char, la Nymphe le détourne aussi-tôt. Que fera le Prince Troyen? Son esprit incertain délibere vainement, combattu sans cesse par des pensées contraires. Cependant le rapide Messape court sur lui, & d'un bras vigoureux & adroit lui lance un des deux javelots dont il est armé. Enée s'arrête pour parer le coup, plie un genouil, & se couvre tout le corps de son bouclier. Le javelot frappe le cimier de son casque, & renverse son panache. Ce Prince voyant qu'on l'attaque lâchement lui-même, & que le char de Turnus est toujours entraîné loin de lui, frémit de colere, & prend Jupiter à témoin de la foi violée. D'un bras vainqueur & terrible, il frappe sans distinction tout ce qui s'offre à lui, & n'écoute plus que son courroux.

Quel Dieu donnera assez de force à ma voix, pour chanter tous les sanglants exploits d'Enée & de Turnus, pour peindre leurs divers combats, & la mort de tant d'illustres Guerriers, que la valeur des deux Chefs immola tour à tour dans cette journée? O Jupiter, comment permis-tu que des Nations destinées à vivre un jour paisiblement sous les mêmes loix, combattissent avec tant de fureur l'une contre l'autre? Enée attaque d'abord un Chef des Rutules, nommé Sucron, lui enfonce son épée entre les côtes, & lui fait une des blessures les

Excipit in latus, &, quà fata celerrima, crudum
Transadigit costas, & crates pectoris ensem.
Turnus equo dejectum Amycum, fratremque
  Diorem,
Congressus pedes, hunc venientem cuspide longâ,
Hunc mucrone ferit; curruque abscissa duorum
Suspendit capita, & rorantia sanguine portat.
Ille Talon Tanaïmque neci, fortemque Cethegum,
Tres uno congressu, & mœstum mittit Onyten,
Nomen Echionium, matrisque genus Peridiæ :
Hic fratres Lyciâ missos & Apollinis agris,
Et juvenem exosum nequicquam bella Menœten
Arcada ; piscosæ cui circum flumina Lernæ
Ars fuerat, pauperque domus, nec nota potentum
Munera ; conductâque pater tellure ferebat.
Ac velut immissi diversis partibus ignes
Arentem in sylvam, & virgulta sonantia lauro :
Aut ubi decursu rapido de montibus altis
Dant sonitum spumosi amnes, & in æquora cur-
  runt,
Quisque suum populatus iter : non segniùs ambo
Æneas Turnusque ruunt per prælia : nunc, nunc
Fluctuat ira intùs : rumpuntur nescia vinci
Pectora : nunc totis in vulnera viribus itur.
  Murrhanum hic, atavos & avorum antiqua so-
    nantem
Nomina, per regesque actum genus omne Latinos,
Præcipitem scopulo, atque ingentis turbine saxi
Excutit, effunditque solo. Hunc lora & juga subter
Provolvere rotæ : crebro super ungula pulsu

plus mortelles. A la vue de ce combat, tous les Troyens se rallient & serrent leurs rangs. D'un autre côté, Turnus voyant Amycus marcher à lui, descend de son char, l'atteint de sa longue javeline, & le renverse de dessus son cheval. Il perce en même temps de son épée Diorès, frere d'Amycus. Il coupe ensuite leurs têtes & les attache à son char avec leurs aigrettes ensanglantées. Enée combat & immole à la fois Talos, Tanaïs, Céthégus, & le malheureux Onythe né à Thebes, fils de Péridie. Turnus massacre aussi deux freres Lyciens, nés dans les campagnes consacrées à Apollon, & le jeune Ménete, qui sans aucun goût pour la guerre, portoit malgré lui les armes dans celle-ci. Cet Arcadien, dont la famille étoit pauvre, ne s'étoit jusqu'alors exercé qu'à la pêche sur les bords du lac de Lerne : né d'un laboureur qui ensemençoit les terres qu'il affermoit, il ignoroit tout ce qui occupe les grands. Semblables à des feux allumés aux deux extrêmités d'une forêt qu'ils dévorent, ou à deux torrents impétueux qui se précipitent du haut des montagnes, & roulent jusqu'à la mer leurs ondes écumantes, à travers les campagnes ravagées par leur bruyant passage : Tels Enée & Turnus renversent tout ce qui s'offre à leurs coups. Mille Guerriers jusqu'alors invincibles succombent sous la fureur de leur bras meurtrier.

Murrhanus, qui se disoit issu des Rois du Latium, & vantoit sans cesse leurs illustres noms & sa haute naissance, est attaqué par Enée, qui lui lance une pierre énorme, & le renverse. Tombé sous le timon & les roues de son char, & embarrassé dans les rênes de ses coursiers, ils entraînent & foulent aux pieds leur maître qu'ils méconnoissent. Hillus a l'au-

Incita, nec domini memorum proculcat equorum.
Ille ruenti Hillo animifque immane frementi
Occurrit, telumque aurata ad tempora torquet :
Olli per galeam fixo ftetit hafta cerebro.
Dextera nec tua te, Grajûm fortiffime Creteu,
Eripuit Turno : nec Dii texere Cupencum,
Ænea veniente, fui : dedit obvia ferro
Pectora, nec mifero clypei mora profuit ærei.
Te quoque Laurentes viderunt, Æolæ, campi
Oppetere, & latè terram confternere tergo.
Occidis, Argivæ quem non potuere phalanges
Sternere, nec Priami regnorum everfor Achilles.
Hîc tibi mortis erant metæ : domus alta fub Idâ,
Lyrneffi domus alta : folo Laurente fepulchrum.

 Totæ adeò converfæ acies, omnefque Latini,
Omnes Dardanidæ : Mneftheus, acerque Sereftus,
Et Meffapus equûm domitor, & fortis Afylas,
Tufcorumque phalanx, Evandrique Arcadis alæ :
Pro fe quifque viri fummâ nituntur opum vi,
Nec mora, nec requies : vafto certamine tendunt.

 Hic mentem Æneæ genitrix pulcherrima mifit,
Iret ut ad muros, urbique adverteret agmen
Ociùs, & fubitâ turbaret clade Latinos.
Ille, ut veftigans diverfa per agmina Turnum,
Huc atque huc acies circumtulit ; afpicit urbem

Livre XII. 493

dace d'attaquer Turnus, & de courir fur lui d'un air furieux : ce Prince lui lance un javelot qui brife fon cafque doré, & lui perce les deux tempes. Brave Cretée, le plus courageux des Grecs, ton bras ne peut te garantir de celui de ce Guerrier. Le malheureux Cupence eft auffi immolé par Enée : ni fon bouclier d'airain, ni fes Dieux ne peuvent le fauver. Et toi, Eole, toi que ni Achille, deftructeur de l'empire de Priam, ni tous les bataillons de la Grece ne purent faire périr fous les murs de Troie, les champs Laurentins te voient mourir de la main de Turnus. C'eft là que le Deftin avoit marqué le terme fatal de ta vie. Tu avois un palais fuperbe dans la ville de Lyrneffe, au pied du mont Ida : il ne te refte plus qu'un tombeau dans le territoire de Laurente.

Les deux armées, témoins jufqu'alors des combats de leurs Chefs, s'avancent l'une contre l'autre, fe choquent & fe mêlent. Mnefthée, l'ardent Sérefte, & le brave Afylas, commandent l'infanterie Etrufque & la cavalerie Arcadienne : Meffape, cet habile cavalier, eft à la tête des Troupes Latines. Une vive ardeur éclate de part & d'autre ; chacun fait fes efforts pour remporter la victoire : le combat eft opiniâtre & général.

Cependant la belle Vénus infpire à fon fils l'audacieux projet d'aller attaquer les murs de Laurente, & d'épouvanter les Latins par un affaut imprévu. Enée tournant fa vue de tous côtés, pour découvrir Turnus au milieu de tant de combattants, jette les yeux fur les remparts de la Ville : il la voit à l'abri des périls d'une fi cruelle guerre, & impunément tranquille. L'idée d'une entreprife plus importante s'offre alors à fon efprit & le remplit

Immunem tanti belli, atque impunè quietam.
Continuò pugnæ accendit majoris imago.
Mnefthea, Sergeftumque vocat, fortemque Sereftum
Ductores; tumulumque capit, quò cætera Teucrûm
Concurrit legio : nec fcuta aut fpicula denfi
Deponunt. Celfo medius ftans aggere fatur:
Nequa meis efto dictis mora : Jupiter hâc ftat :
Neu quis ob inceptum fubitum mihi fegnior ito.
Urbem hodiè, caufam belli, regna ipfa Latini,
Ni frenum accipere, & victi parere fatentur,
Eruam, & æqua folo fumantia culmina ponam.
Scilicet expectem, libeat dum prælia Turno
Noftra pati, rurfufque velit concurrere victus?
Hoc caput, ô cives, hæc belli fumma nefandi.
Ferte faces properè, fœdufque repofcite flammis.
  Dixerat : atque animis pariter certantibus omnes
Dant cuneum, densâque ad muros mole feruntur.
Scalæ improvifo, fubitufque apparuit ignis.
Difcurrunt alii ad portas, primofque trucidant:
Ferrum alii torquent, & obumbrant æthera telis.
Ipfe inter primos dextram fub mœnia tendit
Æneas, magnâque incufat voce Latinum ;
Teftaturque Deos, iterum fe ad prælia cogi ;
Bis jam Italos hoftes, hæc altera fœdera rumpi.
Exoritur trepidos inter difcordia cives:
Urbem alii referare jubent, & pandere portas
Dardanidis : ipfumque trahunt in mœnia regem ;

d'une nouvelle ardeur. Il appelle Mnesthée, Sergeste, & le brave Séreste, principaux Chefs de son armée, & étant monté sur une hauteur, au milieu d'une foule de soldats, qui, sans quitter leurs armes, s'étoient rassemblés autour de lui, il leur parle en ces termes :

» Guerriers, que le dessein subit que je for-
» me en ce moment, ne vous effraie point.
» Obéissez : Jupiter est pour nous. Si les La-
» tins persistent dans le refus de se soumettre
» à mes loix, je suis résolu de ruiner l'Empire
» du Roi Latinus, objet de la guerre, de ren-
» verser les murs de Laurente, de livrer cette
» Ville aux flammes, & de la raser jusqu'aux
» fondements. Dois-je attendre plus long-temps
» que Turnus, vaincu & denué de tout es-
» poir, prenne enfin le parti de combattre
» seul contre moi ? Il s'agit, mes compagnons,
» de finir aujourd'hui une guerre criminelle.
» Venez (c'est un coup décisif) venez, les
» feux à la main venger, l'infraction d'un Traité
» solemnel «.

Il dit, & soudain tous ceux qui l'écoutent, s'animant l'un l'autre marchent en colonnes vers la ville, & sont bientôt aux pieds des murs, où ils n'étoient pas attendus. On plante aussi-tôt les échelles, & déja on lance les feux. Les uns courent aux portes, & égorgent les sentinelles, les autres jettent des dards & déchargent une nuée de traits. Enée lui-même s'avance sous les murs, & levant la main, reproche hautement au Roi Latinus son infidélité. Il prend les Dieux à témoins, qu'il combat malgré lui, & que c'est pour la seconde fois qu'on l'attaque & qu'on lui manque de parole. L'alarme & la discorde se répandent parmi les Citoyens. Les uns demandent que les portes soient ouvertes aux Troyens, & veulent que

Arma ferunt alii, & pergunt defendere muros.
Inclusas ut cùm latebroso in pumice pastor
Vestigavit apes, fumoque implevit amaro:
Illæ intus trepidæ rerum per cerea castra
Discurrunt, magnisque acuunt stridoribus iras.
Volvitur ater odor tectis: tùm murmure cæco
Intus saxa sonant: vacuas it fumus ad auras.
　　Accidit hæc fessis etiam fortuna Latinis,
Quæ totam luctu concussit funditùs urbem.
Regina ut tectis venientem prospicit hostem,
Incessi muros, ignes ad tecta volare;
Nusquam acies contrà Rutulas, nulla agmina Turni;
Infelix pugnæ juvenem in certamine credit
Extinctum, & subito mentem turbata dolore,
Se causam clamat, crimenque caputque malorum:
Multaque per mœstum demens effata furorem,
Purpureos moritura manu discindit amictus;
Et nodum informis leti trabe nectit ab altâ.
Quam cladem miseræ postquam accepere Latinæ,
Filia prima manu flavos Lavinia crines,
Et roseas laniata genas: tùm cætera circum
Turba furit: resonant latè plangoribus ædes.
Hinc totam infelix vulgatur fama per urbem.
Demittunt mentes: it scissâ veste Latinus,
Conjugis attonitus fatis urbisque ruinâ,
Canitiem immundo perfusam pulvere turpans:
Multaque se incusat, qui non acceperit antè
Dardanium Æneam, generumque adsciverit ultro.

Livre XII.

le Roi se rende sur les remparts. Les autres continuent d'être sous les armes, & de défendre leurs murailles. Ainsi lorsqu'un berger a découvert un essaim d'abeilles caché dans le creux d'un rocher, & qu'il y a introduit une odieuse fumée, les mouches troublées courent çà & là dans leur camp de cire, & s'excitent au combat par leurs bourdonnements. Une horrible odeur infecte leurs cellules; le creux du rocher retentit d'un bruit sourd, & les tourbillons de fumée se répandent dans les airs.

Un triste accident achève de consterner les malheureux Laurentins, & remplit la ville de trouble & d'effroi. La Reine Amate voit du haut de son Palais l'ennemi investir la place, & assaillir les murailles; elle voit les feux voler au toit des maisons, & elle n'apperçoit ni les Rutules ni leur Prince. Malheureuse! elle croit qu'il a perdu la vie dans le combat. Elle se trouble, son esprit s'égare, & le noir chagrin s'empare de son ame : ,, C'est moi, s'écrie-t-elle, ,, c'est moi qui suis l'auteur de tous ces maux ''. Dans son désespoir, elle vomit mille folles imprécations, & déchire sa robe de pourpre. Enfin elle attache à une poutre un funeste cordeau, qui termine indignement ses jours. Les Dames de sa Cour apprennent avec douleur ce tragique événement. Lavinie la première arrache ses cheveux blonds, & défigure ses joues de roses. Les femmes qui l'environnent se livrent à la même fureur, & tout le Palais retentit de cris & de gémissements. Bientôt la triste Renommée sème cette affreuse nouvelle dans la ville, & y jette la consternation. Le Roi, accablé du sort de son Epouse & du péril de sa Capitale, déchire ses habits, & souille de poussiere ses cheveux blancs. Il se reproche de n'avoir point accepté les offres du Prince

Intereà extremo bellator in æquore Turnus
Palantes sequitur paucos, jam segnior, atque
Jam minùs atque minùs successu lætus equorum.
Attulit hunc illi cæcis terroribus aura
Commistum clamorem, arrectasque impulit aures
Confusæ sonus urbis, & illætabile murmur.
Hei mihi, quid tanto turbantur mœnia luctu ?
Quisve ruit tantus diversâ clamor ab urbe ?
Sic ait, adductisque amens subsistit habenis.
Atque huic, in faciem soror ut conversa Metisci
Aurigæ, currumque & equos & lora regebat,
Talibus occurrit dictis : Hac, Turne, sequamur
Trojugenas, quâ prima viam victoria pandit:
Sunt alii, qui tecta manu defendere possint.
Ingruit Æneas Italis, & prælia miscet :
Et nos sæva manu mittamus funera Teucris :
Nec numero inferior, pugnæ nec honore recedes.
Turnus ad hæc :
O soror, & dudùm agnovi, cùm prima per artem
Fœdera turbasti, teque hæc in bella dedisti.
Et nunc nequicquam fallis Dea. Sed quis Olympo
Demissam tantos voluit te ferre labores ?
An fratris miseri letum ut crudele videres ?
Nam quid ago ? aut quæ jam spondet Fortuna salu-
 tem ?
Vidi oculos ante ipse meos me voce vocantem
Murrhanum, quo non superat mihi carior alter,
Oppetere ingentem, atque ingenti vulnere victum.

Troyen, & de lui avoir refusé la main de sa fille.

Pendant ce temps-là, Turnus, loin de la ville, & à l'extrêmité de la plaine, poursuit foiblement quelques ennemis. Son courage & l'ardeur de ses chevaux commencent à se ralentir. Alors l'haleine des vents porte à son oreille attentive des cris tumultueux, enfantés par l'aveugle terreur. Il entend des voix confuses & un bruit funeste du côté de la ville. ″ Hélas ! s'écrie-
″ t-il, quel nouveau désastre trouble Laurente ?
″ Pourquoi ces horribles clameurs qui partent
″ de tous ses remparts ? « Surpris & interdit, il tire les rênes de ses coursiers, & arrête son char. Juturne, qui le conduisoit toujours sous la figure de Métisque, se tourne vers lui, & lui dit : ″ Poursuivons, Seigneur, les Troyens
″ par ce chemin que la victoire nous ouvre.
″ Si la ville est attaquée, elle a ses défenseurs.
″ Tandis qu'Enée attaque l'armée Latine, por-
″ tons ici la mort dans les bataillons Troyens.
″ Vous ne perdrez pas plus de soldats que lui dans
″ ce combat, & vous en sortirez avec autant de
″ gloire «.

″ Ma sœur, lui répond Turnus, je vous ai
″ reconnue, dès que vous vous êtes mêlée
″ parmi nos bataillons, & que par votre arti-
″ fice le Traité de paix a été rompu. C'est en
″ vain que vous vous déguisez à mes yeux.
″ Mais qui vous a engagée à descendre du
″ ciel, & à venir partager de si pénibles tra-
″ vaux ? Est-ce pour être témoin de la cruelle
″ mort d'un frere infortuné ? Car que puis-je
″ faire, & quel espoir me reste ? J'ai vu périr
″ à mes yeux le brave Murrhanus, le plus
″ cher de mes amis, je l'ai vu atteint d'un
″ coup mortel, expirer en m'appellant à son
″ secours. Le malheureux Ufens a cherché la

Occidit infelix, ne nostrum dedecus Ufens
Aspiceret : Teucri potiuntur corpore, & armis.
Exscindine domos (id rebus defuit unum)
Perpetiar, dextrâ nec Drancis dicta refellam ?
Terga dabo, & Turnum fugientem hæc terra videbit ?
Usque adeone mori miserum est ? Vos ô mihi Manes
Este boni, quoniam Superis aversa voluntas.
Sancta ad vos anima atque istius inscia culpæ
Descendam, magnorum haud unquam indignus avorum.
Vix ea fatus erat : medios volat ecce per hostes
Vectus equo spumante Saces, adversa sagittâ
Saucius ora, ruitque implorans nomine Turnum :
Turne, in te suprema salus : miserere tuorum.
Fulminat Æneas armis, summasque minatur
Dejecturum arces Italûm, excidioque daturum :
Jamque faces ad tecta volant. In te ora Latini,
In te oculos referunt : mussat rex ipse Latinus,
Quos generos vocet, aut quæ sese ad fœdera flectat.
Præterea Regina tui fidissima dextrâ
Occidit ipsa suâ, lucemque exterrita fugit.
Soli proportis Messapus, & acer Atinas
Sustentant aciem. Circum hos utrimque phalanges
Stant densæ, strictisque seges mucronibus horret
Ferrea. Tu currum deserto in gramine versas !

» mort, pour n'être pas spectateur de ma honte:
» son corps & ses armes sont en la puissance
» des Troyens. Souffrirai-je que nos maisons
» soient réduites en cendres ? Il ne me man-
» que plus que cet affront. Mon bras oisif au-
» torisera-t-il les reproches de Drancès ? Tur-
» nus se retirera-t-il, & cette terre le verra-
» t elle fuyant devant l'ennemi ? Mais est-ce
» donc un si grand malheur que la mort ? Dieux
» des Enfers, soyez-moi propices, puisque
» les Dieux du Ciel m'abandonnent. Mon ame
» pure descendra avec honneur dans votre
» Empire, sans être coupable de ce triste suc-
» cès, & sans avoir fait rougir mes illustres
» aïeux «.

En achevant ces mots, il apperçoit Sacès
blessé d'une fleche au visage, faisant voler son
coursier écumant à travers les rangs ennemis,
cherchant Turnus, & implorant son secours.
» Prince, lui dit Sacès, vous êtes notre seul
» espoir : soyez touché de nos malheurs. Enée
» à la tête de son armée foudroie notre Ville,
» & menace de la réduire en cendres. Déja
» les feux volent sur nos toits. Tous les Latins
» tournent les yeux vers vous, tous ne comp-
» tent que sur votre appui. Le Roi balance sur
» le choix d'un gendre, & ne paroît pas éloi-
» gné de traiter avec le Troyen. D'ailleurs,
» la Reine qui mettoit en vous toute sa con-
» fiance, effrayée des malheurs de l'Etat, vient
» de fuir la lumiere, & de périr de ses pro-
» pres mains. Messape & le brave Atinas sont
» seuls aux portes de Laurente, à la tête de quel-
» ques troupes, & s'efforcent de repousser l'en-
» nemi. Des bataillons & une forêt d'épées nues
» les environnent de toutes parts. Cependant
» vous promenez votre char dans une plaine dé-
» serte !

Obstupuit variâ confusus imagine rerum
Turnus, & obtutu tacito stetit: æstuat ingens
Imo in corde pudor, mistoque insania luctu,
Et furiis agitatus amor, & conscia virtus.
Ut primùm discussæ umbræ, & lux reddita menti,
Ardentes oculorum orbes ad mœnia torsit
Turbidus, èque rotis magnam respexit ad urbem.
Ecce autem, flammis inter tabulata volutus
Ad cœlum undabat vortex, turrimque tenebat,
Turrim, compactis trabibus quam eduxerat ipse,
Subdideratque rotas, pontesque instraverat altos.
Jam jam fata, soror, superant: absiste morari:
Quò Deus, & quò dura vocat Fortuna sequamur.
Stat conferre manum Æneæ: stat quidquid acerbi est
Morte pati: nec me indecorem, germana, videbis
Ampliùs. Hunc, oro, sine me furere ante furorem.

Dixit, & è curru saltum dedit ociùs arvis,
Perque hostes, per tela ruit, mœstamque sororem
Deserit, ac rapido cursu media agmina rumpit.
Ac veluti montis saxum, de vertice præceps
Cùm ruit avulsum vento, seu turbidus imber
Proluit, aut annis solvit sublapsa vetustas;
Fertur in abrupto magno mons improbus actu,
Exultatque solo, sylvas, armenta, virosque
Involvens secum. Disjecta per agmina Turnus
Sic urbis ruit ad muros, ubi plurima fuso
Sanguine terra madet, striduntque hastilibus auræ:
Significatque manu, & magno simul incipit ore:

Turnus frappé de ce discours & de la funeste situation des affaires, paroît consterné. Il se tait, & ses yeux sont immobiles : son ame est agitée par la honte, le dépit & la douleur. Le sentiment de son propre courage & son ardeur pour la Princesse le rendent furieux. Dès que le sombre nuage fut dissipé, & que la lumiere eut été rendue à son esprit, il tourna vers Laurente ses yeux enflammés, & se dressa sur son char pour considérer l'état de cette grande Ville. Il voit un tourbillon de flammes ondoyantes envelopper une tour de bois à plusieurs étages, ouvrage qu'il avoit fait construire lui-même & élever sur des roues, pour la défense de la place. „Ah! ma sœur, s'écrie-t-il à cet as-
„pect, tout est perdu : cessez de m'arrêter. Cou-
„rons où les Dieux & le rigoureux Destin m'ap-
„pellent. Je suis résolu de combattre seul contre
„Enée, & prêt à perdre la vie de la maniere la
„plus cruelle. Vous ne me verrez plus, ma sœur,
„flétrir ma gloire : laissez-moi, je vous prie, lais-
„sez-moi, avant de mourir, me livrer à toute ma
„fureur «.

A l'instant il saute de son char, & laissant Juturne désolée, il vole vers la Ville en dépit des ennemis dont il brave les dards. Tel qu'un funeste rocher, ou arraché par les vents, ou ébranlé par les pluies orageuses, ou miné par les années, se détache tout à coup du sommet d'une haute montagne, & se précipite avec fracas dans la plaine : il entraîne dans sa chûte les arbres, les troupeaux & les laboureurs. Tel le fougueux Turnus à travers les bataillons que renverse son bras, accourt vers les murailles de la Ville, où l'air retentit du sifflement des traits, & où la terre est toute baignée de sang. Alors il fait un signe de la main, & prononce ces mots à haute voix : „Rutules &

Parcite jam, Rutuli, & vos tela inhibete, Latini.
Quæcumque est fortuna, mea est: me veriùs unum
Pro vobis fœdus luere, & decernere ferro.
Discessere omnes medii, spatiumque dedere.
　At pater Æneas, audito nomine Turni,
Deserit & muros, & summas deserit arces,
Præcipitatque moras omnes, opera omnia rumpit,
Lætitiâ exultans, horrendumque intonat armis.
Quantus Athos, aut quantus Eryx, aut ipse co-
　　ruscis
Cùm fremit ilicibus quantus, gaudetque nivali
Vertice se attollens pater Apenninus ad auras.
Jam verò & Rutuli certatim, & Troës, & omnes
Convertere oculos Itali; quique alta tenebant
Mœnia, quique imos pulsabant ariete muros;
Armaque deposuere humeris. Stupet ipse Latinus,
Ingentes, genitos diversis partibus orbis,
Inter se coiisse viros, & cernere ferro.
　Atque illi, ut vacuo patuerunt æquore campi,
Procursu rapido, conjectis eminùs hastis,
Invadunt Martem clypeis, atque ære sonoro.
Dat gemitum tellus: tum crebros ensibus ictus
Congeminant: fors & virtus miscentur in unum.
Ac velut ingenti Silâ, summove Taburno
Cùm duo conversis inimica in prælia tauri
Frontibus incurrunt · pavidi cessere magistri,
Stat pecus omne metu mutum, mussantque juvencæ,
Quis nemori imperitet, quem tota armenta se-
　　quantur :
Illi inter sese multa vi vulnera miscent,

" Latins,

» Latins, cessez de combattre. Quelle que soit la
» fortune, elle sera la mienne. Il est juste que je
» combatte, & que pour vous sauver j'exécute le
» Traité, même aux dépens de mes jours «. A ces
mots on se retire, & on laisse un vaste espace entre les deux armées.

Enée, au seul nom de Turnus qu'on lui annonce, abandonne l'attaque de la Ville, interrompt tous les travaux, & se hâte de joindre son ennemi. La joie éclate sur son visage, & l'air retentit du bruit terrible de sa marche & de ses armes. Telle est la majesté du mont Athos, ou du mont Eryx; tel paroît l'Apennin, pere de tant de fleuves, dont la tête superbe & bruyante, chargée de neige & de forêts, s'éleve au-dessus des airs & est vue de si loin. Les Rutules & les Troyens à l'envi fixent les yeux sur les deux rivaux. Ceux qui défendent les murs & ceux qui les attaquent, posent les armes. Le Roi Latinus est lui-même étonné à la vue de deux Guerriers, nés dans des pays si éloignés l'un de l'autre, & à qui la rivalité met les armes à la main pour disputer une épouse.

Dès que les deux armées eurent ouvert un champ libre au milieu d'elles, les deux Combattants s'avancerent d'un pas intrépide, & commencerent par se lancer de loin des javelots. Bientôt ils se joignent l'épée à la main. Les boucliers retentissent des coups qu'ils se portent, & la terre gémit sous leurs pieds. La valeur & la fortune guident également leurs bras. Tels sur le mont Syla, ou sur le mont Taburne, deux taureaux jaloux combattent avec fureur l'un contre l'autre. L'épouvante fait fuir leur conducteur. Tout le troupeau est immobile & saisi de crainte. Les génisses inquietes attendent que la victoire ait décidé qui des deux rivaux sera leur chef, & régnera

Tome II. V v

Cornuaque obnixi infigunt, & sanguine largo
Colla armosque lavant: gemitu nemus omne remugit.
Haud aliter Tros Æneas, & Daunius Heros
Concurrunt clypeis: ingens fragor æthera complet.
Jupiter ipse duas æquato examine lances
Sustinet, & fata imponit diversa duorum;
Quem damnet labor, & quo vergat pondere letum.
Emicat hîc impune putans, & corpore toto
Altè sublatum consurgit Turnus in ensem,
Et ferit. Exclamant Troës, trepidique Latini,
Arrectæque amborum acies. At perfidus ensis
Frangitur, in medioque ardentem deserit ictu,
Ni fuga subsidio subeat : fugit ocyor Euro,
Ut capulum ignotum dextramque aspexit inermem.
Fama est præcipitem, cùm prima in prælia junctos
Conscendebat equos, patrio mucrone relicto,
Dum trepidat ferrum aurigæ rapuisse Metisci.
Idque diu, dùm terga dabant palantia Teucri,
Suffecit. Postquam arma Dei ad Vulcania ventum est,
Mortalis mucro, glacies ceu futilis, ictu,
Dissiluit : fulvâ resplendent fragmina arenâ.
Ergo amens diversa fugâ petit æquora Turnus :
Et nunc huc, indè huc incertos implicat orbes.
Undique enim densâ Teucri inclusere coronâ;
Atque hinc vasta palus, hinc ardua mœnia cingunt.

Livre XII.

dans la forêt. Ils se heurtent, ils se percent de leurs cornes: le sang coule le long de leurs flancs & de leurs épaules, tous les bois retentissent de leurs affreux mugissements. Telle est l'ardeur des deux Princes, tel est le choc bruyant de leurs armes. Pendant ce temps-là Jupiter met dans une balance les destinées des deux Héros, pour connoître celui qui combat vainement, & de quel côté penche la mort.

Turnus croyant saisir un instant favorable, se dresse, leve le bras, décharge un coup terrible de son épée. A cette vue les Troyens pâlissent & les Latins poussent un grand cri: les deux armées sont attentives à l'événement. Mais la perfide épée du Rutule se brise contre les armes du Troyen: elle échappe de la main de Turnus, & trahit son ardeur. La fuite est sa seule ressource. Se voyant désarmé, & ne reconnoissant pas même la poignée qui lui reste, il fuit avec plus de vîtesse que les vents.

On assure que lorsque Turnus se hâta de monter sur son char pour aller combattre les Troyens, il saisit inconsidérément, dans l'agitation où il étoit, l'épée de Métisque, au lieu de celle de Daunus son pere. Tant qu'il n'eut affaire qu'à quelques Troyens, que son seul aspect frappoit d'épouvante, cette épée lui suffit. Mais quand il fallut combattre contre les armes redoutables de Vulcain, cette foible épée, ouvrage de la main d'un Mortel, se brisa comme une glace fragile, & il n'en resta que des éclats brillants, épars sur l'arene. Turnus, désespéré de ce funeste accident, fuit de tous côtés & court sans cesse, pour se dérober aux coups de son ennemi: Mais l'armée Troyenne d'un côté forme une barriere, qu'il ne peut franchir; & de l'autre l'arene est bordée par un vaste marais & par les murs de Lau-

Nec minùs Æneas (quanquam tardata sagittâ
Interdum genua impediunt, curfumque recufant)
Infequitur, trepidique pedem pede fervidus urget,
Inclufum veluti fi quando flumine nactus
Cervum, aut puniceæ feptum formidine pennæ,
Venator curfu canis, & latratibus inftat:
Ille autem infidiis & ripâ territus altâ
Mille fugit refugitque vias: at vividus Umber
Hæret hians, jam jamque tenet, fimilifque tenenti
Increpuit malis, morfuque elufus inani eft.

Tùm verò exoritur clamor; ripæque, lacufque
Refponfant circa, & cœlum tonat omne tumultu.
Ille fimul fugiens, Rutulos fimul increpat omnes,
Nomine quemque vocans, notumque efflagitat en-
    fem.
Æneas mortem contrà, præfenfque minatur
Exitium, fi quifquam adeat; terretque trementes,
Excifurum urbem minitans; & faucius inftat.
Quinque orbes explent curfu, totidemque retexunt
Huc, illuc. Nec enim levia aut ludicra petuntur
Præmia; fed Turni de vitâ & fanguine certant.

Fortè facer Fauno foliis oleafter amaris
Hîc fteterat, nautis olim venerabile lignum:
Servati ex undis ubi figere dona folebant
Laurenti Divo, & votas fufpendere veftes.
Sed ftirpem Teucri nullo difcrimine facrum
Suftulerant, puro ut poffent concurrere campo.
Hîc hafta Æneæ ftabat huc impetus illam
Detulerat fixam, & lentâ in radice tenebat.

rente. Enée, quoiqu'affoibli par sa blessure, qui ralentit sa course, ne laisse pas de poursuivre son rival avec ardeur, & de le presser vivement. Tel un courageux Limier d'Ombrie, qui a relancé un Cerf entre une riviere d'un côté & des toiles de l'autre, poursuit en aboyant le fugitif animal, qui également effrayé du piege & de la rive escarpée, va & vient sans cesse dans l'espace où il est borné. Le chien semble près de l'atteindre ; il ouvre une gueule menaçante pour le mordre : il est frustré de sa proie qui lui échappe.

Tandis que les deux armées poussent des cris, dont retentissent le ciel & tous les rivages d'alentour, Turnus courant du côté des Rutules, prie ses amis, en les appellant par leur nom, de lui apporter son épée ordinaire. Mais Enée menace de tuer quiconque lui obéira, & de brûler la Ville, si contre les loix du combat on lui donne du secours. Malgré sa blessure, continuant toujours de poursuivre son rival, ils parcourent cinq fois l'un & l'autre l'enceinte du champ de bataille, & cinq fois ils reviennent sur leurs pas. Il ne s'agit pas d'un prix médiocre ou imaginaire, mais de la mort de l'un ou de l'autre, & de la main de Lavinie.

Il y avoit par hazard au milieu du camp un Olivier sauvage consacré au Dieu Faune, protecteur des Laurentins ; arbre de tout temps révéré des Nautonniers, qui préservés du naufrage, avoient coutume, pour accomplir leurs vœux, d'y suspendre leurs humides vêtements. Les Troyens n'avoient point distingué cet arbre sacré des autres, & pour rendre le champ plus libre, ils l'avoient abattu. Le javelot qu'Enée avoit lancé contre Turnus, étant demeuré enfoncé dans les racines de cet arbre, le

Incubuit, voluitque manu convellere ferrum
Dardanides, teloque sequi, quem prendere cursu
Non poterat. Tùm verò amens formidine Turnus,
Faune, precor, miserere, inquit : tuque optima ferrum
Terra tene ; colui vestros si semper honores,
Quos contra Æneadæ bello fecere profanos.
Dixit, opemque Dei non cassa in vota vocavit.
Namque diu luctans, lentoque in stirpe moratus,
Viribus haud ullis valuit discludere morsus
Roboris Æneas. Dum nititur acer, & instat,
Rursùs in aurigæ faciem mutata Metisci
Procurrit, fratrique ensem Dea Daunia reddit.
Quod Venus audaci Nymphæ indignata licere,
Accessit, telumque altâ ab radice revellit.
Olli sublimes armis, animisque refecti,
Hic gladio fidens, hic acer & arduus hastâ,
Adsistunt contra certamina Martis anheli.

 Junonem intereà Rex omnipotentis Olympi
Alloquitur, fulvâ pugnas de nube tuentem.
Quæ jam finis erit, conjux ? quid denique restat ?
Indigetem Æneam scis ipsa, & scire fateris,
Deberi cœlo, fatisque ad sidera tolli.
Quid struis ? aut quâ spe gelidis in nubibus hæres ?
Mortalin' decuit violari vulnere Divum ?
Aut ensem (quid enim sine te Juturna valeret ?)
Ereptum reddi Turno, & vim crescere victis ?
Desine jam tandem, precibusque inflectere nostris :

Prince Troyen se courba pour l'arracher, voulant atteindre de ce javelot l'ennemi qu'il ne pouvoit joindre. Turnus, effrayé du dessein de son rival, fit alors cette priere : » Dieu Faune, » & toi Terre, retenez ce fer ; & si j'ai tou- » jours respecté votre culte, profané par cette » guerre des Troyens, secourez-moi «. Sa priere ne fut point vaine. Enée tire le dard de toutes ses forces, & ne peut vaincre le bois dur qui le retient. Tandis qu'il fait de longs & inutiles efforts, Juturne, déguisée encore sous la figure de Métisque, sort des rangs, & remet l'épée de Daunus entre les mains de son frere. Mais Vénus, indignée de l'audace de la Nymphe, arrache elle-même le javelot des profondes racines de l'arbre sacré. Alors les deux Héros reprenant toute leur fierté, & transportés d'une nouvelle ardeur, recommencent le combat, l'un armé de sa fidelle épée, l'autre de son redoutable javelot. Le cruel exercice de Mars les met tous deux hors d'haleine.

Cependant Junon, dans un nuage éclatant, consideroit le combat. Jupiter s'étant approché d'elle, lui parla ainsi : » Ma chere épouse, » jusqu'à quand retarderez-vous la fin de cette » guerre ? Que prétendez-vous encore en- » treprendre ? Vous savez, & vous avouez » vous-même le savoir, qu'Enée doit être » reçu parmis nous, & que les Destins l'ap- » pellent dans la céleste demeure. Que faites- » vous donc, & quel vain espoir vous arrête » dans ce froid nuage ? Convient-il qu'un » Héros destiné à être au rang des Immor- » tels, soit blessé de la main d'un mortel ? Fal- » loit-il donner de nouvelles armes à Turnus » déja vaincu ? Car que pouvoit sans vous » la Nymphe Juturne ? Cessez de former d'i-

Nec te tantus edat tacitam dolor : & mihi curæ
Sæpè tuo dulci tristes ex ore recursent.
Ventum ad supremum est. Terris agitare vel undis
Trojanos potuisti, infandum accendere bellum,
Deformare domum, & luctu miscere hymenæos.
Ulterius tentare veto. Sic Jupiter orsus.
Sic Dea submisso contrà Saturnia vultu.
   Ista quidem quia nota mihi tua, magne, volun-
      tas,
Jupiter, & Turnum & Terras invita reliqui.
Nec tu me aëria solam nunc sede videres
Digna, indigna pati : sed flammis cincta sub ipsam
Starem aciem, traheremque inimica in prælia
      Teucros.
Juturnam misero, fateor, succurrere fratri
Suasi, & pro vitâ majora audere probavi :
Non ut tela tamen, non ut contenderet arcum.
Adjuro Stygii caput implacabile fontis ;
Una superstitio superis quæ reddita Divis.
Et nunc cedo equidem, pugnasque exosa relinquo.
Illud te, nullâ fati quod lege tenetur,
Pro Latio obtestor, pro majestate tuorum.
Cùm jam connubiis pacem felicibus (esto)
Component, cùm jam leges & foedera jungent;
Ne vetus indigenas nomen mutare Latinos,

» nutiles projets ; c'eſt moi qui vous en con-
» jure. Ne vous laiſſez point conſumer par
» une amertume ſecrete : que plutôt votre
» aimable bouche prenne l'habitude de me
» confier vos peines. Le moment fatal eſt ar-
» rivé. Vous avez pourſuivi les Troyens ſur
» la terre & ſur la mer : vous avez allumé
» une guerre cruelle en Italie, porté le trou-
» ble & le déſeſpoir dans la maiſon royale de
» Latinus, & changé un hyménée en pleurs.
» Je vous défends de porter plus loin votre
» funeſte courroux «. Ainſi parla Jupiter. La fille
de Saturne, d'un air ſoumis, lui répondit en ces
termes :

» Grand Jupiter, inſtruite de vos ſuprê-
» mes décrets, j'ai malgré moi abandonné
» Turnus & la terre. Sans cette profonde ſou-
» miſſion à vos ordres, vous ne me verriez
» pas ſeule dans ce nuage, triſte & honteuſe
» ſpectatrice d'un odieux combat. Armée de
» feux vengeurs, j'irois me mettre à la tête
» des Latins pour accabler les Troyens. Il eſt
» vrai que j'ai engagé Juturne à ſecourir ſon
» malheureux frere, & que je lui ai dit d'o-
» ſer tout, pour ſauver ſes jours. Cependant
» je ne lui ai point conſeillé de s'armer elle-
» même, ni de lancer des traits contre les
» ennemis. J'en atteſte les ondes du Styx,
» ſeul objet de crainte pour les Dieux du Ciel.
» Je cede enfin, & je renonce à une guerre
» qui me laſſe. Je ne vous demande qu'une
» grace, indépendante des loix du Deſtin,
» une grace qui intéreſſe la gloire des Latins,
» & la majeſté de ſes Rois iſſus de votre ſang.
» Puiſqu'il faut (& j'y conſens) que l'hy-
» men de Lavinie avec le Roi des Troyens
» s'accompliſſe ; puiſque cet hymen doit être
» le gage de la paix & d'une éternelle union,

Neu Troas fieri jubeas, Teucrosque vocari,
Aut vocem mutare viros, aut vertere vestes.
Sit Latium : sint Albani per sæcula reges :
Sit Romana potens Italâ virtute propago.
Occidit, occideritque sinas cum nomine Troja.

Olli subridens hominum rerumque repertor :
Et germana Jovis, Saturnique altera proles,
Irarum tantos volvis sub pectore fluctus !
Verùm age, & inceptum frustrà submitte furorem.
Do quod vis, & me victusque volensque remitto.
Sermonem Ausonii patrium moresque tenebunt ;
Utque est, nomen erit : commixti corpore tanto
Subsident Teucri. Morem ritusque sacrorum
Adjiciam, faciamque omnes uno ore Latinos.
Hinc genus, Ausonio mixtum quod sanguine surget,
Supra homines, supra ire Deos pietate videbis :
Nec gens ulla tuos æque celebrabit honores.
Annuit his Juno, & mentem lætata retorsit.
Intereà excedit cœlo, nubemque reliquit.

His actis, aliud Genitor secum ipse volutat :
Juturnamque parat fratris dimittere ab armis.
Dicuntur geminæ pestes, cognomine diræ,
Quas & Tartaream nox intempesta Megæram
Uno eodemque tulit partu, paribusque revinxit

» je demande que par le Traité, les peuples
» d'Italie ne soient point forcés de quitter leur
» nom antique, pour prendre celui des Troyens,
» & qu'ils n'adoptent ni leur langage, ni leur
» habillement. Que le Latium subsiste toujours:
» & que ses Rois portent dans la suite le titre de
» Rois d'Albe : que ce soit par la valeur Italien-
» ne que Rome un jour devienne si puissante. Il
» n'est plus de Troie : périsse son nom enseveli sous
» ses ruines ! «

Le Souverain de l'Univers sourit à ces paroles, & répondit : " Quoi, vous, ma sœur,
» vous, la fille de Saturne, vous êtes si vin-
» dicative, & la colere a tant d'empire sur
» votre ame ! Mais il est temps de calmer vos
» vaines fureurs. Je vous accorde par com-
» plaisance ce que vous me demandez. Les
» peuples d'Ausonie conserveront leur lan-
» gue, leur nom, & tous leurs usages. Les
» Troyens ne formeront avec eux qu'un même
» corps de nation, & leur nom se perdra dans
» le leur. Ils auront le même culte, & les
» mêmes cérémonies de Religion : enfin ils
» seront tous Latins. De leur mélange naîtra
» une race, dont les vertus surpasseront celles
» de tous les autres hommes & des Dieux
» mêmes. Du reste, nul peuple ne vous sera
» plus dévoué & ne vous rendra plus d'hom-
» mages «. Junon parut satisfaite, & une joie
tranquille succéda à ses noires inquiétudes. Aussi-
tôt elle sort de la nue & retourne dans l'O-
lympe.

Lorsqu'elle se fut retirée, Jupiter roula
dans son esprit un autre projet, & résolut de
rappeller Juturne, & de l'empêcher de secourir son frere. Il est deux Divinités funestes
aux Humains, sœurs de l'infernale Mégere,
& filles de la Nuit, qui les enfanta d'une seule

Serpentum spiris, ventosasque addidit alas.
Hæ Jovis ad solium, sævique in limine regis
Apparent, acuuntque metum mortalibus ægris:
Si quandò letum horrificum, morbosque Deûm
    Rex
Molitur, meritas aut bello territat urbes.
Harum unam celerem demisit ab æthere summo
Jupiter, inque omen Juturnæ occurrere jussit.
Illa volat, celerique ad terram turbine fertur:
Non secus, ac nervo per nubem impulsa sagitta,
Armatam sævi Parthus quam felle veneni,
Parthus, sive Cydon, telum immedicabile torsit,
Stridens, & celeres incognita transilit umbras.
Talis se sata Nocte tulit, terrasque petivit.
    Postquàm acies videt Iliacas atque agmina
    Turni,
Alitis in parvæ subitam collecta figuram,
Quæ quondam in bustis, aut culminibus desertis
Nocte sedens, serum canit importuna per umbras:
Hanc versa in faciem, Turni se pestis ob ora
Fertque refertque sonans, clypeumque everberat
    alis.
Illi membra novus solvit formidine torpor;
Arrectæque horrore comæ, & vox faucibus hæsit.
    At procul ut Diræ stridorem agnovit & alas,
Infelix crines scindit Juturna solutos,
Unguibus ora soror fœdans, & pectora pugnis.
Quid nunc te tua, Turne, potest germana juvare?
Aut quid jam miseræ superat mihi? quâ tibi lucem
Arte morer? talin' possum me opponere monstro?
Jam jam linquo acies. Ne me terrete timentem
Obscœnæ volucres: alarum verbera nosco,

couche, entortilla leurs têtes de serpents, & leur donna de grandes ailes. Postées près du trône du redoutable Jupiter, elles impriment la terreur aux malheureux Mortels : soit que le Roi des Dieux envoie sur la terre les maladies, & qu'il y sème la mort, soit que par le fléau de la guerre il veuille punir des peuples coupables. Jupiter ordonne donc à l'une de ces Furies, de descendre du ciel, & d'effrayer Juturne par un triste présage. Elle vole, & un rapide tourbillon la porte en un instant sur la terre. Telle la fleche empoisonnée d'un Parthe ou d'un Crétois, fendant les ombres de la nuit, va d'un vol obscur & rapide porter un perfide coup, & faire une blessure incurable. La fille de la Nuit traverse ainsi l'espace des airs, pour se rendre sur la terre.

Lorsqu'elle fut arrivée dans les champs de Laurente, & qu'elle eut considéré les troupes Troyennes & celles de Turnus, elle changea de forme, & prit la figure de ce petit Oiseau, qui se perche sur les tombeaux ou sur les toits des maisons abandonnées, d'où il fait entendre ses cris importuns & lugubres. La Furie, sous cette forme, passe plusieurs fois devant les yeux de Turnus, & même de ses ailes touche son bouclier. Le Guerrier est effrayé de ce présage, ses cheveux se dressent, sa voix l'abandonne, & tout son corps frémit.

Juturne apperçut de loin le vol, & entendit le cri du funeste Oiseau. A cette vue elle s'arrache les cheveux, se déchire le visage, & se meurtrit le sein. ”Ah ! mon frere, s'écrie-t-elle, que peut maintenant votre sœur ” pour vous ? Par quel moyen retardera-t-el-” le votre mort ? Comment m'opposer à ce ” monstre qui vous environne ? c'en est fait,

Lethalemque sonum. Nec fallunt jussa superba
Magnanimi Jovis. Hæc pro virginitate reponit?
Quò vitam dedit æternam? cur mortis adempta est
Conditio? Possem tantos finire dolores
Nunc certè, & misero fratri comes ire per umbras.
Immortalis ego? Aut quicquam mihi dulce meo-
 rum
Te sine, frater, erit? O quæ satis alta dehiscat
Terra mihi, manesque Deam demittat ad imos?
Tantùm effata, caput glauco contexit amictu
Multa gemens, & se fluvio Dea condidit alto.
Æneas instat contra, telumque coruscat
Ingens arboreum, & sævo sic pectore fatur:
Quæ nunc deinde mora est? aut quid jam, Tur-
 ne, retractas?
Non cursu, sævis certandum est cominùs armis.
Verte omnes te in facies, & contrahe quicquid
Sive animis, sive arte vales: opta ardua pennis
Astra sequi; clausumque cavâ te condere terrâ.
Ille caput quassans: Non me tua fervida terrent
Dicta, ferox: Dî me terrent, & Jupiter hostis.
Nec plura effatus, saxum circumspicit ingens,
Saxum antiquum, ingens, campo quod fortè jace-
 bat,
Limes agro positus, litem ut discerneret arvis.
Vix illud lecti bis sex cervice subirent,
Qualia nunc hominum producit corpora tellus.
Ille manu raptum trepidâ torquebat in hostem,
Altior insurgens, & cursu concitus heros.

Livre XII. 519
"j'abandonne ce champ de bataille. Cesse,
" Oiseau sinistre, cesse de vouloir m'effrayer.
" Je connois le mouvement de tes ailes & tes
" funebres cris. Me voilà instruite des ordres
" tyranniques du Maître de l'Univers : voilà
" comme il paie les faveurs qu'on lui accorde ?
" Pourquoi m'a-t-il rendue immortelle ? Hélas !
" si je pouvois mourir, mes malheurs cesse-
" roient, & je suivrois mon frere, dans l'em-
" pire des ombres. O mon frere, rien peut-
" il consoler de ta perte ton immortelle sœur ?
" Que la terre m'engloutisse dans ses abymes !
" Puissé-je, toute Déesse que je suis, descen-
" dre dans l'empire des Morts ! « A ces mots
elle se couvre la tête d'un voile bleu, & se
plonge en gémissant dans le sein d'un fleuve
profond.

Cependant Enée, armé de son javelot redoutable, presse vivement son rival. » Pour-
" quoi fuis-tu, lui dit-il, pourquoi refuses-tu
" le combat ? Disputons - nous le prix de la
" course ? Il s'agit de combattre. Prend telle
" forme que tu voudras : emploie la ruse ou
" le courage : tâche de t'envoler au Ciel, ou
" de t'ensevelir dans les entrailles de la terre «.
Turnus secouant la tête d'un air indigné, repliqua : » Ennemi féroce, le feu de tes paroles
" ne m'épouvante point. Je ne redoute que
" les Dieux & Jupiter irrité «. En disant ces
mots, il apperçoit une de ces grosses pierres
qui servent de borne à un champ, pour en
fixer les limites. Douze hommes, tels que ce
siecle en produit, auroient levé avec peine cette
masse énorme. Cependant Turnus dans sa fureur la leve, & courant sur Enée, il lui lance
cette pierre. Au moment qu'il la jette, il ne
s'apperçoit lui-même ni de sa course pénible,
ni de son prodigieux effort. Cependant son

Sed neque currentem se, nec cognoscit euntem,
Tollentemve manu, saxumque immane moventem.
Genua labant : gelidus concrevit frigore sanguis.
Tùm lapis ipse viri, vacuum per inane volutus,
Nec spatium evasit totum, nec pertulit ictum.
Ac velut in somnis, oculos ubi languida pressit
Nocte quies, nequicquam avidos extendere cursus
Velle videmur, & in mediis conatibus ægri
Succidimus : non lingua valet, non corpore notæ
Sufficiunt vires : nec vox, aut verba sequuntur.
Sic Turno : quacumque viam virtute petivit,
Successum Dea dira negat. Tùm pectore sensus
Vertuntur varii. Rutulos adspectat & urbem,
Cunctaturque metu, telumque instare tremiscit.
Nec quò se eripiat, nec quâ vi tendat in hostem :
Nec currus usquam videt, aurigamve sororem.

Cunctanti telum Æneas fatale coruscat,
Sortitus fortunam oculis, & corpore toto
Eminus intorquet. Murali concita nunquam
Tormento sic saxa fremunt, nec fulmine tanti
Dissultant crepitus. Volat atri turbinis instar
Exitium dirum hasta ferens, orasque recludit
Loricæ, & clypei extremos septemplicis orbes :
Per medium stridens transit femur. Incidit ictus
Ingens ad terram duplicato poplite Turnus.
Consurgunt gemitu Rutuli, totusque remugit
Mons circum, & vocem latè nemora alta remittunt.

Ille humilis supplexque, oculos dextramque precantem
Protendens : equidem merui, nec deprecor, inquit :

poids immense fait plier ses genoux & épuise toutes ses forces. La pierre roulant dans l'air ne peut parcourir tout l'espace qui est entre lui & son rival, ni lui porter le coup funeste dont elle le menace. Durant la nuit, quand nos corps languissants sont plongés dans un sommeil profond, il nous semble que nous tâchons vainement de courir : nous tombons épuisés de fatigue au milieu de notre course : nous voulons parler, & nous n'avons ni force ni voix. De même, quelque effort que Turnus fasse pour signaler sa valeur, il se sent arrêté par l'invincible pouvoir de la terrible Furie. Son esprit flottant ne sait quel parti prendre. Il tourne ses regards tantôt vers les Rutules, tantôt vers la Ville. Il hésite, & la crainte l'arrête, à la vue du dard prêt à le percer. Il ne sait ni comment en éviter l'atteinte, ni comment assaillir son rival : il ne voit plus ni son char, ni sa sœur qui le conduisoit.

Tandis qu'il délibere & n'ose avancer, Enée fait briller son fatal javelot. Il saisit enfin l'instant favorable, & lance le dard de toute sa force. Jamais le bélier ne frappa avec tant de violence & n'ébranla par de si rudes secousses les murs d'une ville assiégée ; jamais la foudre ne tomba des nues avec tant d'impétuosité. Le funeste dard vole, brise la bordure du bouclier de Turnus à sept lames d'acier, pénetre le bas de la cuirasse, & lui perce la cuisse. Turnus atteint de ce coup terrible plie le genou & tombe par terre. A cette vue, les Rutules jettent des cris affreux, dont les montagnes & les forêts retentissent.

Turnus regardant alors son vainqueur d'un air humilié & soumis, & lui tendant une main suppliante : » Je ne te demande point la vie, lui »dit-il ; je mérite de la perdre : jouis de ton

Utere forte tua. Miseri te si qua parentis
Tangere cura potest, oro (fuit & tibi talis
Anchises genitor) Dauni miserere senectæ:
Et me, seu corpus spoliatum lumine mavis,
Redde meis. Vicisti, & victum tendere palmas
Ausonii vidêre: Tua est Lavinia conjux:
Ulteriùs ne tende odiis. Stetit acer in armis
Æneas, volvens oculos, dextramque repressit.
Et jam jamque magis cunctantem flectere sermo
Cœperat, infelix humero cùm apparuit alto
Balteus, & notis fulserunt cingula bullis
Pallantis pueri ; victum quem vulnere Turnus
Straverat, atque humeris inimicum insigne gerebat.
Ille, oculis postquam sævi monumenta doloris
Exuviasque hausit, furiis accensus, & irâ
Terribilis: Tune hinc spoliis indute meorum
Eripiare mihi ? Pallas te hoc vulnere, Pallas
Immolat, & pœnam scelerato ex sanguine sumit.
Hoc dicens, ferrum adverso sub pectore condit
Fervidus. Ast illi solvuntur frigore membra,
Vitaque cum gemitu fugit indignata sub umbras.

FINIS.

» bonheur. Mais j'ai un pere accablé sous le faix
» des années, tel que fut autrefois ton pere An-
» chise. Sois touché de la douleur de Daunus,
» & s'il te plaît de me ravir la lumiere, rends-lui
» au moins mon corps après mon trépas. Tu as
» vaincu, & tous les Ausoniens m'ont vu te ten-
» dre les mains. Lavinie est à toi, ne porte pas
» plus loin ta haine «. Enée, malgré sa fureur,
s'arrête, roule ses yeux, & retient son bras.
Touché du sort de ce Prince, & attendri par
son discours, il alloit lui accorder la vie, lorsqu'il apperçoit sur son épaule le malheureux baudrier de Pallas avec tous ses ornements, ce baudrier que Turnus vainqueur avoit enlevé au jeune
Prince des Arcadiens, & qu'il se faisoit une gloire
de porter. A la vue de cette funeste dépouille,
qui lui rappelle un cruel souvenir, il n'est plus
maître de lui-même. » Puis-je te laisser vivre,
» dit-il à Turnus d'un air furieux, lorsque je te
» vois paré de la dépouille de mes amis ? Reçois
» ce coup de la main de Pallas, qui immole un
» barbare : c'est Pallas, qui verse ton sang cri-
» minel «. A ces mots, transporté de colere, il
plonge son épée dans le sein de Turnus. Le froid
de la mort coule dans tous ses membres, il pousse
un profond soupir, & son ame en courroux s'envole dans le séjour des Ombres.

F I N.

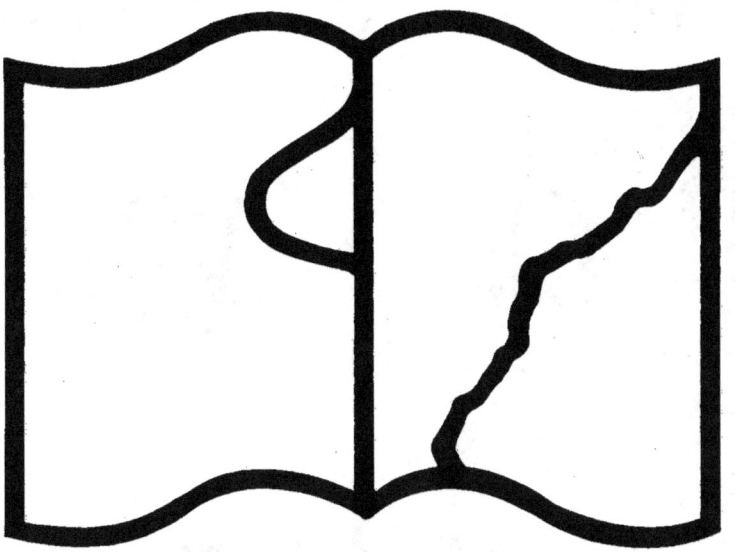

Texte détérioré — reliure défectueuse
NF Z 43-120-11

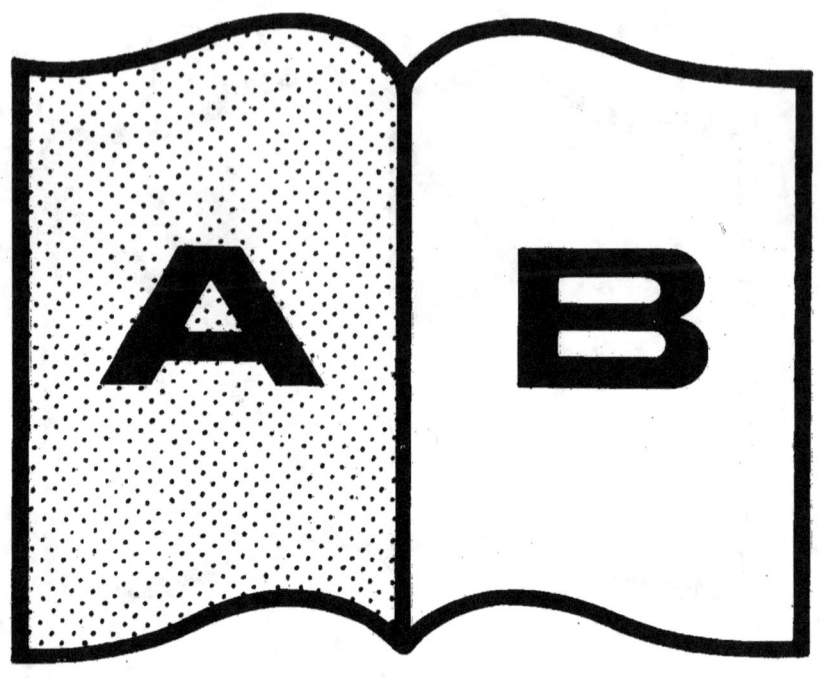

Contraste insuffisant

NF Z 43-120-14

www.ingramcontent.com/pod-product-compliance
Lightning Source LLC
Chambersburg PA
CBHW051407230426
43669CB00011B/1801